EUROPA LEHRMITTEL

Bibliothek des technischen Wissens

Praktische Netzwerkanalyse

Computernetze analysieren mit Wireshark

Bernhard J. Hauser
Mathias Hein

1. Auflage

VERLAG EUROPA-LEHRMITTEL · Nourney, Vollmer GmbH & Co. KG
Düsselberger Straße 23 · 42781 Haan-Gruiten

Europa-Nr.: 53039

Autor:
Hauser, Bernhard J. Dipl.-Ing. Bisingen
Hein, Mathias Wien, Österreich

Bildentwürfe: Die Autoren

Bildbearbeitung:
tiff.any GmbH & Co. KG, Berlin

Die in diesem Lehr- und Übungsbuch genannten Software-, Hardware- und Handelsnamen sind in der Mehrzahl auch eingetragene Warenzeichen.

Unter Verwendung von Screenshots aus:
– Wireshark

1. Auflage 2024
Druck 5 4 3 2 1
Alle Drucke derselben Auflage sind parallel einsetzbar, da sie bis auf die Korrektur von Druckfehlern identisch sind.

ISBN 978-3-8085-5303-9

Satz: tiff.any GmbH & Co. KG, 10999 Berlin
Umschlaggestaltung: braunwerbeagentur, 42477 Radevormwald
Umschlagfoto: © leonardogonzalez –, © James Thew –, © robsonphoto – stock.adobe.com
Druck: UAB BALTO print, 08217 Vilnius (LT)

Vorwort

Gerald Combs begann 1997 mit der Entwicklung eines Netzwerkprotokoll-Analysators namens Ethereal, dessen erste Version im Juli 1998 erschien. Der Sniffer (also „Schnüffler“) verbreitete sich rasch und wurde zum Standardwerkzeug vieler Netzwerker, von denen einige Gerald Combs zu unterstützen begannen und das Programm sukzessive erweiterten.

Seit 2006 wird das Projekt unter dem Namen Wireshark geführt. Es ist in laufender Entwicklung – ständig kommen neue Protokolle und Funktionen hinzu. Große Veränderungen am Programm werden durch entsprechende Versionssprünge markiert. Die aktuelle Version (Stand: Sommer 2023) hat die Versionsnummer 4.0.6.

Welche Aufgaben aber hat eine Sniffer-Software wie Wireshark? Kurz: Sie zeichnet den Datenverkehr in Rechnernetzen auf und analysiert ihn. Sie ist eine Art Fenster in die Netze, durch das wir sehen, welche Daten über Netzwerkleitungen übertragen werden.

Das Open-Source-Produkt Wireshark ist in dieser Kategorie ein sehr mächtiges Werkzeug und bringt die bekannten Vorteile freier Software mit: Nichts ist geheim oder geschieht im Verborgenen – jeder kann den Quelltext der Software einsehen und ggf. an eigene Bedürfnisse anpassen. Sie steht jedem kostenlos zu Verfügung und braucht den Vergleich mit kommerziellen Sniffern und Packet-Analyzern nicht scheuen. So ist Wireshark mit über 500 000 Downloads jeden Monat unbestreitbar das bekannteste Werkzeug zur Netzwerkanalyse – und das seit über 25 Jahren!

Wireshark interpretiert alle gängigen Netzwerkprotokolle. Dazu gehören neben der TCP/IP-Familie selbstverständlich auch DSL, ATM und WLAN. Zudem ist es für alle bekannten Betriebssysteme verfügbar: Linux, Solaris, NetBSD, OpenBSD, Mac OS, Windows, Android usw.

An wen wendet sich dieses Buch? Oder anders: Wer nutzt Wireshark und für welchen Zweck?

- Netzwerk-Administratoren zur Fehlersuche im Netzwerk
- Netzwerk-Administratoren zum Aufspüren von unnötigem Datenverkehr im Netzwerk
- Netzwerk-Administratoren zum Aufspüren von Störern und Eindringlingen
- Netzwerk-Sicherheitsingenieure bei der Suche und Analyse von Sicherheitsproblemen
- Netzwerk-Sicherheitsverantwortliche bei der Suche nach Angriffen und Angreifern von innen und außen
- Software-Entwickler für Tests und Protokoll-Implementationen
- Studierende und angehende Netzwerker für ein tieferes Verständnis von Netzwerkprotokollen

Dieses Buch ist aus der Notwendigkeit heraus entstanden, Lernenden und Studierenden die Grundlagen der Netzwerktechnik näherzubringen. Die verschiedenen Protokollfunktionen und deren Ineinandergreifen auf den Schichten der Netzwerkkommunikation sind durch eigenes Erforschen deutlich einfacher nachzuvollziehen und damit nachhaltiger zu verstehen, als durch bloße Lektüre der Fachliteratur. Dabei ist Wireshark ein Werkzeug von unschätzbarem Wert.

Praktiker und erfahrenere Netzwerker finden in diesem Buch auch Hilfestellungen und Lösungen für praktische Anwendungen, wie bspw. Langzeitanalysen. Themen wie Internettelefonie, WLAN, das Internet of Things und vieles mehr werden behandelt. Dem Platzieren des Sniffers, für den korrekten Zugriff auf die Daten, wurde ein eigenes Kapitel gewidmet.

Wenn Sie mithelfen möchten, dieses Buch für die kommenden Auflagen zu verbessern, schreiben Sie uns unter **lektorat@europa-lehrmittel.de**. Ihre Hinweise und Verbesserungsvorschläge nehmen wir gern auf.

Wir wünschen Ihnen eine anregende Lektüre und nützliche Erkenntnisse mit diesem Buch.

Frühjahr 2024 — Autoren und Verlag

Inhaltsverzeichnis

1 Grundlagen

1.1 Was ist Wireshark und was nicht?

Wireshark ist eine Software, die Netzwerk-Datenverkehr mitschneiden (capturen, sniffen) und aufbereitet darstellen kann. Sie lässt sich auf allen gängigen Betriebssystemen installieren: Windows, Linux, macOS, UNIX, Red Hat usw.

Wireshark ist eine kostenlose Open-Source-Software, die von einer großen Anzahl von Programmierern und Netzwerkern weltweit erstellt, erweitert und gepflegt wird. Mit über 500.000 Downloads im Monat ist es das am weitesten verbreitete Analysewerkzeug für Netzwerke.

Wireshark ist kein Programm, um Daten in ein Netz zu senden. Es kann den Datenverkehr nur passiv mitschneiden und anzeigen, nicht aber verändern und wieder einspeisen. Daher ist Wireshark nicht als Hackerwerkzeug, sondern als Analyse- und Testwerkzeug für den Netzwerktechniker zu verstehen.

Das Programm ist zwar einfach zu bedienen und logisch aufgebaut, jedoch sollte man über die wesentlichen Netzwerkgrundlagen Bescheid wissen, damit man die Analyseergebnisse richtig verstehen kann.

1.2 Unterschied zwischen Paket-Sniffer und Protokollanalysator

Bei dem Begriff „Sniffer" (engl. für „Schnüffler") handelt es sich um ein eingetragenes Warenzeichen der amerikanischen Firma Network General. Diese galt in den 1990er Jahren als Marktführer der DOS-basierten Protokollanalyse. Die Firma Network General wurde erst von McAfee und im Jahr 2007 von NetScout Systems übernommen.

Oftmals wird das Wort „Sniffer" auch als Synonym für Werkzeuge zur Protokollanalyse genutzt. Früher verstand man unter den Begriffen „Protokollanalysator" (Protocol Analyzer), „Netzwerkanalysator" (Network Analyzer) oder „Paketanalysator" (Packet Analyzer) meist eine Kombination aus entsprechender Hardware und Software. Heute basieren die Werkzeuge zur Protokollanalyse zum größten Teil auf einem Software-Programm. Wie fortschrittlich ein solches Programm ist, hängt von den Funktionen ab, die die Software bietet. Die meisten Programme können weit mehr als nur Pakete sammeln und diese entsprechend verarbeiten. Moderne Analyseprogramme bieten fortschrittliche Methoden, mit denen sich die Zeit für das Finden von Fehlern drastisch senken lässt. Ein Protokollanalysator kann unter anderem:

- detaillierte Statistiken für momentane und kürzlich erfolgte Aktivitäten im Netzwerk liefern,
- ungewöhnliche Verkehrsspitzen im Netzwerk herausstellen,
- Quellen und Ziele von Paketen identifizieren,
- nach bestimmten Datenmustern in den Paketen suchen,
- Bandbreitennutzung als Funktion der Zeit überwachen,

- Protokolle überprüfen, und
- Entsprechende nutzerspezifische Statistiken darstellen.

1.3 Wozu wird ein Protokollanalysator eingesetzt?

Protokollanalysatoren sind unverzichtbare Werkzeuge in der IT und Netzwerktechnik. Um Fehler und Fehlfunktionen wie abbrechende Verbindungen, nicht erreichbare Geräte im Netzwerk, zu lange Wartezeiten bei der Dateiübertragung, Abbrüche beim Telefonieren, usw. einzugrenzen und zu beheben, ist es notwendig, den Netzwerk-Datenverkehr zu analysieren.

Es gibt drei wesentliche Einsatzzwecke:

- In der Softwareentwicklung zum Testen der Programme und zur Fehlersuche (Versende ich wirklich die Daten, die ich senden möchte, bzw. empfange und verarbeite ich die richtigen Daten?)
- In der Systemadministration zum Aufspüren von Schachstellen und Störern im Netz (Welche Station im Netz sendet zu viel, braucht zu lange,...?)
- in der Ausbildung / im Studium zum Erlernen und Begreifen der Netzwerkprotokolle (Wie greifen die Protokolle ineinander, welche Protokolle werden wofür verwendet,...?)

1.4 Auf welchen Geräten kann Wireshark installiert werden?

Wireshark kann auf fast jedem PC oder Server installiert werden. Damit lässt sich der Datenverkehr, der von diesem Rechner ausgeht und bei diesem ankommt aufzeichnen.

Will man den Datenverkehr beispielsweise von einem Drucker oder einem Telefon analysieren, muss man eine andere Herangehensweise wählen. In vielen Fällen können auf diesen Geräten zusätzliche Programme wie Wireshark installiert werden (siehe Kapitel 13).

Wireshark kann, je nach Betriebssystem, auch direkt auf Routern installiert werden. Zwischen dem lokalen Netzwerk und dem Netzwerk, in dem sich der Zielserver befindet, auf den man zugreifen möchte, liegt das Internet. Dieses stellt einen großen Raum voll unübersichtlicher Strukturen, Netzen und Geräten dar.

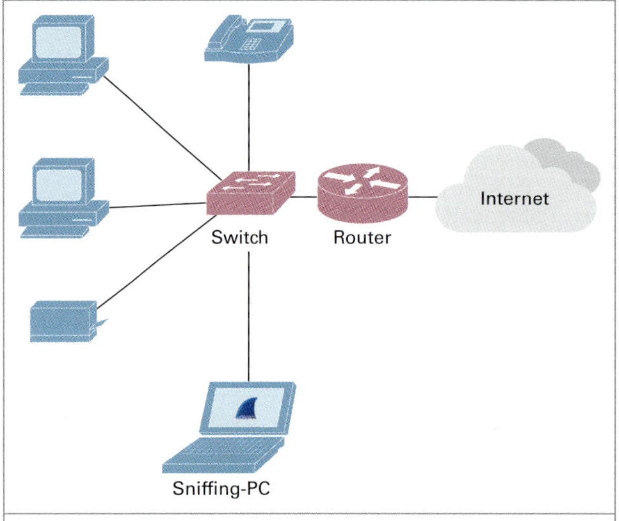

Bild 1.1: Typisches LAN

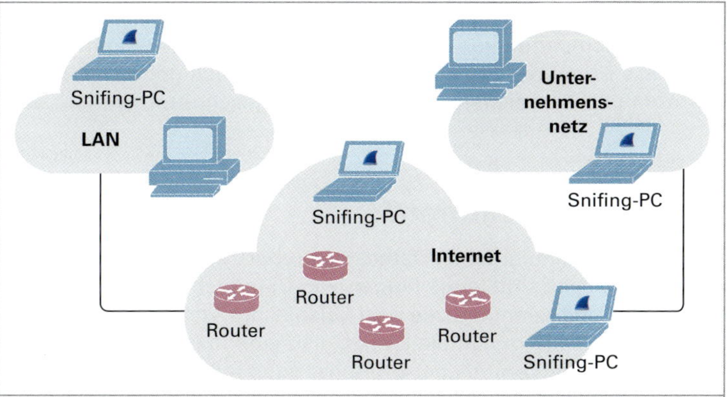

Bild 1.2: Überall kann mitgelesen werden

Jeder der Zugang zu der Netzinfrastruktur hat, kann prinzipiell den Datenverkehr abhören. Allerdings kann man, ohne etwas Aufwand, nur auf die Daten zugreifen, die über die jeweilig anzapfbare Leitung oder über ein zugängliches Gerät transportiert werden.

Auch sind viele Geräte, beispielsweise Router, in der Lage, den Datenverkehr aufzuzeichnen und für Überwachungszwecke an einen Wireshark-Rechner zu schicken.

1.5 Rechtliche Grundlagen

Was ist erlaubt, was ist verboten? In seinem eigenen Computernetz, in dem sich nur die eigenen Rechner befinden, darf man natürlich den kompletten Datenverkehr mitschneiden und auswerten.

Das Mitlesen von fremden Daten, beispielsweise in einem Unternehmensnetz, ist grundsätzlich nicht erlaubt. Das Grundgesetz der BRD definiert in Artikel 10 Absatz 1 ein Freiheitsrecht:

INFO

Art. 10 Abs 1 GG
(1) Das Briefgeheimnis sowie das Post und Fernmeldegeheimnis sind unverletzlich.

Das bedeutet, dass jegliche Kommunikation, egal ob schriftlich per Post, mündlich per Telefon oder auch elektronisch per Email, Chat oder andere Medien vertraulich ist und vom Zugriff von staatlichen Stellen oder von Dritten geschützt ist.

Weiterhin ist der sogenannte „Hacker-Paragraph" § 202 des Strafgesetzbuches zu beachten.

INFO

§ 202 Strafgesetzbuch
§ 202a Ausspähen von Daten
Wer unbefugt sich oder einem anderen Zugang zu Daten verschafft ... wird mit Freiheitsstrafe bis zu drei Jahren oder mit Geldstrafe bestraft.
§ 202b Abfangen von Daten
Wer unbefugt sich oder einem anderen ... nicht für ihn bestimmte Daten (§ 202a Abs. 2) ... verschafft, wird mit Freiheitsstrafe bis zu zwei Jahren oder mit Geldstrafe bestraft, wenn die Tat nicht in anderen Vorschriften mit schwererer Strafe bedroht ist.
§ 202c Vorbereiten des Ausspähens und Abfangens von Daten
... wird mit Freiheitsstrafe bis zu zwei Jahren oder mit Geldstrafe bestraft.

Für den Netzwerktechniker bedeutet dies:
In fremden Netzen muss vor dem Mitschneiden von Datenverkehr die Erlaubnis eingeholt werden. Am besten lässt man sich diese Erlaubnis vom Auftraggeber schriftlich geben. Auch Einschränkungen in welchem Zeitraum und in welchem Netzbereich mitgeschnitten werden darf, sollte klar geregelt sein.

1.6 Wie arbeiten Protokollanalysatoren?

Daten werden in Netzwerken nicht als kontinuierlichen Datenstrom übertragen, sondern als *Datenpakete (Packets)* versendet. Datenströme sind lange Folgen von Datenpaketen. Jedes dieser Pakete erhält zu Beginn seiner „Reise" eine Kennung, wie zum Beispiel die Adressen von Absender- und Zielrechner, und hat eine bestimmte maximale Länge, also eine maximale Anzahl von Bytes. Es verhält sich in etwa so, wie ein herkömmlicher Brief, der auch mit Ziel und Absenderadresse versehen von einem Dienstleister transportiert wird.

Eine Netzwerkkarte empfängt zwar grundsätzlich alle Datenpakete, die an ihrem Anschluss ankommen, filtert im Normalfall aber jene Pakete heraus, die für diesen Anschluss bestimmt sind. Alle anderen Pakete werden von der Netzwerkkarte verworfen.

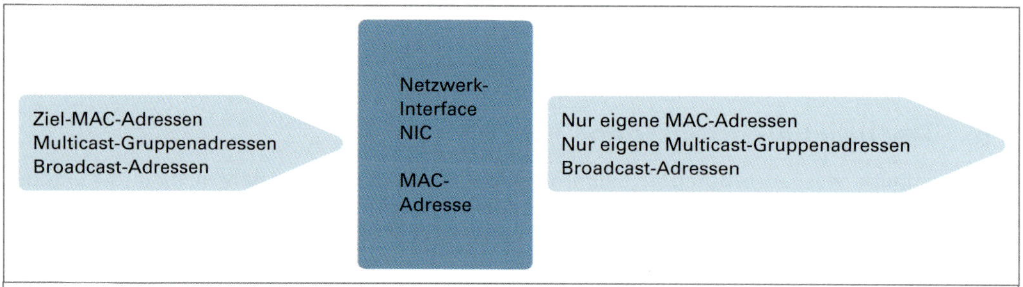

Bild 1.3: Die Netzwerkkarte lässt nur den „eigenen" Datenverkehr durch

Damit Wireshark *alle* Pakete aufzeichnet, die im Netzwerk unterwegs sind, versetzt man die Karte in den sogenannten ***Promiscuous Mode***. Dadurch nimmt die Netzwerkkarte nicht nur Pakete, die explizit an sie adressiert sind, sondern alle Pakete, unabhängig von ihrem Ziel an. Anschließend gibt die Netzwerkkarte alle eintreffenden Datenpakete ans Betriebssystem für die weitere Verarbeitung weiter. Die empfangenen Pakete lassen sich nun untersuchen und abspeichern.

1.7 Installation

Das Programm Wireshark steht auf der Projekt-Webseite *www.wireshark.org* in verschiedenen Paketen für die unterschiedlichen Betriebssysteme zum Download bereit. Ebenso findet man hier Hilfedateien, Anleitungen und vieles mehr.

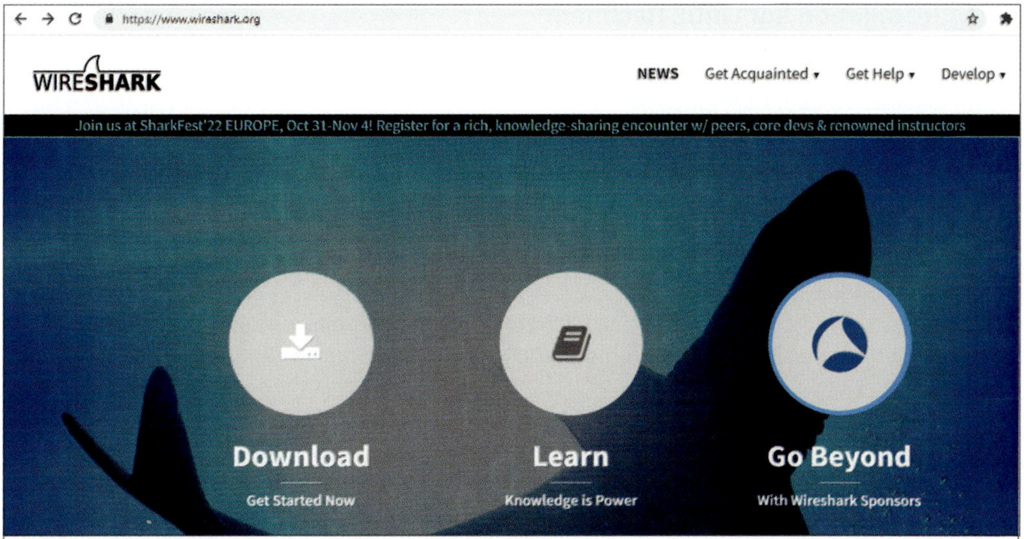

Bild 1.4: Projekt-Website zum Download des Programms

Man lädt die passende Datei für das genutzte Betriebssystem herunter und installiert anschließend das Programm. Während der Installation wird man gefragt, welche Programme nachgeladen werden sollen. Grundsätzlich kann jede Nachfrage mit „OK" beantwortet werden.

1.7.1 Installation auf Windows-Rechnern

Die EXE-Datei für Windows ist die aktuelle Programmversion. Die Vorgaben können in der Regel einfach übernommen werden. Man kann auch einen anderen Speicherort wählen oder den vorgegebenen Pfad übernehmen. Um die Daten an der Schnittstelle abzugreifen benötigt Wireshark ein „Packet Capture-Programm". Standardprogramme hierfür sind WinPcap und Npcap. Sollte bereits eines dieser beiden Programme installiert sein, kann dieser Punkt übersprungen werden. Ansonsten wird hier die aktuelle Npcap-Version installiert.

Nach der Installation ist Wireshark sofort einsatzbereit.

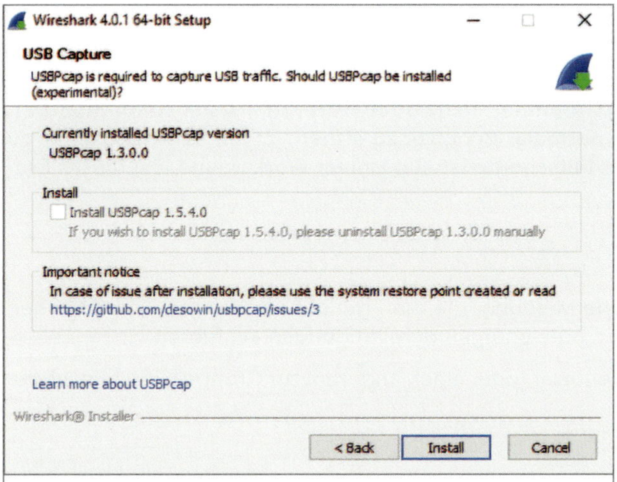

Bild 1.5: Treiber installieren

1.7.2 Installation auf Linux-Rechnern

Es gibt mehrere Möglichkeiten um Wireshark unter Linux zu installieren.

1. Installation über Paketquellen
2. Installation aus dem Quellcode

Aus Sicherheitsgründen kann das eigentliche Capture-Programm vor Wireshark nur mit Supervisor-Rechten ausgeführt werden. Gespeicherte Mitschnitte lassen sich selbstverständlich mit Wireshark öffnen und analysieren. Um selbst den Netzwerkverkehr mitzuschneiden benötigt man Supervisor-Rechte. Ohne diese Rechte zeigt Wireshark keine Netzwerkinterfaces an.

Installation über Paketquellen
Bei manchen Linux-Distributionen ist Wireshark in den Paketquellen enthalten, sodass man es automatisch über die Systemverwaltung installieren kann – unter Ubuntu beispielsweise über das *SoftwareCenter.*

Allerdings ist dort häufig nicht die aktuellste Wireshark-Version vorhanden. Man kann im Netz suchen, ob bereits jemand ein passendes Paket zusammen gestellt hat und dann dieses Paket installieren.

Bei Ubuntu und anderen Debian-basierten Systemen führt man die nachfolgenden Befehle an der Konsole aus. Man kann dann Wireshark auch als normaler Benutzer ohne Root-Rechte starten.

```
sudo apt-get install wireshark libcap2-bin
sudo groupadd wireshark
sudo usermod -a -G wireshark $USER
sudo chgrp wireshark /usr/bin/dumpcap
sudo chmod 755 /usr/bin/dumpcap
sudo setcap cap_net_raw,cap_net_admin=eip /usr/bin/dumpcap
```

Nach der Installation startet man Wireshark von der Konsole mit:

```
~$ wireshark
```

Um Netzwerkverkehr protokollieren zu können, muss die Netzwerkkarte in den *Promiscuous Mode* versetzt werden. Dazu reichen die Rechte eines normalen Benutzers nicht aus. Nach dem Start von Wireshark sind keine Netzwerkinterfaces zu sehen. Die einfache und schnelle Lösung ist das Ausführen von Wireshark mit Administratorrechten, also als Superuser root.

```
~$ sudo wireshark
```

Allerdings ist es nicht ratsam, Wireshark immer als root auszuführen. Auch wenn man Mitschnitte abspeichert, um sie später als normaler Benutzer zu öffnen, ist mit Schwierigkeiten zu rechnen, da root immer Eigentümer der Mitschnitte ist. Ein kleiner Workaround löst dieses Problem:

```
~$ sudo dpkg-reconfigure wireshark-common
```

Nach Eingabe dieser Zeile erscheint eine Meldung, die man mit ja beantwortet. Damit können auch andere Benutzer Wireshark mit den notwendigen Berechtigungen ausführen.

Anschließend fügt man den aktuellen Benutzer (oder einen anderen) zur Gruppe wireshark hinzu.

```
~$ sudo adduser $USER wireshark
```

Damit die Änderungen wirksam werden, muss man sich ab- und wieder neu anmelden!

Installation über Quellcode
Auf der Wireshark-Website wird auch der Quellcode zum Download angeboten. Es wird aber empfohlen, die vorgefertigten Pakete der jeweiligen Linux-Distribution zu verwenden.

Profis laden sich den Quellcode herunter und compilieren ihn auf ihrem Rechner. Wir verzichten hier auf die genaue Beschreibung der hierfür durchzuführenden Prozeduren.

1.7.3 Installation auf MAC-Rechnern

Wireshark unterstützt macOS 10.14 und höher. Die unterstützten macOS-Versionen hängen von den Bibliotheken der Anbietern und von den Anforderungen von Apple ab. Apple Silicon Hardware wird ab Version 4.0 nativ unterstützt. Für ältere macOS-Versionen gelten folgende Einschränkungen:

- Wireshark 3.6 war die letzte Version, die macOS 10.13 unterstützte.
- Wireshark 3.4 war die letzte Version, die macOS 10.12 unterstützte.
- Wireshark 2.6 war die letzte Version, die Mac OS X 10.6 und 10.7 sowie OS X 10.8 bis 10.11 unterstützte.
- Wireshark 2.0 war die letzte Version, die OS X auf 32-Bit Intel unterstützte.
- Wireshark 1.8 war die letzte Version, die Mac OS X auf PowerPC unterstützte.

Installieren von Wireshark unter macOS
Die offiziellen macOS-Pakete können von der Wireshark-Hauptseite (wireshark.org) heruntergeladen werden. Die Pakete werden als Disk-Images (.dmg) bereitgestellt, die die gesamte Anwendung enthält. Um Wireshark zu installieren, öffnet man einfach das Disk-Image und zieht Wireshark in den /Applications-Ordner. macOS-Pakete werden automatisch aktualisiert.

Um Pakete aufzeichnen zu können, muss man den Start-Daemon „ChmodBPF“ installieren. Dies kann durch das Öffnen der Datei Install ChmodBPF.pkg in Wireshark-.dmg erfolgen oder man startet dieses Programm über Wireshark selbst. Hierzu öffnet man in Wireshark die Registerkarte „Ordner“ startet das Programm „macOS Extras“ mit einem Doppelklick.

1.8 Ein Schnellstart

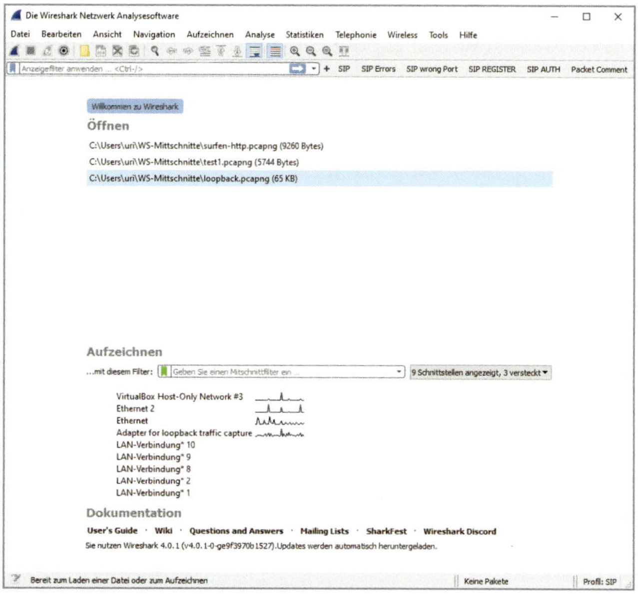

Nach dem Start von Wireshark zeigt sich ein Startbildschirm, der in etwa so aussieht – egal welches Betriebssystem benutzt wird.

Im oberen Teil – Rubrik „Öffnen“ – befindet sich eine Liste der gespeicherten Mitschnitte.

Unter der Rubrik „Aufzeichnen“ darunter erscheint die Liste der Netzwerkschnittstellen. Hinter jeder Schnittstelle zeigt eine „sparkling Line“ eine Art Oszillogramm des Datenverkehrs. Man bezeichnet dies auch als „Herzschlag“ der Interfaces. Hier sieht man auf einen Blick, auf welcher Schnittstelle Datenverkehr stattfindet. Fährt man mit der Maus über ein Interface, dann werden die daran gebundenen IP-Adressen und eventuell vorhandene Mitschnittfilter eingeblendet.

Unter der Rubrik „Dokumentation" findet man Links zu Handbücher, Hilfetexten und vielem mehr.

Man startet Wireshark durch einen Doppelklick auf die Schnittstelle, die aktiven Datenverkehr aufweist. Wireshark beginnt sofort mit der Aufzeichnung und zeigt jedes Paket der betreffenden Schnittstellenkarte auf.

Bevor man sich den einzelnen Paketen widmet, muss jedoch noch etwas Theorie dazu erklärt werden ...

1.9 Die notwendige Theorie

Um zu verstehen, was Wireshark anzeigt, wie die Protokolle verschachtelt sind und in einander greifen, wo und wie Daten am sinnvollsten mitgeschnitten werden, ist etwas Theorie notwendig. Wir beschränken uns hier auf das absolute Mindestmaß.

1.9.1 Referenzmodelle ISO/OSI und TCP/IP

Modelle dienen der Vereinfachung und veranschaulichen komplexere Sachverhalte. In der Datenkommunikation bedient man sich eines Schichtenmodells: Die sehr unterschiedlichen Aufgaben, die beim Senden und Empfangen von Daten anfallen, werden auf verschiedenen Ebenen (bzw. Schichten) erledigt. Jeder Schicht ist ein Programmmodul zugewiesen, das immer nur mit der Schicht darüber und der Schicht darunter kommuniziert, also in der Kommunikation niemals Schichten überspringt. Dieses Verfahren sorgt auch für eine hohe Flexibilität: Sind Änderungen an der Datenkommunikation notwendig, muss nur das entsprechende Programmmodul verändert oder ausgetauscht werden.

In jedem dieser Schichtenmodelle (es gibt verschiedene), befindet sich ganz oben die *Anwendung.* Ganz unten, sozusagen an der Basis, liegt die *physikalische Übertragung,* also Leitungen, Funk, Ströme, Spannungen usw.

Datenkommunikation im Netzwerk läuft stets nach demselben Schema ab: Daten werden, ausgehend von einer Anwendung auf einem Rechner, über mehrere Schichten *(Layer)* „nach unten" bis zur Basis, der Schicht der Bit-Übertragung, durchgereicht.

Jede Schicht hat ihre spezielle Funktion und erweitert die zu übertragenden (Inhalts-)Daten um einen eigenen „Protokollkopf" *(Protocol Header).* Darüber hinaus nimmt diese Schicht gegebenenfalls auch Änderungen an den Daten selbst vor, bevor diese zuletzt einkapselt und weitergereicht *(Encapsulation)* werden.

Der Empfänger (also üblicherweise ein anderer Rechner im Netzwerk) nimmt die Daten als Folge von Nullen und Einsen entgegen und entfernt der Reihe nach alle Header, bis nur noch die Originaldaten des Senders übrig bleiben.

In LANs *(Local Area Networks)* ist heute überwiegend die Protokoll-Suite **TCP/IP** auf **Ethernet** im Einsatz.

In den Anfängen der LAN-Technik herrschte ein Durcheinander an firmenspezifischen Lösungen. Man sah sich genötigt, durch entsprechende Normen Struktur und Ordnung zu schaffen, sodass auch Geräte unterschiedlicher Hersteller miteinander kommunizieren konnten. Die *International Organization of Standardization (ISO)* veröffentlichte dazu ein Schichtenmodell zur Datenkommunikation, das *Open Systems Interconnect Model* oder kurz: OSI-Modell.

Tabelle 1.1: Gegenüberstellung OSI- und TCP/IP-Modell, Paketverschachtelung (Beispiel HTTP)

OSI-Layer	TCP/IP-Layer	Verschachtelung der Anwendungsdaten	
		Protokollverschachtelung	**Benennung**
7 Application / Anwendung	4 Application / Anwendung	TCP | HTTP (Appl.Data)	Anwendungsdaten beispielsweise HTTP
6 Presentation / Darstellung			
5 Session / Sitzung			
4 Transport	3 Transport	TCP | HTTP (Appl.Data)	TCP- / UDP-Segment
3 Network / Netzwerk	2 Internetwork / Host-to-Host	IP | TCP | HTTP (Appl.Data)	IP-Paket
2 DataLink / Datensicherung	1 Network Access / Netzzugang	Eth. | IP | TCP | HTTP (Appl.Data) | FCS	Rahmen / Frame
1 Physical / Bitübertragung		01010101010111010011001.....011100	Phys. Daten auf dem Medium

Unabhängig davon wurde auf Veranlassung des US-amerikanischen Verteidigungsministeriums (Department of Defense, DoD) das *DoD-Modell* entwickelt, das heute als TCP/IP-Modell bekannt ist. TCP/IP steht für die beiden hauptsächlich beteiligten Protokolle: *Transmission Control Protocol* und *Internet Protocol.*

Die darüberliegende Anwendungsschicht kann eine Vielzahl von Anwendungsdaten beinhalten.

Auf jeder Schicht dieser beiden Modelle (ISO/OSI und TCP/IP) gibt es eine Reihe von Protokollen mit ganz spezifischen Aufgaben, die im Folgenden näher betrachtet wird. Das TCP/IP-Modell, das auch in Weitverkehrsnetzen häufig eingesetzt wird, kennt nur vier Schichten, das OSI-Modell hingegen sieben.

Die OSI-Layer 5, 6 und 7 wiederum entsprechen beim TCP/IP-Modell der Anwendungsschicht. Um Unterschiede und Gemeinsamkeiten deutlich zu machen, wird im Folgenden die Funktionsweise anhand des OSI-Modells betrachtet. Tatsächlich nutzt keine Protokollsammlung alle sieben Schichten, wie im OSI-Modell definiert. Es wird hier das OSI-Modell beschrieben, weil es die Schichten und deren Funktionen gut erfassbar macht.

Es wird „oben" (Anwendung) begonnen und nach „unten" (Übertragung) fortgesetzt.

▸ ***Upper Layers/Application Layer* (OSI-Layer 5 bis 7)**
Auf den Schichten oberhalb der Transportschicht befinden sich die Anwendungen mit bekannten Protokollen wie HTTP (Webseiten), FTP (Dateiübertragung) oder SMTP (E-Mail). Hier werden Daten erzeugt und nach unten zum Versenden weitergereicht. Ein Klick auf einen Link erzeugt beispielsweise eine Anfrage, die als HTTP-Request an die darunter liegende Transportschicht gegeben wird.

▸ ***Transport Layer* (OSI-Layer 4)**
Diese bereitet die „von oben" kommenden Daten für den Transport vor, indem er die Anwendungen auf Absender- und Zielrechner adressiert. Diese Anwendungsadressen sind die sogenannten *Ports.* Jede Netzwerkanwendung hat eine auf dem jeweiligen Rechner einmalige Port-Nummer. So kommuniziert immer ein Port des Clients mit einem Port des Servers, beispielsweise Browser und Webserver. Auf dieser Schicht findet die Überprüfung des Transportkanals statt, indem eine Kommunikation der beteiligten Stationen aufgebaut und nach der Datenübertragung wieder abgebaut wird. Gesendete Datenpakete werden quittiert. Bleiben Quittungen aus, erfolgt

eine erneute Übertragung. Große Datenmengen werden auf dieser Schicht in kleinere Teile *(Segmente)* aufgeteilt. Layer-4-Pakete werden anschließend an die Schicht 3 weitergereicht.

- ***Network Layer* (OSI-Layer 3)**
  Auf der Netzwerkschicht werden die von Schicht 4 kommenden Daten für den Weg durch die Netzwerke vorbereitet, und zwar mithilfe der Netzwerkadressen (meist sind dies IP-Adressen). IP-Adressen sind zweigeteilt und adressieren ein Netzwerk, wie auch einen darin befindlichen Rechner.

  Die Grenze ist variabel. Man nennt die auf Layer 3 vorbereiteten Einheiten *Packets* oder *Pakete.* Zu große Segmente werden hier in noch kleinere Pakete aufgebrochen („fragmentiert"). Die maximale Größe der Pakete ist abhängig von den darunter liegenden Schichten. Bei Ethernet sind dies meist 1500 Bytes an Nutzdaten.

- ***Data Link Layer* (OSI-Layer 2)**
  Auf der *Datensicherungsschicht* werden die von Schicht 3 kommenden Daten für das darunter liegende Übertragungsmedium (Kupferleitung, Glasfaserleitung, Funk usw.) von Layer 1 vorbereitet. Hier werden ein Layer-2-Header vorangestellt und eine Prüfsumme an die Daten angehängt. Layer-3-Daten werden in einen Rahmen, bestehend aus *Header* und *Trailer* (hier die Prüfsumme), gebettet.

  Man nennt diese Datenpakete auch Layer 2 *Frames.* Auf dieser Schicht werden auch die Netzwerkkarten über die hardwarenahen MAC-Adressen *(Media Access Control)* adressiert. Mithilfe der Prüfsumme sind Übertragungsfehler zu erkennen, allerdings nicht zu beheben.

- ***Physical Layer* (OSI-Layer 1)**
  Auf der *Bitübertragungsschicht* werden die von Schicht 2 kommenden Daten für die Übertragung über das Übertragungsmedium vorbereitet. Hier sind z. B. Ströme, Spannungen, Leitungen, Stecker, Lichtsignale, Funkfrequenzen, Codierung usw. definiert.

INFO

Das Verständnis der verschiedenen Protokoll-Schichten ist deshalb so wichtig, weil Wireshark die Daten genauso darstellt!

1.9.2 Netzwerkadressen und Netzwerkgeräte

Für die korrekte Übertragung ist die eindeutige Bestimmung von Start- und Zielpunkt unumgänglich. Im Netzwerk werden auf drei Ebenen Adressen verwendet:

- TCP- oder UDP-Ports (Layer 4) adressieren die Anwendungen (z. B. Port 80 für HTTP)
- IP-Adressen (Layer 3) adressieren einen bestimmten Host in einem bestimmten Netz
- MAC-Adressen (Layer 2) adressieren eine bestimmte Netzwerkkarte. Ports und IP-Adressen sind logische, MAC-Adressen sind physikalische Adressen.

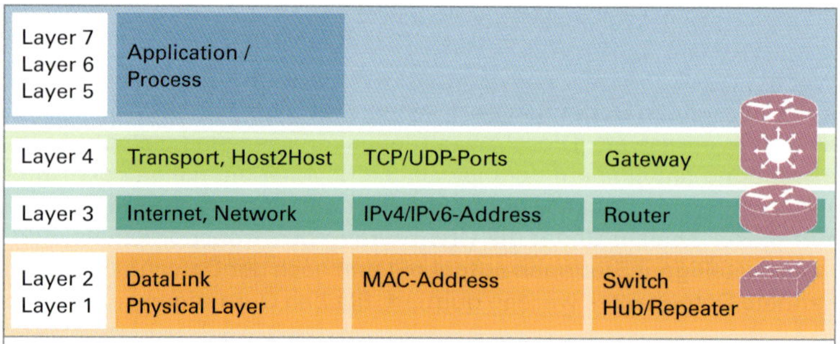

Bild 1.6: Adressen und Geräte im Netzwerk

Im Folgenden werden die wichtigsten Netzwerkgeräte und ihre Rolle nach dem ISO/OSI-Schichtenmodell genauer beschrieben:

Layer 1

Die einfachsten Geräte im Netzwerk sind die *Repeater*, also „Signalauffrischer". Sie verstärken ein schwaches Netzwerksignal und liefern am Ausgang wieder den vollen Signalpegel. Ein Repeater hat zwei Anschlüsse. Mehrere Repeater in einem Gehäuse ergeben einen *Multiport Repeater*, auch *Hub* genannt. Repeater arbeiten auf dem Physical Layer, der untersten Schicht der Modelle. Sie sind aus heutigen Verkabelungen verschwunden. Aber zum Weiterleiten von Funksignalen und als Signal-Verstärker sind WLAN-Repeater etabliert.

Empfängt ein Repeater ein Datensignal, bereitet dieser das Signal nicht erneut auf, sondern schickt dieses mit vollem Pegel an den zweiten Anschluss weiter.

Layer 2

Auf Layer 2 arbeitet der Switch (auch manchmal als Bridge bezeichnet). Diese Geräte verfügen über Intelligenz und filtern den Datenverkehr. Die interne Logik der Geräte leitet die eintreffenden Datenpakete an denjenigen Anschluss weiter, an dem die Zielstation erreichbar ist.

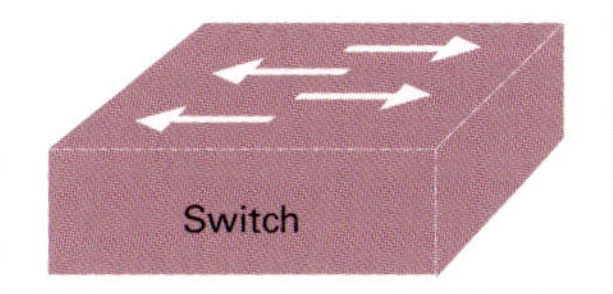

Bild 1.7: 3d-Switch-Symbol

Ein Switch „lernt", an welchem seiner Ports welche Netzwerkkarten angeschlossen sind. In seiner Weiterleitungstabelle listet er zu jedem Anschluss die entsprechenden MAC-Adressen der daran angeschlossenen Geräte auf. Wenn ein Paket empfangen wird, entscheidet die Switch-Logik der Weiterleitungstabelle, an welchen Port das Paket weitergeleitet werden soll. Somit werden die Datenpakete nur an diejenigen Stationen weitergeleitet, die diese Information auch erhalten sollen. Alle anderen Stationen im Netzwerk bekommen von diesem Datentransfer nichts mit.

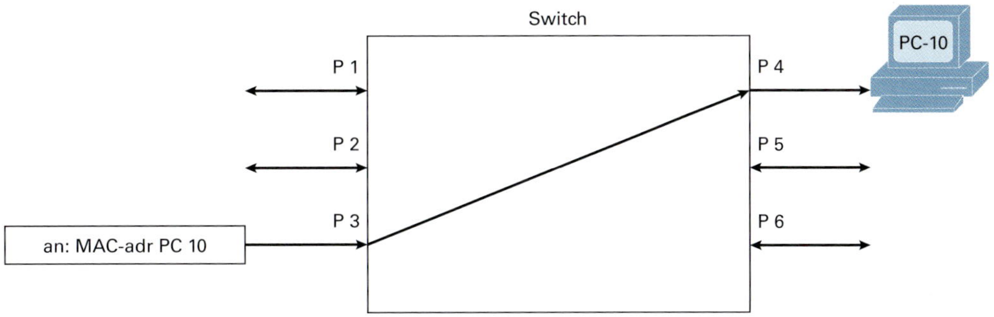

Bild 1.8: Selektives Forwarding beim Switch

Befinden sich nur Switches in einem Netzwerk und ist an jedem Switchport nur ein einziger Rechner angeschlossen, spricht man von einem „voll geswitchten" oder auch „mikrosegmentierten Netz". Dies ist heute die übliche Variante der Netzstrukturen.

An einem Rechner, auf dem ein Protokollanalysator läuft, sind folglich nur die Daten zu empfangen, die entweder für diesen oder für alle Rechner bestimmt sind *(Broadcast)*.

Bild 1.9 zeigt ein typisches Szenario für einen Rechner im Netzwerk, auf dem Wireshark arbeitet. Auch wenn damit „nur" der eigene Netzwerkverkehr und der Broadcast-Verkehr aufgezeichnet werden kann, lassen sich auf diese Weise schon wesentliche Erkenntnisse über das Netzwerk sammeln.

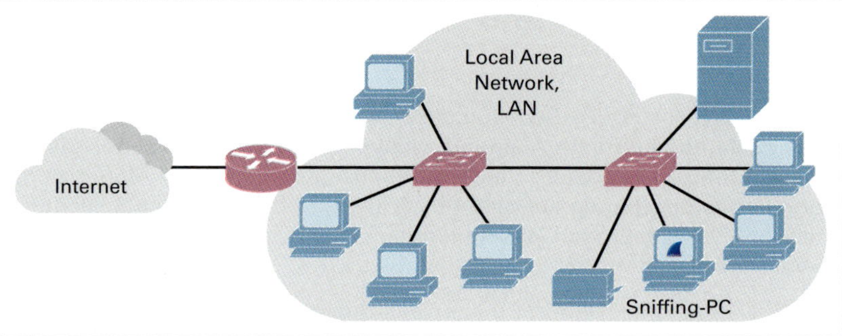

Bild 1.9: Einfaches LAN mit Switches

Layer 3

Auf Layer 3 des OSI-Modells arbeiten die *Router.* Sie verbinden Netzwerke miteinander und werten dazu die Netzwerkadressen der Schicht 3 aus. Häufig kommt dabei TCP/IP zum Einsatz. Jeder Routerport bildet ein Netz, welches wiederum mit Switches ausgestattet ist.

Router filtern den Datenverkehr. Sie geben Daten direkt an ihre eigenen Netzwerke aus und transportieren Daten für fremde Netze weiter. Sniffing über Router hinweg ist daher sehr schwierig, aber nicht unmöglich (siehe Kapitel 13).

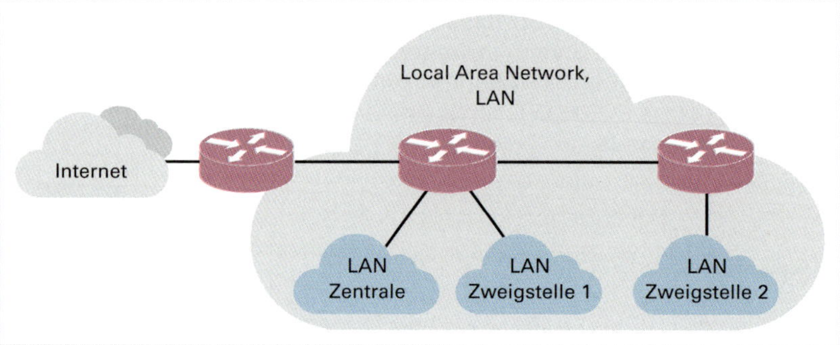

Bild 1.10: Netzwerk mit Routern

1.9.3 Strukturierte Verkabelung

Die Verkabelung eines Netzwerks erfolgt üblicherweise nach der Europäischen Norm EN 50173-1.

Die Leitungsführung ist meist sternförmig. Dies gilt im Heimbereich ebenso wie in großen Konzernen und Behörden. In Firmen spricht man von einer „strukturierten, diensteneutralen Verkabelung" oder einer „universellen Gebäudeverkabelung" (UGV).

Die heute vorherrschende Netzwerktopologie ist die erweiterte Sterntopologie (*Extended Star*), die ein Firmengelände oder einen Campus in drei Verkabelungsbereiche einteilt.

- Im ersten Verkabelungsbereich (*Primärverkabelung* oder *Core Layer*) werden, ausgehend von einem Standortverteiler (SV), sternförmig alle Gebäude miteinander verkabelt.
- Die Sekundärverkabelung (oder *Distribution Layer*), also der zweite Verkabelungsbereich, verbindet innerhalb eines Gebäudes oder Gebäudeteiles alle Etagen oder Abteilungen miteinander. Ausgangspunkt ist jeweils ein *Gebäudeverteiler* (GV), der jede Etage anfährt.

- Der dritte Bereich ist die Tertiärverkabelung oder Horizontalverkabelung in der Fläche einer Etage. Auf jeder Etage sind die Netzwerkdosen sternförmig mit dem jeweiligen *Etagenverteiler* (EV) verbunden (Tertiärverkabelung oder *Access Layer*).

In den Verteilern befinden sich heute ausschließlich Switches, in großen Netzen zur Aufteilung in kleinere Subnetze, darüber hinaus Router. Um die Ausfallsicherheit von Netzen zu erhöhen, werden Querverbindungen hergestellt, so wird aus dem Sternnetz ein Maschennetz. Durch diese Schleifen im Netz entstehen Broadcast-Stürme. Die Switches deaktivieren automatisch einzelne Ports, sodass alle Schleifen aufgetrennt werden. Nach diesem Auftrennen der Schleifen hat das Netz wieder eine eindeutige Sternstruktur.

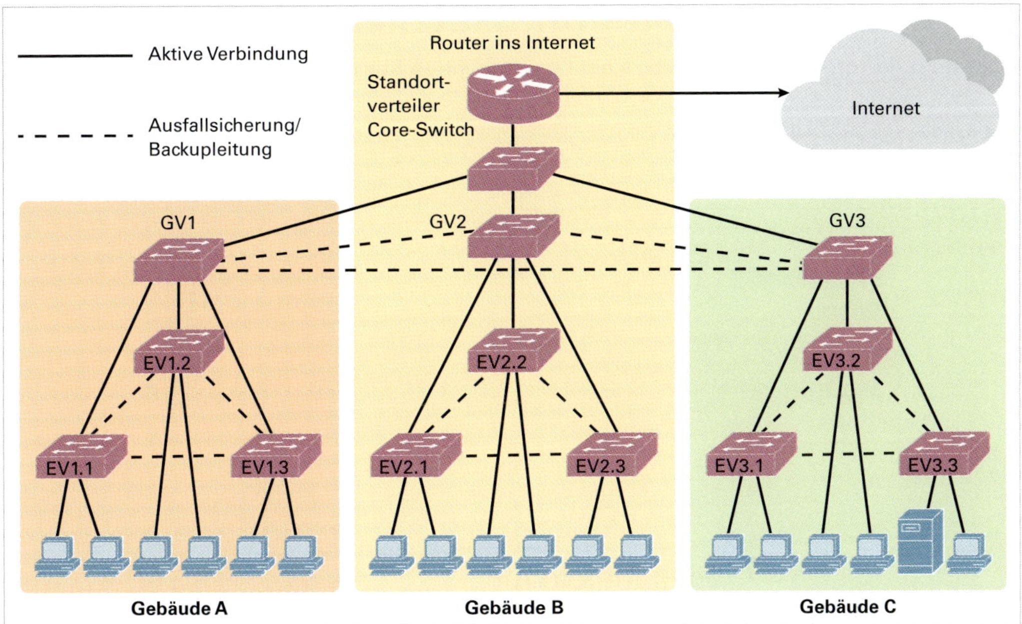

Bild 1.11: Strukturierte Verkabelung nach Norm

Bild 1.11 zeigt die Verkabelung dreier Gebäude. Die Gebäudeverteiler sind untereinander über Sicherungsleitungen (gestrichelt) miteinander verbunden. Ebenso sind die Etagenverteiler in den einzelnen Gebäuden mehrfach untereinander verbunden.

INFO

Es kann immer nur der Datenverkehr aufgezeichnet werden, der beim Protokollanalysator tatsächlich ankommt!

Für das Mitschneiden von Daten ist es daher wichtig, dass der Protokollanalysator möglichst nah an dem Rechner platziert wird, dessen Datenverkehr untersucht werden soll. In Kapitel 13 – Platzieren des Protokollanalysators – wird auf die Technik und das Platzieren der Geräte eingegangen, sofern Sie Wireshark nicht direkt auf Ihrem zu überwachenden Rechner installiert haben.

2 Bedienung und grundsätzliche Einstellungen

Nach dem Aufrufen des Programms sieht man folgenden Startbildschirm:

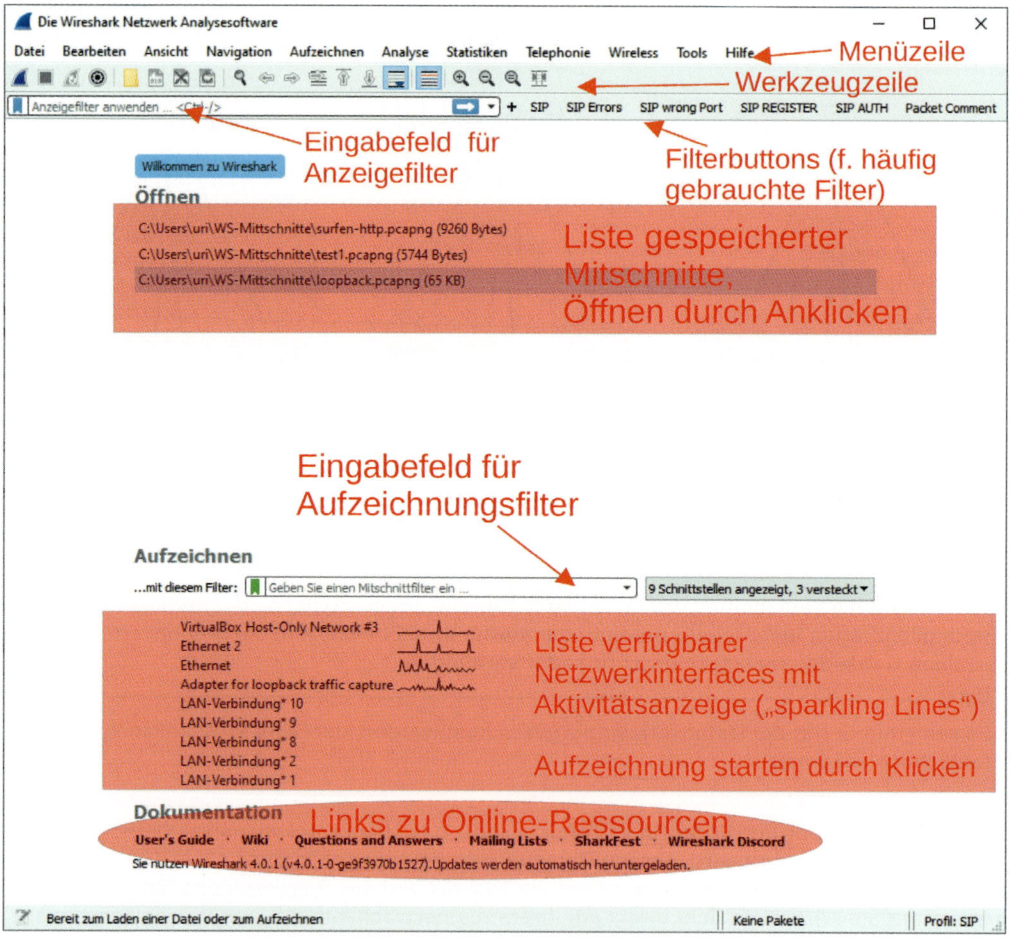

Bild 2.1: Der Startbildschirm von Wireshark

Das Wireshark-Startfenster (Bild 2.1) zeigt ganz oben das übliche Befehlsmenü mit der konfigurierbaren Werkzeugleiste.

Darunter befindet sich unter der Rubrik *Öffnen* eine Liste von gespeicherten Mitschnitten (wenn welche vorhanden sind).

Die Rubrik *Aufzeichnung* enthält ein Eingabefeld zur Eingabe von Aufzeichnungsfiltern. Darunter folgt die Liste der verfügbaren Netzwerk-Interfaces. Interfaces mit Datenverkehr sind leicht an dem Oszillogramm hinter dem Interface-Namen zu erkennen. Diese sogenannten „Sparkling Lines" sind ein guter Anhaltspunkt, zum Erkennen von aktiven Schnittstellen. Man bezeichnet diese auch als „Heartbeat", den „Herzschlag" des Interfaces. Die Sortierung ist veränderlich – Wireshark sortiert (seit Version 4.0) die Schnittstellen nach Datenaufkommen (die Verbindung mit viel Datenverkehr stehen oben).

Unter *Dokumentation* befinden sich Links auf Online-Ressourcen (meist in Englisch). Am unteren Rand des Fensters befindet sich die *Statuszeile*.

2.1 Das Wireshark Hauptfenster

Nach dem Öffnen eines gespeicherten Mitschnitts oder nach dem Start einer Aufzeichnung bekommt man das dreigeteilte Hauptfenster zu sehen.

Die hier abgebildete Darstellung entspricht der Standard-Einstellung. Die Darstellung kann weitgehend an die jeweiligen Erfordernisse angepasst werden (siehe hierzu Kapitel 6).

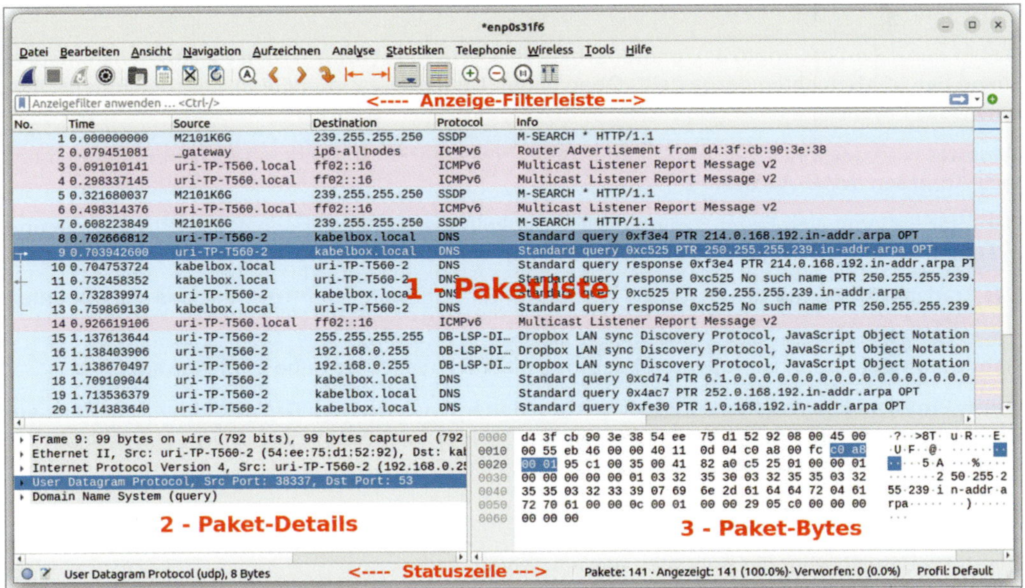

Bild 2.2: Das Wireshark-Hauptfenster

2.1.1 Bereich 1 – Paketliste

Im oberen Bereich (1) des Hauptfensters findet man die ***Paketliste***: Alle empfangenen Pakete sind durchnummeriert (Nummernspalte) und mit Zeitstempeln versehen (Zeit/Time-Spalte). Ziel- und Quelladresse der Pakete, der transportierte Protokolltyp und die wichtigsten Inhalte sind in einer Zeile zusammengefasst. Eine kurze Vorschau auf den Inhalt eines jeden Paketes findet man in der Spalte „Info". Die Spaltenanordnung ist jederzeit veränderbar. Ebenfalls können Spalten hinzugefügt werden.

Die Liste der mitgeschnittenen/angezeigten Pakete ist im Normalfall chronologisch geordnet, d. h. fortlaufend nummeriert (erste Spalte, in der Reihenfolge ihres Eintreffens). Durch Klicken auf einen Spaltenkopf lässt sich die Sortierung ändern. Ein kleiner Pfeil nach oben oder unten zeigt an, nach welchem Feld und in welcher Reihenfolge sortiert wurde.

Beispiel: Ein Klick in das *Time*-Feld ändert die Reihenfolge der Pakete nach der Zeit. Die Pakete werden dadurch rückwärts sortiert, die jüngsten Pakete stehen oben. Durch erneutes Klicken in dieses Feld wird die Sortierreihenfolge wieder umgekehrt.

Ganz links in der Paketliste werden durch verschiedene Zeichen zusammengehörige Pakete markiert. Das erste und das letzte zu einen Konversation gehörende Paket sind durch einen horizontalen Pfeil markiert. Zwischen den Pfeilen zieht sich ein vertikaler Strich. Ist dieser Strich durchgezogen, dann gehört das daneben angezeigte Paket zu dieser Konversation. Ist dieser Strich gestrichelt, dann gehört dieses Paket nicht zur ausgewählten Verbindung.

2.1.2 Bereich 2 – Paketdetails

```
› Frame 9: 99 bytes on wire (792 bits), 99 bytes captured (792 bits) on interface enp0s31f6, id 0
› Ethernet II, Src: uri-TP-T560-2 (54:ee:75:d1:52:92), Dst: kabelbox.local (d4:3f:cb:90:3e:38)
› Internet Protocol Version 4, Src: uri-TP-T560-2 (192.168.0.252), Dst: kabelbox.local (192.168.0.1)
› User Datagram Protocol, Src Port: 38337, Dst Port: 53
› Domain Name System (query)
```

Das in der Paketliste angeklickte und farbig markierte Paket wird in den Paketdetails entsprechend der OSI-Schichten dargestellt. Oben in den Details sieht man die physischen Eigenschaften dieses Paketes.

Darunter wird das Layer-2-Protokoll angezeigt, hier Ethernet II mit den darin enthaltenen Interface-Adressen (MAC-Adressen).

Darunter befindet sich Layer 3 mit dem IP-Protokoll, hier in der Version 4. Die IP-Adressen und eventuell auch die dazugehörigen Rechnernamen werden hier angezeigt.

Das Transportprotokoll der Schicht 4 wird darunter angezeigt, hier UDP mit den verwendeten UDP-Ports.

Ganz unten sieht man das Anwendungsprotokoll von Layer 7, hier eine DNS-Anfrage.

Jedes Protokoll kann weiter erkundet werden, indem man auf das Dreieck (oder Plus-Zeichen) links davon klickt und das jeweilige Protokoll aufklappt. Man kann sich so bis auf Bit-Ebene die Inhalte der Protokolle anzeigen lassen.

2.1.3 Bereich 3 – Paket-Bytes

Der dritte Bereich zeigt die Rohdaten des ausgewählten Paketes.

```
0000  d4 3f cb 90 3e 38 54 ee  75 d1 52 92 08 00 45 00   ·?··>8T· u·R···E·
0010  00 55 eb 46 00 00 40 11  0d 04 c0 a8 00 fc c0 a8   ·U·F··@· ········
0020  00 01 95 c1 00 35 00 41  82 a0 c5 25 01 00 00 01   ·····5·A ···%····
0030  00 00 00 00 00 01 03 32  35 30 03 32 35 35 03 32   ·······2 50·255·2
0040  35 35 03 32 33 39 07 69  6e 2d 61 64 64 72 04 61   55·239·i n-addr·a
0050  72 70 61 00 00 0c 00 01  00 00 29 05 c0 00 00 00   rpa····· ··)·····
0060  00 00 00                                           ···
```

Bild 2.3: Paket-Bytes

Standardmäßig werden die Daten in hexadezimal dargestellt. Dabei sind 16 Bytes in einer Zeile. Ganz links befinden sich die Byte-Nummern. Daneben werden die Hex-Werte der Bytes dargestellt. Das Byte Nummer 0000 im oben dargestellten Beispiel hat den Inhalt d4 (hex). Das Byte 0001 hat den Inhalt 3f (hex). Das letzte Byte in der Zeil hat die Nummer 000f und den Inhalt 00.

Rechts werden die darstellbaren ASCII-Zeichen der Bytes angezeigt. Übertragene Texte können hier in Klartext gelesen werden. Hex-Codes, denen kein ASCII-Zeichen zugeordnet ist, werden als Punkt (.) angezeigt.

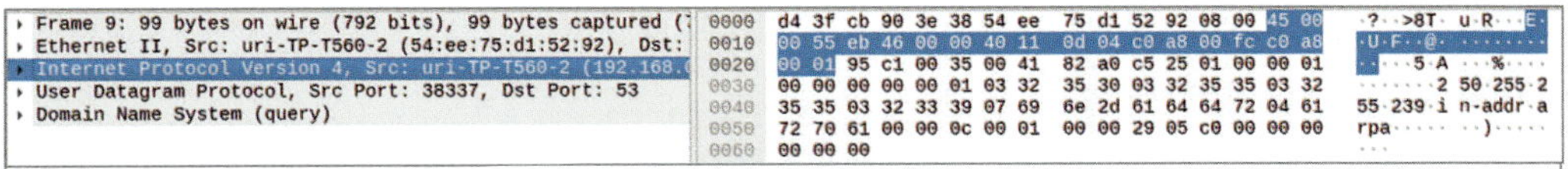

Bild 2.4: Hervorheben der gleichen Inhalte in Details und Bytes

Wird ein Feld in den Paketdetails durch ein Anklicken markiert, werden die entsprechenden Daten auch in der Byte-Ansicht markiert. Im oben dargestellten Beispiel ist das Internet-Protokoll markiert. In den Bytes sind dies Byte 000e bis 0021. Das Hervorheben funktioniert auch in der anderen Richtung:klickt man einen Wert in den Bytes an, wird der entsprechende Eintrag automatisch in den Details wird markiert.

Über Rechtsklick in die Packet-Bytes öffnet sich ein Kontextmenü. Hier lässt sich die Anzeige auch in Bit-Darstellung (Binärdarstellung) auswählen.

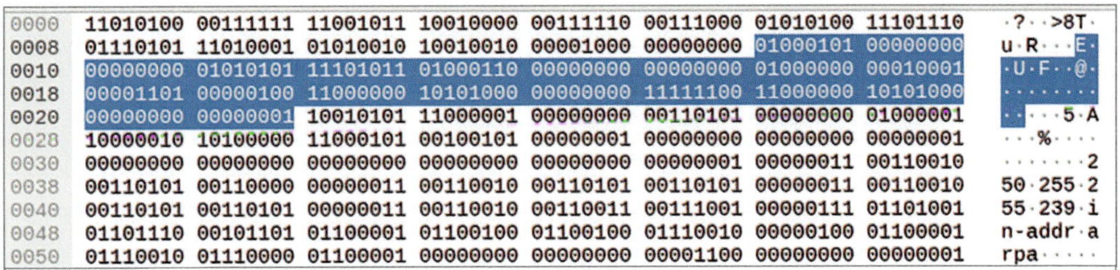

Bild 2.5: Binärdarstellung der Paket-Bytes

In dieser Bit-Darstellung werden nur 8 Bytes pro Zeile angezeigt.

2.2 Navigation im Hauptfenster

Mit der Maus lassen sich im Hauptfenster in allen drei Unterfenstern einzelne Einträge anklicken. Man wählt dazu in der Paketliste ein Paket aus. Dadurch erscheint dessen Inhalt in den beiden anderen Bereichsfenstern.

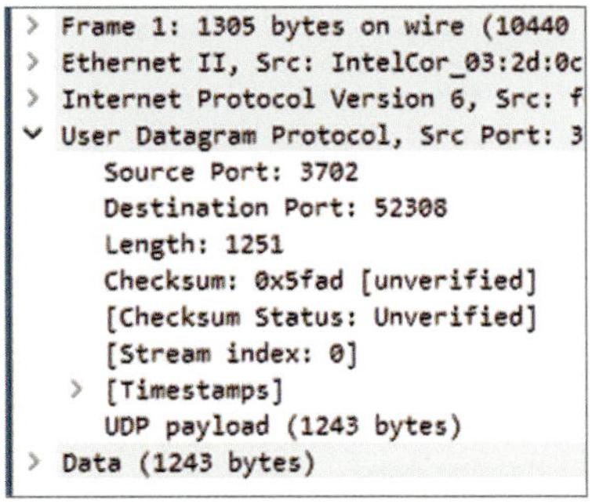

Ein in den Paketdetails ausgewähltes Paket kann im Fensterbereich der Paketdetails bis auf Bitebene angezeigt werden. Dabei werden die Daten entsprechend der eingesetzten Protokolle in logische Einheiten zusammengefasst, so wie diese in den Protokollen definiert sind. Das Symbol > zeigt an, dass der Inhalt weiter ausgeklappt werden kann. Es ändert sich zu ᵛ, wenn es ausgeklappt ist. Klicken auf ᵛ klappt die Anzeige wieder ein.

Bei etwas Routine bei der Arbeit mit Wireshark ist das Klicken unter Umständen zu mühsam. Mit der Tastatur lassen sich viele Aufgaben wesentlich schneller erledigen.

Allgemeine Tastenfunktionen in Paketliste und Paketdetails	
↓ + +	Schriftgröße in allen Fenstern vergrößern
↓ + –	Schriftgröße in allen Fenstern verkleinern
Strg + P	Zum letzten Paket springen
Strg + M	Aktuelles Paket markieren (farblich hinterlegen) / Markierung aufheben
Strg + G	Gehe zu Paket Nr... (Nummer eingeben)

Tastenfunktionen in der Paketliste	
↓ und ↑	das folgende oder vorige Paket auswählen
Strg + Pos1	Zum ersten Paket springen
Strg + Ende	Zum letzten Paket springen
Strg + M	Aktuelles Paket markieren (farblich hinterlegen) / Markierung aufheben
Strg + Umschalt + M	Angezeigte Pakete (farblich hinterlegen)
Strg + Alt + M	Alle Markierungen aufheben
Strg + G	Gehe zu Paket Nr... (Nummer eingeben)

Tastenfunktionen in den Paketdetails	
↓ und ↑	den folgenden oder den vorigen Eintrag auswählen
→	Weitere Details zu dem Eintrag aufklappen
←	Ausgeklappte Details einklappen
Strg + →	Alle Details aufklappen
Strg + ←	Alle Details einklappen

INFO

Über den Menüpunkt hilfe>about wireshark gelangt man zu der Infoseite über Wireshark. Im Reiter Tastenkombinationen findet man eine Liste der „Shortkeys".

Mit einem Doppelklick auf ein Paket der Paketliste öffnet man die Details des angeklickten Pakets in einem neuen Fenster.

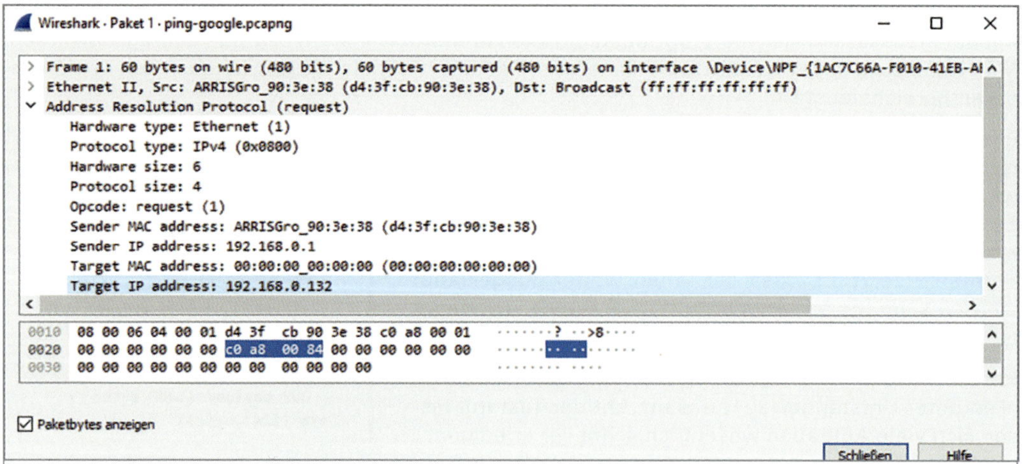

Bild 2.6: Separates Fenster mit Paketdetails

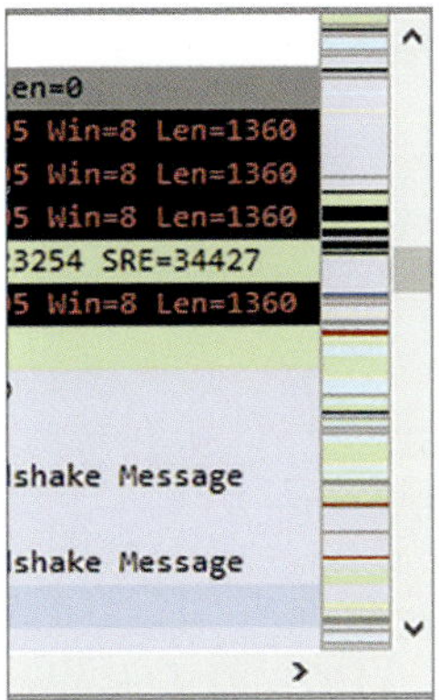

Bild 2.7: Intelligenter Scroll-Balken

Diese Funktion ist hilfreich, wenn man mehrere Pakete gleichzeitig betrachten möchte. So lassen sich Unterschiede oder gegenseitige Abhängigkeiten in mehreren Fenstern parallel darstellen.

Wie üblich, befindet sich ganz rechts von der Paketliste der Scroll-Balken. Links davon erkennt man einen weiteren, bunten Scroll-Balken, den sogenannten intelligenten Scroll-Balken.

Wireshark färbt nach vorgegebenen (aber anpassbaren) Einfärberegeln alle Datenpakete zur besseren Orientierung ein. In diesem intelligenten Scroll-Balken werden nun die Farben der Pakete komprimiert dargestellt. Hier kann man sich einen Überblick verschaffen und gezielt beispielsweise dahin springen, wo sich die interessanten Pakete befinden.

INFO

Der intelligente Scroll-Balken in der Paketansicht zeigt ein verkleinertes Abbild der eingefärbten Pakete.

2.3 Paketdetails im Detail

In den Paketdetails zeigt Wireshark alle empfangenen Daten an. Aber Wireshark bietet noch mehr, z.B. Informationen, die nicht im Datenstrom enthalten sind. Diese Informationen werden von Wireshark erzeugt. Die Wireshark-generierten Infos werden in eckigen Klammern dargestellt.

Dies können, wie im oben gezeigten Beispiel, Informationen über die Autonomen Systeme im Internet (AS-Nummer) sein, die vorausberechnete nächste Sequenz-Nummer bei TCP oder der Link zu zugehörigen Paketen. Wireshark bietet dadurch viele zusätzliche Informationen, die man sonst mühsam selbst herausfinden müsste.

Diese Felder können, wie die „normalen" Daten, welche tatsächlich im Datenstrom enthalten sind, als Filter benutzt werden (siehe Kapitel 5).

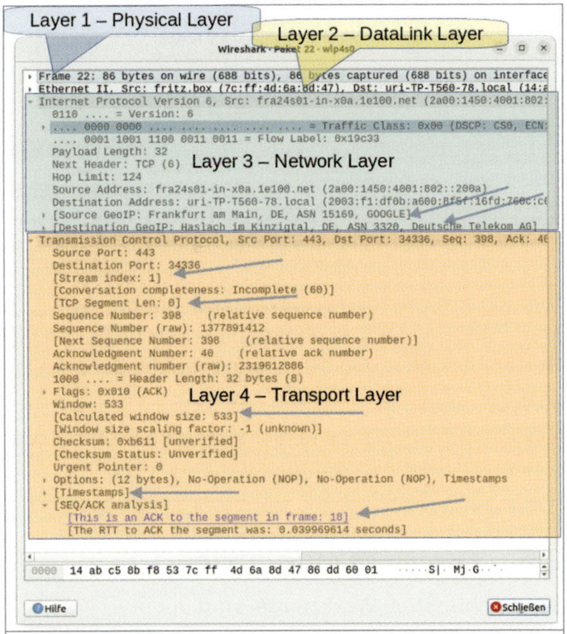

Bild 2.8: WS-generierte Infos in eckigen Klammern

2.4 Sprache einstellen

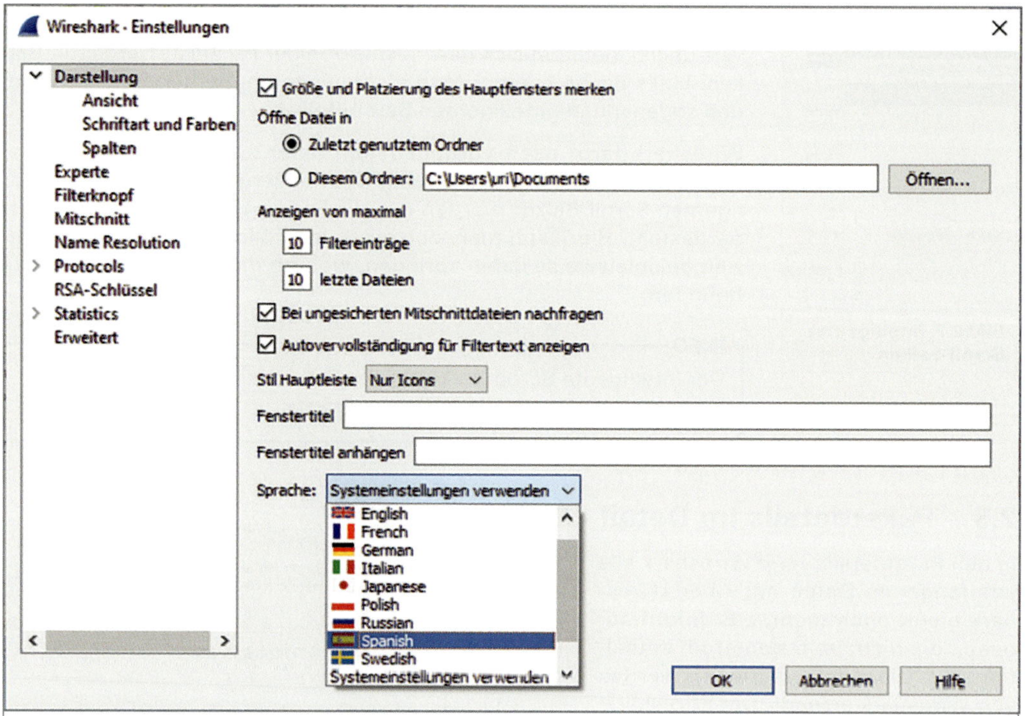

Bild 2.9: Sprache einstellen in den Wireshark-Einstellungen

Wireshark wurde in mehrere Sprachen übersetzt, unlter anderem auch ins Deutsche. Über das Menü *Bearbeiten* > *Einstellungen* oder Strg + Umschalt + P gelangt man in das Fenster der Systemeinstellungen. Hier kann man die Sprache auswählen.

INFO

Wählt man die Sprache nicht über die Preferences aus, so wird die Sprache verwendet, die auch das Betriebssystem verwendet.

2.5 Die Werkzeugleiste

Die wichtigsten Werkzeuge sind nicht nur über die verschiedenen Menüs erreichbar, sondern auch über Icons am oberen Teil des Wireshark-Fensters, gleich unterhalb der Menüs.

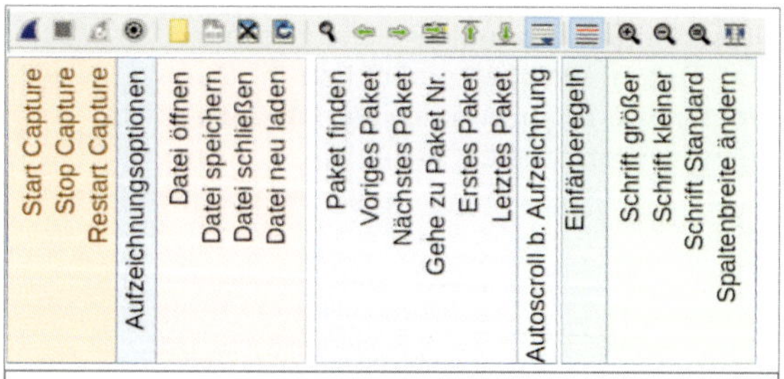

Bild 2.10: Die Werkzeugleiste

2.6 Die Filterleiste

Anzeigefilter werden über die Filterleiste eingegeben. Bei diesem Filter werden Datenpakete entsprechend der Filterregeln angezeigt oder ausgeblendet. Es gehen bei diesem Prozess keine aufgezeichneten Pakete verloren! Nach dem Rücksetzen eines Filters wird wieder der gesamte vorher aufgezeichnete Mitschnitt sichtbar.

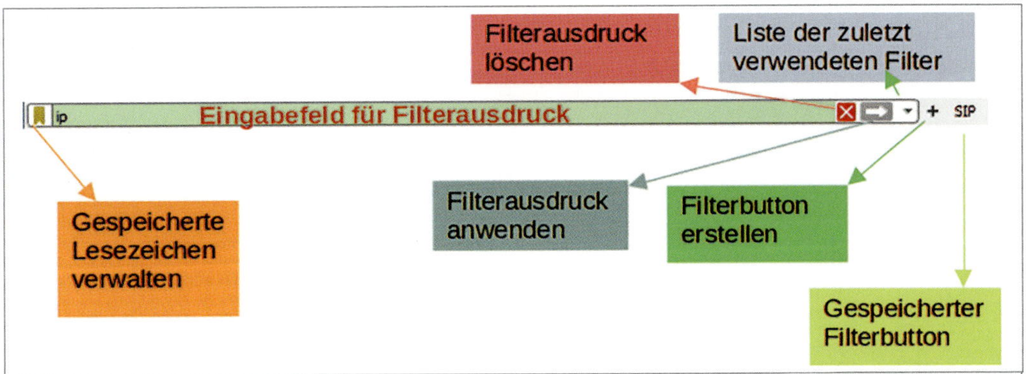

Bild 2.11: Filterleiste

Das Eingabefeld für Anzeigefilter verfügt über einen Syntax-Prüfung. Bei einem gültigen Filterausdruck wird das Eingabefeld grün hinterlegt, bei ungültigem Filterausdruck rot. Grau wird der Hintergrund, wenn die Eingabe syntaktisch richtig ist, aber noch einmal genau überprüft werden sollte, ob der Ausdruck korrekt ist.

INFO

Ein Filter wird erst dann aktiv, wenn dieser aktiv angewendet wird (Pfeil rechts vom Filterausdruck oder Enter-Taste)! Dasselbe gilt, wenn der Ausdruck geändert oder entfernt wird!

2.7 Die Statusleiste

Die Statuszeile am unteren Fensterrand ist sehr unscheinbar, stellt jedoch einige wichtige Informationen bereit.

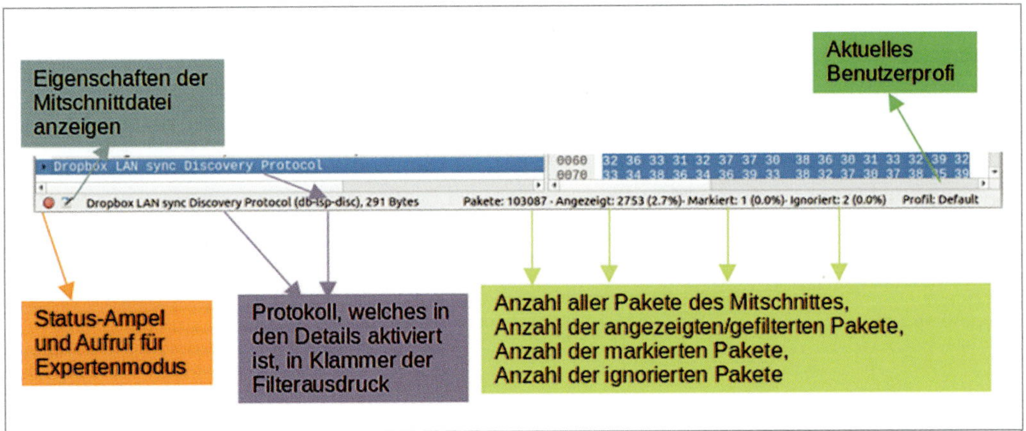

Bild 2.12: Statuszeile am unteren Fensterrand mit Statusampel und wichtigen Infos im Überblick

2.8 Die Kontextmenüs

Die Kontextmenüs enthalten Funktionen, die auch über die normale Menüstruktur zu finden sind. Ihr Vorteil besteht darin, dass Funktionen schneller erreicht werden, und zwar nur jene, die in der jeweiligen Arbeitssituation sinnvoll bzw. möglich sind.

Ein Rechtsklick auf einen Eintrag in der Paketliste oder in der Detailansicht öffnet das zugehörige Kontextmenü.

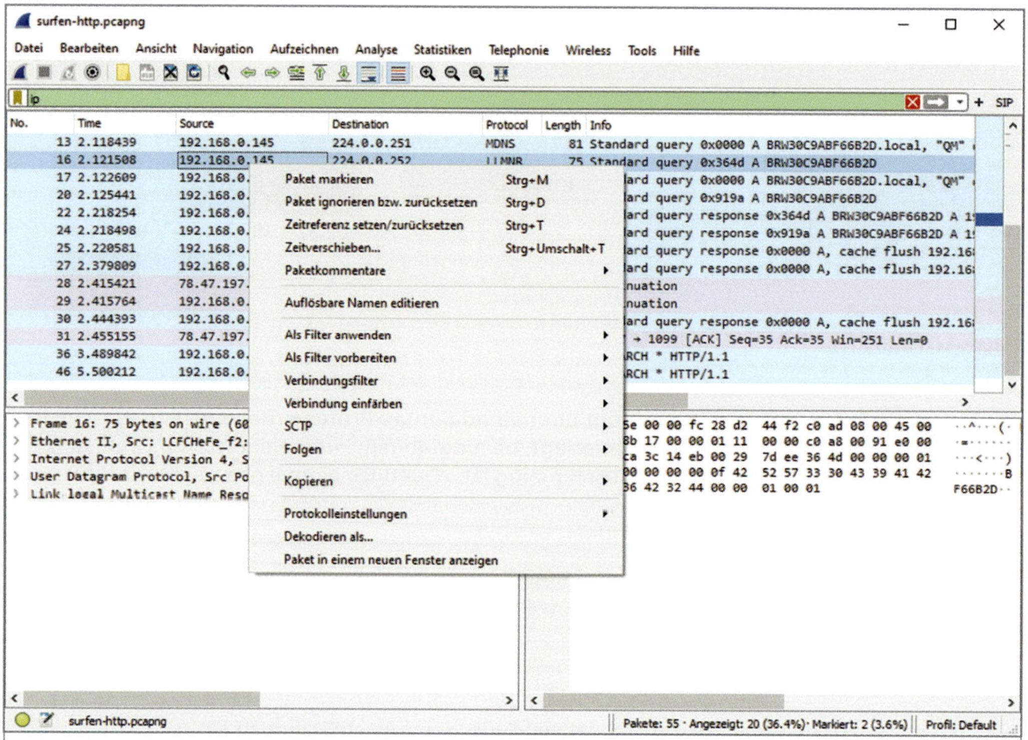

Bild 2.13: Das Kontextmenü der Paketliste

Die wichtigsten Funktionen des Kontextmenüs in der Paketliste		
Menüpunkt	**Shortkey**	**Funktion**
Mark Packet	Strg + M	Setzt oder löscht eine Markierung für ein Paket, etwa um es gezielt wieder anzuspringen
Ignore Packet	Strg + D	Blendet Pakete aus, um die Übersicht zu erhöhen
Zeitreferenz setzen/ rücksetzen	Strg + T	Setzen oder Rücksetzen einer Zeitreferenz
Apply as Filter		Setzen und Anwenden eines Display-Filters (Kapitel 5.1), der dem aktuell ausgewählten Paket entspricht
Prepare as Filter		Setzt einen Display-Filter, wendet ihn aber noch nicht an. Man kann die Filtereingabe noch editieren und anschließend mit Apply aktivieren
Folgen -TCP- Stream / UDP Stream		Öffnet ein neues Fenster und zeigt die zusammenhängenden Inhalte eines Datenstroms im Klartext an

Manche Optionen im Kontextmenü der Detailansicht sind identisch mit denen im Kontextmenü der Paketliste.

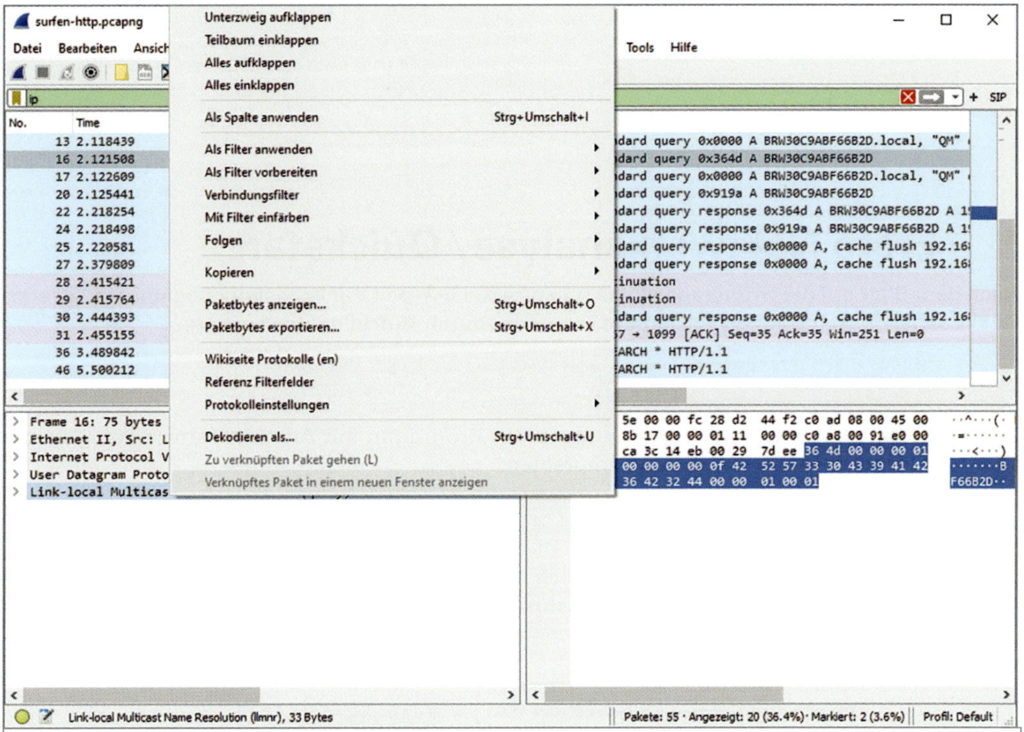

Bild 2.14: Das Kontextmenü der Paketdetails

Die wichtigsten Funktionen des Kontextmenüs in der Paketliste		
Menüpunkt	**Shortkey**	**Funktion**
Als Spalte anwenden	Strg + Umschalt + I	Das angewählte Feld wird als Spalte in die Paketliste eingebaut
Als Filter anwenden		Setzt und wendet einen Display-Filter an (Kapitel 5.1), der dem aktuell ausgewählten Paket entspricht
Als Filter vorbereiten		Setzt einen Display-Filter, wendet ihn aber noch nicht an. Man kann die Filtereingabe noch editieren und anschließend mit Apply aktivieren
Mit Filter einfärben		Das ausgewählte Protokoll wird mit einer gewählten Farbe eingefärbt
Folgen -TCP- Stream / UDP Stream		Öffnet ein neues Fenster und zeigt die zusammenhängenden Inhalte eines Datenstroms im Klartext an
Wikiseite Protokolle		Öffnet ein Browserfenster zu einer Seite mit Erklärungen zu Netzwerk-Protokollen

3 Erste Netzwerkanalyse / Quickstart

Nach dem Blick auf die Grundlagen kann nun direkt die Arbeit mit Wireshark beginnen: Man startet Wireshark durch Doppelklick auf das Icon oder durch Aufruf an der Konsole:

```
~$ wireshark
```

Je nach Installation und Konfiguration muss das Programm mit Administratorrechten ausgeführt werden. Dies ist jedoch nicht zu empfehlen:

```
~$ sudo wireshark
```

Der Startbildschirm (Bild 3.1) ist übersichtlich und zeigt die Interfaces, deren Datenverkehr mitgeschnitten werden kann. Man wählt die Schnittstelle aus, die überwacht werden soll – hier die LAN-Verbindung.

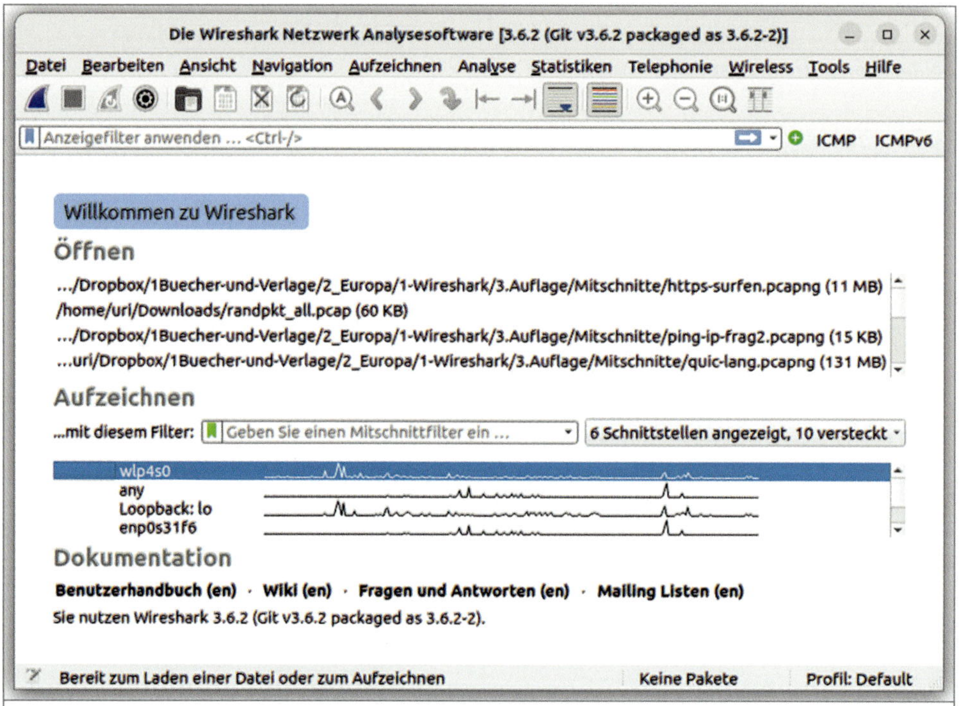

Bild 3.1: Startbildschirm mit Heartbeats

Man sieht im oberen Bereich unter **Öffnen** eine Liste der zuletzt geöffneten Mitschnitte.

Darunter mit der Überschrift **Aufzeichnen** sieht man ein Eingabefeld für einen Aufzeichnungsfilter (Capturefilter) und darunter die Liste der verfügbaren Schnittstellen. Hinter jeder Schnittstelle läuft eine sogenannte „Sparkling line", die die Aktivität der jeweiligen Schnittstelle anzeigt. So erkennt man sofort, auf welchem Interface der Datenverkehr anliegt.

Unter der Überschrift **Dokumentation** findet man Links zu Online-Ressourcen wie Handbücher, Wiki, Sample Capture und mehr.

INFO

Um nur wenige Datenpakete zu sehen, beendet man zuvor alle überflüssigen Netzwerkdienste. Es sollte kein E-Mail-Programm, kein Chat-Programm, kein Messenger, keine Datensynchronisationssoftware wie Dropbox oder sonstige Cloud-Dienste und kein anderes Netzwerkprogramm mehr aktiv sein!

3.1 Erste Schritte

Man startet nun eine Aufzeichnung, indem man auf die Schnittstelle klickt, über die der betreffende Rechner mit der Außenwelt kommuniziert – wahrscheinlich eth0 oder wlan0 bzw. LAN-Verbindung oder Funkverbindung.

Man öffnet anschließend ein Browserfenster und gibt beispielsweise die Adresse google.de ein. Danach wechselt man sofort wieder zu Wireshark zurück und stoppt die Aufzeichnung. Man wird sehr schnell sehen, dass dieser triviale Aufruf bereits ziemlich viel Datenverkehr verursacht hat.

Zunächst wird die Adresseingabe „google.de" in eine IP-Adresse übersetzt. Das übernimmt der Domain Name Service, der für die DNS-Pakete verantwortlich ist.

Bei Paket Nummer 3 in Bild 3.2 handelt es sich um die Anfrage des PC an den Router (DNS Standard query). Paket Nummer 4 ist die Antwort des Routers an den PC. Der PC kennt nun die IP-Adresse von google.de.

Man erkennt den TCP-Verbindungsaufbau des PC. Bei der verwendeten IP-Adresse (hier beispielsweise 209.85.149.147) handelt es sich um die Übersetzung der http-Anfrage zu google.de. Um das zu überprüfen, gibt man diese Adresse einmal direkt im Adressfeld des Browsers ein und landet ebenfalls auf der Seite google.de. Google betreibt Lastverteilung, sodass man eine IP-Adresse von einem Rechner bekommt, der gerade Zeit für unsere Anfragen hat. Die Adresse kann daher auch anders aussehen.

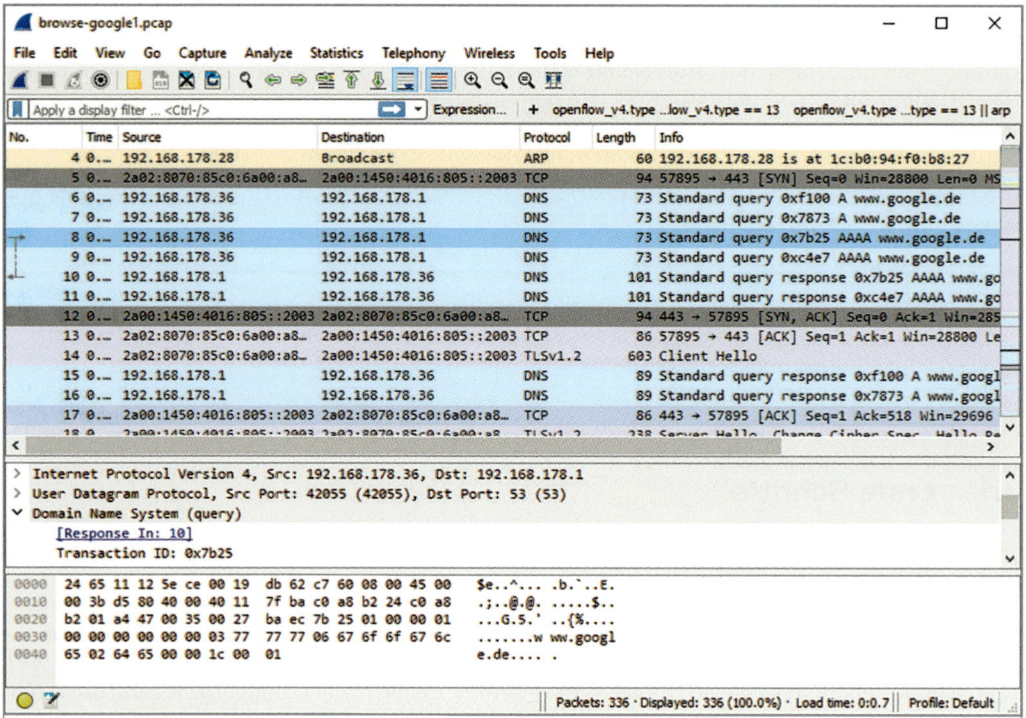

Bild 3.2: Anzeige der Pakete

Nach erfolgreichem Aufbau der Verbindung mit Google (Pakete 5, 12 und 13) wird eine verschlüsselte Sitzung aufgebaut (Paket 14).

Man kann sich vorstellen, wie viele Daten anfallen, wenn parallel noch andere Netzwerkdienste aktiv arbeiten – das Ganze wird folglich sehr schnell unübersichtlich. Abhilfe schaffen Filter, die nur den Datenverkehr extrahieren, der gerade von Interesse ist.

3.2 Filterung

Um die Mitschnitte übersichtlicher darzustellen, kann man Filter verwenden. Wireshark verfügt über zwei Filter-Typen:

- Capture-Filter / Aufzeichnungsfilter
- Display-Filter / Anzeigefilter

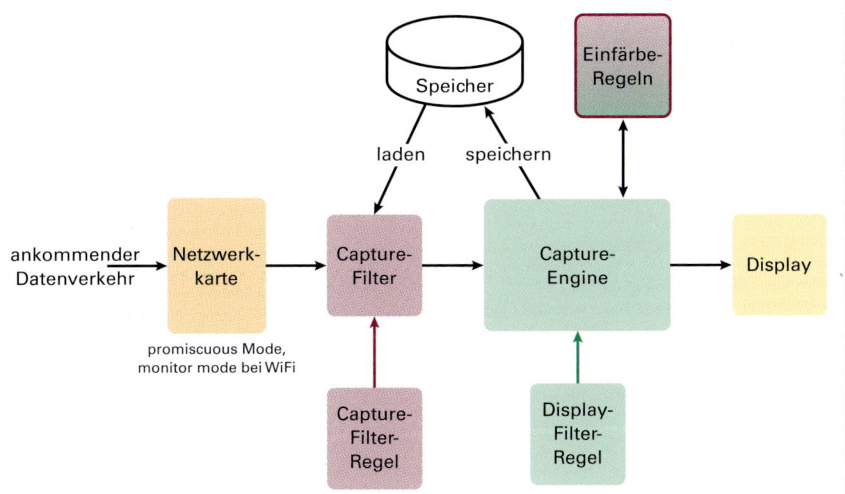

Bild 3.3: Blockdiagramm Wireshark

Der Capture- oder Aufzeichnungs-Filter filtert Datenpakete schon vor der Aufzeichnung. Nur Pakete, die diesen Filter passieren, gelangen weiter über das Betriebssystem zu Wireshark. Der Capture-Filter arbeitet sehr nah an der Netzwerkkarte.

Der Display-Filter dagegen arbeitet an der Capture-Engine und sucht aus allen Paketen, die vom Capture-Filter geliefert werden, jene heraus, die angezeigt werden sollen. Der Display-Filter lässt auch sehr komplexe Filterregeln zu, indem z. B. mehrere Regeln über logische Operatoren verknüpft werden.

Beispiel: *ip.addr == 10.0.0.1 and dns* zeigt alle Pakete mit der Ziel- oder Quelladresse 10.0.0.1 an, die das DNS-Protokoll enthalten.

Der Display-Filter erlaubt es, aus den aufgenommenen Daten bestimmte Pakete für die Ansicht herauszufiltern. Im oben dargestellten Beispiel werden nur die DNS-Pakete angezeigt.

3.3 Erste Analyse: ping

Für ein erstes Kennenlernen von Wireshark führt man sinnvollerweise eine einfache Operation aus. Hierzu schließt man alle überflüssigen Programme und beendet ebenso alle Programme und Dienste, die eventuell im Hintergrund eine Verbindung ins Netz aufbauen. Hierzu zählen auch Chat-Programme, IP-Telefonie-Programme usw.

Man öffnet auf dem Desktop eine Konsole für die Befehlseingabe sowie Wireshark zur Aufzeichnung auf dem entsprechenden Interface. In der Regel handelt es sich meist um die erste Ethernet-Schnittstelle eth0. In Wireshark sollten nun möglichst keine Pakete angezeigt werden.

Man wechselt danach in das Konsolenfenster und „pingt" eine existierende Adresse im Internet an: Der eigentliche Befehl, also das, was man eintippen muss, lautet: „ping google.de". Die Zeichenfolge ~$ steht für die sogenannte „Eingabeaufforderung" (Prompt), der auf dem jeweils genutzten System anders aussehen kann.

```
~$ ping google.de
```

Sofort wechselt man wieder auf Wireshark zurück. Jetzt müssten, wenn alles korrekt funktioniert, einige Pakete in der Paketliste dargestellt werden.

Man stoppt den ping und analysiert das Ergebnis. Auf der Konsole erkennt man, dass google mit der IP-Adresse 142.250.186.35 angesprochen wurde und nach 46,6 ms, 26,7 ms und 74,8 ms die Ping-Antwort verzeichnet wurden.

```
uri@uri-TP-T560:~$ ping -4 -c 3 google.de
PING  (142.250.186.35) 56(84) bytes of data.
64 bytes from fra24s04-in-f3.1e100.net (142.250.186.35): icmp_seq=1 ttl=115 time=46.6 ms
64 bytes from fra24s04-in-f3.1e100.net (142.250.186.35): icmp_seq=2 ttl=115 time=26.7 ms
64 bytes from fra24s04-in-f3.1e100.net (142.250.186.35): icmp_seq=3 ttl=115 time=74.8 ms

--- ping statistics ---
3 packets transmitted, 3 received, 0% packet loss, time 2003ms
rtt min/avg/max/mdev = 26.722/49.377/74.841/19.744 ms
uri@uri-TP-T560:~$
```

Es wird nun der Wireshark-Mitschnitt des aufgezeichneten Pings analysiert.

Vor dem Kontakt mit einem Server von google.de wird ein anderer Rechner angefragt, um die IP-Adresse des Ziels zu ermitteln. Dies geschieht mithilfe des Domain Name System (DNS).

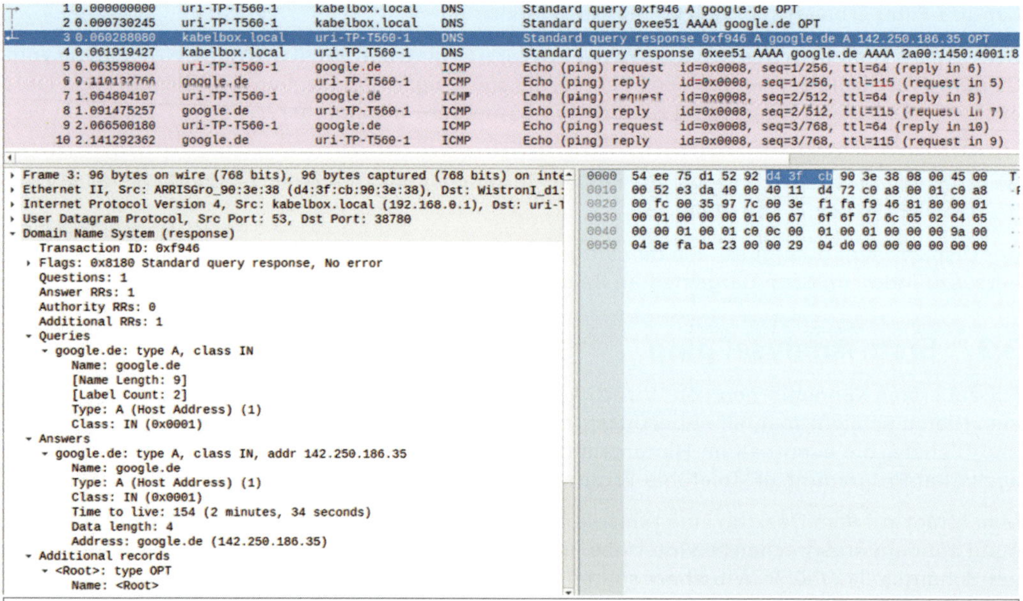

Bild 3.4: Namensauflösung mit DNS vor dem PING

Betrachtet man die DNS-Pakete etwas genauer, dann erkennt man den Rechner, der für die Namensauflösung angesprochen (kabelbox.local, der Router ins Internet) wurde (DNS Standard Query), wie auch die Antwort (DNS Standard Query Response), die dem PC die IP-Adresse von google.de mitteilt. Es wurde zwei Anfragen verschickt und es wurden auch zwei Antworten mit IP-Adressen empfangen.

Im Paket Nr. 3 erhalten wir in diesem Beispiel die IPv4-Adresse von google.de, in Paket 4 wird die IPv6-Adresse übermittelt.

Die IP-Adressen werden bei großen Web-Sites wie google lastabhängig verteilt, sodass die Server gleichmäßig ausgelastet werden. Man erhält daher meist bei jeder DNS-Anfrage eine andere IP-Adresse zurück.

Um nur die DNS-Pakete zu sehen, gibt man in der Filterleiste ***dns*** als Filterregel ein und beendet die Eingabe mit Enter (oder Klicken Sie auf den Pfeil nach rechts hinter dem Eingabefeld).

Das „X" rechts vom Eingabefeld löscht den Filter.

Eventuell sieht man auch ARP-Pakete, die dazu dienen, IP-Adressen in MAC-Adressen aufzulösen.

Das Verfahren ist ähnlich dem DNS. Man gibt ***arp*** in die Filterzeile ein, um die entsprechenden ARP-Pakete anzuzeigen.

Die eigentlichen ping-Pakete sind ICMP-Pakete (Internet Control Message Protocol). Man filtert diese Pakete über die Eingabe ***icmp*** heraus.

Man beachte die Angaben in der Zeit-Spalte des Paketfensters. Hier ist verzeichnet, zu welchem Zeitpunkt die ICMP-Anfragen (Requests) abgesendet wurden und wann die Antworten (Replys) eingingen. Die Differenzzeit ist die ping-Antwortzeit, wie sie auch im Konsolenfenster beim ping-Befehl zu sehen ist.

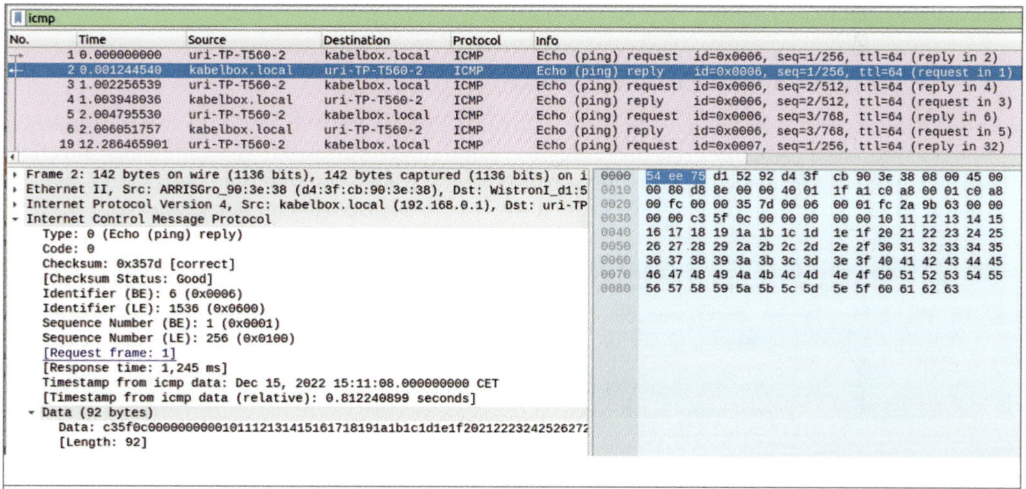

Bild 3.5: PING zum Router

Die Zeit vom Absenden eines PING-Querys bis zum Eintreffen der Query Response ist die Ping-Antwortzeit. Diese Zeit nennt man auch Rundlaufzeit oder Roud Trip Time (RTT).

Klickt man auf ein Paket, dann werden ganz links zwei Pfeile eingeblendet um die zusammen gehörigen Pakete zu kennzeichnen (bspw. Paket 5 und 6). Die Zeitdifferenz zwischen diesen beiden Paketen entspricht der Roud Trip Time.

3.4 Aufruf einer Webseite mit einem Browser

Die Standard-Anwendung im Internet ist das Browsen. Nach Eingabe einer Adresse in Adressfeld des Browsers erwartet man unverzüglich den Inhalt der angeforderten Seite zu sehen. Das Protokoll, das dies ermöglicht ist das Hypertext Transfer Protokoll, HTTP. HTTP ist ein sehr altes Protokoll. Es überträgt die Anfrage vom Browser zum Server und die Antwort vom Web-Server zurück zum PC und dessen Browser. Die Kommunikation ist im Klartext unverschlüsselt und kann problemlos mitgeschnitten werden.

Im Internet wird aus Sicherheitsgründen der HTTP-Verkehr zumeist verschlüsselt übertragen. Nur noch wenige Seiten sind im Internet unverschlüsselt zu erreichen. Sichere Seiten verwenden das HTTPs (HTTP secure) oder QUIC.

Manche Geräte im LAN, wie zum Beispiel Drucker und Scanner, verfügen über ein Web-Interface, welches unverschlüsselt ist.

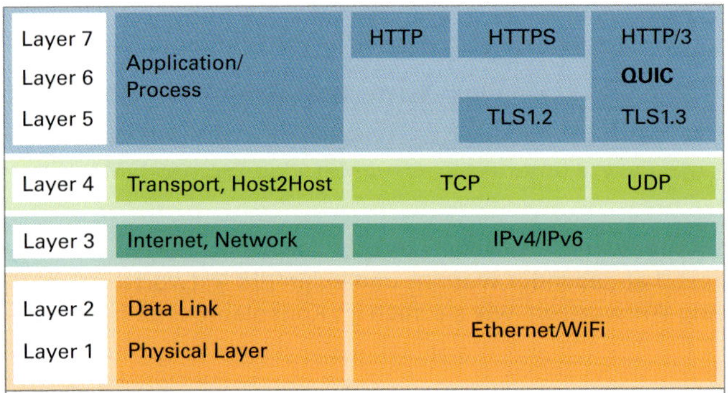

Bild 3.6: Websurfing-Protokolle

3.4.1 Hypertext Transfer Protokoll, HTTP

Auf der Anwendungsschicht (OSI-Schicht 7 bzw. TCP/IP-Schicht 4) findet sich das Hypertext Transfer Protocol (HTTP), über das die Webserver und die Webbrowser ihre Daten austauschen. Bild 3.7 zeigt die HTT Pakete eines Seitenaufrufes, die Anfrage vom Client an den Server. Bild 3.8 auf Seite 39 zeigt das Ergebnis der Anfrage: die Antwort des Servers an den Client.

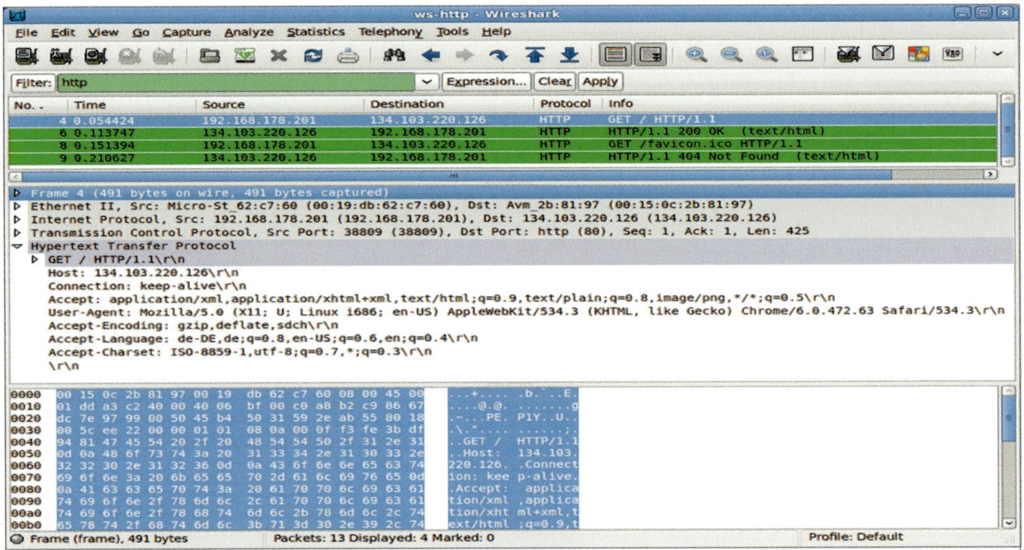

Bild 3.7: HTTP in Wireshark (Anfrage)

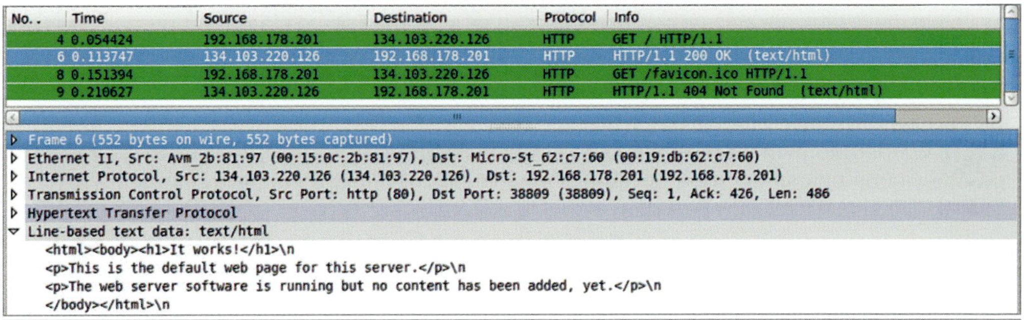

Bild 3.8: HTTP in Wireshark (Antwort)

Um nur die HTTP-Pakete darzustellen, filtert man die Aufzeichnung nach diesen Paketen und gibt dafür den Filterausdruck http in das Feld des Anzeigefilters ein. Per Klick auf Apply wird der Filter aktiviert und man ist damit in der Lage, das HTTP-Protokoll zu untersuchen.

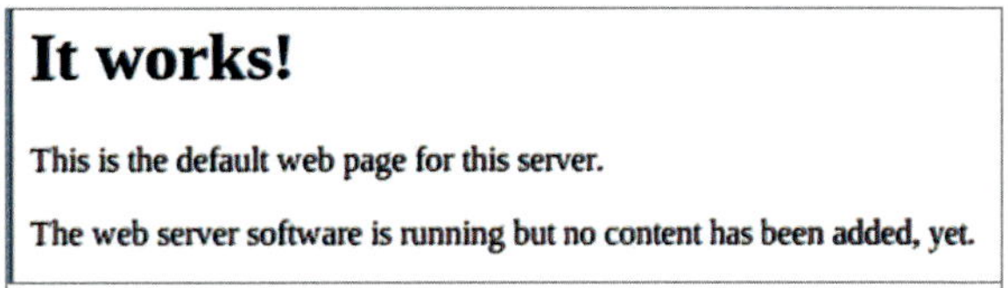

Bild 3.9: Browser-Anzeige der Serveranfrage

In Bild 3.7 wird in Paket 4 der Server mit Hilfe des GET-Befehls angefragt. In den Paketdetails im mittleren Fenster sieht man, welche Daten der Browser an den Server sendet, und zwar im Klartext:

GET / HTTP/1.1

was soviel bedeutet wie „gib mir die Daten vom root-verzeichnis (/) im Format HTTP1.1".

Host: 134.103.220.125

gibt an, von welchem Server die Daten geholt werden. Es folgen Angaben über verwendete Zeichensätze, Browser, Betriebssystem des Clients und einige andere Daten. In Paket 6 in Bild 3.8 erkennt man die Antwort des Servers. Dieser antwortet mit einem Statuscode 200 OK, was dem Browser anzeigt, dass alles in Ordnung ist. In den Paketdetails sieht man den HTML-Code, den der Server zum Browser schickt. Diesen einfachen HTML-Code zeigt der Browser entsprechend an.

In Paket 8 dieses Traces fragt der Browser den Server nach einem Icon, das dieser im Adressfeld des Browsers vor der Adresse anzeigen möchte. Paket 9 ist die Antwort des Servers: 404 Not Found, da der Server das Icon nicht liefern kann (siehe Bild 3.10).

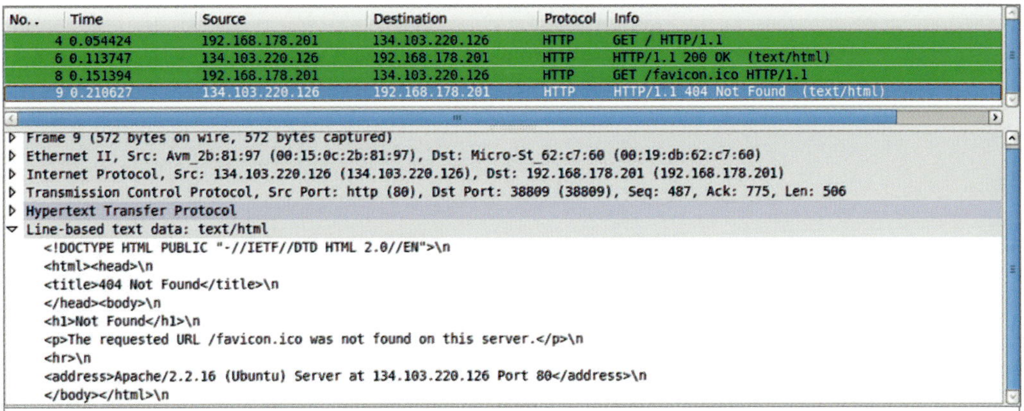

Bild 3.10: HTTP Server-Antwort: 404 Not Found

Um sich in die Protokolle einzuarbeiten, empfiehlt es sich, die Pakete eines bestimmten Typs genauer ansehen, um Gemeinsamkeiten und Unterschiede zu erkennen.

INFO

Da bei dieser Art des Datenaustausches alle Daten im Klartext, d. h. unverschlüsselt, übertragen werden, können diese Daten auch problemlos abgegriffen werden. Aus Sicherheitsgründen kommt daher im Internet zumeist eine verschlüsselte Datenübertragung mit SSL, TLS, HTTPs oder QUIC zum Einsatz.

Die HTTP-Inhalte werden über das TCP (Transmission Control Protocol) auf OSI-Schicht 4 übertragen.

3.4.2 Hypertext Transfer Protokoll secure, HTTPs

Die verschlüsselte Übertragung läuft prinzipiell genauso ab wie eine unverschlüsselte Kommunikation. Auch hier wird der oben aufgezeigte HTML-Code und weitere Informationen zwischen den beiden Kommunikationspartnern ausgetauscht. Allerdings werden die Daten auf OSI-Layer 4, der Transportschicht verschlüsselt. Im folgenden Screenshot kann man erkennen, dass das TCP vom Client zum Server eine Verbindung aufbaut (Pakete 395 bis 397). Wenn diese Verbindung steht, wird auf der Transportschicht die Verschlüsselung eingerichtet. Dazu wird TLS1.2 (Transport Layer Security 1.2) verwendet. Anschließend werden die HTTP-Daten verschlüsselt über die TCP-Verbindung übertragen. Man erkennt zwar die TCP-Pakete und auch deren Inhalte. Aber die Inhalte sind nun verschlüsselt und somit ohne das Wissen um den genutzten Verschlüsselungscode nicht mehr lesbar oder auswertbar.

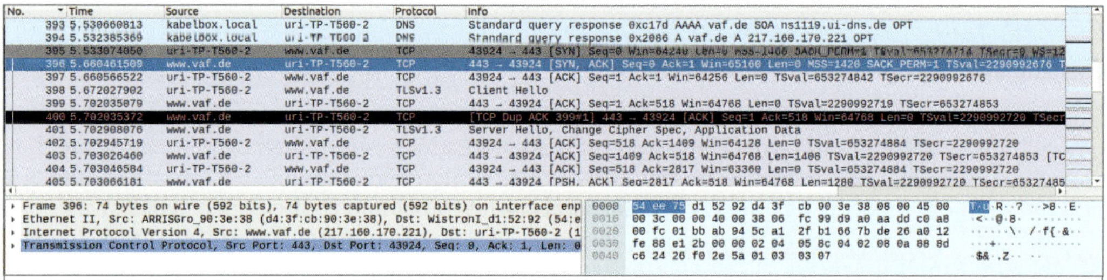

Bild 3.11: HTTP-Verschlüssselung mit TLS1.2

3.4.3 Quick UDP Internet Communication, QUIC

Quick UDP Internet Communication, QUIC, ist ein neuartiges Protokoll um Daten sicher und verschlüsselt zu übertragen. QUIC benutzt HTTP/3 zum Übertragen der Dateninhalte und TSL1.3 zum Verschlüsseln. Als Transportprotokoll wird das einfache und unsichere User Datagram Protocol, UDP, verwendet.

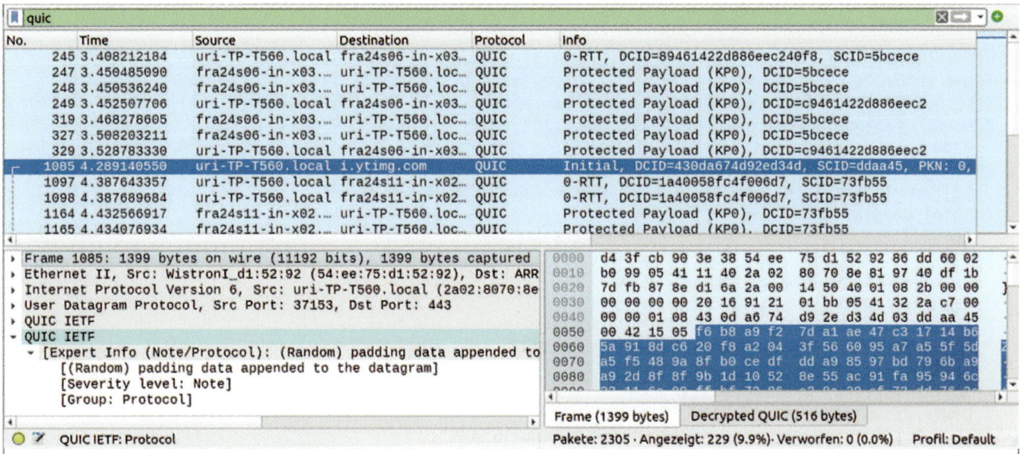

Bild 3.12: Webbrowsing mit QUIC

UDP ist wesentlich effizienter in der Datenübertragung als TCP. Die Sicherungsmechanismen von TCP, wie Verbindungssteuerung, das Wiederholen verlorener Pakete usw., werden von QUIC bzw HTTP/3 übernommen. Durch die Nutzung von TLS1.3 Verschlüsselung wird die Datenübertragung abhörsicher.

3.5 User Datagram Protocol (UDP)

UDP ist ein leichtgewichtiges Protokoll der Transportschicht, das nach dem Best-Effort-Prinzip arbeitet. UDP ist ein Transportprotokoll für Anwendungen, die Paketverluste tolerieren können oder wenn die Zuverlässigkeit auf der Anwendungsschicht gewährleistet werden kann. Das Trivial File Transfer Protocol (TFTP) zum Beispiel, ein einfaches Protokoll zur Dateiübertragung, nutzt UDP als Transportschicht. TFTP sendet Bestätigungen für jeden Block von Datagrammen, die auf der Anwendungsschicht empfangen werden. Obwohl UDP also keinen eingebauten Zuverlässigkeitsmechanismus hat, können solche Anwendungen UDP als Transportschichtprotokoll verwenden. Das Protokollfeld des IP-Headers wird für UDP auf 17 gesetzt. Das Format des UDP-Headers ist wie folgt:

0										1										2										3	
0	1	2	3	4	5	6	7	8	9	0	1	2	3	4	5	6	7	8	9	0	1	2	3	4	5	6	7	8	9	0	1
Source Port																Destination Port															
Length																Checksum															

Bild 3.13: UDP-Header

Der Host, von dem der UDP-Stream ausgeht, verwendet einen beliebigen lokalen, nicht verwendeten Port aus dem Bereich 1024 bis 65535. Der Zielport wird verwendet, um die Endanwendung auf dem Zielhost zu identifizieren. Der Zielport liegt normalerweise im bekannten Bereich von 1 bis 1023.

In der nachfolgenden Tabelle sind einige der bekannten UDP-Anwendungsports aufgeführt:

Tabelle 3.1: Bekannten UDP-Anwendungsports

Bezeichnung	Wert (dezimal)	Bezeichnung	Wert (dezimal)	Bezeichnung	Wert (dezimal)
Echo	7	NICname	43	NTP	123
Users	9	Domain Name Service	53	SNMP	161
Daytime	13	BootP	67/68	SNMP Trap	162
Netstat	15	TFTP	69	Syslog	514
Time	37	SUNRPC	111	Time Daemon	525

Hier ist ein Beispiel für eine Wireshark-Trace eines UDP-Pakets:

```
> Frame 1555: 71 bytes on wire (568 bits), 71 bytes captured (568 bits) on interface en0, id 0
> Ethernet II, Src: Apple_ee:eb:53 (3c:22:fb:ee:eb:53), Dst: TendaTec_07:8a:80 (c8:3a:35:07:8a:80)
v Internet Protocol Version 4, Src: 192.168.0.199, Dst: 172.224.55.7
    0100 .... = Version: 4
    .... 0101 = Header Length: 20 bytes (5)
  > Differentiated Services Field: 0x00 (DSCP: CS0, ECN: Not-ECT)
    Total Length: 57
    Identification: 0x0000 (0)
  > 010. .... = Flags: 0x2, Don't fragment
    ...0 0000 0000 0000 = Fragment Offset: 0
    Time to Live: 64
    Protocol: UDP (17)
    Header Checksum: 0x955d [validation disabled]
    [Header checksum status: Unverified]
    Source Address: 192.168.0.199
    Destination Address: 172.224.55.7
v User Datagram Protocol, Src Port: 58311, Dst Port: 443
    Source Port: 58311
    Destination Port: 443
    Length: 37
    Checksum: 0x8500 [unverified]
    [Checksum Status: Unverified]
    [Stream index: 4]
  > [Timestamps]
    UDP payload (29 bytes)
> Data (29 bytes)
```

Bild 3.14: Wireshark-Trace eines UDP-Pakets

3.6 Transport Control Protocol (TCP)

Das Transmission Control Protocol (TCP) stellt eine gesicherte und zuverlässige Transportschicht für eine verbindungsorientierte Host-to-Host-Kommunikation zur Verfügung. Anwendungen, die empfindlich auf Datenverluste reagieren, nutzen TCP als Protokoll der Transportschicht. Ein großer Teil des Internetverkehrs wird von TCP übermittelt. Es wird von vielen Anwendungen ausgiebig genutzt, darunter E-Mail, Peer-to-Peer-Filesharing und die WWW-Anwendungen. TCP empfängt Daten von der Anwendungsschicht und teilt sie in Dateneinheiten auf, die mit dem TCP-Header gekapselt werden. Die Protokolldateneinheit mit dem eingekapselten TCP-Header wird als Segment bezeichnet. TCP arbeitet verbindungsorientiert, so dass eine Verbindung zwischen den Endpunkten mit einem Drei-Wege-Handshake hergestellt wird. Die Zuverlässigkeit wird durch die Bestätigung des Empfängers eines jeden Segments erreicht, und jedes fehlende Segment wird erneut übertragen.

Das Protokollfeld des IP-Headers wird für TCP auf 6 gesetzt. Der TCP-Headers hat folgendes Format:

<table>
<tr><td colspan="10">0</td><td colspan="10">1</td><td colspan="10">2</td><td colspan="2">3</td></tr>
<tr><td>0</td><td>1</td><td>2</td><td>3</td><td>4</td><td>5</td><td>6</td><td>7</td><td>8</td><td>9</td><td>0</td><td>1</td><td>2</td><td>3</td><td>4</td><td>5</td><td>6</td><td>7</td><td>8</td><td>9</td><td>0</td><td>1</td><td>2</td><td>3</td><td>4</td><td>5</td><td>6</td><td>7</td><td>8</td><td>9</td><td>0</td><td>1</td></tr>
<tr><td colspan="17">Source Port</td><td colspan="15">Destination Port</td></tr>
<tr><td colspan="32">Sequence Number</td></tr>
<tr><td colspan="32">Acknowledgement Number</td></tr>
<tr><td colspan="5">Offset</td><td colspan="4">Reserved</td><td colspan="8">Flags</td><td colspan="15">Window</td></tr>
<tr><td colspan="17">Options</td><td colspan="15">Urgent Pointer</td></tr>
<tr><td colspan="25">Options</td><td colspan="7">Padding</td></tr>
</table>

Bild 3.15: TCP-Headerformat

Im Vergleich zum UDP-Header, der aus einem festen 8-Byte-Header besteht, ist der TCP-Header 20 Byte groß. Die Größe kann je nach Vorhandensein von TCP-Optionen variieren. Die Sequenznummer und die Bestätigungsnummer spielen eine Schlüsselrolle für die Zuverlässigkeit der Datenübertragung in der Endanwendung. Weitere Einzelheiten werden in den kommenden Abschnitten behandelt.

In der folgenden Tabelle sind einige der bekannten TCP-Anwendungsports aufgeführt:

Protokoll	Wert/Service	Beschreibung
ftp-data	20/tcp/	File Transfer [Default Data]
ftp	21/tcp	File Transfer [Control]
telnet	23/tcp	Telnet
smtp	25/tcp	Simple Mail Transfer
login	49/tcp	Login Host Protocol
domain	53/tcp	Domain Name Server
tacacs-ds	65/tcp	TACACS-Database Service
www-http	80/tcp	World Wide Web HTTP
kerberos	88/tcp	Kerberos
npp	92/tcp	Network Printing Protocol
pop2	109/tcp	Post Office Protocol – Version 2
pop3	110/tcp	Post Office Protocol – Version 3
imap2	143/tcp	Interim Mail Access Protocol v2
print-srv	170/tcp	Network PostScript
bgp	179/tcp	Border Gateway Protocol
https	443/tcp	https

Nachfolgend wird ein Wireshark-Trace eines TCP-Pakets dargestellt:

```
> Frame 57: 66 bytes on wire (528 bits), 66 bytes captured (528 bits) on interface en0, id 0
> Ethernet II, Src: Apple_ee:eb:53 (3c:22:fb:ee:eb:53), Dst: TendaTec_07:8a:80 (c8:3a:35:07:8a:80)
v Internet Protocol Version 4, Src: 192.168.0.199, Dst: 81.169.145.103
    0100 .... = Version: 4
    .... 0101 = Header Length: 20 bytes (5)
  > Differentiated Services Field: 0x00 (DSCP: CS0, ECN: Not-ECT)
    Total Length: 52
    Identification: 0x0000 (0)
  > 010. .... = Flags: 0x2, Don't fragment
    ...0 0000 0000 0000 = Fragment Offset: 0
    Time to Live: 64
    Protocol: TCP (6)
    Header Checksum: 0x9644 [validation disabled]
    [Header checksum status: Unverified]
    Source Address: 192.168.0.199
    Destination Address: 81.169.145.103
> Transmission Control Protocol, Src Port: 58694, Dst Port: 993, Seq: 56, Ack: 314, Len: 0
```

Bild 3.16: Trace eines TCP-Pakets

3.7 Erste Analyse der Transportprotokolle

TCP ist ein sicheres Protokoll, d. h., es ist für das sichere Ausliefern und den korrekten Empfang der Daten zuständig. Man spricht hier auch von „secure and reliable“, also sicher und verlässlich. Bild 12 zeigt den vollständigen Mitschnitt einer kurzen TCPVerbindung:

Zeilen 1 bis 3:	Verbindungsaufbau
Zeilen 4 bis 13:	Datenaustausch mit Bestätigungen
Zeilen 14, 18 und 19:	Handshake zum Trennen der Verbindung

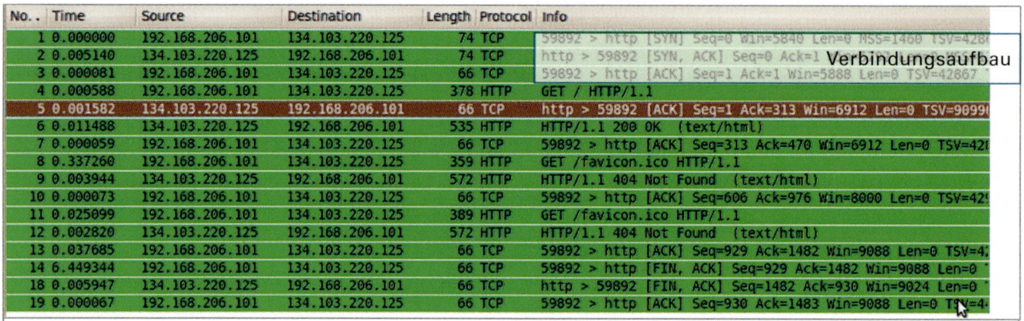

No.	Time	Source	Destination	Length	Protocol	Info
1	0.000000	192.168.206.101	134.103.220.125	74	TCP	59892 > http [SYN] Seq=0 Win=5840 Len=0 MSS=1460 TSV=428
2	0.005140	134.103.220.125	192.168.206.101	74	TCP	http > 59892 [SYN, ACK] Seq=0 Ack=1
3	0.000081	192.168.206.101	134.103.220.125	66	TCP	59892 > http [ACK] Seq=1 Ack=1 Win=5888 Len=0 TSV=42867
4	0.000588	192.168.206.101	134.103.220.125	378	HTTP	GET / HTTP/1.1
5	0.001582	134.103.220.125	192.168.206.101	66	TCP	http > 59892 [ACK] Seq=1 Ack=313 Win=6912 Len=0 TSV=9099
6	0.011488	134.103.220.125	192.168.206.101	535	HTTP	HTTP/1.1 200 OK (text/html)
7	0.000059	192.168.206.101	134.103.220.125	66	TCP	59892 > http [ACK] Seq=313 Ack=470 Win=6912 Len=0 TSV=42
8	0.337260	192.168.206.101	134.103.220.125	359	HTTP	GET /favicon.ico HTTP/1.1
9	0.003944	134.103.220.125	192.168.206.101	572	HTTP	HTTP/1.1 404 Not Found (text/html)
10	0.000073	192.168.206.101	134.103.220.125	66	TCP	59892 > http [ACK] Seq=606 Ack=976 Win=8000 Len=0 TSV=42
11	0.025099	192.168.206.101	134.103.220.125	389	HTTP	GET /favicon.ico HTTP/1.1
12	0.002820	134.103.220.125	192.168.206.101	572	HTTP	HTTP/1.1 404 Not Found (text/html)
13	0.037685	192.168.206.101	134.103.220.125	66	TCP	59892 > http [ACK] Seq=929 Ack=1482 Win=9088 Len=0 TSV=4
14	6.449344	192.168.206.101	134.103.220.125	66	TCP	59892 > http [FIN, ACK] Seq=929 Ack=1482 Win=9088 Len=0
18	0.005947	134.103.220.125	192.168.206.101	66	TCP	http > 59892 [FIN, ACK] Seq=1482 Ack=930 Win=9024 Len=0
19	0.000067	192.168.206.101	134.103.220.125	66	TCP	59892 > http [ACK] Seq=930 Ack=1483 Win=9088 Len=0 TSV=4

Bild 3.17: TCP-Mitschnitt mit Verbindungsaufbau (Pakete 1–3)

TCP-Verbindungsaufbau

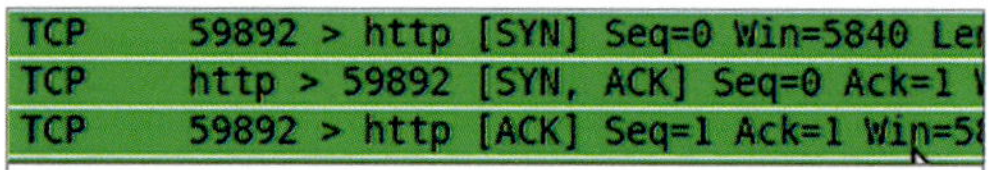

TCP	59892 > http [SYN] Seq=0 Win=5840 Le
TCP	http > 59892 [SYN, ACK] Seq=0 Ack=1
TCP	59892 > http [ACK] Seq=1 Ack=1 Win=5

Bild 3.18: TCP-Verbindungsaufbau in Wireshark

TCP baut eine virtuelle Verbindung, einen Kommunikationskanal, zwischen den beiden Kommunikationspartnern auf und tauscht für den Verbindungsaufbau drei TCP-Datagramme aus. Man nennt dieses Verfahren darum TCP Three-Way Handshake. Der Rechner, der die Verbindung aufbaut, ist der Client, der angefragte Rechner der Server.

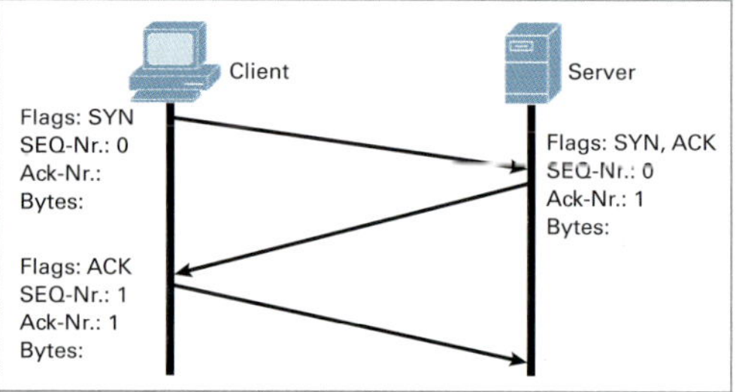

Bild 3.19: TCP-Verbindungsaufbau schematisch

Der Client schickt eine Verbindungsanfrage über ein Paket mit gesetztem SYN-Flag (synchronize) zum Server. Dieser quittiert die Anfrage mit einem Antwortpaket mit gesetztem Quittungsbit ACK (Acknowledge). Der Client quittiert wiederum den Empfang dieses Pakets mit einem Paket mit gesetztem ACKFlag. Nach drei Paketen steht somit die TCP-Verbindung.

Übrigens kann der Server die Verbindung auch ablehnen. Dann setzt er im zweiten Schritt statt des ACK das RSTFlag (Reset).

TCP-Datenaustausch

Der Datenaustausch beginnt nach dem Verbindungsaufbau. Dazu werden die zu übertragenden Bytes nummeriert. Das Feld Sequence Number im TCP-Protokollkopf gibt die Nummer des ersten Bytes an, das sich im Datagramm befindet. Die Zählung beginnt immer beim Wert = Null (Relative Sequence-Nummer).

Der Server bringt zusammenhängende Datenblöcke anhand dieser Nummer in die richtige Reihenfolge, falls die einzelnen Datagramme durch unterschiedlich lange Laufzeiten in anderer Reihenfolge ankommen.

Damit der Client auch weiß, dass die Daten ihr Ziel korrekt erreicht haben, schickt der Server für jedes empfangene Datagramm eine Quittung (Acknowledgement) zurück und setzt dazu im Protokollkopf das ACK-Flag. Damit der Client die empfangenen Quittungen den gesendeten Datagrammen zuordnen kann, schickt der Server zudem die Nummer des nächsten Bytes, das er erwartet, die Acknowledgement Number.

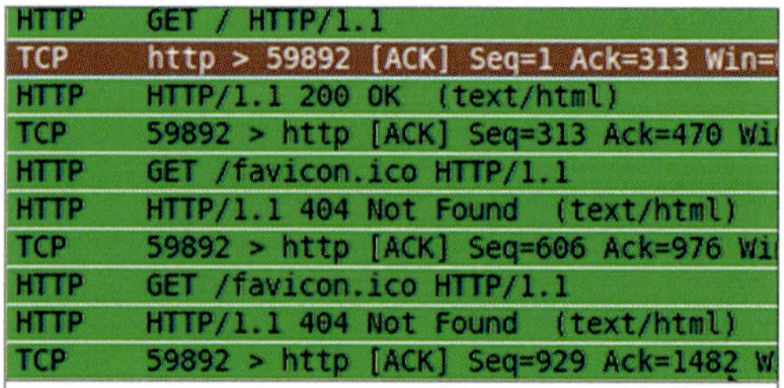

HTTP	GET / HTTP/1.1
TCP	http > 59892 [ACK] Seq=1 Ack=313 Win=
HTTP	HTTP/1.1 200 OK (text/html)
TCP	59892 > http [ACK] Seq=313 Ack=470 Wi
HTTP	GET /favicon.ico HTTP/1.1
HTTP	HTTP/1.1 404 Not Found (text/html)
TCP	59892 > http [ACK] Seq=606 Ack=976 Wi
HTTP	GET /favicon.ico HTTP/1.1
HTTP	HTTP/1.1 404 Not Found (text/html)
TCP	59892 > http [ACK] Seq=929 Ack=1482 W

Bild 3.20: TCP-Datenaustausch

Beispiel: Ein Client beginnt seine Datenübertragung mit der Sequenznummer 0. Der Dateninhalt sei 1000 Bytes. Damit hat das erste Byte die Nummer 0, das letzte die 999. Der Server antwortet in seinem Quittungspaket mit der ACK-Nr. 1000. Der Client sendet daraufhin das nächste Paket los, das mit Byte-Nummer 1000 beginnt und bis 1999 geht. Dies quittiert der Server wiederum mit ACK 2000.

Die Daten, die der Server zum Client zurückschickt, werden ebenso behandelt, d.h. die Daten der Gegenrichtung werden ebenfalls byteweise nummeriert und die Nummer des jeweils ersten Bytes in den Protokollkopf in das Sequence-Feld geschrieben. Der Client quittiert auch diese Daten mit der entsprechenden ACK-Meldung.

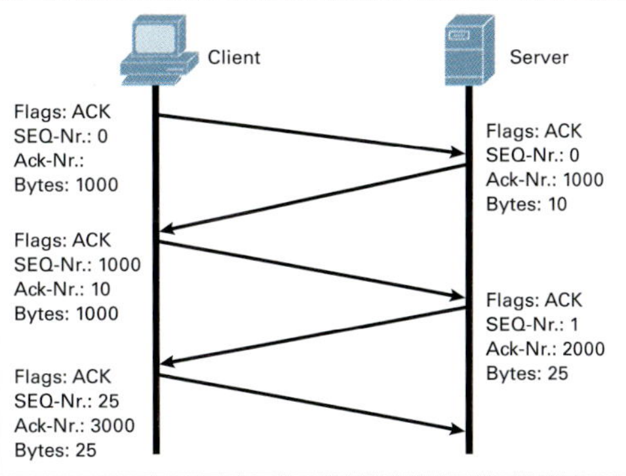

Bild 3.21: TCP-Datenaustausch schematisch

Soweit die Theorie des Daten-Handshake. Würde man allerdings genau so verfahren, wären die SEQ-Nummern von Client und Server in etwa dieselben und ließen sich ggf. nicht mehr auseinanderhalten. Die Felder für SEQ und ACK-Nummer sind jeweils 32 Bit groß. Client und Server generieren, jeder für sich, eine 32 Bit große Zufallszahl, und diese ist die Anfangs-SEQ-Nummer (Initial Sequence Number) des Senders, so dass sich die Byte-Nummern der beiden Kommunikationspartner in gänzlich unterschiedlichen Nummernkreisen bewegen und keine Kollisionen entstehen.

Wireshark normiert diese beiden Nummern, damit die Analyse überschaubar bleibt. Betrachtet man die SEQ- und ACK-Nummern in den Paketdetails, sieht man diese normierten Werte, die mit dem ersten Byte bei Null beginnen. Die Rohdaten zeigen völlig andere Werte – nämlich die nicht normierten, tatsächlich verwendeten (Zufalls-)Nummern.

TCP-Verbindungsabbau

Sind alle Daten übertragen, ist die TCP-Verbindung wieder zu lösen. Das geschieht wieder mit einem Handshake. Eine Station schickt der anderen ein Datagramm mit gesetztem FIN-Flag. Die Gegenstelle quittiert diesen Wunsch mit einem ACK-Paket und schickt ihrerseits auch ein Paket mit gesetztem FIN-Flag, das wiederum quittiert wird. Damit ist die Verbindung getrennt. Das ACK der Gegenstelle und das FIN der Gegenstellen können in zwei Paketen übertragen oder auch zu einem zusammengefasst werden.

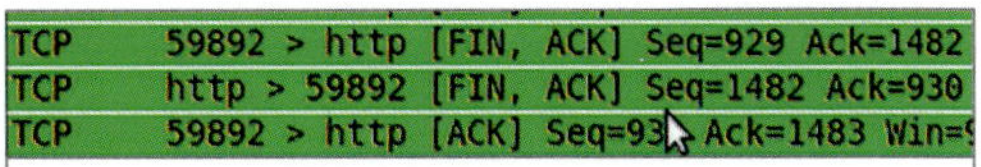

Bild 3.22: TCP-Verbindungsabbau

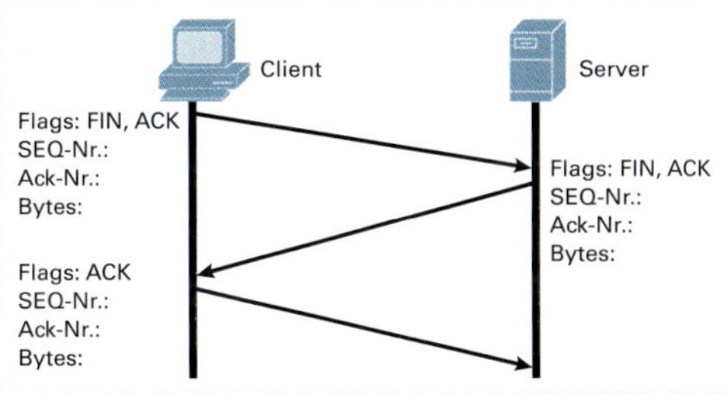

Bild 3.23: Schematischer TCP Verbindungsabbau

3.8 Internet Protocol (IPv4)

Im OSI-Referenzmodell ist die Netzwerkschicht dafür verantwortlich, eine weltweit eindeutige Geräteidentifizierung mit Hilfe der Adressierung auf der Netzwerkschicht zu ermöglichen und die Konnektivität zwischen Endsystemen, die sich in verschiedenen Netzwerken befinden, für die Datenübertragung bereitzustellen. Die grundlegende Funktion der Netzwerkschicht besteht darin, das Segment von der oberen (Transport-)Schicht zu empfangen, es mit einem Netzwerkschicht-Header zu kapseln, der die Quell- und Zielkennungen enthält, und das Paket an das entfernte Endsystem weiterzuleiten.

IP ist das Protokoll der Netzwerkschicht und ist das am häufigsten eingesetzte Protokoll der Netzwerkschicht des Internets und anderer Netzwerke ist IPv4. Das Format des IPv4-Headers ist in folgender Abbildung dargestellt:

<table>
<tr><td colspan="10">0</td><td colspan="20">1</td><td colspan="2">3</td></tr>
<tr><td>0</td><td>1</td><td>2</td><td>3</td><td>4</td><td>5</td><td>6</td><td>7</td><td>8</td><td>9</td><td>0</td><td>1</td><td>2</td><td>3</td><td>4</td><td>5</td><td>6</td><td>7</td><td>8</td><td>9</td><td>0</td><td>1</td><td>2</td><td>3</td><td>4</td><td>5</td><td>6</td><td>7</td><td>8</td><td>9</td><td>0</td><td>1</td></tr>
<tr><td colspan="4">Version</td><td colspan="4">Length</td><td colspan="8">Type of Service</td><td colspan="16">Total Length</td></tr>
<tr><td colspan="16">Identification</td><td colspan="3">Flags</td><td colspan="13">Fragment Offset</td></tr>
<tr><td colspan="8">Time to Live</td><td colspan="8">Protocol</td><td colspan="16">Header Checksum</td></tr>
<tr><td colspan="32">Source Address</td></tr>
<tr><td colspan="32">Destination Address</td></tr>
<tr><td colspan="24">Options</td><td colspan="8">Padding</td></tr>
</table>

Bild 3.24: IP-Header Format

Im nachfolgenden Beispiel für ein Wireshark-Trace eines IP-Pakets dargestellt:

```
> Frame 7: 88 bytes on wire (704 bits), 88 bytes captured (704 bits) on interface \Devic
> Ethernet II, Src: LCFCHeFe_f2:c0:ad (28:d2:44:f2:c0:ad), Dst: CloudNet_f6:6b:2d (30:c9
v Internet Protocol Version 4, Src: 192.168.0.145, Dst: 192.168.0.164
    0100 .... = Version: 4
    .... 0101 = Header Length: 20 bytes (5)
  > Differentiated Services Field: 0x00 (DSCP: CS0, ECN: Not-ECT)
    Total Length: 74
    Identification: 0xa9e5 (43493)
  > 000. .... = Flags: 0x0
    ...0 0000 0000 0000 = Fragment Offset: 0
    Time to Live: 128
    Protocol: UDP (17)
    Header Checksum: 0x0000 [validation disabled]
    [Header checksum status: Unverified]
    Source Address: 192.168.0.145
    Destination Address: 192.168.0.164
> User Datagram Protocol, Src Port: 49882, Dst Port: 161
> Simple Network Management Protocol
```

Bild 3.25: Wireshark-Trace eines IP-Pakets

IP-Adressierung

Jeder Rechner im Internet muss über eine eindeutige 32-Bit lange Internet-Adresse (auch IP-Adresse genannt) verfügen. Wichtig hierbei ist die Eindeutigkeit. Keine Adresse darf doppelt belegt sein, da sonst der gesamte IP-Adressmechanismus nicht mehr einwandfrei funktionieren würde. Eine IP-Adresse besteht immer aus zwei Teilen, der Netzadresse und der Rechneradresse. Die Netzadresse kennzeichnet das Netzwerk. Alle Rechner des gleichen Netzwerkes haben auch die gleiche Netzadresse. Die Rechneradressen dienen zur Identifikation eines bestimmten Rechners im Netzwerk. Der RFC 1166 (und Update RFC 5737) definiert das Format der IP-Adressen.

Netzwerkadresse	Rechneradresse

Bild 3.26: Zweistufige Adressstruktur

Das Feld mit der Netzwerknummer wird auch als „Netzwerk-Präfix“ bezeichnet, da die Netzwerknummer immer einer Rechneradresse voraus geht.

Die IP-Adresse ist eine 32-Bit lange binäre Zahl. Aus Gründen der besseren Lesbarkeit fasst man jeweils ein Oktett zu einer Dezimalzahl zusammen:
11000000 10101000 00010110 00101111 wird zu 192.168.22.47

Die 32 Bit werden in Worte zu jeweils 8 Bit zusammengefasst, denen dann die entsprechende Dezimalzahl zugeordnet wird. Diese so genannten Oktetts sind durch Punkte voneinander getrennt (dotted decimal notation): 192.168.22.47.

1011 0001	0000 1010	0010 0010	0000 0011
145.	10.	34.	3

Bild 3.27: Dezimale Schreibweise

Es gibt drei Arten von IPv4-Adressen:

- Unicast-Adresse: Wird für Punkt-zu-Punkt-Kommunikation verwendet, bei der Daten von einem Knoten zu einem Empfänger im gleichen oder einem anderen Netz gesendet werden. Der Adressbereich für Unicast liegt zwischen 1.0.0.0 und 223.255.255.255.
- Multicast-Adresse: Wird für die Punkt-zu-Mehrpunkt-Kommunikation verwendet, bei der Daten von einem Knoten zu mehreren Empfängern im selben oder in einem anderen Netz gesendet werden. Der Adressbereich für Multicast liegt zwischen 224.0.0.0 und 239.255.255.255.
- Broadcast-Adresse: Wird für die Punkt-zu-Mehrpunkt-Kommunikation verwendet, bei der die Daten von einem Knoten zu allen Empfängern im selben Netz gesendet werden. Die letzte IP-Adresse in jedem Subnetz ist die Broadcast-Adresse. Die Adresse 255.255.255.255 wird als begrenzte Broadcast-Adresse bezeichnet.

3.9 Zeitmessung

Oft möchte man wissen, wie lange es dauert, bis eine Antwort auf eine Anfrage eingeht, oder in welchem Abstand bestimmte Pakete ankommen. Ein wichtiges Maß für die Qualität einer Verbindung ist die Round-Trip Time (RTT) oder „Rundlaufzeit", also die Zeit, die ein Paket benötigt, um vom Sender zum Empfänger und wieder zurück zu gelangen. Üblicherweise misst man dies mit dem Ping-Befehl. Diese Zeit setzt sich im Wesentlichen aus den Signallaufzeiten auf den Leitungen und den Wartezeiten in den Switches und Routern zusammen. Die Antwortzeit eines Netzwerkdienstes (Service Response Time, SRT) gibt Aufschluss über die Wartezeiten, bis von einem gewünschten Dienst eine Antwort kommt. Diese Zeit hängt von der Auslastung der Rechner ab und erlaubt auch gewisse Rückschlüsse auf deren Funktionsweise.

Da jedes mit Wireshark aufgezeichnete Paket über einen Zeitstempel verfügt, lassen sich diese Zeiten einfach berechnen. In diesem Falll ist Wireshark sehr hilfreich. Man setzt dazu im Kontextmenü des Paketfensters eine Zeitreferenz auf das Start-Paket. In der Zeitspalte wird jede gesetzte Referenzmarke durch ***REF*** angezeigt. Die folgenden Zeitangaben beziehen sich auf diese Referenzmarke.

Es lassen sich in einem Mitschnitt auch mehrere Zeitmarken setzen und es können auf diese Weise sehr einfach Antwortzeiten ermittelt werden. Setzt man die Zeitmarken beispielsweise auf den TCP-Verbindungsaufbau, wird messbar, wie lange es dauert, bis ein Server aus dem Internet auf eine Anfrage reagiert.

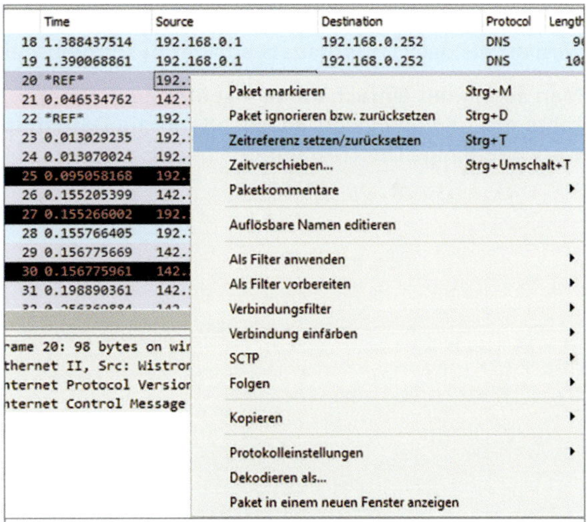

Bild 3.28: Zeitmarke Setzen/Rücksetzen

In Bild 3.29 sind zwei Zeitmarken gesetzt. Die erste Zeitmarke ist bei Paket 20 (einer Ping-Anfrage) zu sehen. Die Antwort auf den Ping folgt in Paket 21. Die Pingzeit lässt sich somit direkt ablesen und beträgt hier 46,5 ms.

No.	Time	Source	Destination	Protocol	Le
18	1.388437514	192.168.0.1	192.168.0.252	DNS	
19	1.390068861	192.168.0.1	192.168.0.252	DNS	
20	*REF*	192.168.0.252	142.250.186.35	ICMP	
21	0.046534762	142.250.186.35	192.168.0.252	ICMP	
22	*REF*	192.168.0.252	192.168.0.1	DNS	
23	0.013029235	192.168.0.252	142.250.186.110	TLSv1.2	
24	0.013070024	192.168.0.252	142.250.186.110	TLSv1.2	
25	0.095058168	192.168.0.252	142.250.186.110	TCP	
26	0.155205399	142.250.186.110	192.168.0.252	TCP	
27	0.155266002	192.168.0.252	142.250.186.110	TCP	
28	0.155766405	192.168.0.1	192.168.0.252	DNS	

Bild 3.29: Zeitreferenz gesetzt

Die zweite Zeitreferenz ist bei Paket 22 (einer DNS-Anfrage) gesetzt. Die DNS-Antwort darauf ist in Paket 28 zu finden (man erkennt dies an den beiden Pfeilen in der Spalte ganz links) und beträgt 155,7 ms.

TIPP

Mit der Tastenkombination Strg + T lässt sich die Zeitmarke schnell setzen und wieder löschen!

3.10 Datenverkehr im Ruhezustand

Wenn man sich mit Wireshark und einigen „Untiefen" des Internets vertraut gemacht hat, kann man mit dem wohl interessantesten Teil der Netzwerkanalyse beginnen.

Man will beispielsweise wissen, welche Daten der eigene Rechner sendet und empfängt, wenn nicht am Rechner gearbeitet wird. Man startet dazu alle Programme und Dienste, die normalerweise auf dem betreffenden Rechner aktiv arbeiten. Darüber hinaus muss nur noch ein Wireshark-Mitschnitt auf dem Netzwerkadapter gestartet und danach abgewartet werden. Mit Sicherheit wird man nach wenigen Sekunden in Wireshark aufgezeichnete Datenpakete entdecken. Der betreffende Rechner empfängt und sendet – ohne Zutun eines Nutzers – Datenpakete. Dies wird oft als das „Grundrauschen" der Systeme bezeichnet.

Man schneidet einfach kurze – später auch längere – Zeitabschnitte des lokalen Netzwerkverkehrs mit und analysiert anschließend die Datenflüsse, die URLs, die IP-Adressen. Jedes Netzwerk hält einige Überraschungen bereit.

4 Analyse für Fortgeschrittene

Nach den ersten einfachen Analysen werden weitere Funktionen behandelt, die für eine professionelle Analyse notwendig sind.

4.1 Mitschnitt speichern/exportieren

Mitschnitte lassen sich wie gewohnt über das Datei-Menü speichern. Dabei werden alle aufgezeichneten Pakete gespeichert. Alle gängigen Wireshark-Datenformate sind dabei möglich (u. a. *HP-UX nettl* trace und Microsoft *NetMon*) um sie ggf. mit einem anderen Analysewerkzeug weiter zu bearbeiten.

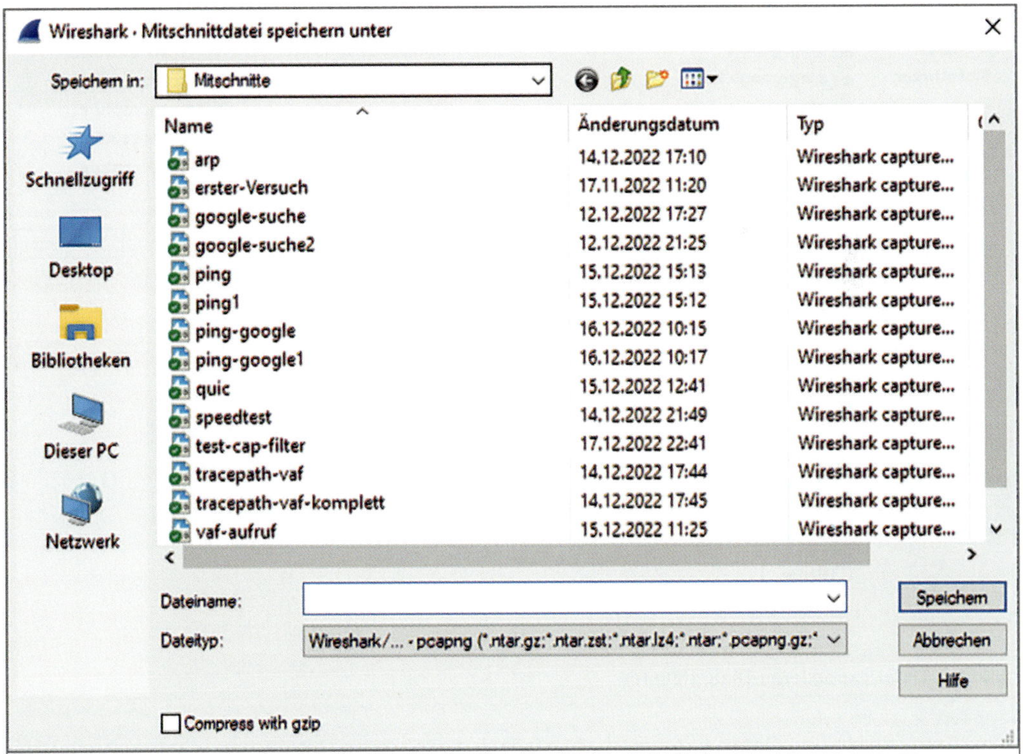

Bild 4.1: Datei-speichern-Dialogfenster

Mitschnitte werden mit der Dateiendung pcapng im gleichnamigen Format abgespeichert. Es steht aber eine Anzahl von anderen Dateiformaten zur Verfügung, um ggf. den Mitschnitt auf einem anderen System weiter zu bearbeiten.

Die Mitschnitte können auch komprimiert abgespeichert werden, um Platz zu sparen – dazu setzt man einen Haken bei *Compress with gzip.*

Eine hilfreiche Speichermöglichkeit ist das Exportieren von Paketen. Dabei lassen sich beispielsweise nur die angezeigten Pakete speichern oder nur bestimmte Bereiche. Pakete, die in der Paketliste ignoriert werden (im Kontextmenü ignore) können aus der Liste entfernt werden. Beim Öffnen eines so gespeicherten Mitschnitts werden die Pakete neu nummeriert. Dies ist zum einen sinnvoll, wenn man unnötige Pakete ausfiltern oder wenn man einen Mitschnitt weitergeben möchte und Dritte gewisse Pakete nicht sehen sollen.

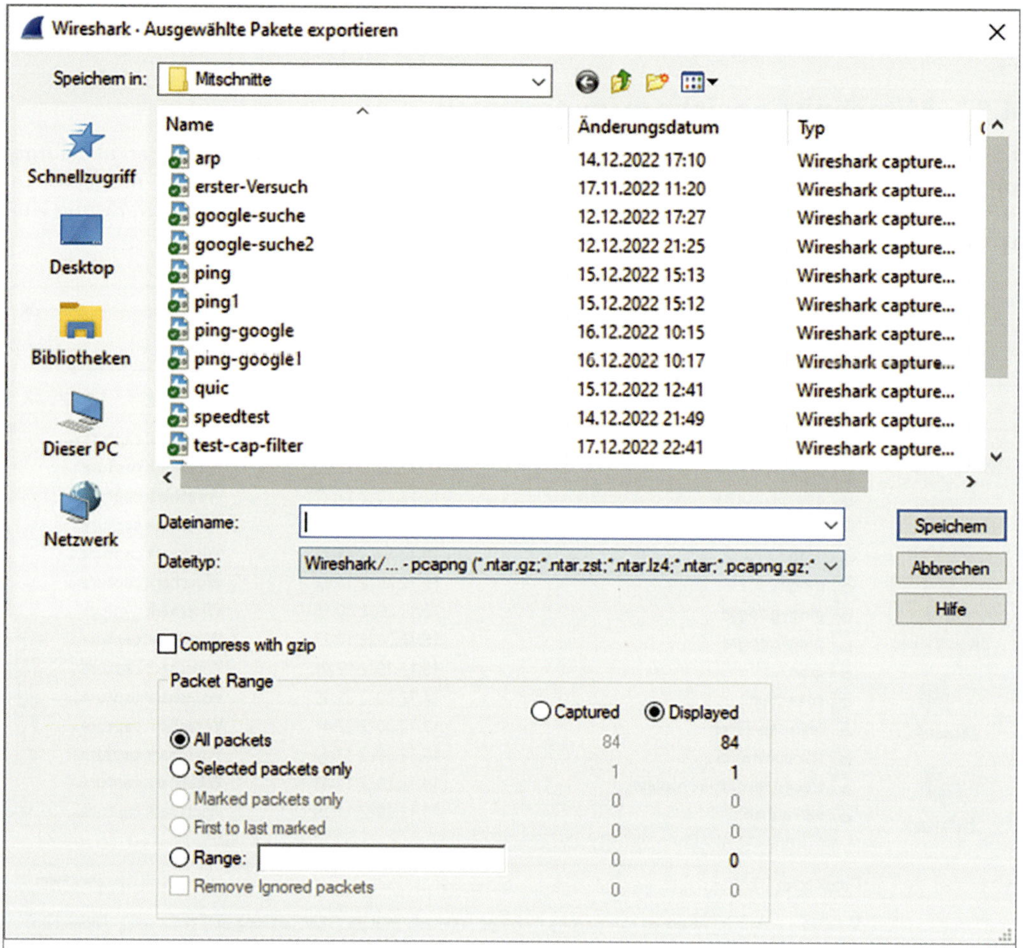

Bild 4.2: Datei-exportieren-Dialogfenster

Beim Exportieren von Daten kann man ebenfalls aus mehreren Dateitypen wählen. Auch kann die Datei gezipt abgespeichert werden.

Das Wichtigste ist hier allerdings, dass nur bestimmte Pakete abgespeichert werden.

4.2 Gespeicherte Mitschnitte öffnen

Das Öffnen gespeicherter Mitschnitte erfolgt über den Menüpunkt *Datei > Öffnen.* Man navigiert durch die Verzeichnisse und wählt eine Datei aus, die anschließend im geöffneten Fenster Informationen zum ausgewählten Mitschnitt anzeigt: Anzahl der protokollierten Pakete, Zeitpunkt und Dauer des Mitschnitts etc.

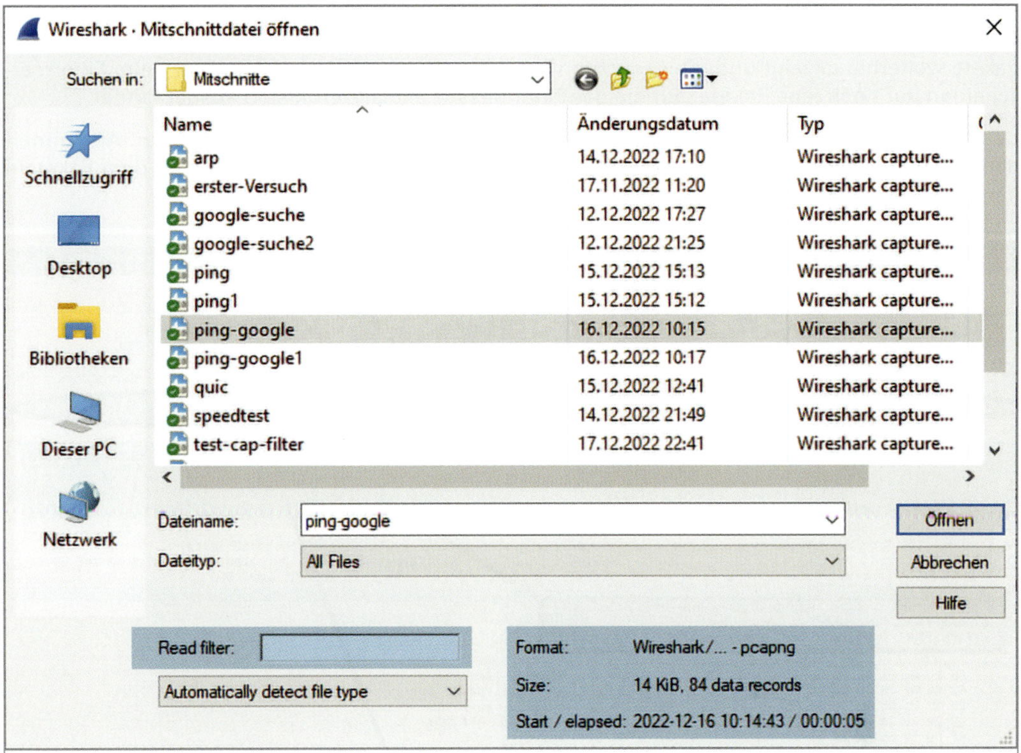

Bild 4.3: Datei-öffnen-Dialog

Wireshark ist in der Lage, eine Vielzahl von Dateitypen zu lesen und zu verarbeiten. Auch gezipte Dateien können eingelesen werden. Bei älteren Wireshark-Versionen ist diese Funktion jedoch nicht enthalten.

Es kann ein Lesefilter (Readfilter) gesetzt werden. Beim Einlesen wird dieser Filter auf jedes Datenpaket angewendet. So können uninteressante Pakete weggelassen werden und nur die interessanten Pakete werden eingelesen.

Die Filtersyntax entspricht der Syntax beim Anzeigefilter.

INFO

Dadurch, dass Wireshark viele Dateiformate einlesen und auch speichern kann, eignet sich dieses Werkzeug auch zum Konvertieren von Capture-Dateien.

4.3 Pakete suchen und finden

Eine weitere nützliche Funktion ist das Suchen nach Paketen mit ganz bestimmtem Inhalt.

Über ***Edit>Find Packet*** oder Strg + F öffnet sich die Suchzeile unterhalb der Filterzeile. Es lässt sich nach bestimmten Anzeigefiltern, einem Hex-Wert oder nach einer Zeichenkette (String) suchen. Das Suchmuster wird in der Paketliste, den Details oder den Rohdaten ermittelt.

Gibt man einen Filterausdruck im Suchfenster an, werden die Pakete, auf die dieser Filter passt, in der Paketliste hervorgehoben. Der Unterschied zum Filtern besteht darin, dass alle anderen Pakete weiterhin gezeigt und die gesuchten Pakete nur hervorgehoben werden. Beim Filtern erscheinen nur noch jene Pakete, auf die der Filter passt – alle anderen sind ausgeblendet.

Das nachfolgende Beispiel stellt einen Anmeldeversuch bei einem Spieleforum dar. Als Anmeldename wurde „Testhuber" eingegeben. Die Suche nach diesem Namen führt zu dem Paket, in dem der Username und das Passwort übertragen werden.

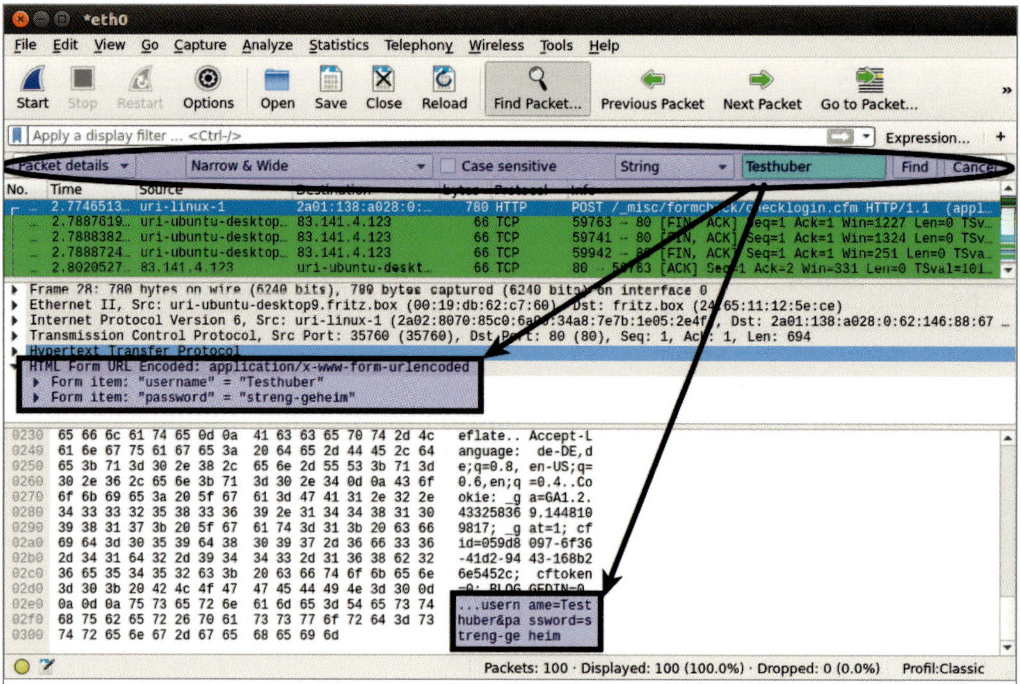

Bild 4.4: Suchzeile

Die meisten öffentlichen Websites sind mittlerweile verschlüsselt. Lokale Dienste, Konfigurationsoberflächen von Netzwerkgeräte, Druckern, usw. sind jedoch oft weiterhin unverschlüsselt. Hier kann man mit Wireshark die Kommunikation und die Anmeldedaten – Benutzerkennung und Passwort – im Klartext mitlesen.

Sieht man sich den TCP-Strom an, (siehe Kapitel 4.10, Rechtsklick – Follow – TCP-Stream) kann man hier ebenfalls nach Klartextdaten suchen. Die Treffer werden hervorgehoben.

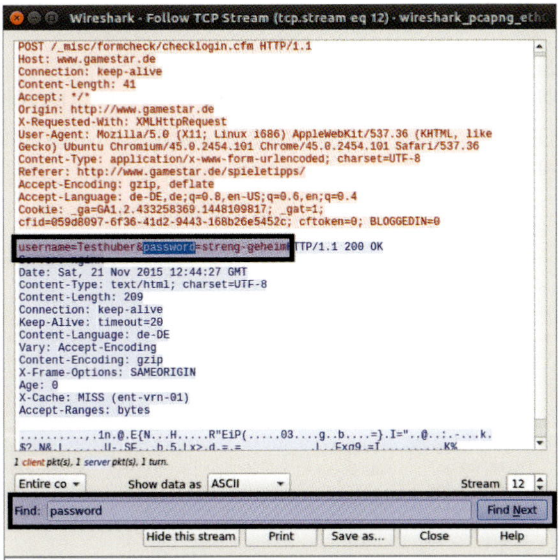

Bild 4.5: Find password im TCP-Stream

4.4 Ungewöhnliche Verbindungen entdecken

Sehr nützlich erweist sich Wireshark beim Überprüfen, welche Applikationen auf dem Rechner welche Daten verschicken.

Man startet dazu Wireshark – und wartet einfach nur ab. Wireshark protokolliert zu diesem Zeitpunkt alle Daten, die der eigene Rechner übermittelt (auch, wenn nicht mit dem Rechner gearbeitet wird). Meist wird man schnell fündig und entdeckt Programme, die eigentlich nicht auf dem Rechner aktiviert sein sollten.

In der Regel gehen E-Mail-Clients regelmäßig online, um nach neuen Mails zu suchen, Datensynchronisationsprogramme, wie beispielsweise Dropbox, synchronisieren sich, DSL-Router senden Multicast-Meldungen und vieles mehr. Unliebsame Update-Funktionen installierter Software und des Betriebssystems werden bei der Überprüfung im Leerlauf ebenso sichtbar wie Werbe-Links geöffneter Internetseiten.

Auf diese Weise wurde mit Wireshark im Frühsommer 2011 an der Universität Ulm entdeckt, dass ein Smartphone mit Android-Betriebssystem eine Sicherheitslücke aufwies.

Die Vielzahl der Apps, die für Smartphones erhältlich sind, bergen ein hohes Gefahrenpotenzial. Da aber Wireshark als App auch für Smartphones verfügbar ist, lässt sich analysieren, welche Daten von den Programmen verschickt werden.

Mit Alexa und Co., sprachgesteuerten Fernsehgeräten und vielem mehr, werden die privaten Wohnungen und Privatsphären unbewusst für die eine unbekannte Anzahl von fremden Unternehmen auf der ganzen Welt geöffnet.

Mit Hilfe von Wireshark lassen sich die privaten Entertainment-Geräte überprüfen und es kann sehr schnell ermittelt werden, welche Daten aus dem Wohnzimmer ins Internet übertragen werden.

4.5 Zeitmessung für Fortgeschrittene

Jedes Paket, das Wireshark aufzeichnet, erhält einen Zeitstempel. Dadurch lassen sich die zeitlichen Abläufe der Protokolle in einem Netzwerk zueinander optimal darstellen.

Über das Menü ***Ansicht>Format der Zeitanzeige*** stellt man die Darstellung der Zeit- und Datumsanzeige ein.

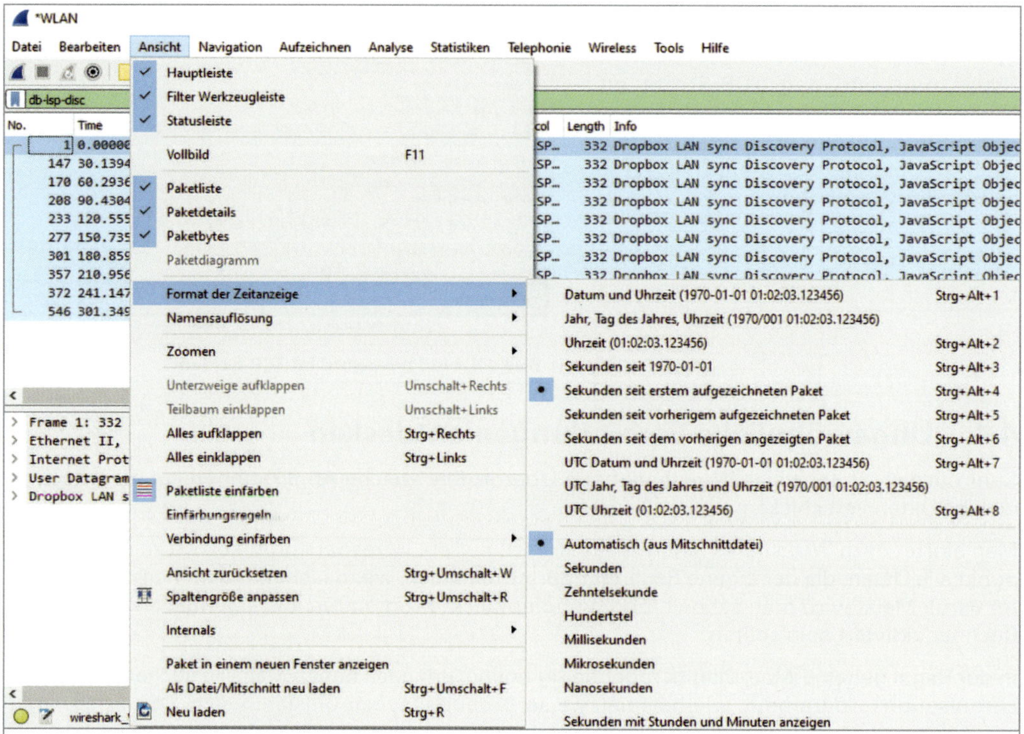

Bild 4.6: Zeitanzeige anpassen

Als Default-Wert wählt Wireshark die Zeiteinheit Sekunden (mit sechs Nachkommastellen) seit dem Start der Aufzeichnung. Die Auflösung beträgt somit eine Mikrosekunde. Die Auflösung kann vom Benutzer im Bereich von ganzen Sekunden bis zu Nanosekunden (neun Nachkommastellen) individuell eingestellt werden.

Wird über lange Zeiträume aufgezeichnet, ist die Anzeige von Datum und Uhrzeit sinnvoll. Wenn durch eine exakte Filtereinstellungen nur wenige Pakete aufgezeichnet werden, lässt sich auch nur das Datum anzeigen.

Besonders interessant ist die Darstellung der Sekunden seit dem vorherigen Paket (Seconds Since Previous Displayed Packet). Bei entsprechenden Anzeigefiltern lassen sich die Zeiten zwischen den angezeigten Paketen darstellen und die Frage nach den zeitlichen Abständen zwischen bestimmten Ereignissen wird automatisch beantwortet.

Das folgende Beispiel zeigt die regelmäßigen Synchronisationsversuche eines PCs mit seinem Cloud-Speicher im Internet. Gefiltert wird mit nach der Filtersequenz db-lsp-disc.

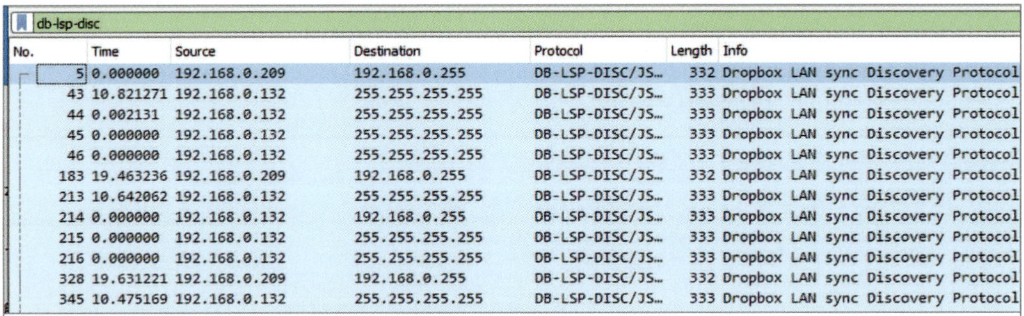

db-lsp-disc

No.	Time	Source	Destination	Protocol	Length	Info
5	0.000000	192.168.0.209	192.168.0.255	DB-LSP-DISC/JS...	332	Dropbox LAN sync Discovery Protocol
43	10.821271	192.168.0.132	255.255.255.255	DB-LSP-DISC/JS...	333	Dropbox LAN sync Discovery Protocol
44	0.002131	192.168.0.132	255.255.255.255	DB-LSP-DISC/JS...	333	Dropbox LAN sync Discovery Protocol
45	0.000000	192.168.0.132	255.255.255.255	DB-LSP-DISC/JS...	333	Dropbox LAN sync Discovery Protocol
46	0.000000	192.168.0.132	255.255.255.255	DB-LSP-DISC/JS...	333	Dropbox LAN sync Discovery Protocol
183	19.463236	192.168.0.209	192.168.0.255	DB-LSP-DISC/JS...	332	Dropbox LAN sync Discovery Protocol
213	10.642062	192.168.0.132	255.255.255.255	DB-LSP-DISC/JS...	333	Dropbox LAN sync Discovery Protocol
214	0.000000	192.168.0.132	192.168.0.255	DB-LSP-DISC/JS...	333	Dropbox LAN sync Discovery Protocol
215	0.000000	192.168.0.132	255.255.255.255	DB-LSP-DISC/JS...	333	Dropbox LAN sync Discovery Protocol
216	0.000000	192.168.0.132	255.255.255.255	DB-LSP-DISC/JS...	333	Dropbox LAN sync Discovery Protocol
328	19.631221	192.168.0.209	192.168.0.255	DB-LSP-DISC/JS...	332	Dropbox LAN sync Discovery Protocol
345	10.475169	192.168.0.132	255.255.255.255	DB-LSP-DISC/JS...	333	Dropbox LAN sync Discovery Protocol

Bild 4.7: Dropbox-Kommunikation im Hintergrund

An der Zieladresse erkennt man, dass Dropbox im gesamten Netzwerk nach Updates sucht (LAN-Broadcast-Adresse 192.168.0.255) als auch im gesamten erreichbaren Netz (255.255.255.255). Beide Broadcast-Anfragen enden am lokalen Router, da dieser keine Broadcasts ins Internet schickt.

4.6 Kommentare einfügen

Wenn man sich bei der Analyse mühsam durch eine Menge von Datenpaketen durchgebissen und dabei gewisse Erkenntnisse gewonnen hat, dann möchte man diese auch festhalten, damit man diese nicht wieder vergisst.

Wireshark bietet hierzu eine einfache Möglichkeit.

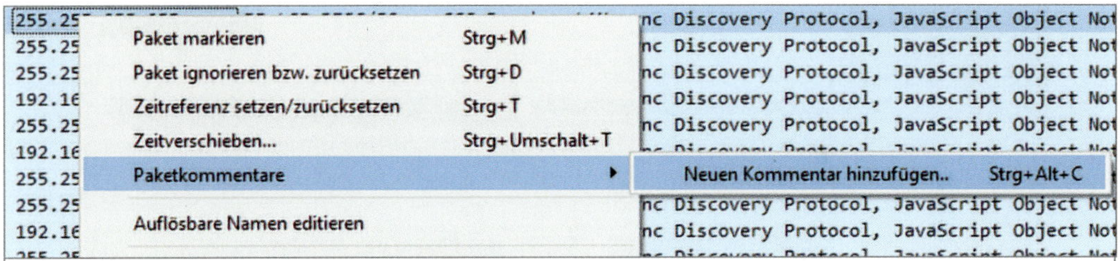

Bild 4.8: Kontextmenü – Kommentar eingeben

Über das Kontextmenü oder über Shortkey Strg + Umschalt + C lässt sich das Eingabefeld für Kommentare öffnen.

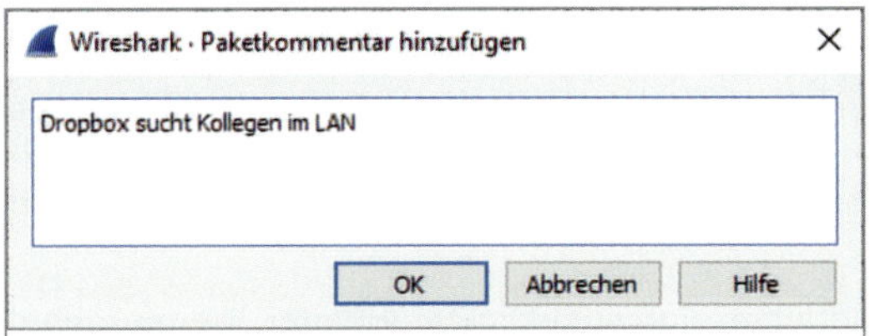

Bild 4.9: Kommentar eingeben

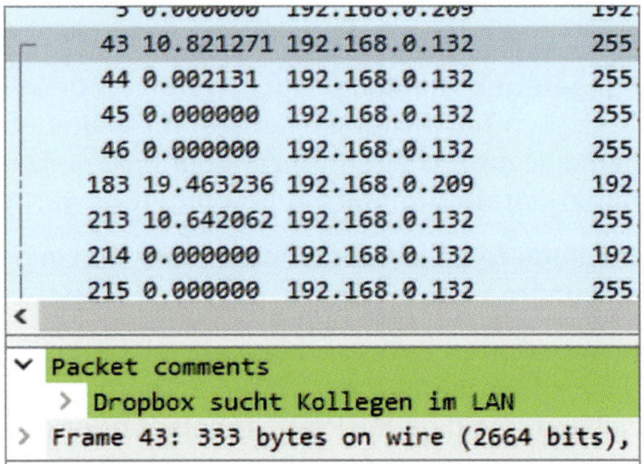

Bild 4.10: Kommentaransicht in den Paketdetails

TIPP

Sollen viele Kommentare eingefügt werden, dann lohnt es sich, die Kommentare als Spalte einzufügen. Dies kann mit einem Rechtsklick auf einen Kommentar und im Kontextmenü auf „als Spalte einfügen" realisiert werden.

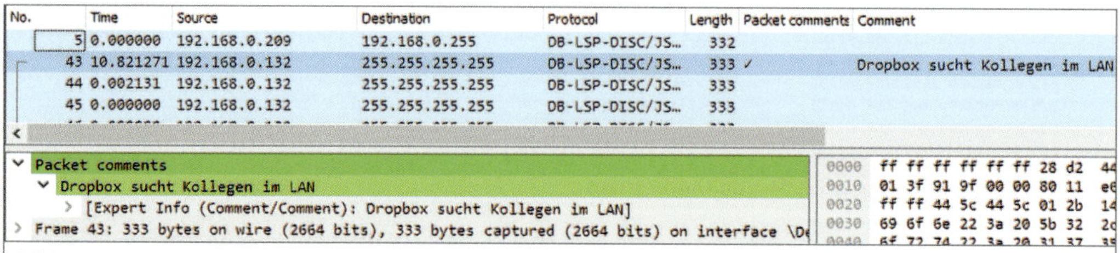

Bild 4.11: Kommentarspalte eingefügt

Blendet man „Packet comments" (im obigen Bild Pfeil 1) als Spalte ein, wird eine Spalte mit Häkchen eingeblendet, wenn ein Kommentar zu einem Paket vorhanden ist. Blendet man den Kommentar selbst (im obigen Bild Pfeil 2) als Spalte ein, so werden die Kommentare als Textspalte angezeigt.

4.7 Infos aus der Statuszeile

Die Statuszeile am unteren Rand des Wireshark-Fensters liefert einige schnelle Informationen.

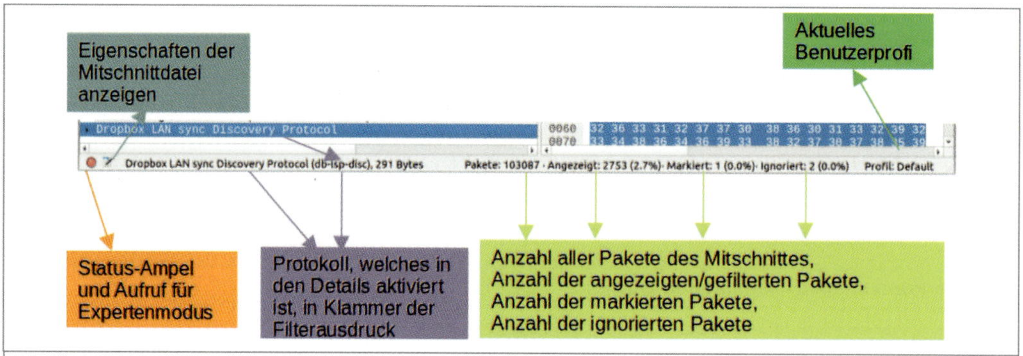

Bild 4.12: Statuszeile

In der linken Ecke befindet sich die Statusampel, die mit farblich kennzeichnet, ob Fehler, Warnungen uns Ähnliches aufgetreten sind. Der Klick auf das Icon öffnet die Experten-Infos. Das Notiz-Symbol öffnet ein Fenster mit Metadaten der Mitschnittsdatei. Darin enthalten sind Dateiname, Datum/Uhrzeit, Anzahl der Pakete, Durchsatzdaten (Bytes/s) und mehr. Hier können auch Kommentare zum Mitschnitt eingefügt werden.

Daneben folgen Informationen über den in der Detailanzeige angeklickten Header. Weiter rechts erkennt man, wie viele Pakete mitgeschnitten und wie viele Pakete angezeigt werden.

In der rechten Ecke wird das aktuell genutzte Benutzerprofil angezeigt. Mit einem Linksklick auf die Profilanzeige lässt sich ein anderes Profil auswählen. Mit einem Rechtsklick auf die Profilanzeige wird ein neues Profil angelegt oder ein bestehendes Profil verändert.

Während der Aufzeichnung wird in der Statuszeile die aktuell genutzte Schnittstelle angezeigt (hier enp0s31f6) und es erscheint der Ausdruck <live capture in progress>.

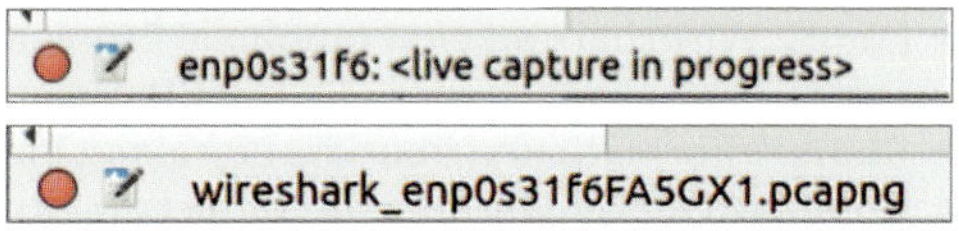

Nach dem Stoppen der Aufzeichnung, solange die Datei noch nicht gespeichert wurde, wird der temporäre Dateiname angezeigt.

4.8 Die Experteninfos

Zu den Experteninfos gelangt man über das Menü ***Analyse>Experteninformationen*** oder über einen Klick auf die Statusampel in der Statuszeile.

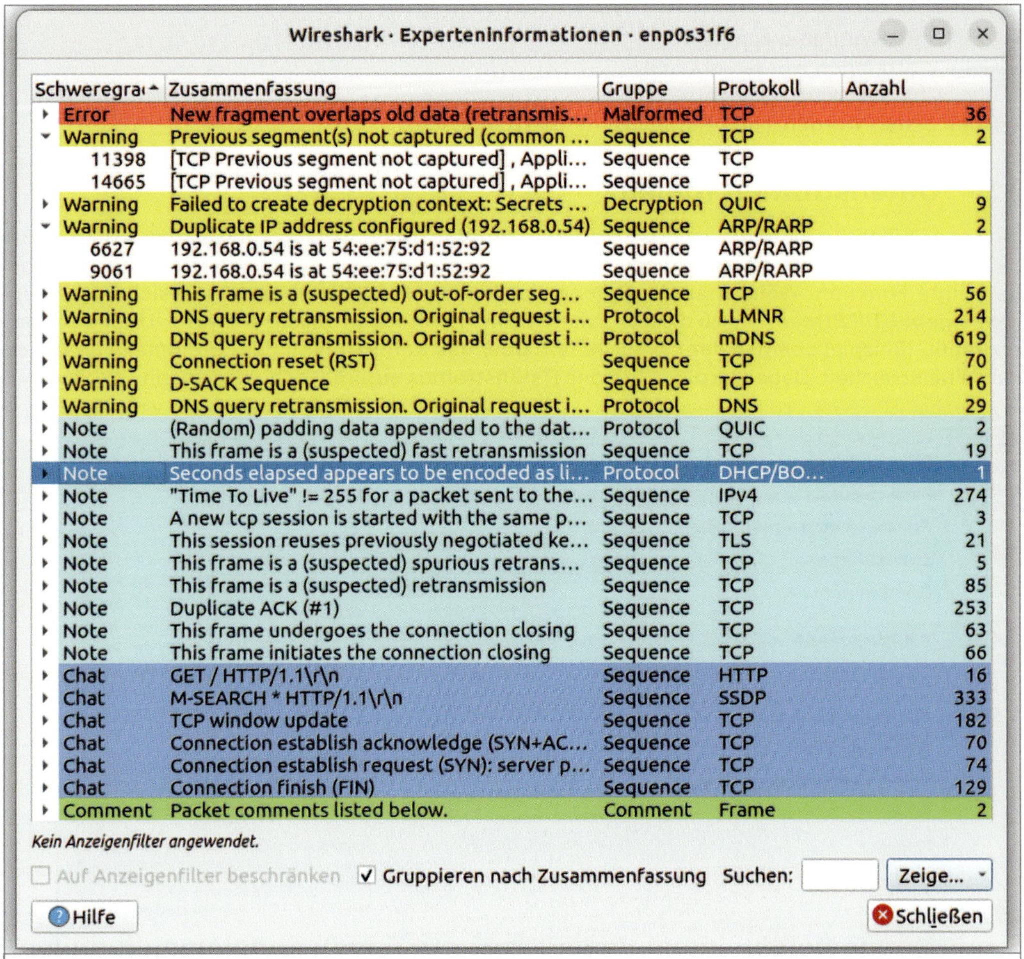
Wireshark · Experteninformationen · enp0s31f6

Schweregrad	Zusammenfassung	Gruppe	Protokoll	Anzahl
Error	New fragment overlaps old data (retransmis...	Malformed	TCP	36
Warning	Previous segment(s) not captured (common ...	Sequence	TCP	2
11398	[TCP Previous segment not captured] , Appli...	Sequence	TCP	
14665	[TCP Previous segment not captured] , Appli...	Sequence	TCP	
Warning	Failed to create decryption context: Secrets ...	Decryption	QUIC	9
Warning	Duplicate IP address configured (192.168.0.54)	Sequence	ARP/RARP	2
6627	192.168.0.54 is at 54:ee:75:d1:52:92	Sequence	ARP/RARP	
9061	192.168.0.54 is at 54:ee:75:d1:52:92	Sequence	ARP/RARP	
Warning	This frame is a (suspected) out-of-order seg...	Sequence	TCP	56
Warning	DNS query retransmission. Original request i...	Protocol	LLMNR	214
Warning	DNS query retransmission. Original request i...	Protocol	mDNS	619
Warning	Connection reset (RST)	Sequence	TCP	70
Warning	D-SACK Sequence	Sequence	TCP	16
Warning	DNS query retransmission. Original request i...	Protocol	DNS	29
Note	(Random) padding data appended to the dat...	Protocol	QUIC	2
Note	This frame is a (suspected) fast retransmission	Sequence	TCP	19
Note	Seconds elapsed appears to be encoded as li...	Protocol	DHCP/BO...	1
Note	"Time To Live" != 255 for a packet sent to the...	Sequence	IPv4	274
Note	A new tcp session is started with the same p...	Sequence	TCP	3
Note	This session reuses previously negotiated ke...	Sequence	TLS	21
Note	This frame is a (suspected) spurious retrans...	Sequence	TCP	5
Note	This frame is a (suspected) retransmission	Sequence	TCP	85
Note	Duplicate ACK (#1)	Sequence	TCP	253
Note	This frame undergoes the connection closing	Sequence	TCP	63
Note	This frame initiates the connection closing	Sequence	TCP	66
Chat	GET / HTTP/1.1\r\n	Sequence	HTTP	16
Chat	M-SEARCH * HTTP/1.1\r\n	Sequence	SSDP	333
Chat	TCP window update	Sequence	TCP	182
Chat	Connection establish acknowledge (SYN+AC...	Sequence	TCP	70
Chat	Connection establish request (SYN): server p...	Sequence	TCP	74
Chat	Connection finish (FIN)	Sequence	TCP	129
Comment	Packet comments listed below.	Comment	Frame	2

Kein Anzeigenfilter angewendet.

☐ Auf Anzeigenfilter beschränken ☑ Gruppieren nach Zusammenfassung Suchen: Zeige...

Hilfe Schließen

Bild 4.13: Experteninfo-Fenster mit den wichtigsten Ereignissen

Die Experteninformationen sind wie folgt gruppiert:

- **Errors**: Ernsthafte Fehler, meist verstümmelte Pakete oder fehlende Datenfelder
- **Warnings**: Probleme in der Kommunikation und beim Handshake. Hierzu gehören beipielsweise die Meldungen: TCP-zero-window, TCP-window-full u. Ä.

- **Notes:** Wireshark erkennt mögliche Probleme. Die Kommunikation arbeitet jedoch noch im Normalbereich. Hierzu gehören z. B. TCP- Sendewiederholungen und doppelte TCP-Bestätigungen.
- **Chats**: Informationen über die einzelnen Verbindungen, TCP-Handshake mit SYN, FIN, RST usw.
- **Comments:** Hier werden bei Bedarf die Kommentare zu einzelne Paketen aufgeführt

Jeder Eintrag stellt die Summe alle in diese Gruppe fallenden Ereignisse dar. In der rechten Spalte wird die Anzahl für jedes Ereignis angegeben.

Jedes Ereignis kann ausgeklappt werden. In einem solchen Fall werden die betroffenen Pakete angezeigt. Klickt man danach ein Paket an, springt der Fokus im Hauptfenster (der Paketliste) zum jeweiligen Paket.

Die Statusampel in der Statusleiste zeigt über vier Farben den jeweiligen Zustand an. Die Farbe der Ampel gibt die höchste Stufe der jeweiligen Statusmeldungen an:

- Rot: Fehler wurden erkannt
- Gelb: Warnungen wurden erkannt
- Blau: Chats wurden erkannt
- Grau: bisher wurden keine Auffälligkeiten festgestellt

4.9 Datenströmen folgen

Eine sehr nützliche Funktion ist das Verfolgen und Zusammenfassen von Datenströmen. Statt mühsam von Hand die zusammengehörenden Pakete zu suchen, liefert Wireshark dies als vorgefertigte Funktion. Wählt man ein Datenpaket aus der Paketliste aus, lassen sich mit ***Analyse>Folgen>UDP Stream*** alle zu diesem Datenstrom gehörenden Pakete anzeigen. Über das Kontextmenü (Beispiel oben) in der Paketliste und über das Kontextmenü der Paketdetails lässt sich dasselbe erreichen. Dabei wird der Typ des Datenstromes automatisch ausgewählt.

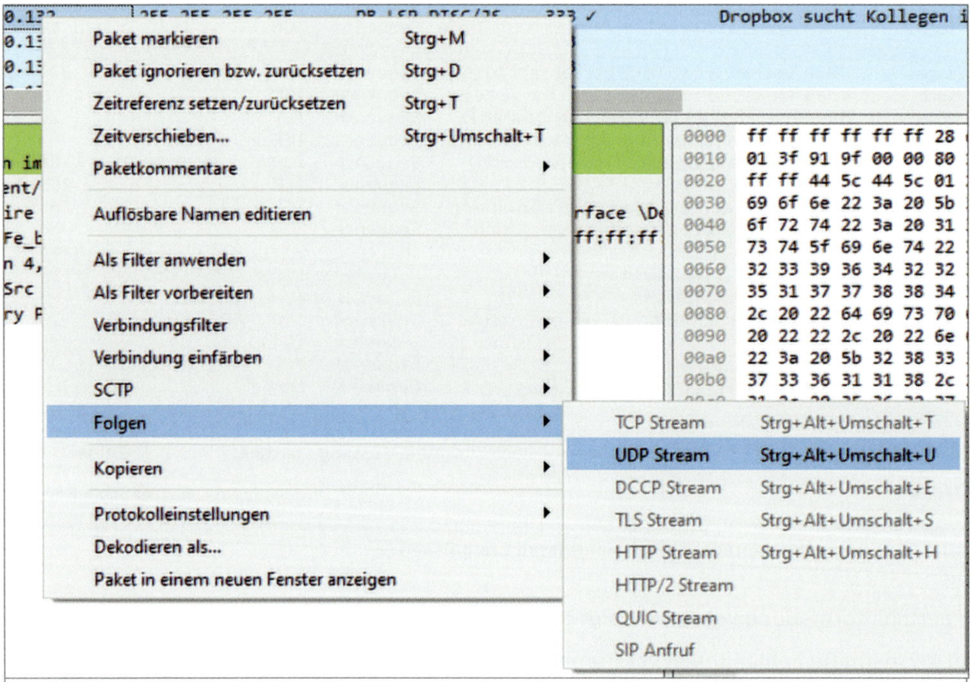

Bild 4.14: Kontextmenü – Folgen

Der Datenstrom erscheint in einem neuen Fenster. Dabei werden die Daten von der Server-Seite rot, die Daten der Client-Seite blau dargestellt. In der Paketliste werden alle Pakete des betreffenden TCP-Stroms ausgewählt. Man erkennt dies auch an dem automatisch generierten Eintrag im Filterfeld. In der Filterzeile erscheint *tcp.stream eq nr*, wobei *nr* die Nummer des Datenstromes repräsentiert. Wireshark nummeriert alle Datenströme durch und beginnt die Nummerierung immer mit dem Wert = 0.

Es wird auch in einer kurzen Statistik angezeigt, wie viele Pakete von welcher Seite (Client oder Server) empfangen wurden.

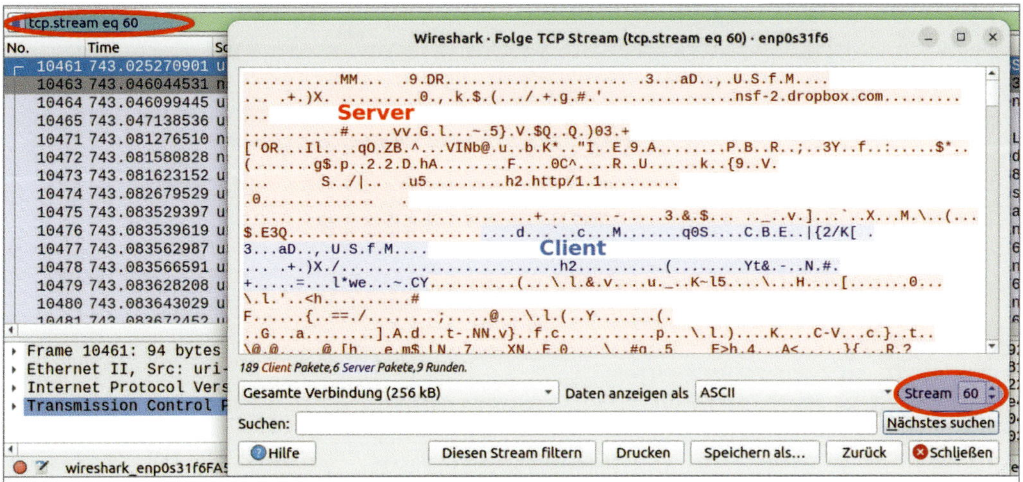

Bild 4.15: TDP-Stream im eigenen Fenster in ASCII-Darstellung

Standardmäßig wird der Datenstrom in ASCII in Klartext dargestellt. Das Dropdown-Menü hinter „Daten anzeigen als" erlaubt auch die Ansicht in hexadezimaler Form oder als Rohdaten. Darüber hinaus sind auch andere Zeichensätze wählbar.

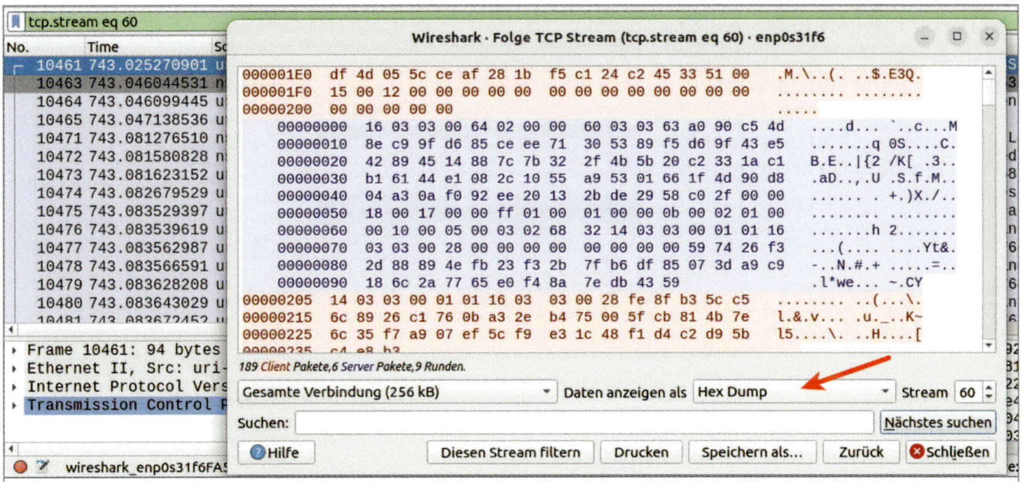

Bild 4.16: TCP-Stream in HEX-Darstellung

Im Auswahlfenster links, *„Gesamte Verbindung"*, wählt man eine Richtung eines Datenflusses (vom Client zum Server oder vom Server zum Client). Als Grundeinstellung nutzt Wireshark die Anzeige beider Richtungen.

Über den Button „Diesen Stream filtern" kehrt man den Filter um. In der Paketliste erscheinen dadurch alle Pakete außer jenen, die zu diesem angeklickten Datenstrom gehören.

Unter Stream kann man direkt zwischen den dargestellten Datenströmen per Mausklick hin und her springen.

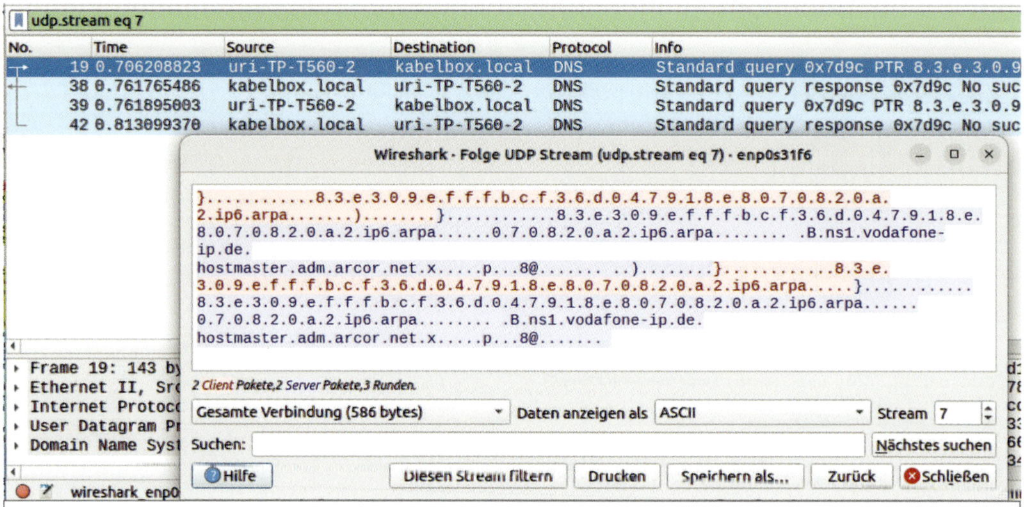

Bild 4.17: UDP-Datenstrom – hier DNS-Anfrage und Antwort

4.10 Statistiken

Statistiken über die aufgezeichneten Protokolle sind besonders interessant, wenn man wissen möchte, was im Netz geschieht bzw. welche Pakete im Netz unterwegs sind. In diesem Kapitel werden die wichtigsten Punkte zu diesem Aufgabenfeld behandelt.

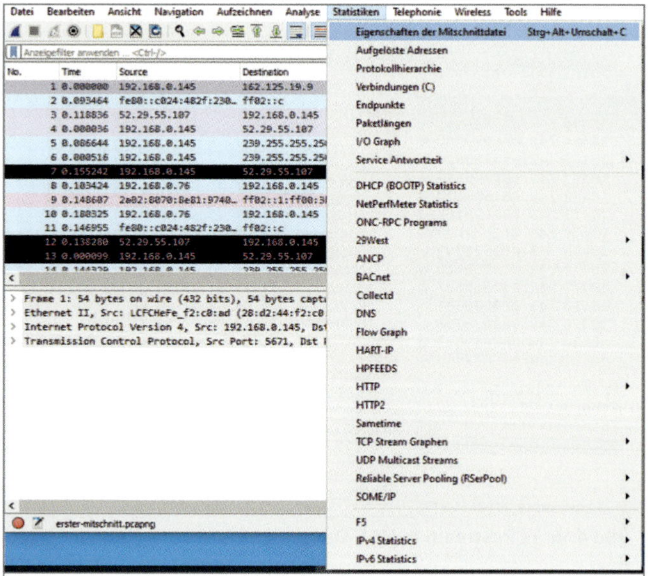

Bild 4.18: Statistik-Menü

4.10.1 Eigenschaften der Mitschnittdatei

Der erste Menüpunkt liefert eine Übersicht über die Dateigröße, Aufzeichnungsdatum und -zeit, Informationen über die verwendete Hardware und entsprechende Messwerte des Netzwerkes.

Dazu gehört der Datendurchsatz in Paketen pro Sekunde (pps), der Durchsatz in Bytes/s und Bit/s. Ebenso ist es für den Netzwerkadministrator wichtig zu wissen, wie groß die übermittelten Datenpakete üblicherweise sind.

Bei der Übertragung von großen Datenmengen (File Transfer, Video und Backups) sollten die einzelnen Pakete möglichst groß sein. Bei Telefonieanwendungen findet man dagegen eine hohe Anzahl von sehr kleinen Paketen (um 200 Byte) vor.

Im unteren Fensterbereich erkennt man die vom Nutzer für diesen Mitschnitt festgelegten Kommentare (Kommentare für einzelne Pakete sowie Kommentar für die Mitschnittdatei).

INFO

Dieses Eigenschaftsfenster lässt sich auch über die Statuszeile öffnen: Icon rechts von der Statusampel!

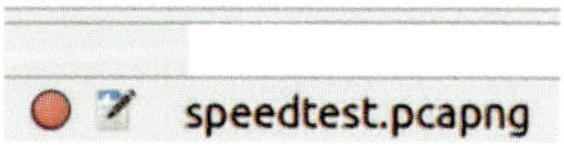

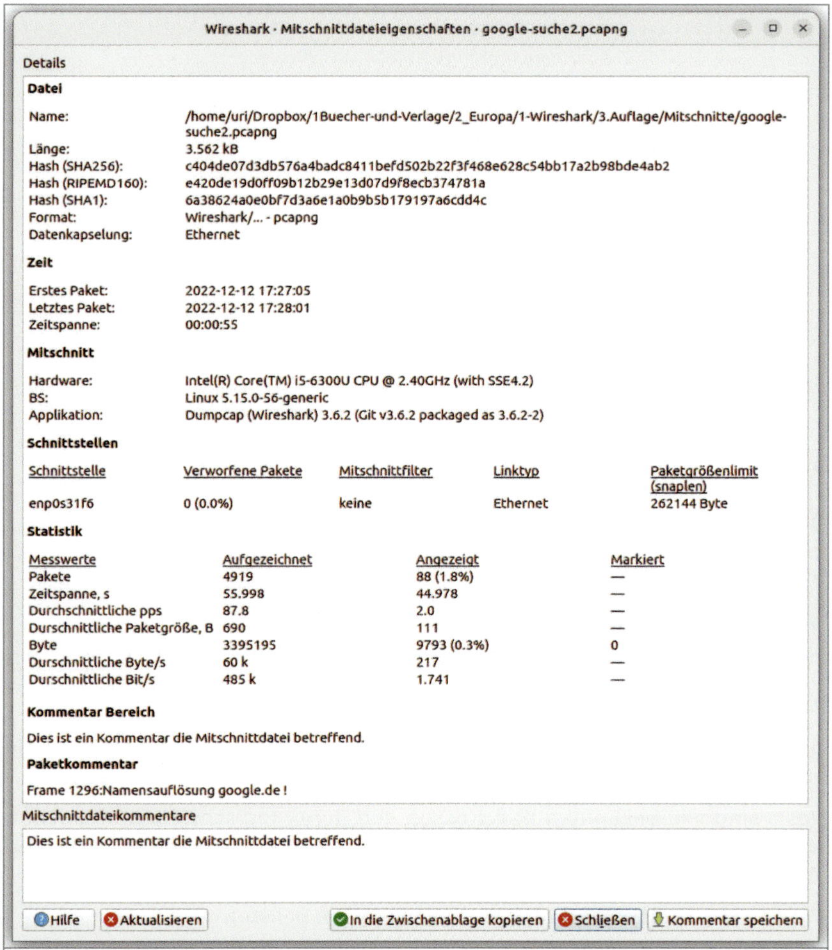

Bild 4.19: Eigenschaften des Mitschnitts

Das Konsolen-Programm ***capinfos*** liefert dieselben Informationen für gespeicherte Mitschnitte. Man braucht dazu Wireshark nicht zu öffnen.

```
$ capinfos quic-lang.pcapng
File name:                quic-lang.pcapng
File type:                Wireshark/... - pcapng
File encapsulation:       Ethernet
File timestamp precision:   nanoseconds (9)
Packet size limit:        file hdr: (not set)
Number of packets:        269 k
File size:                138 MB
Data size:                129 MB
Capture duration:         15578,842504024 seconds
First packet time:        2023-01-18 12:58:08,646430524
Last packet time:         2023-01-18 17:17:47,488934548
Data byte rate:           8.289 bytes/s
Data bit rate:            66 kbps
Average packet size:      478,45 bytes
Average packet rate:      17 packets/s
SHA256:                   b482e733e1cd68b279a193104e3812ff8ec8374ebba0148c1e823bf54a53b298
RIPEMD160:                96270c3e0e1e1e576e472c8b3cb1b3a153e1f98e
SHA1:                     5e3cf225053651e16b2ae7e8fd4c75bd4ad9a3b9
Strict time order:        False
Capture hardware:         Intel(R) Core(TM) i5-6300U CPU @ 2.40GHz (with SSE4.2)
Capture oper-sys:         Linux 5.15.0-57-generic
Capture application:      Dumpcap (Wireshark) 3.6.2 (Git v3.6.2 packaged as 3.6.2-2)
Number of interfaces in file: 1
Interface #0 info:
               Name = wlp4s0
               Encapsulation = Ethernet (1 - ether)
               Capture length = 262144
               Time precision = nanoseconds (9)
               Time ticks per second = 1000000000
               Time resolution = 0x09
               Operating system = Linux 5.15.0-57-generic
               Number of stat entries = 1
               Number of packets = 269911
```

TIPP

Wenn man einen bestimmten Mitschnitt sucht, dann kann man sich mit dem Programm ***capinfos*** an der Konsole schnell die gespeicherten Daten zum Mitschnitt anzeigen lassen.

4.10.2 Aufgelöste Adressen

Der zweite Menüpunkt „Aufgelöste Adressen" öffnet ein neues Fenster. Hier findet man die lange Liste von Adresszuordnungen.

Unter dem Reiter *Hosts* sind alle bekannten IP-Adressen und deren logische Namen gelistet. Ebenso sind hier die bekannten Ethernet-Herstellerkennungen (Vendor-ID), Multicast-Adressen und weitere bekannte MAC-Adressen verzeichnet.

Unter dem Reiter „Ports" sind die TCP- und UDP-Portzuordnungen gelistet.

Unter dem Reiter „Mitschnittkommentare" finden sich alle Kommentare, die man in diesem Mitschnitt festgelegt hat.

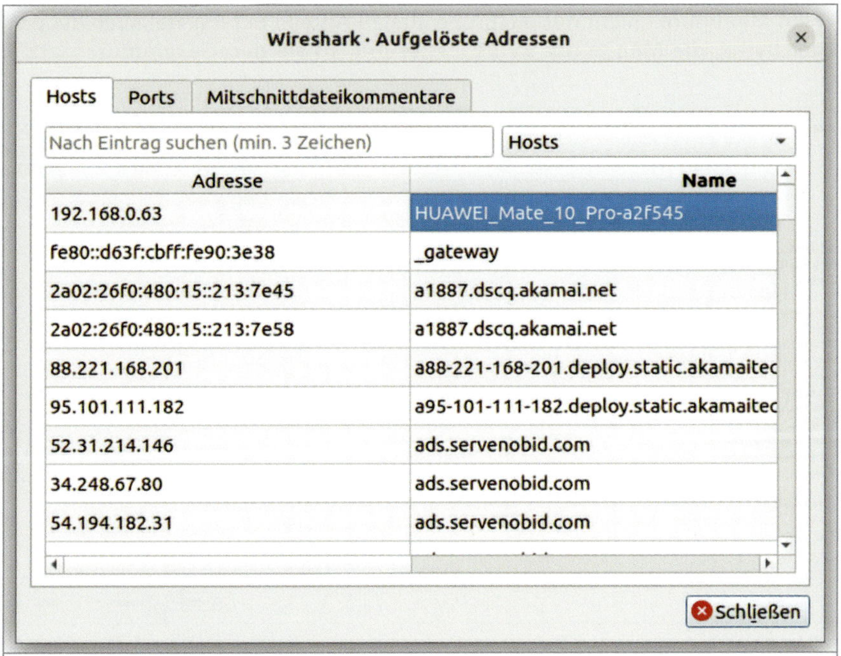

Bild 4.20: Bekannte Adressen

4.10.3 Protokollhierarchie

Die Protokollhierarchie zeigt die Verteilung der Protokolle im aufgezeichneten Datenstrom. Dies stellt eine wichtige Methode dar, um sich einen schnellen Überblick über die aktuellen Kommunikationsformen im Netz zu verschaffen.

Man erkennt, mit welchem prozentualen Anteil welches Protokoll vertreten ist.

Soll ein unbekanntes Netz überprüft werden, empfiehlt es sich, dieses über einen längeren Zeitraum zu protokollieren. Tauchen bei dieser Analyse Protokolle auf, die man nicht im Netz erwartet, filtert man diese für eine genauere Betrachtung aus dem aufgezeichneten Datenstrom heraus. Möglicherweise befinden sich Geräte im Netz, die dort nicht sein sollten. Dies können beispielsweise mit Viren infizierte Rechner oder Angreifer sein, die das Netz attackieren.

Man erkennt in diesem Menüpunkt nicht nur die prozentualen Anteile der Pakete, auch die prozentualen Anteile der Bytes, die Menge der Bytes insgesamt, sowie den Gesamtdurchsatz in Bits/s.

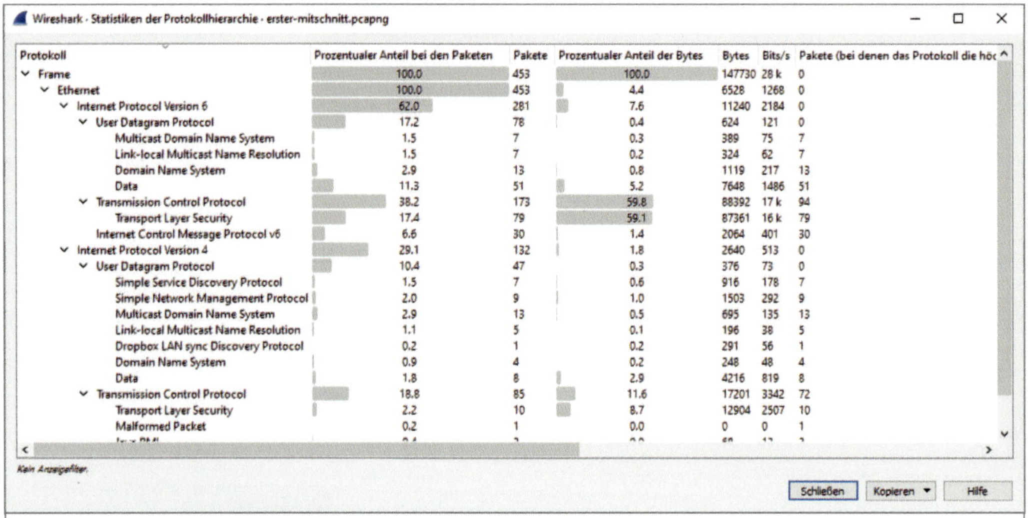

Bild 4.21: Protokollhierarchie

In Bild 4.21 erkennt man, dass es sich bei 62 Prozent des Datenaufkommens um IPv6 Pakete handelt und nur 29,1 Prozent aller Daten auf IPv4 basieren. Bei 2,9 Prozent aller Pakete handelt es sich um DNS-Pakete auf Basis von IPv6 und nur bei 0,9 Prozent des Verkehrs handelt es sich um DNS-Pakete auf Basis von IPv4.

4.10.4 Verbindungen und Endpunkten

An einer Kommunikation sind immer mindestens zwei Rechner beteiligt. Jeder Rechner entspricht einem Endpunkt einer Konversation.

Über den Menüpunkt ***Statistiken>Verbindungen*** kann man die Konversationen der wichtigsten Protokolle darstellen. In der dargestellten Liste kann man auch die Anzahl der übertragenen Bytes und die durchschnittliche Übertragungsgeschwindigkeit in Bit pro Sekunde (bps) ablesen.

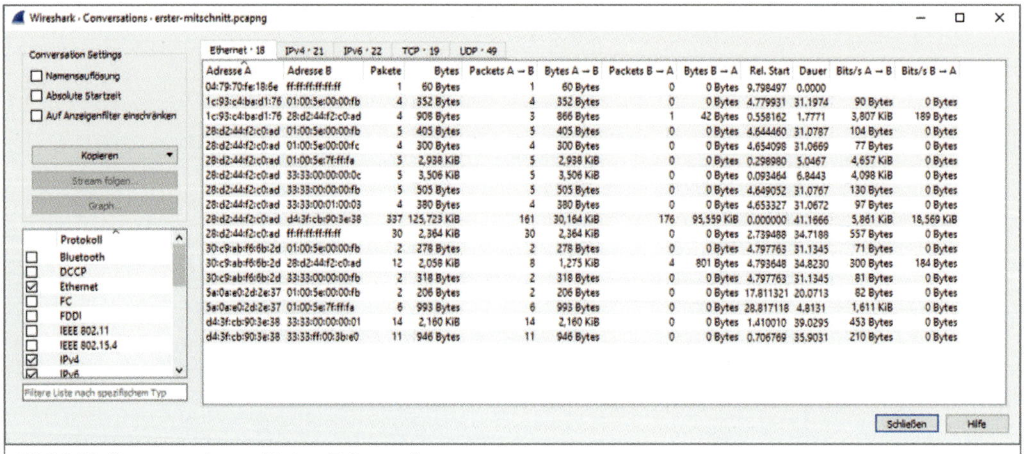

Bild 4.22: Konversationen (Reiter Ethernet)

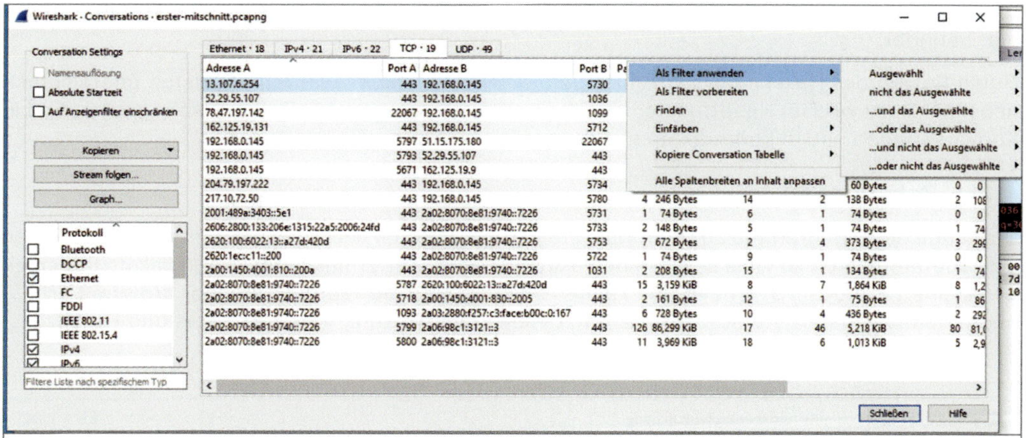

Bild 4.23: Konversationen (Reiter TCP) und Kontextmenü

In Bild 4.23 sieht man die Socket-Paare jeder TCP-Verbindung. Über Rechtsklick auf eine Verbindung öffnet sich das Kontextmenü. Hier kann man einfach Filter erstellen für diese Verbindung oder einzelne Verbindungen einfärben.

TIPP

Mit einem Rechtsklick auf eine Konversation lassen sich einfache Anzeigefilter erstellen!

Über ***Statistiken>Endpunkte*** werden die Endpunkte aufgelistet. Ein Endpunkt ist ein Rechner, der Daten sendet und/oder empfängt. Es werden in diesem Fenster die Verkehre jedes Endpunktes ankommend und abgehend für die üblichen Protokolle angezeigt.

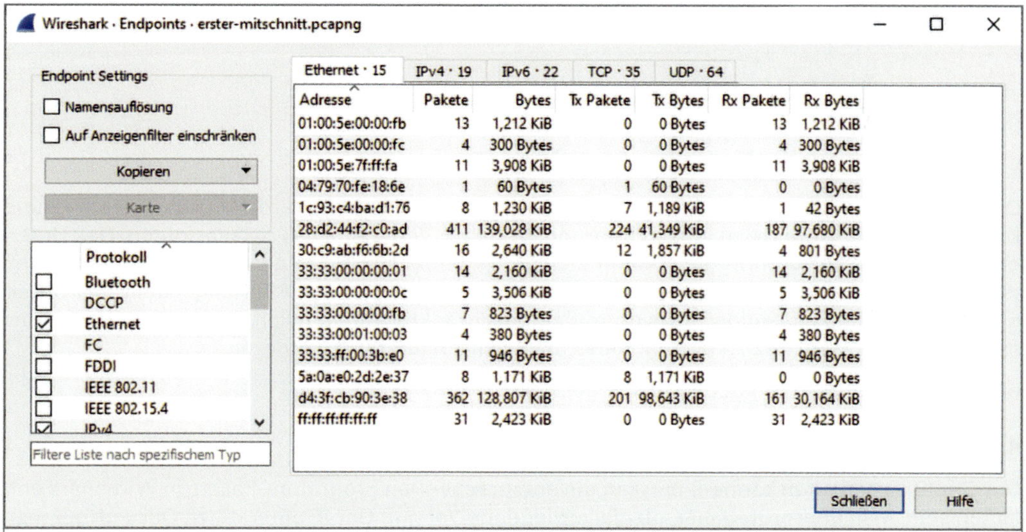

Bild 4.24: Endpunke

Hierbei ist zu beachten, dass die internen Verkehre innerhalb eines LANs und externe Verkehre (außerhalb des lokalen Netzes) unterschieden werden können. Hierzu muss man jedoch die genutzten privaten Adressbereiche kennen. Damit kann auf einfache Weise dargestellt werden, welcher Endpunkt sich im LAN und welcher sich in einem fremden Netz (beispielsweise Internet) befindet.

Durch Setzen des Hakens bei *„auf Anzeigefilter einschränken" werden die* Listen übersichtlich gehalten. Dazu wird im Hauptfenster ein Filter auf den interessanten Datenverkehr gesetzt und in Konversationen und in Endpunkten nur der gefilterte Datenverkehr angezeigt.

4.10.5 Paketlängen

Die Länge der Datagramme auf dem Netz stellt ebenfalls eine wichtige Information dar. Befinden sich überlange oder zu viele sehr kleine Pakete im Netz? Zur Erinnerung: Große Pakete haben einen kleinen Protokoll-Overhead. Bei kleinen Paketen sind die Protokoll-Header groß im Verhältnis zu den Nutzdaten. Audio-Streams nutzt viele kleine Pakete, Video-Streams und Dateitransfers nutzen große Paketlängen.

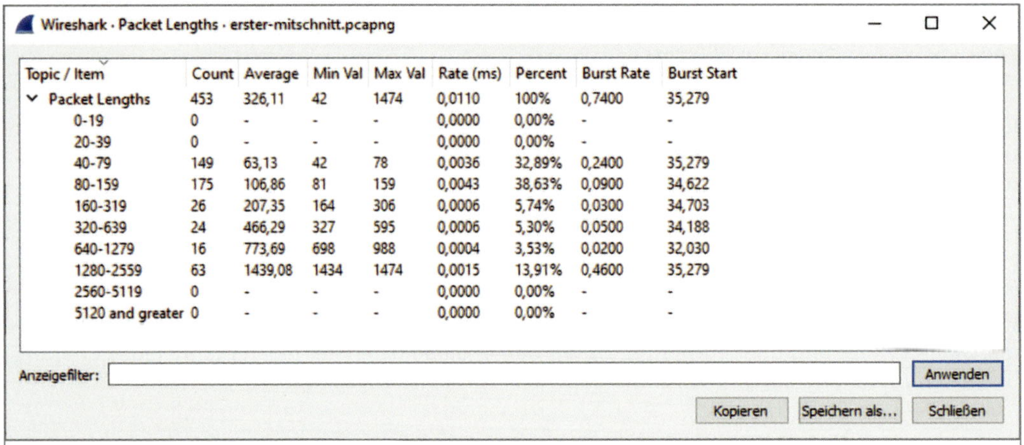

Topic / Item	Count	Average	Min Val	Max Val	Rate (ms)	Percent	Burst Rate	Burst Start
Packet Lengths	453	326,11	42	1474	0,0110	100%	0,7400	35,279
0-19	0	-	-	-	0,0000	0,00%	-	-
20-39	0	-	-	-	0,0000	0,00%	-	-
40-79	149	63,13	42	78	0,0036	32,89%	0,2400	35,279
80-159	175	106,86	81	159	0,0043	38,63%	0,0900	34,622
160-319	26	207,35	164	306	0,0006	5,74%	0,0300	34,703
320-639	24	466,29	327	595	0,0006	5,30%	0,0500	34,188
640-1279	16	773,69	698	988	0,0004	3,53%	0,0200	32,030
1280-2559	63	1439,08	1434	1474	0,0015	13,91%	0,4600	35,279
2560-5119	0	-	-	-	0,0000	0,00%	-	-
5120 and greater	0	-	-	-	0,0000	0,00%	-	-

Bild 4.25: Paketlängen

4.11 Geo-IP – oder „Wo befinden sich die Kommunikationspartner?"

Die Vergabe von öffentlichen IP-Adresse erfolgt nach den Regeln der IETF. Aus diesem Grund kann man eine IP-Adresse zu ihrem Ursprungsort (bzw. Vergabeort) zurückverfolgen. Das Unternehmen **MAXMIND** betreibt eine kommerzielle Datenbank mit den geografischen Standorten der IP-Adressen. Die Nutzung dieser Datenbank ist kostenpflichtig. Allerdings stellt das Unternehmen auch eine kostenlose Version mit eingeschränkter Genauigkeit zur Verfügung. Um die freie Datenbank **GeoLite2** zu nutzen, muss man sich kostenfrei registrieren.

https://dev.maxmind.com/geoip/geoip2/geolite2/

4.11.1 GeoIP einrichten

Um GeoIP einsetzen zu können, müssen die entsprechenden Programm-Pakete in Wireshark enthalten sein. Man überprüft daher, ob die vorliegende Version GeoIP unterstützt. Dazu öffnet man das Fenster Über Wireshark (Menü *Hilfe > Über Wireshark) und s*ucht im Infotext, ob Wireshark mit der Unterstützung für **MaxMind DB resoler** compiliert wurde.

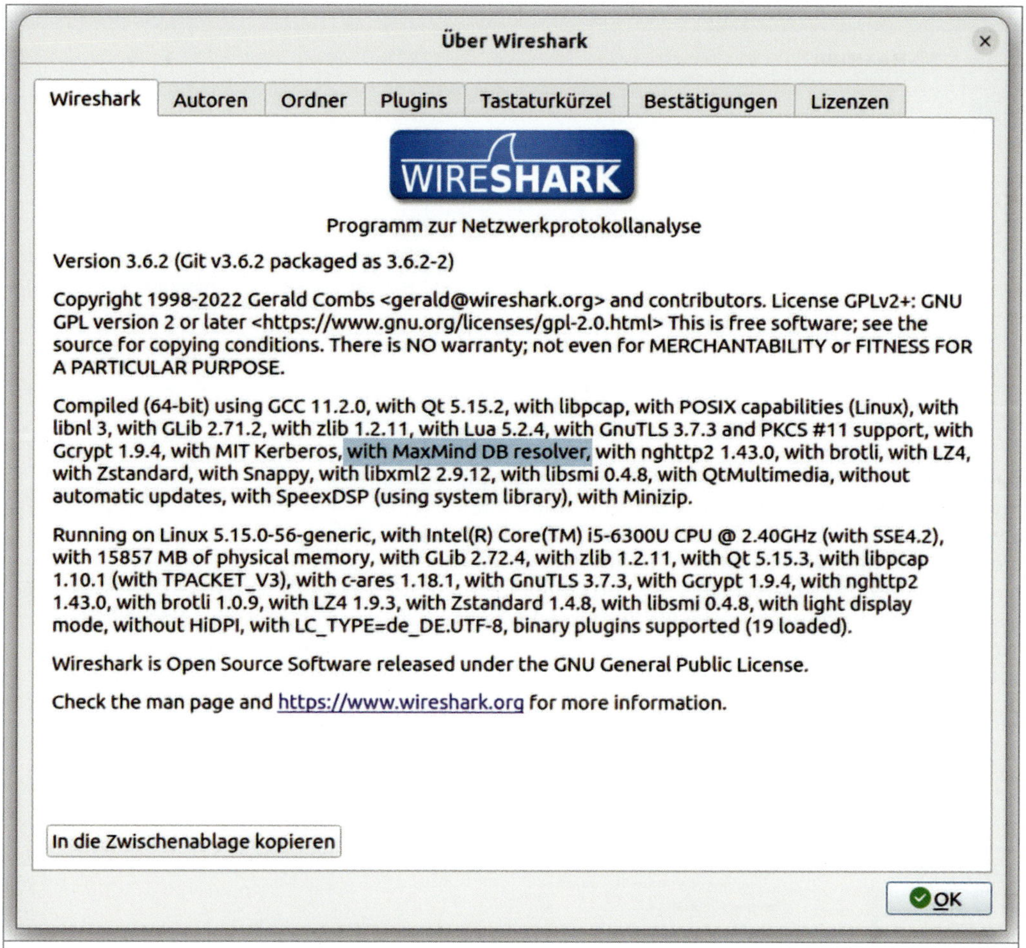

Bild 4.26: Kann Wireshark Geoinformationen anzeigen?

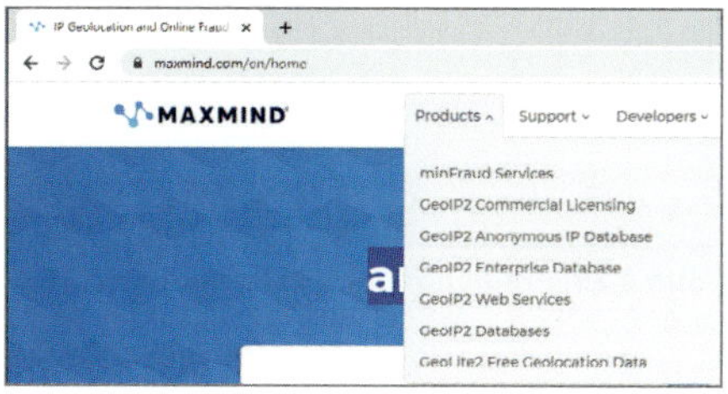

Ist dieser Eintrag vorhanden, kann mit dem Einrichten von GeoIP begonnen werden. Dazu besucht man als Erstes die Seite www.maxmind.com.

Man registriert sich und lädt die drei Datenbanken für City, Country und falls von Interesse auch der Autonomen Systemen (AS) herunter. Danach werden die heruntergeladenen Archive entpackt und die Datenbankdateien in einem Ordner, bsp. /geoip abgelegt.

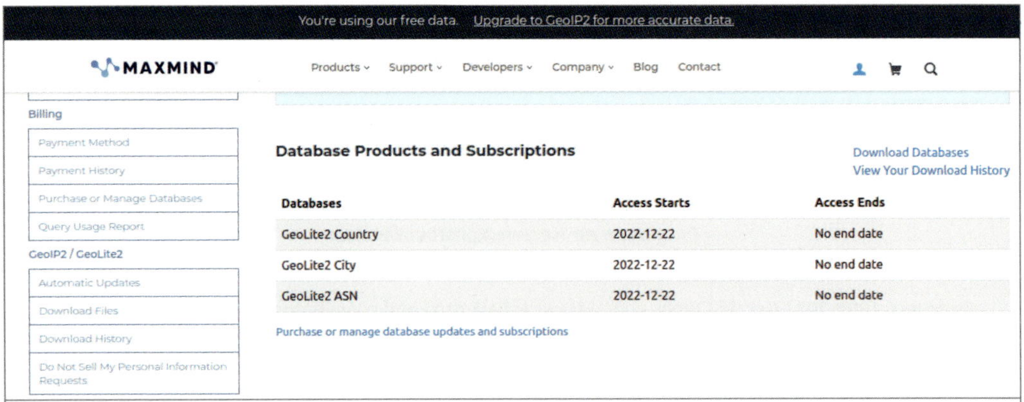

Bild 4.27: Drei Datenbanken zum Download bei MAXMIND

Danach muss man in Wireshark einstellen, für welche Protokolle das GeoIP genutzt werden soll. Momentan stehen IPv4 und IPv6 zur Auswahl. Man öffnet dazu die Einstellungen über das Menü *Bearbeiten>Einstellungen* oder Strg + Umschalt + P und scrollt in der Liste der Protokolle nach unten bis zu den Einträgen für IPv4 und IPv6.

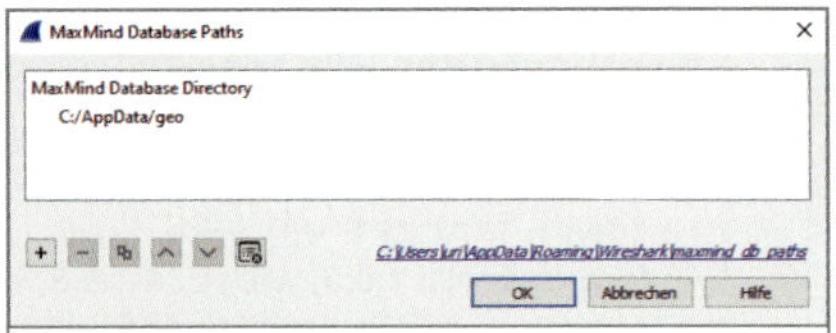

Bild 4.28: Datenbanken entpacken und abspeichern

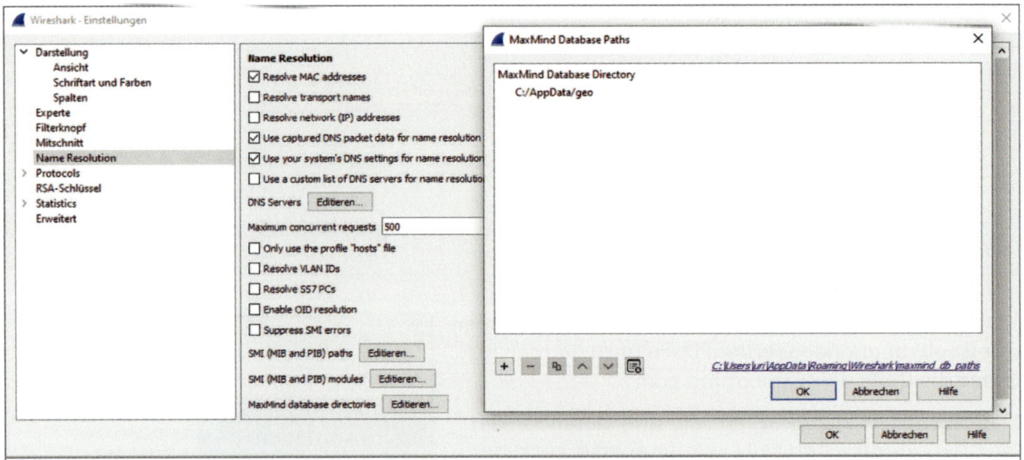

Bild 4.29: Pfad angeben, an dem die GEO-Daten zu finden sind

Diese Einstellung muss für IPv4 und IPv6 gemacht werden.

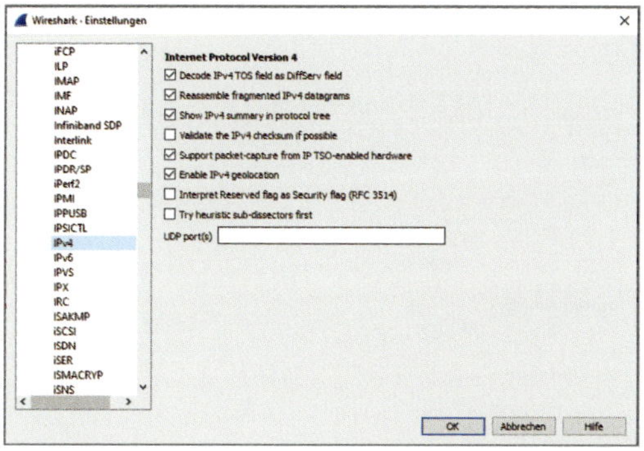

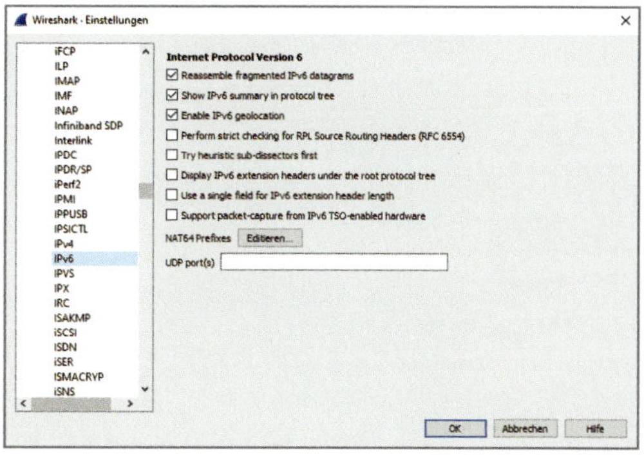

WICHTIG

Wireshark neu starten, damit die Änderungen funktionieren!

4.11.2 Landkarte anzeigen

Durch Öffnen der Liste der Endpunkte werden anschließend unter IPv4 und IPv6 die neuen Spalten der Geo-Informationen sichtbar.

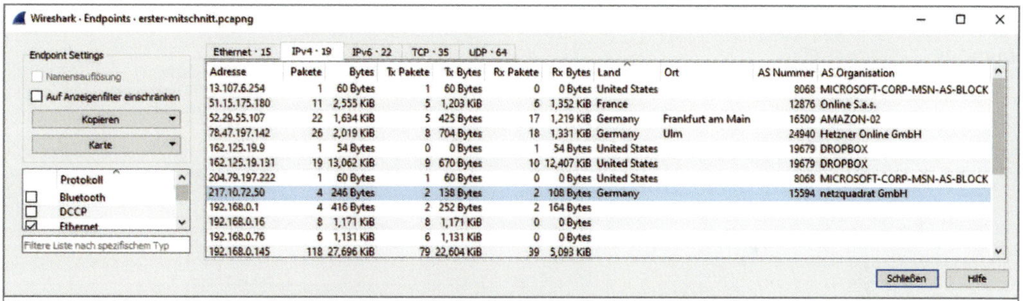

Bild 4.30: Die Geo-Informationen werden in der Endpunkt-Liste angezeigt

Der bisher ausgegraute Button *„Karte“* ist nun aktiv und kann angeklickt werden. Es öffnet sich eine Weltkarte von OpenStreetMap. Hier sind alle bekannten Standorte der aktiven Kommunikationspartner eingetragen.

Bild 4.31: Landkarte der Kommunikationspartner

Durch das Anklicken eines Zieles auf der Landkarte werden Infos über diesen Rechner eingeblendet.

Bild 4.32: Infos bei Mouse over

4.11.3 GeoIP filtern

Man kann im Anzeigefilter auch GeoIP filtern – der Ausdruck

`ip.geoip.lat > 42` bzw. `ipv6.geoip.lat > 42`

filtert beispielsweise den Datenverkehr von Endpunkten, die über dem 42. Breitengrad liegen. Auch die Angabe von Ländernamen ist möglich:

`ip.geoip.country == United States` bzw. `ipv6. geoip.country == United States`

Dieser Ausdruck filtert alle IP-Pakete, die von und in die USA übermittelt werden. Um nur diese in der Liste der Endpunke zu zeigen, setzen Sie einen Haken bei limit to display filter.

Weitere Geoip-Filter sind:

ip.geoip.city	für die Stadt
ip.geoip.asnum	für das Autonome System
ip.geoip.src_city	für die Stadt als Quelle
ip.geoip.dst_city	für die Stadt als Ziel
ip.geoip.isp	für Internet Service Provider

Durch Eingabe von ***ip.geoip*** im Filterfenster kann man ermitteln, welche weiteren Suchkriterien möglich sind.

4.12 Graphische Ausgaben

Ein Bild sagt mehr als 1000 Worte!

Wireshark verfügt über nützliche Tools, um Datenströme graphisch anzuzeigen. In der neuesten Wireshark-Version kann der IO-Graph (fast) beliebig viele Graphen anzeigen. Die Visualisierung von Datenströmen erhöht den Überblick über das aktuelle Geschehen deutlich und sorgt insbesondere bei Langzeitüberwachungen für eine klare Sicht auf die Datenlage.

4.12.1 IO-Graph

Über den Menüpunkt ***Statistiken>IO Graph*** öffnet sich ein Fenster, das Datenströme anzeigt (Bild 4.33).

Gegenüber den bisherigen Wireshark-Versionen wurde das Filterfeld deutlich vergrößert, sodass mehr vom Filterausdruck sichtbar ist. Neu hinzu gekommen ist auch die Möglichkeit, in der Grafik mit der Maus zu zoomen und zu scrollen. Die Mausfunktion wird über die Radiobuttons „ziehen" und „zoom" aktiviert.

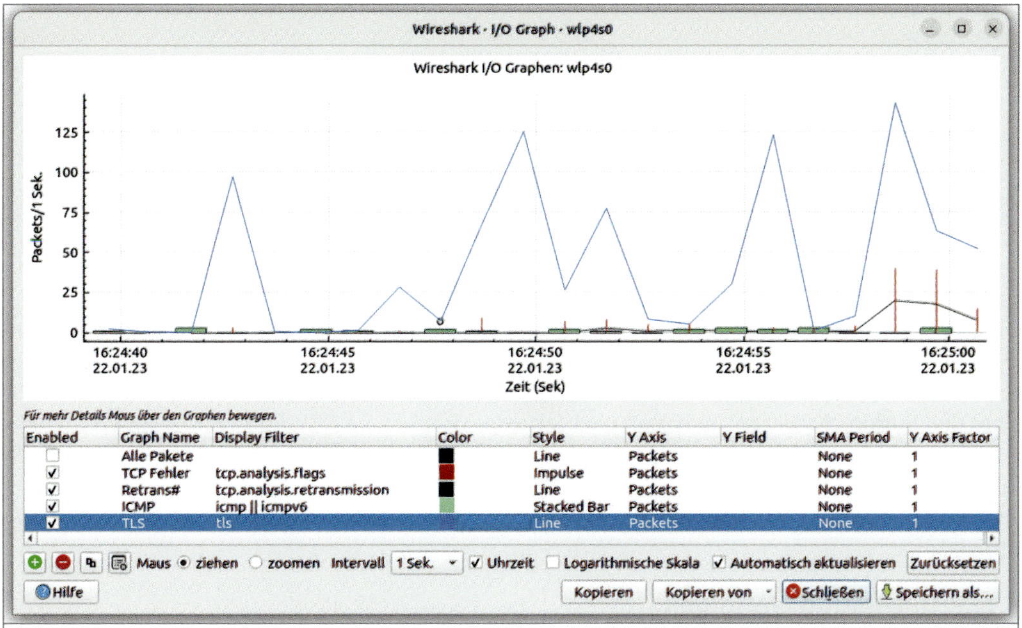

Bild 4.33: Grafische Darstellung des Datenverkehrs

Die Graphen können unter anderem als Linienzug, Balken, Impulse oder Punkte dargestellt werden. Auf der Y-Achse können u. a. Pakete/s, Bytes/s oder Bit/s skaliert werden. Die Farbe für jeden Graphen ist frei wählbar.

TIPP

Eine logarithmische Darstellung der Y-Achse ist oftmals vorteilhaft, da hier Graphen im unteren Wertebereich gut sichtbar sind und große Werte entsprechend kleiner dargestellt werden.
Durch passende Filter kann man die Datenflüsse gezielt überwachen. Erkennt man beispielsweise, dass mitten in der Nacht vom File Server viele Datenpakete übermittelt wurden, kann dies auf einen ungewollten Zugriff auf die Daten hindeuten. Erkennt man jedoch denselben Datenverkehr auch auf dem Sicherungsserver, handelt es sich wahrscheinlich um eine nächtliche Datensicherung.

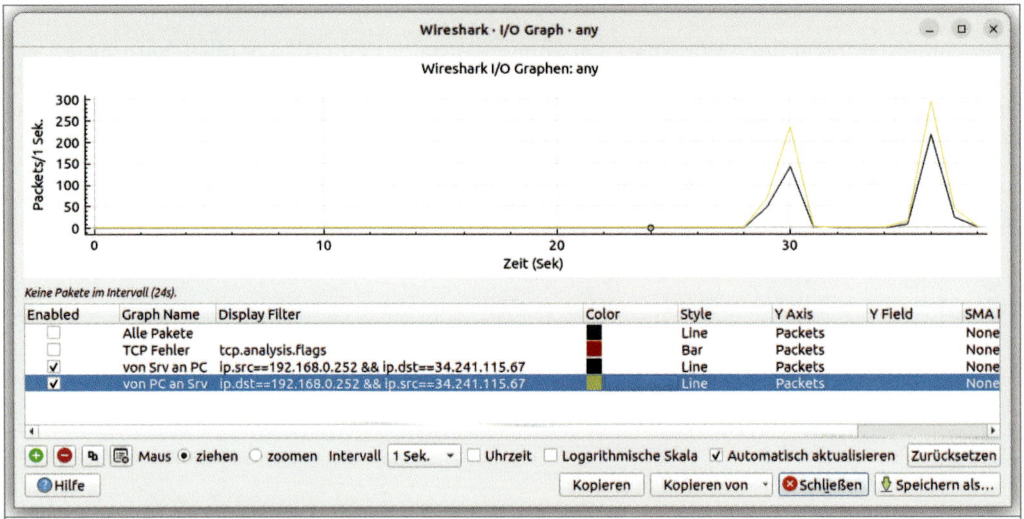

Bild 4.34: IO-Graph senden und empfangen

Über den Button „Kopieren" legt man die Werte der Graphen im CSV-Format in die Zwischenablage. Von der Zwischenablage aus lassen sich die Daten in eine Tabellenkalkulation oder ein anderes Programm zur Auswertung oder Darstellung importieren.

Über „Speichern als" legt man die Graphiken in den gewünschten Formaten (ico, jpg, bmp, png, tiff) ab.

4.12.2 Datenstrom verfolgen

Im IO-Graph kann man sich die Datenströme zwischen einzelnen Rechnern anzeigen lassen. Die Filter der einzelnen Graphen verwenden dieselbe Syntax wie der Anzeigefilter.

Interessiert man sich beispielsweise für den Datenverkehr zwischen einem bestimmten PC und einem bestimmten Server, gibt man als Filter die beiden IP-Adressen ein. Mit ip.addr == <PC-IP-Adresse> && ip.addr == <Server-IP-Adresse> wird der Datenstrom zwischen den beiden Rechnern angezeigt. Möchte man auch noch sehen, wie groß der Datenverkehr in jede Richtung ist, dann kann man diesen Filterausdruck leicht verändern und sich zwei Graphen anzeigen lassen.

Der Filter für Graph 3 (hier in „gehend" umbenannt) ip.src == <PC-IP-Adresse> && ip.dst == <Server-IP-Adresse> liefert die Daten vom PC an den Server.

Der Filter für Graph 4 (hier in „kommend" umbenannt) ip.dst == <PC-IP-Adresse> && ip.src == <Server-IP-Adresse> liefert den Datenstrom, der vom Server an den PC geschickt wird.

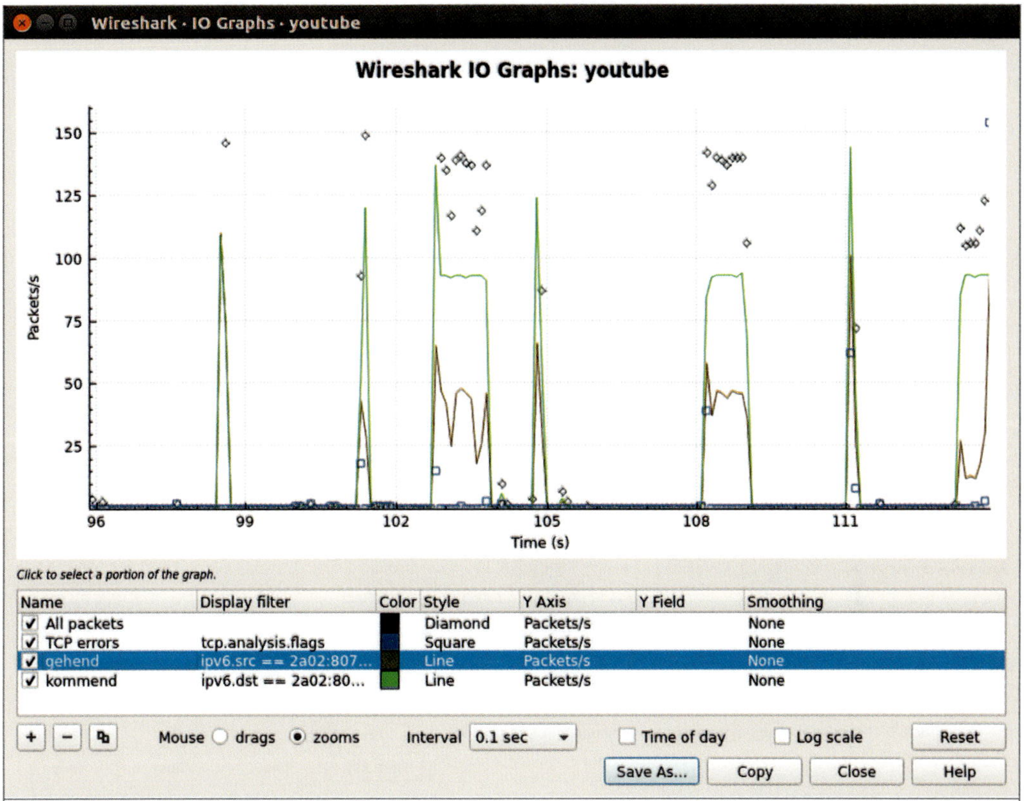

Bild 4.35: IO-Graph mit Richtungserkennung

In Bild 4.35 wird in einem gezoomten Ausschnitt der kommende und abgehenden Datenverkehr als Linie angezeigt. Die auftretenden Fehler wurden als Quadrate und die Summe aller Pakete als Rauten (Diamond) dargestellt. Man erkennt, dass ein Rechner wenig Daten sendet (seine Anfragen) und im Gegenzug viele Daten (die Antworten) erhält.

TIPP

Will man einen Anzeigefilter über das Kontextmenü der Paketliste erstellen, muss man diesen Filterausdruck vom Anzeigefilter in das Filterfeld des jeweiligen Graphen kopieren. Man kann alles, was als Anzeigefilter möglich ist, auch im IO-Graphen verwenden. In nachfolgender Abbildung wird dargestellt, wie die TCP-Flusskontrolle die doppelten Acknowledgements nutzt, um fehlende Pakete vom Sender anzufordern. Dies kann durch entsprechende Filter grafisch dargestellt werden.

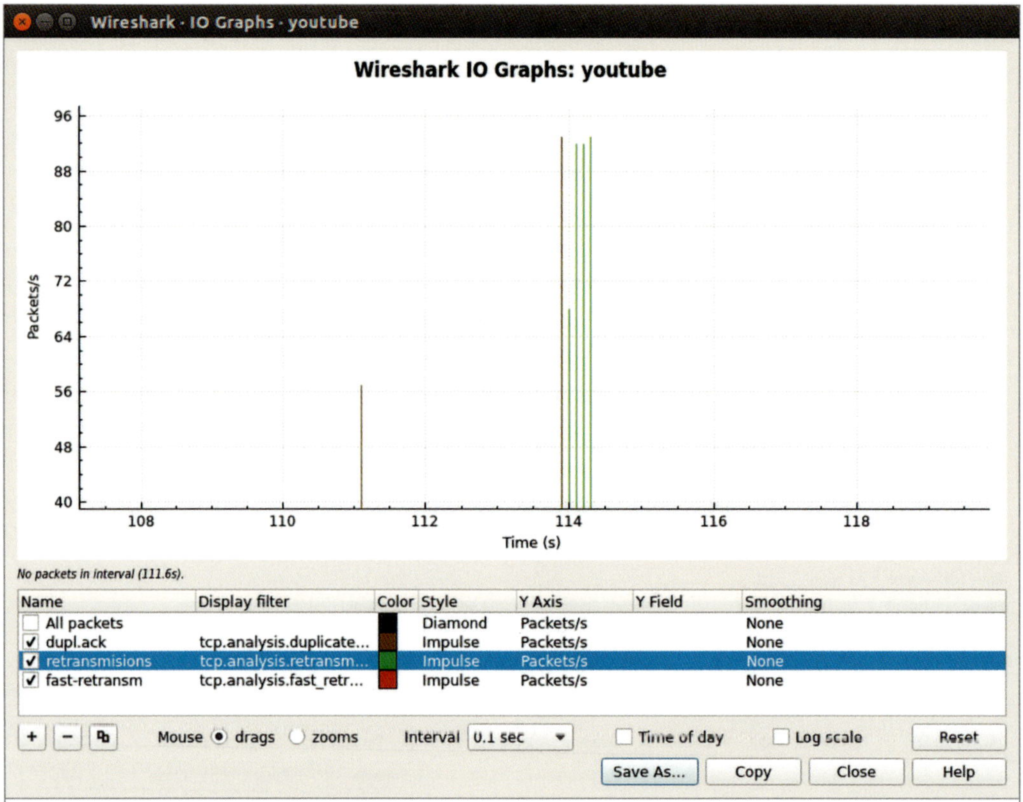

Bild 4.36: IO-Graph TCP-Flusssteuerung

Verwendete Filter: tcp.analysis.duplicate_ack, tcp.analysis.retransmission und tcp.analysis.fast_retransmission.

Es funktionieren auch die folgenden Filtereinträge: tcp.analysis.zero_window und tcp.analysis.window_full.

TIPP

Beim Klicken auf eine interessante Stelle im Graphen springt die Paketanzeige auf das jeweilige Paket. Man kann sofort sehen, welche Pakete einen den Peak in der Anzeige erzeugt haben.

4.12.3 Stream-Graph

Man klickt in der Paketliste auf ein Paket in einem Datenstrom, welchen man analysieren möchten. Dabei ist auf die Richtung des jeweiligen Datenstroms zu achten. Welcher Rechner ist Quelle, welcher Rechner ist Ziel?

Hierzu klickt man auf statistics – tcp-streamgraph und wählt den Menüpunkt „Time/Sequence (Steven's)".

Es öffnet sich der Graph der Sequenznummer über der Zeit. Auf der Y-Achse ist die Sequenznummer aufgetragen – also die Anzahl der Bytes-, auf der X-Achse ist die Zeit dargestellt.

Rechts unten kann man die Richtung ändern und den TCP-Datenstrom auswählen, der angezeigt werden soll.

Links kann man aus mehreren Typen von Stream-Graphen wählen (Bild 4.38).

Mit der Maus kann der Graph verschoben und mit gedrückter Maustaste ein Bereich herangezoomt werden. Der „Reset-" oder „Zurücksetzen"-Button stellt die normale Ansicht wieder her, wenn man die ursprüngliche Ansicht wieder herstellen möchte.

Der Graphentyp ist individuell einstellbar, ebenso die Skalierung der X- und der Y-Achse. Die Anzeige „Sequence-Number über der Zeit" veranschaulicht, wie sich die Sequenznummern entwickeln. Hier erkennt man sofort, wenn Pakete verloren gehen und erneut gesendet werden.

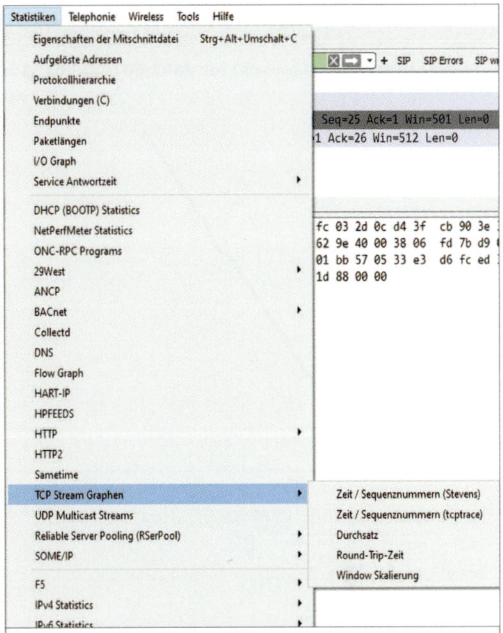

Bild 4.37: TCP-Streamgraph aufrufen

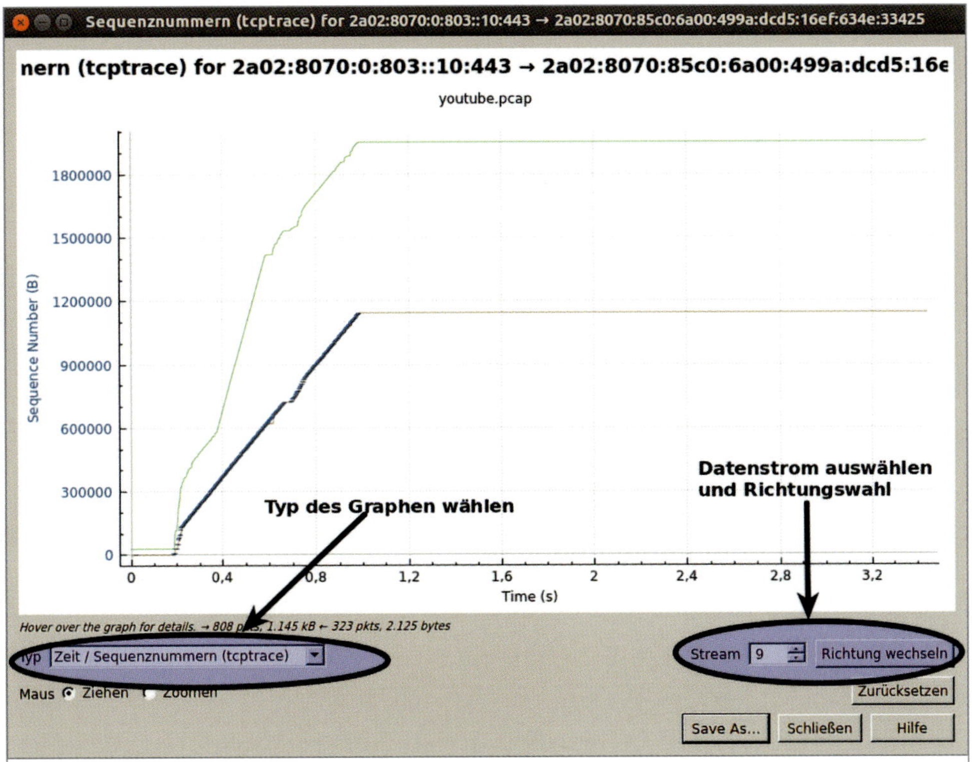

Bild 4.38: TCP-Stream-Graph

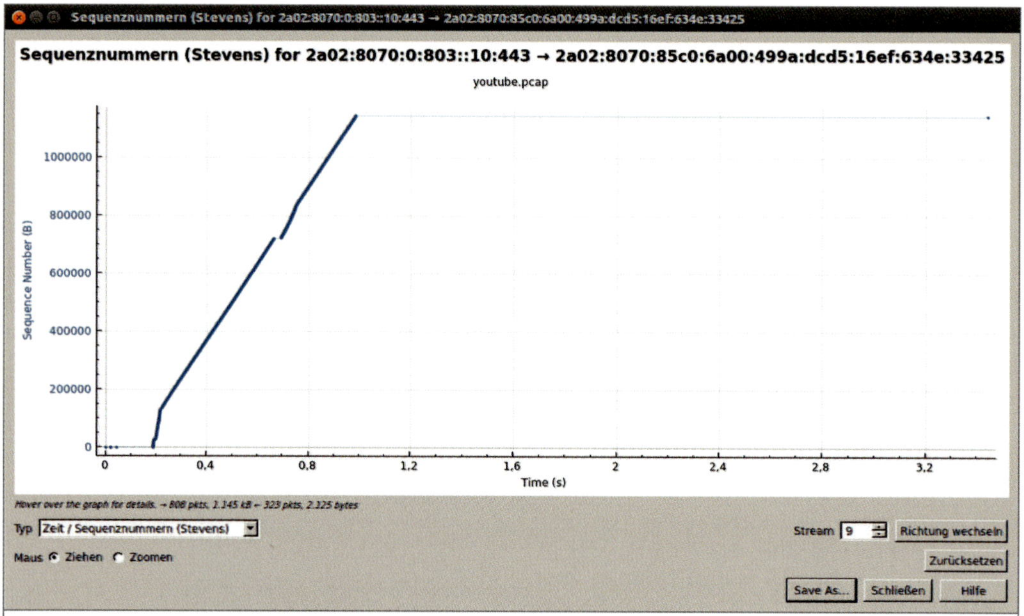

Bild 4.39: TCP-Stream-Graph Stevens

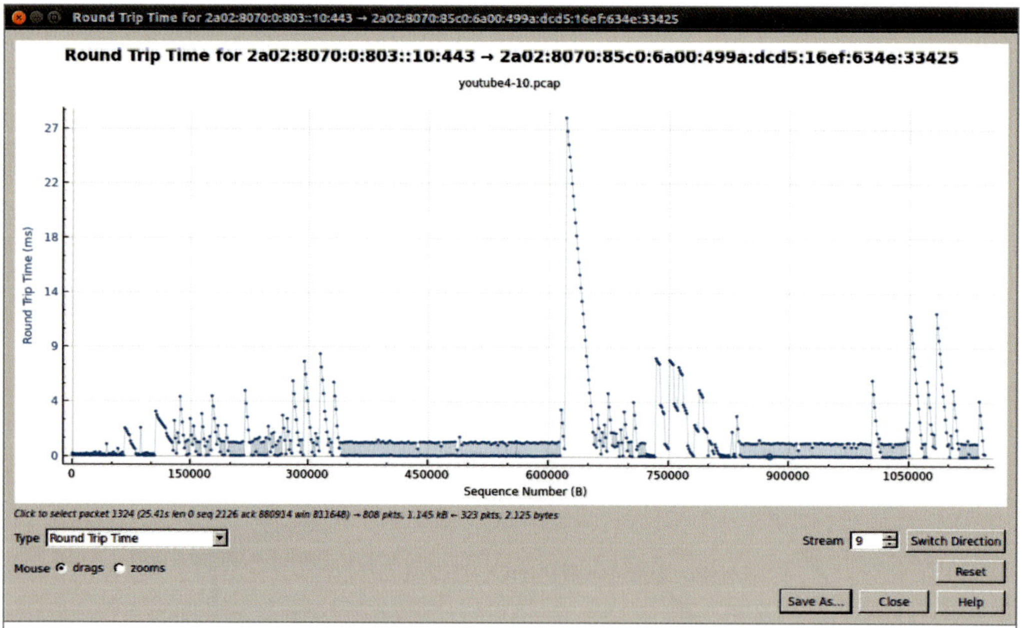

Bild 4.40: TCP-Stream-Graph Round-Trip Time

Die Anzeige „Round Trip Time“ zeigt die Rundlaufzeit der Pakete an. Mit dem Cursor kann man auf die Spitzen des Graphen klicken und die Paketliste springt zu dem Paket, welches diese lange Rundlaufzeit aufwies.

Die Anzeige „Throughput“ zeigt den Datendurchsatz an. Auf der Y-Achse wird die Segmentlänge, auf der X-Achse die Zeit dargestellt.

Es öffnet sich der Graph der Sequenznummer über der Zeit. Auf der Y-Achse ist die Sequenznummer dargestellt – also die Anzahl der Bytes – und auf der X-Achse wird die Zeit abgebildet.

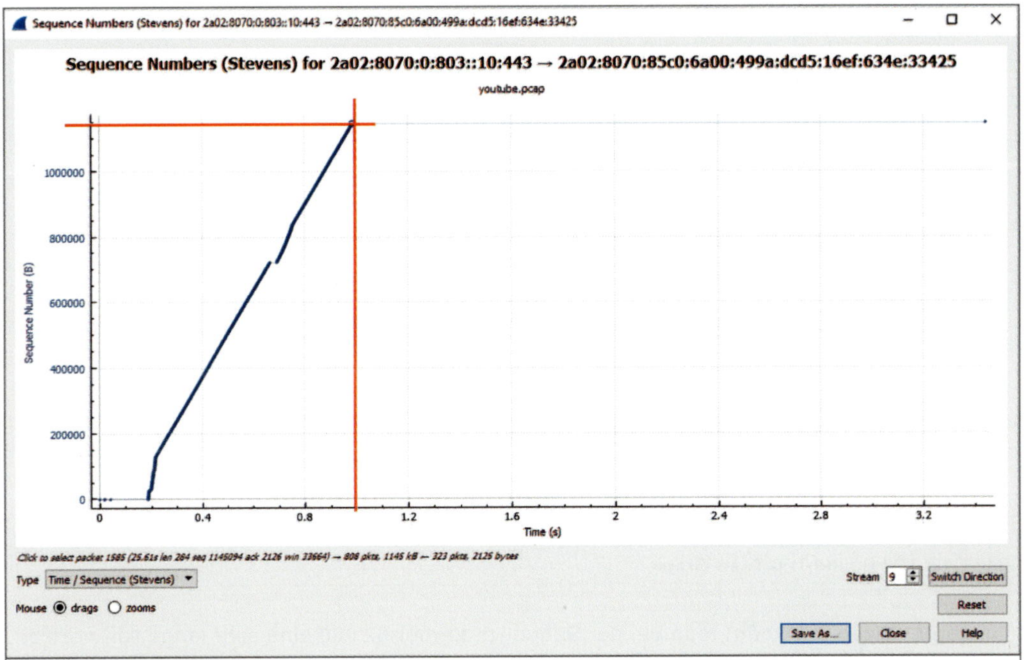

Bild 4.41: TCP-Flowgraph

Im Normalfall weist dieser Graph keine Brüche auf. Der Graph wächst stetig nach rechts oben. Einbrüche in der Sequenznummer stammen von Sendewiederholungen aufgrund nicht bestätigter oder verloren gegangener Pakete. Diese Anzeige eignet sich um den effektiven Datendurchsatz darzustellen bzw. diesen zu berechnen. In Bild 4.41 zieht man beispielsweise in Gedanken eine Linie von der X-Achse bei 1,0 Sekunden nach oben. Auf der Y-Achse wird die Datenmenge abgelesen. Es sind genau 1.150.000 Bytes.

Der Datendurchsatz beträgt somit: C = Datenmenge/Zeit = 1,15 MByte/s.

INFO

Der Graph zeigt den Durchsatz für den ausgewählten TCP-Flow in der ausgewählten Richtung! Rechts unten im Fenster kann man im Feld „Stream“ einen Datenstrom auswählen und die Richtung ändern.

Dies gilt für alle TCP-Stream-Graphen.

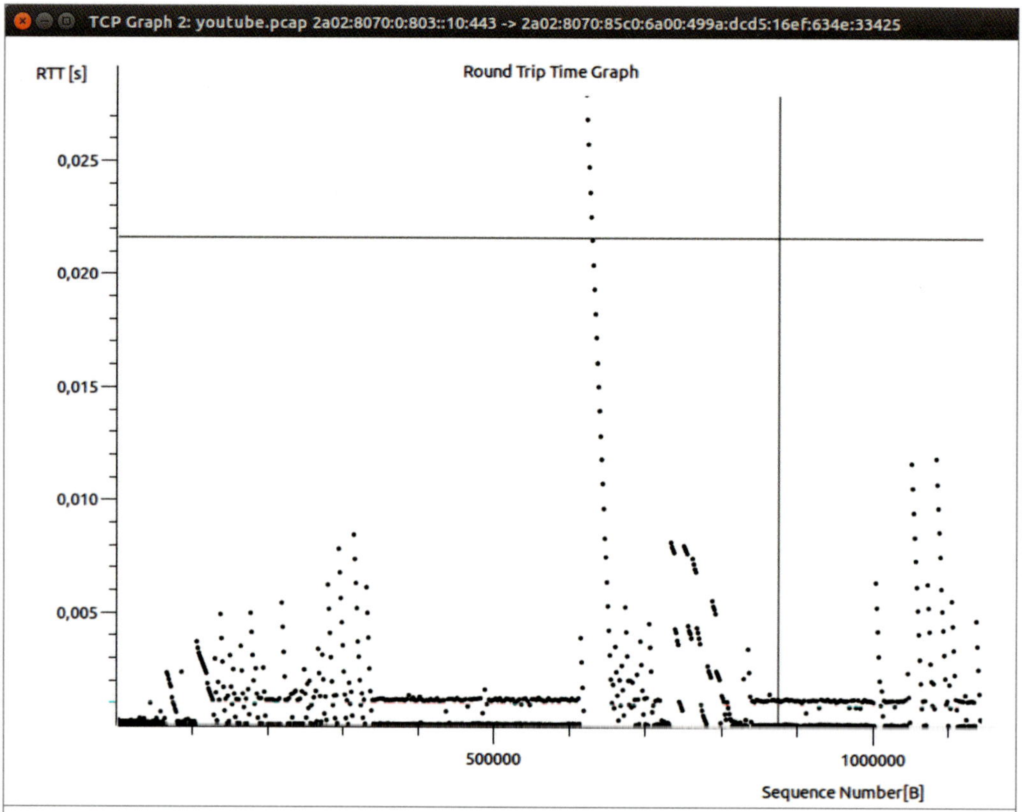

Bild 4.42: TCP-Round-Trip-Time-Graph

In unserem Beispiel erkennt man bei der Sequenznummer 62.000 eine sehr lange Antwortzeit. Klickt man an dieser Stelle auf den Graphen, dann springt Wireshark auf das entsprechende Paket in der Paketliste.

Eine lange Round-Trip-Time (Rundlaufzeit) kann vom Netzwerk herrühren, wenn einzelne Komponenten, bspw. ein Switch oder Router, kurzzeitig überlastet ist. Meist liegt es an einer Überlast beim Server, der zum Bearbeiten einer Anfrage aufgrund der hohen Auslastung zu viel Zeit benötigt.

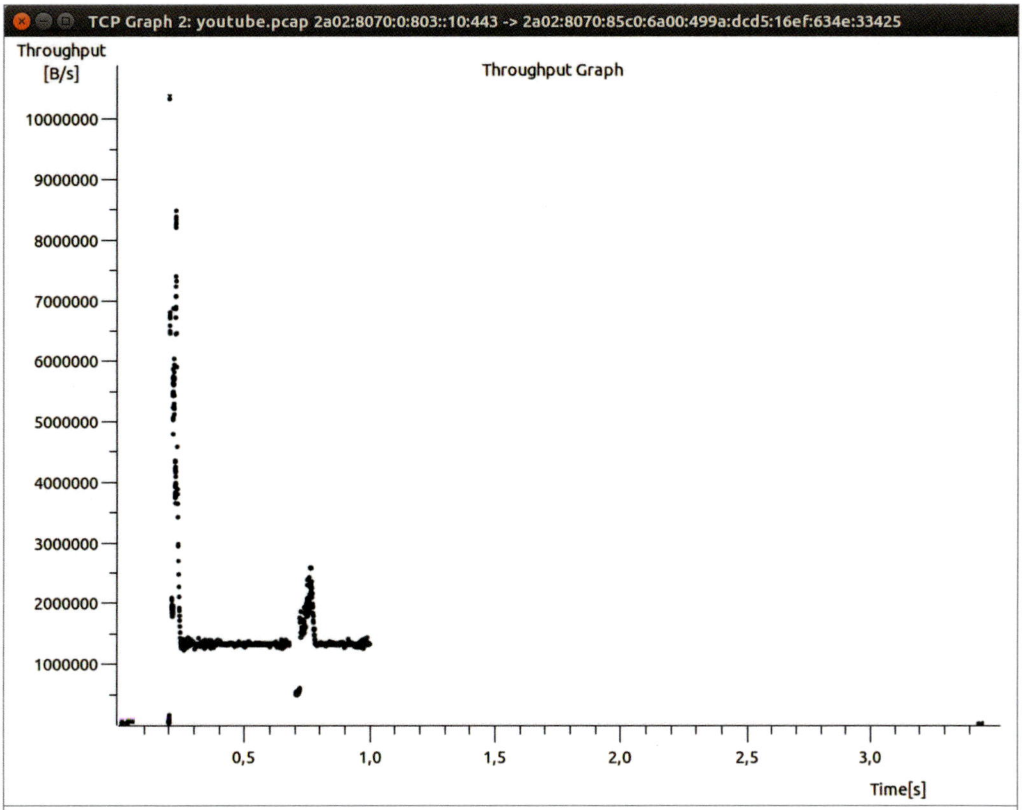

Bild 4.43: TCP-Throughput-Graph

Bild 4.43 zeigt den Datendurchsatz. Man erkennt, dass der Durchsatz in dem hier verwendeten Mitschnitt konstant niedrig ist und sich nur wenige Male erhöht.

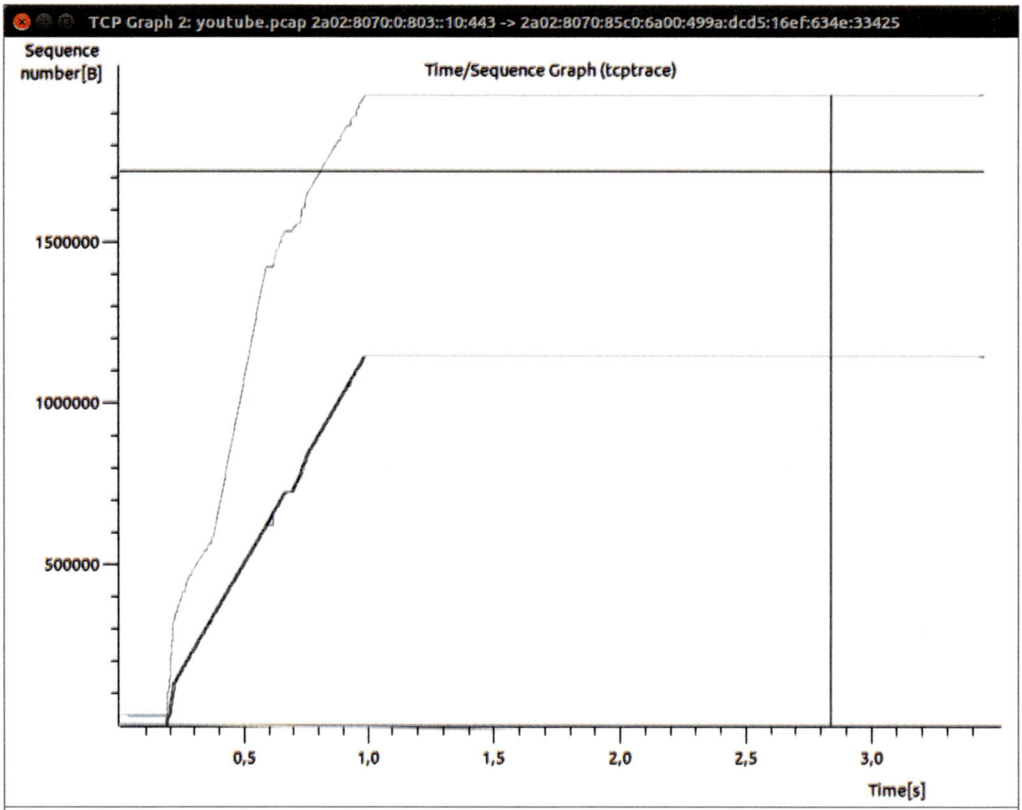

Bild 4.44: TCP-tcptrace-Graph

Der tcptrace-Graph zeigt zwei Kurven. Die untere fett gezeichnete Linie zeigt die Sequenznummer – über der Zeit, so wie den Stevens-Graphen. Die obere dünnere Linie zeigt die jeweilige TCP-Window-Größe. Der Abstand der beiden Linien gibt die Größe des freien Empfangspuffers an. Nähern sich die beiden Linien einander an, läuft der Puffer langsam voll. Berühren sich die beiden Linien, dann ist der Puffer des Zielrechners voll und kann keine weiteren Daten aufnehmen. Dies sind die „Zero-Window"-Ereignisse, welche bei der Nutzung des TCP-Protokolls auftreten können.

Im hier gezeigten Beispiel ist ersichtlich, dass die TCP-Window-Size laufend vergrößert wird. Damit signalisiert der Empfänger dem Sender, dass er genügend freien Speicher hat und die Daten weitgehend fehlerfrei empfangen wurden. Der Sender kann dadurch mehr Datenpakete verschicken bis eine Bestätigung (Acknowledgement) für den Empfang erfolgt.

5 Filter – die interessanten Daten finden

Wireshark filtert auf verschiedenen Ebenen und zu verschiedenen Zeitpunkten.

Wie Bild 5.1 zeigt, greift die erste Filterebene schon die Daten nahe an der Hardware ab. Konkret werden die Signale an der NIC (Network Interface Card), also der Netzwerkkarte abgegriffen.

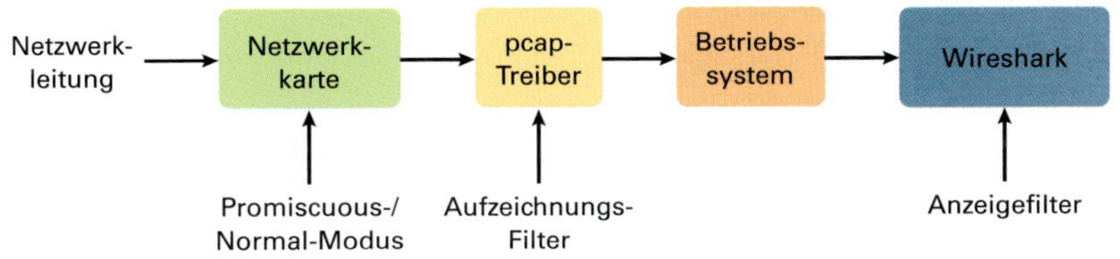

Bild 5.1: Wireshark-Filterkette

Auf dem Data-Link-Layer (OSI-Layer 2) filtert normalerweise die Netzwerkkarte alle Daten aus dem empfangenen Datenstrom heraus, die für sie bestimmt sind. Nur Frames, die entweder an die MAC-Adresse der Netzwerkkarte oder an eine von der Karte unterstützte Multicast-MAC-Adresse (hierzu muss der Administrator oder ein Programm die NIC explizit konfigurieren) oder an alle Netzwerkkarten (Broadcast-MAC-Adresse ff-ff-ff-ff-ff-ff) adressiert sind, werden angenommen und ans Betriebssystem weitergereicht. Um auch Pakete empfangen zu können, die im Normalfall nicht empfangen werden, muss die Netzwerkkarte aktiv in den sogenannten Promiscuous Mode versetzt werden. Der Promiscuous Mode (oder bei WLAN der Monitor Mode) filtert keine Frames aus und lässt alle Pakete zum Betriebssystem durch. Diese Einstellung erledigt Wireshark für den Benutzer.

Um empfangene Daten aufzeichnen zu können, wird ein Treiber namens pcap (bei Windows winpcap) eingesetzt. Hier setzen die Capture-Filter und Aufzeichnungsfilter an und blendet den überflüssigen Datenverkehr aus. Nur der gewünschte Datenverkehr wird zum System weitergeleitet. In großen Netzen kann es zeitweise (bei Bursts) zu sehr (!) hohen Netzlasten kommen, die bei einer Analyse nur störend wären und Empfangspuffer samt Festplatte bei der Aufzeichnung unnötig belegen. Die Capture-Filter und Aufzeichnungsfilter halten die Datenmenge in überschaubaren Grenzen.

INFO

Daten, die den **Aufzeichnungsfilter** nicht passieren, stehen anschließend auch nicht mehr für eine weitere Analyse zur Verfügung!

Alle Daten, die den Aufzeichnungsfilter passiert haben, stellt Wireshark dar und speichert diese bei Bedarf auch als Capture File ab. Beim Anzeigefilter gehen keine Datenpakete verloren.

INFO

Daten, die den **Anzeigefilter** nicht passieren, somit nicht angezeigt werden, stehen weiterhin für Wireshark zur Verfügung! Beim Löschen des Filterausdrucks sind wieder alle Pakete sichtbar.

Die beiden Filterebenen, Aufzeichnungs- und Anzeige-Filter, verwenden zur Formulierung der Regeln leider nicht dieselbe Syntax. Der Aufzeichnungs-Filter nutzt die Filtersprache Libpcap, die auch von anderen Programmen wie beispielsweise tcpdump eingesetzt werden.

Für den Display- oder Anzeigefilter gibt es eine leistungsfähigere, Wireshark-spezifische Filtersyntax.

Grundsätzlich unterscheidet man zwei Filterverfahren:

- Positiv-Filter
  lassen Frames passieren, die der Filterregel entsprechen. Alle anderen Frames werden nicht durch das Filter gelassen.
- Negativ-Filter
  sortiert Frames aus, die der Filterregel entsprechen und lässt alle anderen Frames passieren.

Beispiel: Der Anzeigefilter *ip* stellt alle aufgezeichneten IPv4-Frames dar. Der Anzeigefilter *!ip* zeigt alle aufgezeichneten Frames an, aber keine Frames mit dem IPv4-Protokoll.

5.1 Anzeigefilter, Display-Filter

Anzeigefilter werden direkt in das Filterfeld im Wireshark-Fenster eingegeben.

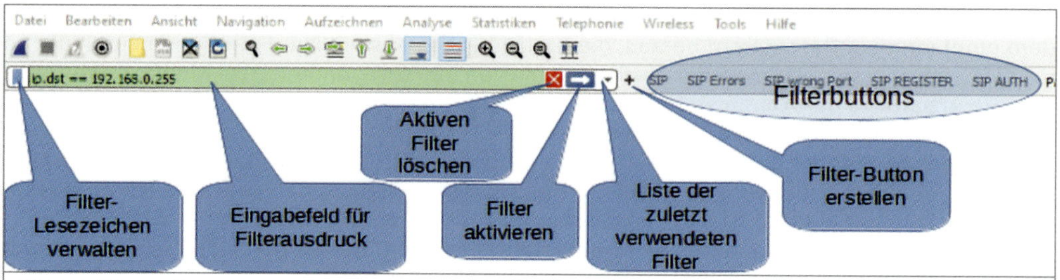

Bild 5.2: Filterzeile

Anzeigefilter selektieren aus den aufgezeichneten Paketen die gesuchten Daten. Löscht man den Filter, werden sämtliche vorher aufgezeichneten Pakete wieder sichtbar.

Auch beim Anzeigefilter lassen sich Filterausdrücke miteinander kombinieren:

```
[not] Filterausdruck [and|or [not] Filterausdruck...]
```

Die einzelnen Filterausdrücke werten einzelne Felder und Inhalte im Datenstrom aus und vergleichen diese mit den Vorgaben.

Man möchte beispielsweise nur den Datenverkehr der IP-Adresse 10.1.2.3 darstellen:

```
ip.addr == 10.1.2.3
```

Der Inhalt des Datenfeldes ip.addr wird über den Operator == mit dem Wert 10.1.2.3 verknüpft. Das doppelte Gleichheitszeichen bedeutet, dass der Inhalt dem angegebenen Wert entsprechen muss. Welche Datenfelder zur Verfügung stehen, wird ab Abschnitt 5.1.1 beschrieben.

Folgende Operatoren stehen in Filterausdrücken zur Verfügung (wahlweise als Text, bspw. „eq“ oder als Formelzeichen, bspw. „==“):

Equal:	eq	oder	==
Not Equal:	neq	oder	!=
Greater Than:	gt	oder	>
Lower Than:	lt	oder	<
Greater or Equal:	ge	oder	>=
Lower or Equal:	le	oder	<=

Mehrere Filterausdrücke verknüpfen man mit logischen Operatoren:

```
ip.addr == 10.1.2.3 && tcp.port == 80
```

Das Beispiel zeigt den Datenverkehr, der die IP-Adresse 10.1.2.3 und den TCP-Port 80 nutzt. Anderer Verkehr derselben IP-Adresse mit anderem Port werden aufgrund dieses Filterausdrucks nicht mehr dargestellt.

Logische Operatoren sind:

and	&&
or	||
xor	^
not	!
[n]	Zeiger auf ein Protokollfeld

Ein not oder ein vorangestelltes Ausrufezeichen negiert den eingegebenen Filterausdruck:

```
!ip.addr == 10.1.2.3
```

stellt jeden Verkehr dar, der nicht die angegebene Adresse aufweist.
Vorsicht ist geboten beim Negieren von Ausdrücken!

Der Filter

```
ip.addr != 10.1.2.3
```

liefert ein anderes Ergebnis als der Ausdruck

```
!ip.addr == 10.1.2.3
```

Wenn mehrere Felder zutreffen können, so wie bei ip.addr, was sowohl Quell- und Ziel-IP betrifft, muss das Negationszeichen vor dem Filterausdruck stehen.

Bei korrekter Filtersyntax ist das Eingabefeld grün hinterlegt. Bei Fehler in der Syntax ist es rot.

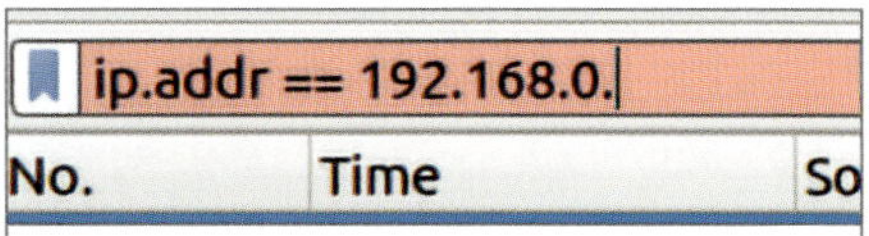

Bild 5.3: Filtersyntaxfehler

Der Prüfung genau eines Feldes dient die Negation !=, also beispielsweise

```
dns.flags.rcode != 0
```

Wireshark unterstützt eine Vielzahl an Filtervariablen. Gibt man im Eingabefeld des Anzeigefilters ein Protokoll gefolgt von einem Punkt ein, erscheint eine Liste aller in diesem Kontext möglichen Filtervariablen. Ist die Liste länger als das Anzeigefeld, kann man zur gewünschten Filtervariable scrollen.

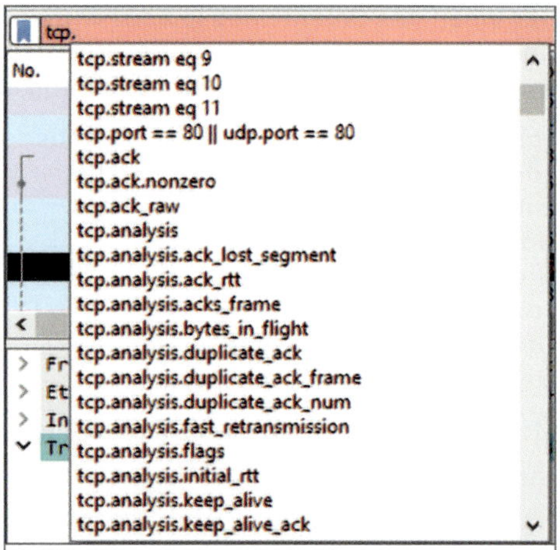

Bild 5.4: Filter auf Protokoll-Header

Neu hinzugekommen ist ab der Wireshark-Version 4, dass verschachtelte Adressen explizit als Filter verwendet werden können.

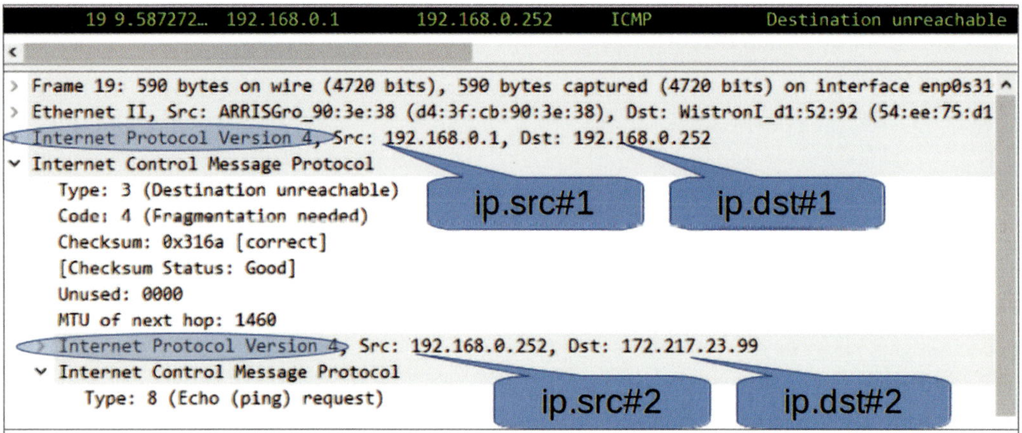

Bild 5.5: Filterung auf verschachtelte Adressen

Beispiel: Eine ICMP-Fehlermeldung wird als IP-Paket transportiert. Die IP-Adressen auf dieser Protokollebene können mit der Erweiterung #1 benutzt werden.

In diesem ICMP-Paket wird das ursprüngliche IP-Paket transportiert. Die IP-Adressen in diesem Paket können mit der Erweiterung #2 benutzt werden.

5.1.1 Filtern auf Layer 2 (Ethernet-Adressen)

Im Folgenden werden die wichtigsten Anzeigefilter und deren Einsatz beschrieben.

Anzeigefilter auf Layer 2	
eth.addr == 00:03:0d:15:bf:bd	zeigt den ankommenden und abgehenden Verkehr vom Rechner mit der MAC-Adresse 00:03:0d:15:bf:bd
eth.src == 00:03:0d:15:bf:bd	zeigt den Verkehr vom Rechner mit der Quell-MAC-Adresse 00:03:0d:15:bf:bd
eth.dst == 00:03:0d:15:bf:bd	zeigt den Verkehr zu dem Rechner mit der Ziel-MAC-Adresse 00:03:0d:15:bf:bd

Anzeigefilter auf Layer 2	
eth.addr == ff:ff:ff:ff:ff:ff	zeigt alle Ethernet-Broadcast-Pakete
arp	zeigt alle Pakete des Address Resolution Protocols
eth.type == 0x0800	zeigt den Verkehr vom Typ 800 (IPv4)
eth.type == 0x0806	zeigt den Verkehr vom Type 806 (ARP)

5.1.2 Filtern auf Layer 3 (IP-Adressen)

Anzeigefilter auf Layer 3	
ip	zeigt den gesamten IP-Verkehr und blendet den Nicht-IP-Verkehr aus
!ip	zeigt den gesamten Nicht-IP-Verkehr an und blendet den IP-Verkehr aus
ipx	zeigt alle IPX-Pakekte (in Novell-Netzen)
ip.addr == 83.169.21.152	zeigt den Verkehr vom und zum Rechner mit der IP 83.169.21.152
ip.addr == 83.169.21.0/24	zeigt den Verkehr des Netzes mit dem IP-Bereich 83.169.21.0 bis 83.169.21.255 an
ip.dst == 83.169.21.152	zeigt den Verkehr zu dem Rechner mit der IP 83.169.21.152
ip.dst == 83.169.0.0/16	zeigt den Verkehr in das Zielnetz 83.169.0.0/16 an
ip.src == 83.169.21.152	zeigt den Verkehr von dem Rechner mit der IP 83.169.21.152
ip.addr == 10.1.2.0/16	zeigt den Verkehr der Rechner des Netzes 10.1.0.0 bis 10.1.255.255 an (Netz in CIDR-Notation)
ip.ttl > 200	zeigt alle Pakete mit einer TTL größer als 200
ip.ttl >= 3 && ip.ttl <= 5	zeigt alle Pakete mit einem TTL-Wert zwischen 3 und 5
ip.proto == 17	zeigt alle UDP-Pakete (Protokoll-Typ 17)
ip.proto == 6	zeigt alle TCP-Pakete (Protokoll-Typ 6)
ipv6	zeigt alle IP-Pakete der IP-Version 6 an
ipv6.addr == <IPv6-Adresse>	filtert eine bestimmte IPv6 Adresse
ipv6.addr == fe80::f61f:c2ff:caba:caba || ipv6.addr == ff02::1	zeigt Pakete mit den beiden angegebenen Adressen an
ipv6.flow == <flowlabel>	zeigt nur den Verkehr, der zu einem bestimmten Datenfluss gehört an

5.1.3 Filtern auf Layer 4 (Ports)

Anzeigefilter auf OSI-Layer 4	
tcp	zeigt den TCP-Verkehr
udp	zeigt den UDP-Verkehr
udp.port == 17500	zeigt den UDP-Verkehr von Port 17500
udp.srcport == 17500	zeigt den UDP-Verkehr von Quellport 17500
udp.dstport == 17500	zeigt den UDP-Verkehr von Zielport 17500
!tcp.port == 53	zeigt jeden Verkehr, außer den von Port 53
tcp.port == 80 || udp.port == 80	zeigt Pakete mit Port 80 (HTTP) von TCP oder UDP2

5.1.4 Weitere Anzeigefilter

Weitere Anzeigefilter	
http	zeigt den HTTP-Verkehr
http.request.method == „POST“	zeigt alle HTTP-Anfragen mit der Methode POST an
dns	zeigt den DNS-Verkehr
dns.time >= 0.05	zeigt alle DNS-Antworten, die länger als 0,05 Sekunden gedauert haben. (Man beachte den Punkt als Dezimaltrenner!)
dhcp, dhcpv6, (bootp bei älteren Versionen von Wireshark)	zeigt den DHCP-Verkehr
frame.time >= „Sep 9,2022 23:00:00“	zeigt alle Pakete an, die nach 23:00 Uhr am 9. September 2022 aufgezeichnet wurden
frame.time >= „Sep 9,2022 23:00:00“ && frame.time <= „Oct 9,2022 23:10:00“	zeigt alle Pakete an, die zwischen dem 9. September 2022 23:00 Uhr und dem 9. Oktober 2022 23:00 Uhr aufgezeichnet wurden
tcp.port in {80 443 8080}	filtert Pakete heraus, mit Port 80, 443 oder 8080, in geschweiften Klammern steht eine Liste von Werten (oder-verknüpft)
tcp.port == 80 || tcp.port == 443 || tcp.port == 8080	Alternativschreibweise für den obigen Ausdruck
ip.src in {2.19.106.202 217.111.11.37}	filtert die IP-Quelladressen, die in der Liste stehen

5.1.5 Nach Zeichenketten filtern

Mit den Operatoren *„contains“* und *„matches“* kann man nach Zeichenketten filtern oder suchen. Der Operator *contains* filtert nach dem genauen String, der angegeben wird. Der Operator *matches* erlaubt auch Platzhalter wie ? und * im Suchausdruck.

Anzeigefilter für Zeichenketten	
contains	filtert nach dem genauen String, der angegeben wird.
http contains „http://www.wireshark.org“	liefert eine Liste aller HTTP-Pakete, die http://www.wireshark.org enthalten.
eth contains 0a:01:01:0b	filtert alle Ethernet-Frames (eth), die irgendwo die Bytefolge 0a01010b enthalten
matches	Filtert nach Zeichenketten, die auch „Wildcards“ enthalten dürfen
dns matches „ ?ild“	liefert alle DNS-Pakete, die diesem Ausdruck entsprechen, also z. B. auch Bild oder bild, cild, 1ild, … . Der contains-Operator würde nur Treffer anzeigen, die den String „?ild“ mit dem Fragezeichen enthalten.

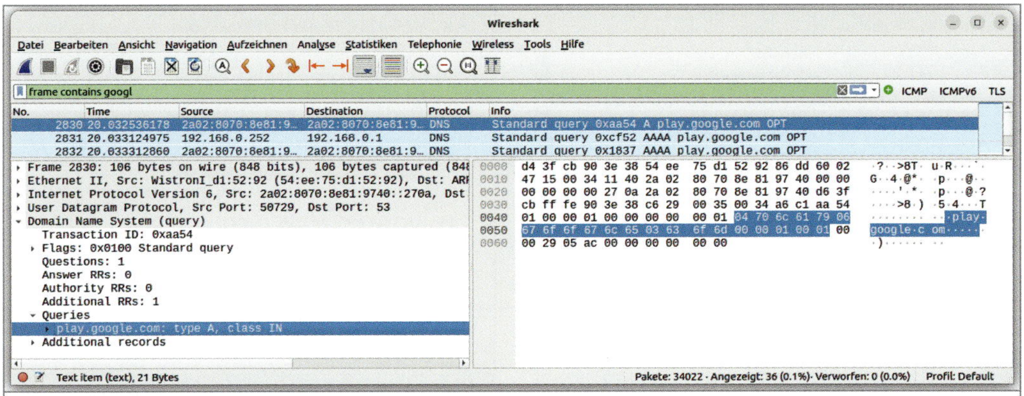

Bild 5.6: Zeige alle Frames, die „googl" enhalten

5.1.6 Filter drag n drop

Eine sehr schnelle Möglichkeit um schnell einfache Filter zu setzen, bietet das Drag and Drop eines Feldes aus den Paketdetails.

Klickt man auf einen Wert in den Details und bewegt die Maus mit gedrückter Maustaste, dann erscheint der passende Filterausdruck für diesen Wert in einem kleinen Feld am Mauszeiger. Zieht man das Feld über die Filterzeile und lässt dann los, so wird dies als Filter gesetzt.

Wiederholt man das Ganze mit einem anderen Wert, so erscheint beim Loslassen der Maus, ein Kontextmenü, um diesen neuen Filterstring mit dem bestehenden zu verknüpfen.

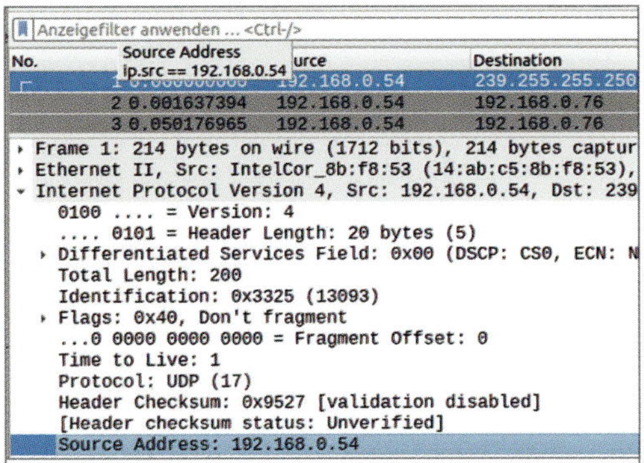

Bild 5.7: Filter drag'n drop eines Detailfeldes

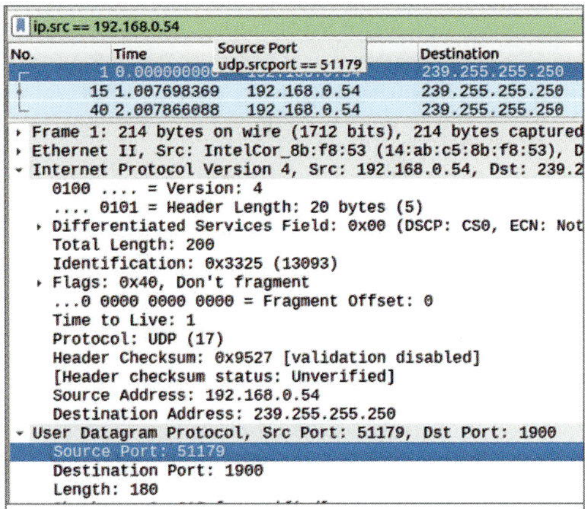

Bild 5.8: Filterausdruck erweitern d'n'd

Das Kontextmenü beim Loslassen des zweiten und weiterer Werte ist gleich wie das Kontextmenü beim Erstellen von Filter aus den Paketdetails.

Man kann den am Mauszeiger hängenden Filterausdruck übernehmen („Ausgewählt") oder negiert übernehmen („nicht das Ausgewählte").

Man kann den neuen Filterausdruck UND- oder ODER-Verknüpft an den bestehenden Filter anhängen. Ebenso lässt sich der neue Ausdruck negiert anhängen (siehe die folgenden beiden Bilder).

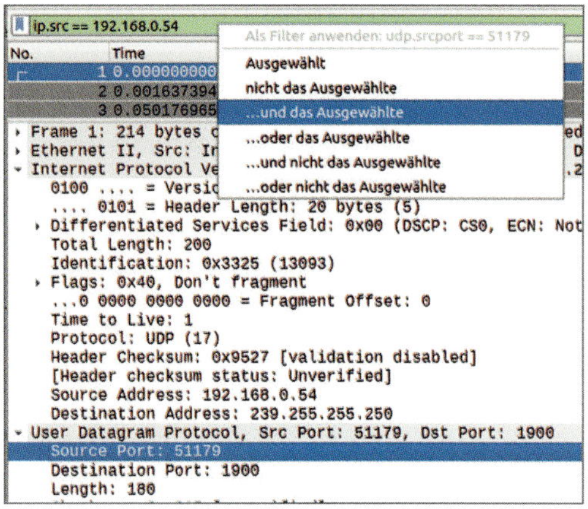

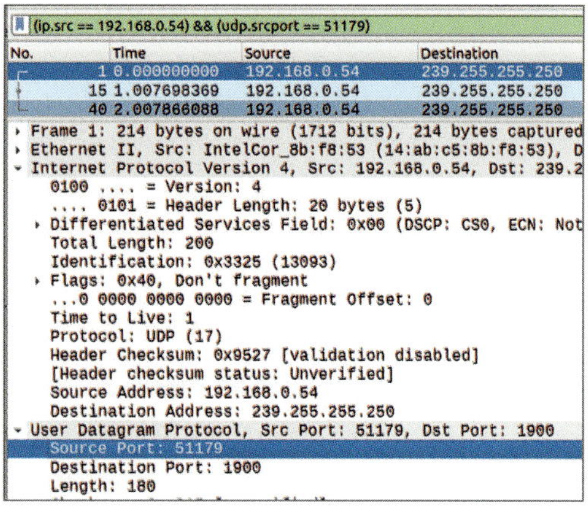

Auf diese Art lassen sich auch komplexe Filter leicht erstellen.

5.1.7 Filter über die Kontext-Menüs erstellen

Eine einfache und nützliche Funktion zum Erstellen von Filtern bieten die Kontextmenüs im Paket- und im Detail-Fenster.

Man öffnet das Kontextmenü der Paketliste mit einem Rechtsklick auf ein Feld in einer Zeile, die von Interesse ist. Ein Beispiel hierfür ist das Feld der Quelladresse.

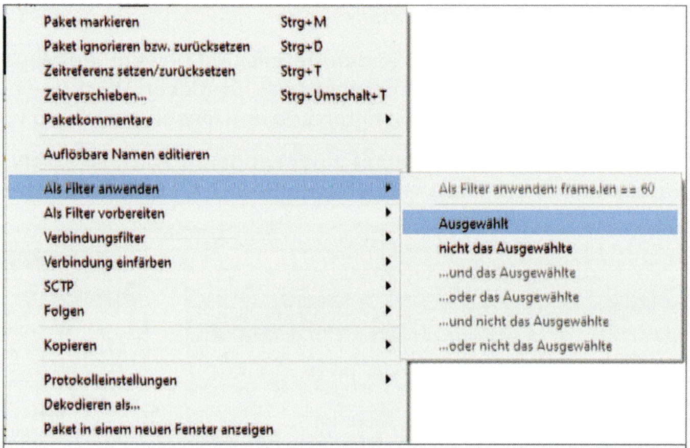

Bild 5.9: Filter erstellen aus der Paketliste

Im sich öffnenden Kontextmenü wählt man anschließend die Funktion *„als Filter anwenden“* und klickt anschließend auf den Begriff *„Ausgewählt“*. In der Filterzeile erscheint nun der Filterausdruck, der die ausgewählte Quelladresse enthält und der Filter wird sofort aktiviert.

Mit der Funktion *„nicht das Ausgewählte“* negiert man die gewünschte Auswahl. Das Untermenü bietet auch Möglichkeiten an die Auswahl einem bereits eingegebenen Filterausdruck anzuhängen.

Mit der Funktion *„Als Filter vorbereiten“* wird der Filterausdruck vorbereitet. Dieser ist sofort in der Filterzeile sichtbar, wird jedoch noch nicht angewendet. Dadurch besteht die Möglichkeit den Filterausdruck noch zu editieren, bevor man diesen mit Enter aktiviert.

Über das Kontextmenü der Paketdetails kann man einzelne Felder als Filter auswählen. Hierzu öffnet man die Details bis das gewünschte Feld zu sehen ist. Will man beispielsweise in einem IP-Paket das Feld TTL überprüfen, stellt ein Rechtsklick auf das TTL-Feld und das anschließende Übernehmen als Filter, alle Pakete mit demselben TTL-Wert dar.

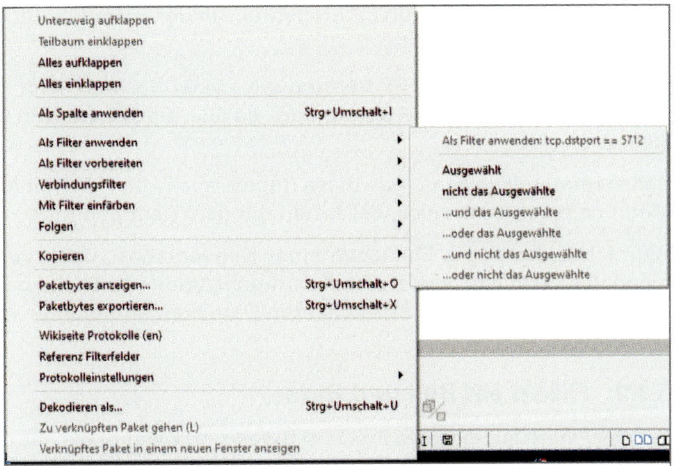

Bild 5.10: Filter erstellen aus der Paketdetails

TIPP

Man markiert ein Feld in den Paketdetails, welches man als Anzeigefilter setzen möchte, und bewegt dazu die Maus mit gedrückter linker Maustaste, darüber hinweg. Am Mauszeiger hängt nun ein Textfeld, welches den passenden Filterausdruck enthält. Man zieht anschließend die Maus über die Filtereingabezeile und lässt diese los. Beim Loslassen im Filterfeld wird der markierte Filter sofort angewendet.

5.1.8 Konversationsfilter, Verbindungsfilter

Zu einer Kommunikation gehören immer zwei Partner! Über das Kontextmenü der Paketliste kann man eine einfache Filterregel erstellen, um die Pakete von zwei zusammengehörigen Kommunikationspartnern zu filtern. Im Kontextmenü wählt man dazu „Verbindungsfilter" und anschließend auf die OSI-Schicht auf der die Kommunikation stattfindet – Ethernet, IP oder TCP.

Es können damit entsprechende Filterregeln für Ethernet, IP oder TCP erstellt werden.

In der Filterzeile wird der entsprechende Filterausdruck eingetragen und die Paketliste wird entsprechend gefiltert.

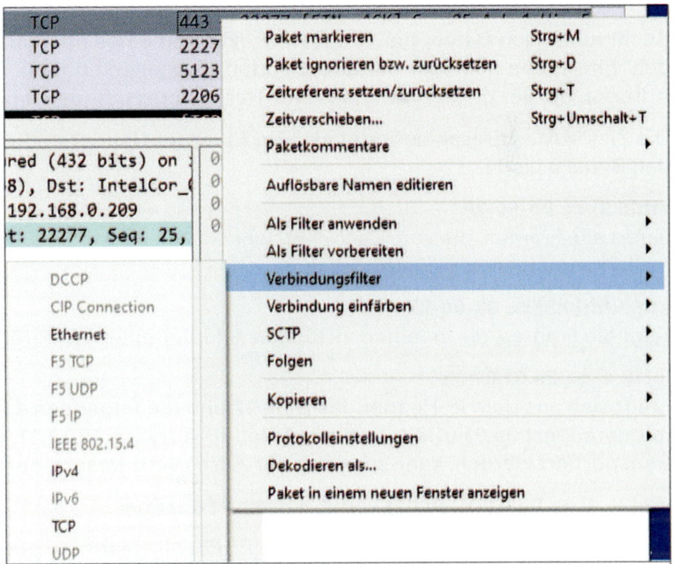

Bild 5.11: Konversationen/Verbindungen filtern

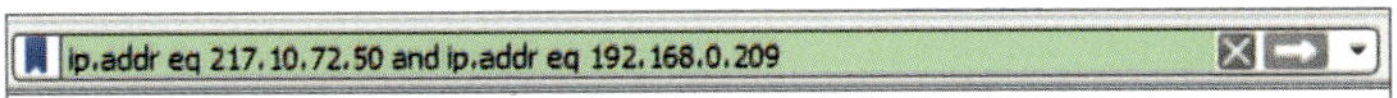

Bild 5.12

Als Ergebnis ergibt sich ein Filterausdruck in der Form ip.addr equ Host1 and ip.addr equ Host2 für eine IP-Verbindung.

Eine Filterregel für eine TCP-Verbindung zweier Rechner sieht etwa so aus:
(ip.addr eq 192.168.178.42 and ip.addr eq 192.168.178.29) and (tcp.port eq 8081 and tcp.port eq 39824).

Selbstverständlich kann man diese Regeln auch von Hand eingeben – aber mit der dargestellten Methode erspart man sich viel Arbeit mit dem richtigen Klick.

Hilfreich ist auch das Einfärben einer Konversation. Über *Verbindung einfärben* im Kontextmenü der Paketliste lassen sich Kommunikationen farblich von anderem Datenverkehr abheben und den so farblich gekennzeichneten Datenverkehr leichter von anderen Datenströmen unterscheiden.

5.1.9 Filtern auf Bits und Bytes

Für das Filtern auf einzelne Bits und Bytes sind Kenntnisse über den Aufbau der Protokoll-Header erforderlich. Man kann die einzelnen Bytes oder Bits eines Headers für das Filtern auswählen, die dazu direkt adressiert werden.

	0 1 2 3 4 5	6 7 8 9 10 11	12 13	14 ...	
Präambel	Ziel-MAC-Adresse	Quell-MAC-Adresse	Typ	Data	FCS
8 Byte	6 Byte	6 Byte	2 Byte	46...1500 Byte	4 Byte

Bild 5.13: Ethernet Header-Aufbau

Das erste Byte des in Bild 5.13 gezeigten Ethernet-Frame, also das erste Byte der Ziel-MAC-Adresse, adressiert man über eth[0], die ersten drei Bytes über eth[0:3].

Sucht man nach Daten, die von Netzwerkkarten eines bestimmten Herstellers übermittelt werden, filtert man nach der entsprechenden Herstellerkennung: die ersten drei Bytes einer MAC-Adresse, da hier die Kennung des NIC-Herstellers zu finden ist.

Die Ziel-MAC-Adresse befindet sich im Ethernet-Header in den Bytes 0 bis 5, die Quell-MAC in den Bytes 6 bis 11.

eth[6:3] == 00-60-2F
liefert alle Frames, die von Cisco-Netzwerkkarten stammen (00-60-2F ist eine von mehreren Herstellerkennungen von Cisco)

eth.addr[0:3] == 08-00-27
zeigt die Frames, die an einen virtuellen Adapter einer VBox-Maschine adressiert sind

ip[12:4] == 0a:01:01:0b
greift sich aus dem IP-Header das Byte 12 und die folgenden 4 Bytes und vergleicht deren Inhalt mit dem Wert 0a:01:01:0b, also der Quell-IP-Adresse 10.1.1.11. Da IP-Pakete in Ethernet-Frames transportiert werden, kann man mit der Adressierung auch auf der Ethernet-Ebene beginnen:

eth[26:4] == 0a:01:01:0b hat somit dieselbe Funktion

Nachfolgend sieht man die wichtigsten Protokoll-Header in grafischer Darstellung.

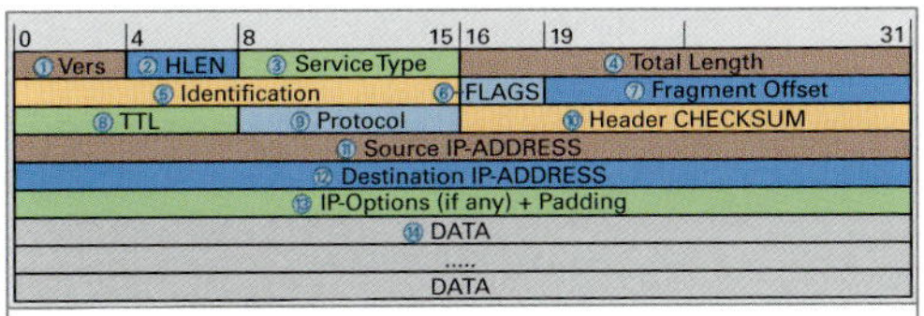

Bild 5.14: IP Header-Aufbau (Version 4)

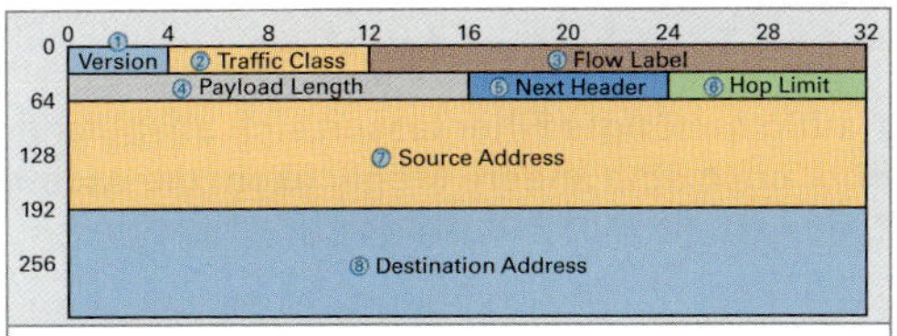

Bild 5.15: IPv6 Header-Aufbau

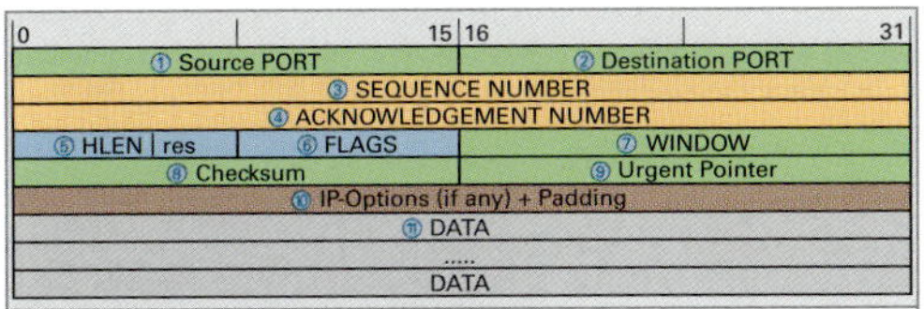

Bild 5.16: TCP Header-Aufbau

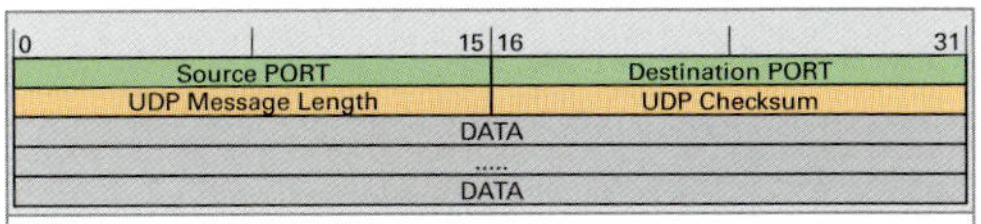

Bild 5.17: UDP Header-Aufbau

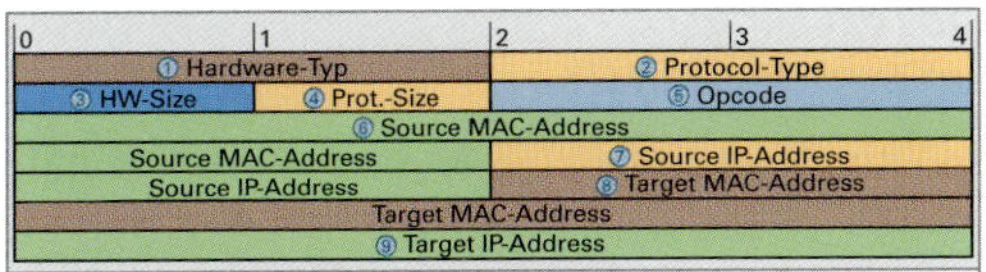

Bild 5.18: ARP-Header-Aufbau

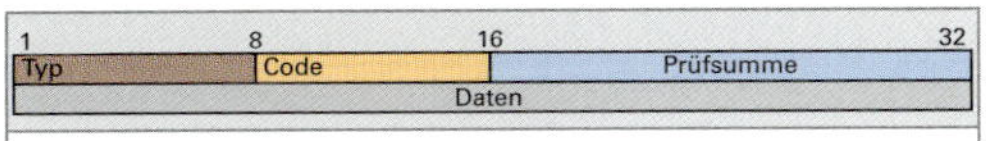

Bild 5.19: ICMP Header-Aufbau

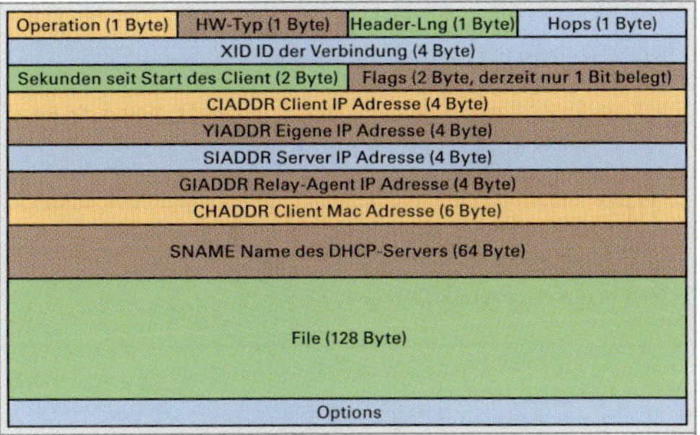

Bild 5.20: DHCP Header-Aufbau

5.1.10 Filterausdrücke verwalten

Die zuletzt verwendeten Filterausdrücke kann man mit der Funktion „Dreieck nach unten" rechts vom Filterstring aufklappen. Einfache Filterausdrücke sind schnell eingetippt; komplexere Filterausdrücke, für die man mitunter einiges an Zeit aufbringen musste, um sie zu erstellen, lassen sich abspeichern, damit man diese später wieder aufrufen kann.

Bild 5.21: Filterliste aufrufen

Dazu wird das „Lesezeichen"-Icon ganz links in der Filterzeile geöffnet und es erscheint ein Drop-Down-Menü zur Display-Filter-Verwaltung.

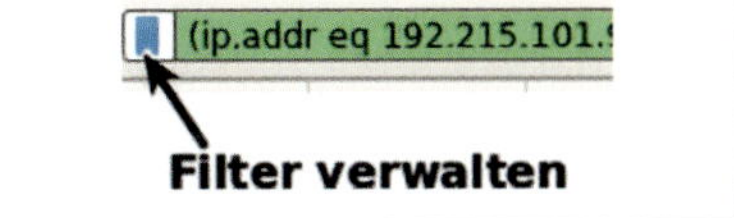

Bild 5.22: Filter verwalten

Der dritte Menüpunkt mit der Bezeichnung „Manage Filter Expressions" öffnet den entsprechenden Unterpunkt in den Preferences (Einstellungen). Hier kann man erstellt Filterbuttons aktivieren und deaktivieren, neue Filter erstellen und bestehende Filter löschen.

5.1.11 Filterbutton erstellen

Häufig benötigte Filter lassen sich abspeichern, um sie bei Bedarf wieder zu verwenden. Es gibt aber noch eine andere Möglichkeit, die wichtigsten Filtereinstellungen sofort zur Hand zu haben: Man erstellt „Filter-Buttons".

Nach Eingabe eines Filterausdrucks klicken Sie auf das Plus-Zeichen in der Filterleiste.

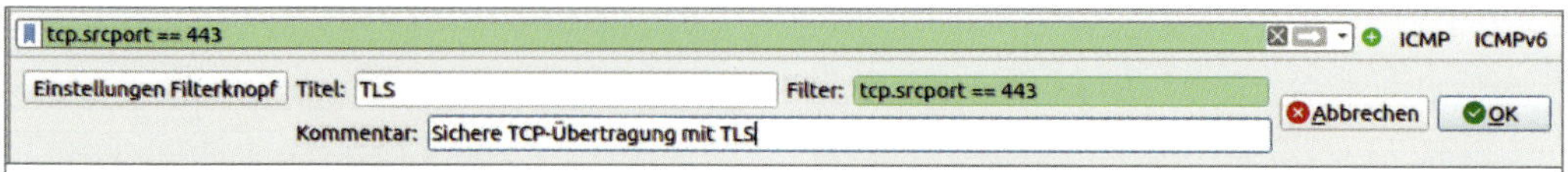

Bild 5.23: Filterbutton erstellen

Unter der Filterzeile öffnet sich eine neue Zeile. Im Filter-Eingabefeld steht der Filterausdruck der Filterzeile – kann aber hier noch verändert werden. Im Feld Titel gibt man dem Filterbutton einen Namen. Bei Kommentar kann ein zusätzlicher Text zur Erklärung eingegeben werden. Anschließend bestätigt man dies mit OK .

Fortan lässt sich das Filterfeld mit dem hinterlegten Filterausdruck füllen und ausführen, sobald der Button geklickt wird.

TIPP

Die Filterbuttons werden im Profil gespeichert, sodass für jedes Profil eigene Buttons zur Verfügung stehen.

5.1.12 Filter reagiert zu langsam

Bei zu langen Mitschnittdateien kann das Filtern sehr lange dauern. Das Programm muss Paket für Paket lesen und prüfen, ob der Filterausdruck passt. Um nicht den Eindruck zu bekommen, dass Wireshark sich aufgehängt hätte, wird in de Statuszeile unten ein Fortschrittsbalken eingeblendet.

Bild 5.24: Fortschrittsbalken in der Statuszeile

Wenn die Wartezeit zu lange ist, kann man die Mitschnittdatei verkleinern, um die Zeit zu verkürzen.

Das Programm ***editcap*** kann dazu verwendet werden, um aus einer großen Datei mehrere kleine Dateien zu erzeugen. Die Syntax für diesen Fall lautet:

editcap -c <Anzahl Pakete> Quelldatei Zieldatei

Beispiel: Die Datei test.pcapng soll in Einzeldateien mit je 10.000 Paketen aufgeteilt werden.

```
$ editcap -c 10000 test.pcapng  test10k.pcapng
$ ll test*
-rw-rw-r-- 1 uri uri  8237120 Jan 29 20:00 test10k_00000_20230118125808.pcapng
-rw-rw-r-- 1 uri uri  4001228 Jan 29 20:00 test10k_00001_20230118130002.pcapng
-rw-rw-r-- 1 uri uri  3297812 Jan 29 20:00 test10k_00002_20230118130503.pcapng
-rw-rw-r-- 1 uri uri  2645100 Jan 29 20:00 test10k_00003_20230118131120.pcapng
-rw-rw-r-- 1 uri uri  3155336 Jan 29 20:00 test10k_00004_20230118131737.pcapng
```

Das Ergebnis ist eine Anzahl von Dateien mit dem Namen test10k, die um einen Index und einen Zeitstempel im Dateinamen erweitert wurden.

> **TIPP**
> Für Langzeitaufnahmen bitte Aufzeichnungsfilter und Ringpuffer verwenden. Dazu bitte Kapitel 7.10 konsultieren

5.2 Aufzeichnungsfilter

Aufzeichnungsfilter (Mitschnittfilter oder Capture-Filter) greifen auf die Daten nahe an der Netzwerkschnittstelle ein. Die erste Möglichkeit, um einen Capture-Filter einzugeben, findet man auf dem Startbildschirm.

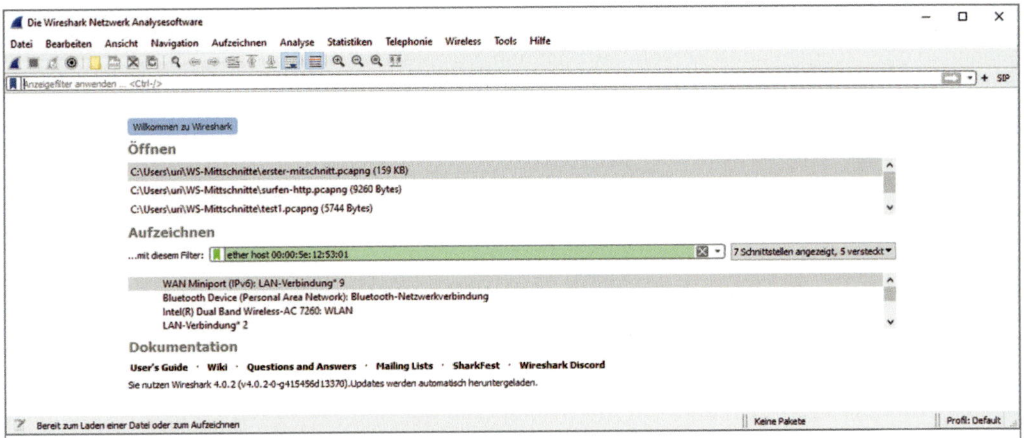

Bild 5.25: Aufzeichnungsfilter beim Startbildschirm

Ein Filterausdruck ist eine Zeichenfolge, die von Wireshark bzw. von einem Programm namens pcap_compile() in ein Programm für den Kernel-Level-Filter übersetzt wird.

Ein Filterausdruck besteht aus einem oder mehreren Grundelementen (Primitives). Ein Primitive setzt sich wiederum aus drei Qualifiern zusammen (*type, dir* und *proto*), die aber nicht alle angegeben werden müssen. Optional kann vor ein Primitive eine *not* vorangestellt werden

[not] primitive [and|or [not] primitive ...]

Das Eingabefeld für Capture-Filter verfügt ebenso über eine ähnliche Syntaxprüfung wie das Eingabefeld für Anzeigefilter. Ein fehlerfreier Filterausdruck wird, genauso wie beim Anzeigefilter, grün hinterlegt, ein fehlerhafter Anzeigefilter wird rot markiert.

Der Aufzeichnungsfilter benutzt die gleiche Syntax wie das Programm TCPdump, welches in allen Linux-Distributionen enthalten sein sollte. Interessantes hierzu findet man auf den folgenden Web-Seiten: http://www.tcpdump.org/tcpdump_man.html oder auch bei wiki.ubuntuusers.de/tcpdump.

type
mögliche Werte für den Typ sind host, net und port. Er gibt an, ob nach einem einzelnen Host, einem ganzen Netz oder einem TCP/UDP-Port gefiltert wird. Beispiele:

`host google.de`	zeichnet die Daten von und zum Host „google.de" auf
`net 192.168.1`	zeichnet die Daten von und zum gesamten Netz 192.168.1.x auf

`port 80`	zeichnet die Daten von und zum Port 80 auf

Ist kein Typ angegeben, wird der Parameter host verwendet.

dir
Gibt die Richtung (Direction) des Datenflusses an. Mögliche Werte sind src (Source; Datenquelle) und dst (Destination; also Ziel).

Beispiele:

`src host google.de`	zeichnet die Daten von Host „google.de" auf, google.de ist die Quelle
`dst port 80`	zeichnet die Daten zum Port 80 auf, destination port 80

Ohne Angabe einer Richtung werden Ziel und Quelle aufgezeichnet. Oft will man aber nur eingehenden oder ausgehenden Verkehr aufzeichnen, beispielsweise wenn man nur sehen möchte, welche Daten ein einzelner Rechner übermittelt.

proto
Gibt das Protokoll an, das nach dem der aufgezeichnete Datenstrom gefiltert werden soll. Mögliche Werte sind *ether* (Ethernet), *tr* (Token Ring), *ip* (IPv4), *ip6* (IPv6), *tcp, udp, icmp, arp, rarp, igmp, fddi, decnet* etc.

Wird kein Protokoll angegeben, werden alle Protokolle aufgezeichnet.

Beispiele einfacher, gültiger Filterausdrücke:

```
host 10.10.10.1
```

Gefiltert wird der Typ host, und zwar der Rechner mit der Adresse 10.10.10.1. Eine Richtung ist nicht angegeben, sodass ankommender und abgehender Verkehr erfasst werden. Eine Protokollangabe fehlt, also gilt der Ausdruck für alle Protokolle.

```
port 53
```

Zeichnet alle Pakete auf, die den Port 53 nutzen, also DNS-Pakete.

INFO
Um filtern zu können, muss mindestens ein Filterausdruck angegeben werden. Ohne Filterausdruck werden alle Pakete aufgezeichnet, was dem Defaultwert von Wireshark entspricht.

Man kann mehrere Filterausdrücke UND- oder ODER-verknüpfen und jeden Filterausdruck auch negieren, indem man ein NOT voranstellt.

Für UND gibt man zwei &-Zeichen, für ODER zwei |-Zeichen ein. Die Negation NOT kann man auch durch ein ! ersetzen. Daraus ergibt sich folgende Syntax:

[!] Filterausdruck [&& | || [!]Filterausdruck] ...

Beispiel:

```
host 10.10.10.1 && !port 53
```

filtert alle Daten des Rechners 10.10.10.1, die keine DNS-Pakete sind (DNS benutzt Port 53).

Zum Eingabefeld für die Aufzeichnungsoptionen gelangt man über *Aufzeichnen > Optionen* in der Menüzeile oder über das Icon „Options" in der Werkzeugleiste. Man wählt das gewünschte Interface aus und kann unten im Eingabefenster den Filterausdruck eingeben. Statt der IP-Adressen kann man auch Domänennamen angeben. Wireshark dabei setzt selbstständig die entsprechende IP-Adresse ein.

Für jede Schnittstelle können eigene Filterausdrücke verwendet werden.

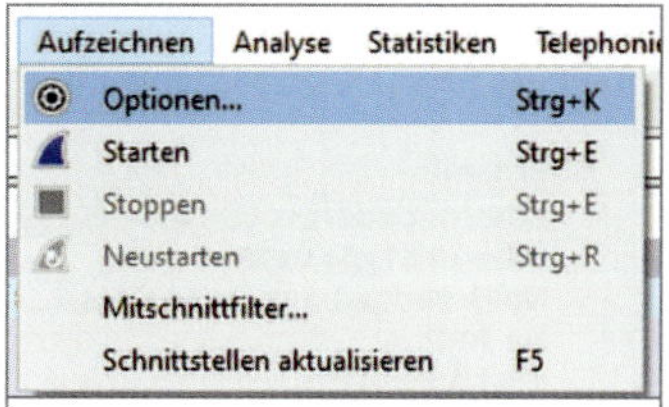

Bild 5.26: Aufzeichnungsoptionen aufrufen

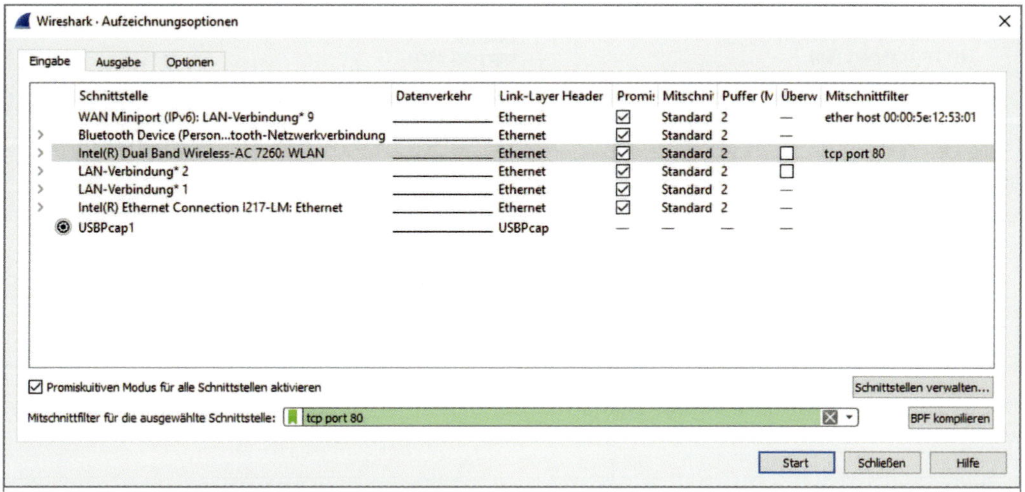

Bild 5.27: Aufzeichnungsoptionen – Filtereingabe

Die verwendeten Filter werden in der Zeile des jeweiligen Interfaces in der Spalte *Mitschnittfilter* angezeigt.

Über das Dreieck nach unten am Ende des Eingabefeldes kann man frühere Filterstrings anzeigen und auswählen.

Häufig gebrauchte oder schwer zu merkende Filter kann man sich in einer Liste abspeichern. Wireshark bringt schon einige Filter in dieser Liste mit. Man öffnet diese Liste über das Menü *Aufzeichnen > Mitschnittfilter.*

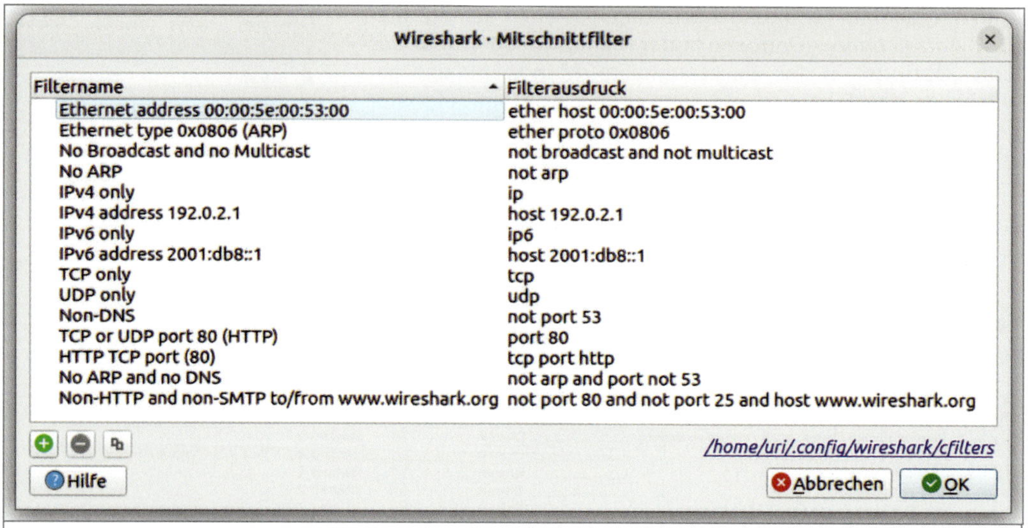

Bild 5.28: Vordefinierte Filterliste

INFO

Aufzeichnungsfilter müssen vor dem Start der Aufzeichnung gesetzt werden!

Die wichtigsten Ausdrücke von Mitschnittfiltern findet man in den folgenden Tabellen dargestellt.

Mitschnittfilter Layer 2	
ether host 00:03:0d:15:bf:bd	filtert den ankommenden und abgehenden Verkehr vom Rechner mit der MAC-Adresse 00:03:0d:15:bf:bd
src ether host 00:03:0d:15:bf:bd	filtert den Verkehr vom Rechner mit der MAC-Adresse 00:03:0d:15:bf:bd
dst ether host 00:03:0d:15:bf:bd	filtert den abgehenden Verkehr von dem Rechner mit der MAC-Adresse 00:03:0d:15:bf:bd

Mitschnittfilter Layer 3	
host 83.169.21.152	filtert den ankommenden und abgehenden Verkehr von dem Rechner mit der IP 83.169.21.152
dst host 83.169.21.152	filtert den Verkehr zu dem Rechner mit der IP 83.169.21.152
src host 83.169.21.152	filtert den Verkehr von dem Rechner mit der IP 83.169.21.152
dst host lanipedia.de	filtert den Verkehr zu dem Rechner mit dem Domainnamen lanipedia.de
net 192.168	filtert sämtlichen Verkehr des Netzes 192.168.x.x
dst net 192.168.178.0/26	filtert den Verkehr an Rechner in dem Netz 192.168.178.0 mit der Netzmaske von 26 Bits
src net 192.168.178.0 mask 255.255.255.192	filtert den Verkehr von Rechnern aus dem Netz 192.168.178.0 mit der Netzmaske von 26 Bits
ipv6	nur IPv6-Pakete werden aufgezeichnet

Mitschnittfilter Layer 3	
host fe80::1	nur IPv6-Pakete von und zu der angegeben Adresse werden aufgezeichnet
ip proto 41	zeichnet IPv6-Pakete auf, die über IPv4 getunnelt werden
ipv6.src >= fe80:: && ipv6.src <= fec0::	zeichnet den Verkehr mit Quelladresse im Bereich fe80:: und fec00:: aufgebaut

Mitschnittfilter Layer 4	
port 80	filtert sämtlichen Verkehr mit Port 80, dem HTTP-Port
src port 80	filtert den Verkehr mit Quell-Port 80
udp src port 4711	filtert den UDP-Verkehr mit Quell-Port 4711

Mitschnittfilter sonstige	
multicast	filtert Ethernet- und IP-Multicast-Verkehr
ether multicast	filtert Ethernet-Multicast-Verkehr
ip broadcast	filtert Ethernet-Broadcast-Verkehr
<protocol>	Gibt man direkt einen Protokollnamen an, so wird dieses Protokoll herausgefiltert. Folgende Protokolle sind möglich: *icmp, icmp6, igmp, igrp, pim, ah, esp, vrrp, moprc, mopdl, lat, sca, decent, atalk, arp, rarp, ip, ipv6, aarp, iso, stp, ipx, netbeui*
less 80	filtert Pakete, die kleiner als 80 Bytes sind
len <=80	filtert Pakete, die kleiner oder genau 80 Bytes sind
greater 120	filtert Pakete, die größer als 120 Bytes sind
len >=120	filtert Pakete, die größer oder genau 120 Bytes sind

Kombinierte Mitschnittfilter	
src host 10.0.0.2 && port 53	filtert alle Pakete mit Absender-IP 10.0.0.2 und Port-Nummer 53
src host lanipedia.de && port http	filtert alle Pakete mit Absender lanipedia.de und Port-Nummer 80 (HTTP)
src host 10.0.0.2 && port 53 && less 66	filtert alle Pakete mit Absender-IP 10.0.0.2 und Port-Nummer 53, die kleiner sind als 66 Bytes
src host 10.0.0.2 && dst host 10.0.0.1	filtert alle Pakete mit Absender-IP 10.0.0.2 und Ziel-IP 10.0.0.1
ip multicast | ip broadcast	filtert IP-Multicast- und IP-Broadcast-Verkehr

6 Wireshark den Bedürfnissen anpassen

Wireshark kann man in Aussehen und Verhalten an die individuellen Bedürfnisse anpassen. In diesem Kapitel geht es um die Grundeinstellungen. Häufig benutzte Filter sollten abgespeichert und schnell abrufbar sein, die Spalten in der Paketliste muss die jeweils passenden Spalten anzeigen usw.

6.1 Wireshark Schnellstart einrichten

Bei wiederkehrend gleichen Aufgaben ist es eine Erleichterung, wenn Wireshark sofort nach dem Anklicken mit dem Aufzeichnen beginnt, ohne dass weitere Eingaben bzw. Klicks notwendig sind.

Dazu bearbeitet man das Wireshark Icon und erweitert den dahinter liegenden Befehl:

```
$ wireshark -i <Interface> -k
```

Mit dem Parameter -i wird die Bezeichnung des aufzuzeichnenden Interfaces angegeben. Der Parameter -k startet sofort die Aufzeichnung. Um Aufzeichnungsfilter zu verwenden, wird der Parameter -f verwendet. -w schreibt die Aufzeichnung in die angegebene Datei.

```
$ wireshark -i wlp4s0 -k -f "host 192.168.0.1" -w testcapture
```

In diesem Beispiel wird das Interface wlp4s0 mitgeschnitten. Die Aufzeichnung startet sofort und verwendet den Filter für die IP-Adresse 192.168.0.1. Der Mitschnitt wird in die Datei „testcapture" gespeichert.

```
$ wireshark -i wlp4s0 -k -f „host 192.168.0.1" -w testcapture
 ** (wireshark:194998) 19:37:57.244425 [Capture MESSAGE] -- Capture Start ...
 ** (wireshark:194998) 19:37:57.487356 [Capture MESSAGE] -- Capture started
 ** (wireshark:194998) 19:37:57.487507 [Capture MESSAGE] -- File: "testcapture"
^C
$
```

Beendet wird die Aufzeichnung durch Eingabe von Strg + C an der Konsole, das Stoppen im Wireshark-Fenster oder automatisch, wenn beim Aufruf eine Stopp-Bedingung angegeben wurde.

TIPP

Über einen Kommandozeilenbefehl mit Sofortstart kann man Wireshark auch zeitgesteuert (über einen Cronjob) oder über eine Skript-Datei starten.

6.2 Mit Profilen arbeiten

Unter dem Menüpunkt *Bearbeiten > Profile konfigurieren* oder Shortkey Strg + Umschalt + A laden Sie gespeicherte Konfigurationen oder speichern die aktuelle Konfiguration für weitere Arbeiten ab. So erstellen Sie sich eine Sammlung spezifischer Arbeitsumgebungen.

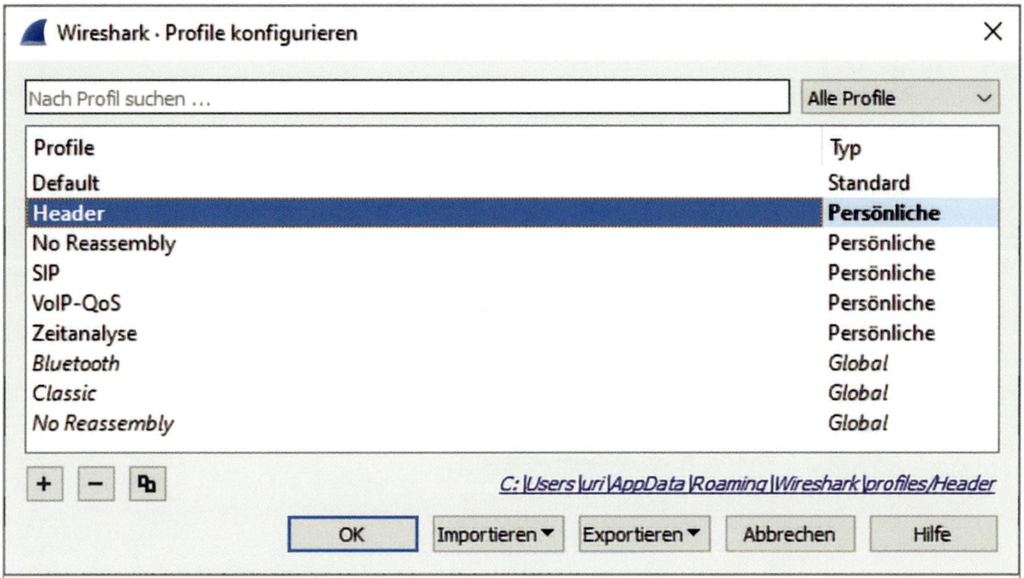

Bild 6.1: Profile konfigurieren

Die gespeicherten Profile können auch kopiert und weitergeben werden. Die Einstellungen werden in Textdateien gespeichert, die auch editierbar sind. Der Speicherort dieser Profile ist frei wählbar. Die aktuellen Einstellungen ruft man ab und verändern diese unter Hilfe > Über >Ordner.

In diesem Fenster wird auch der Speicherort für die Profile angezeigt.

Änderungen am Aussehen und Verhalten von Wireshark, wie beispielsweise das Einfügen von neuen Spalten in der Paketliste, werden im aktuell ausgewählten Profil abgespeichert. Man muss diesbezüglich nichts speichern, Wireshark sieht beim nächsten Start aus wie beim Verlassen.

Bild 6.2: Profile bearbeiten mit Rechtsklick

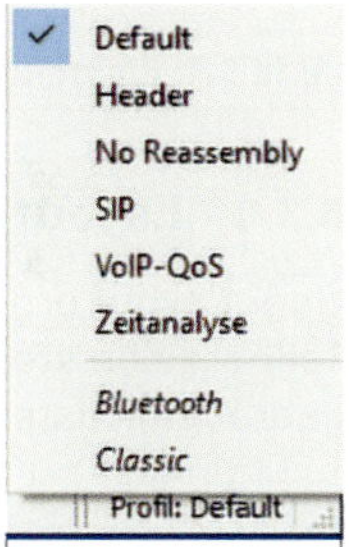

Bild 6.3: Profil-Schnellauswahl mit Linksklick

Der Name des aktuell ausgewählten Profils steht jeweils rechts unten in der Statuszeile.

TIPP

Für die verschiedenen Analyseaufgaben legt man sich jeweils passende Profile an. Man hat dann die benötigten Ansichten, Spalten, Filterbuttons usw. jeweils direkt verfügbar.

6.3 Einstellungen

Über *Bearbeiten > Einstellungen* (oder Strg + Umschalt + A) modifiziert man seine persönlichen Einstellungen – vieles ist selbsterklärend und wird hier nicht weiter ausgeführt.

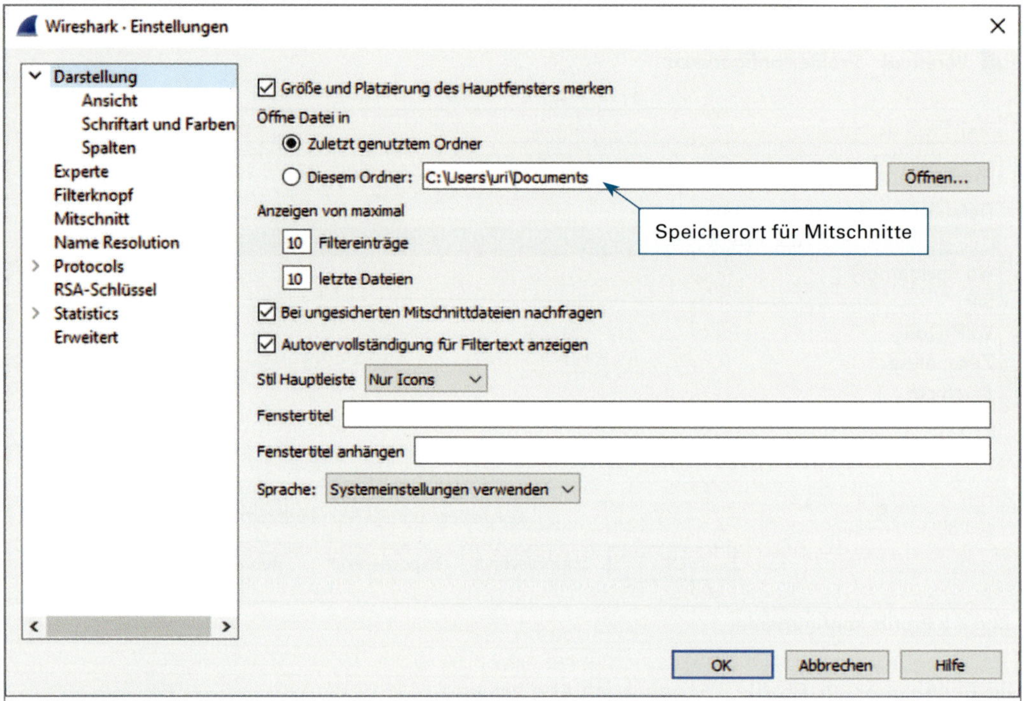

Bild 6.4: Einstellungen

6.3.1 Layout

Über Layout ordnet man die Fenster nach persönlichem Geschmack an. Sechs Anordnungen der Teilbereiche stehen zur Verfügung. Die erste und die zweite sind für das normale Arbeiten die gebräuchlichsten. Die zweite Einstellung ist die Standardeinstellung seit Wireshark Version 4.

Für jeden Bereich kann man wählen, was darin angezeigt werden soll – die Paketliste, Paketdetails, Packet Bytes oder Paketdiagramme.

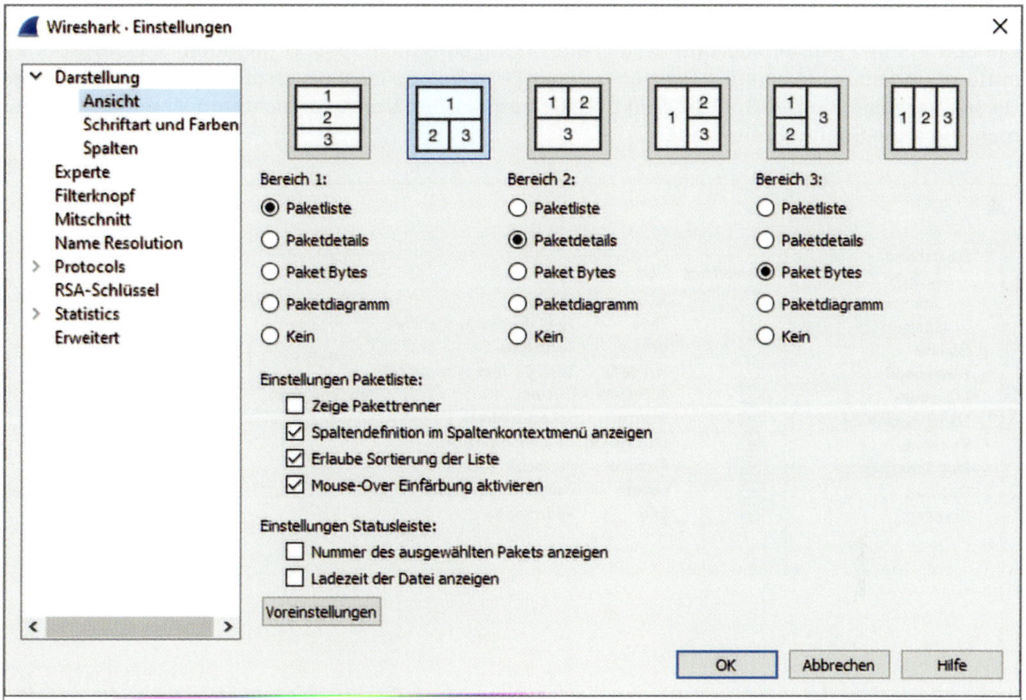

Bild 6.5: Anordnung und Inhalte der Fenster

Das Anzeigen von Paketdiagrammen zeigt die Protokoll-Header in der üblichen Schreibweise mit 32 Bit in einer Zeile. Durch Rechtsklick kann man einstellen, ob die Diagramme mit oder ohne Inhalte angezeigt werden sollen. Mit Inhalten werden die tatsächlichen Inhalte des betrachteten Paketes in die Header-Felder eingeblendet.

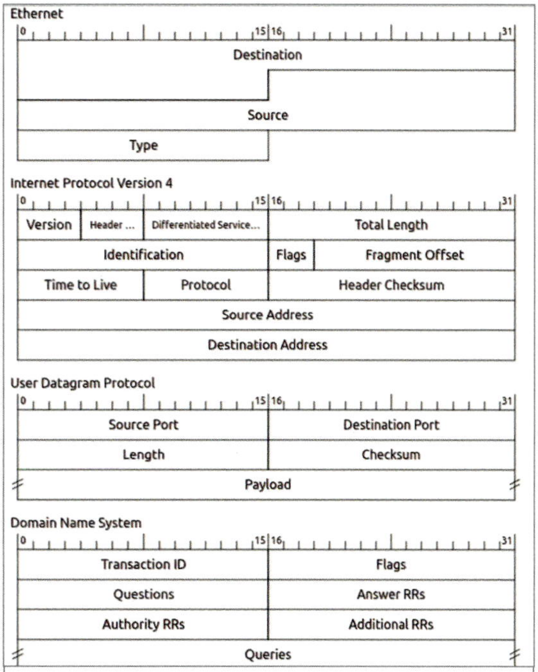

Bild 6.6: Paketdiagramm anzeigen

6.3.2 Hinzufügen und Ändern von Spalten im Paketfenster

Die Spalten im Paketfenster und deren Anordnung sind nicht fest vorgegeben. Spalten können entfernt und neue hinzugefügt werden und per Drag & Drop lassen sich diese beliebig platzieren. Dieses Verschieben der Spalten funktioniert auch in der Normalansicht von Wireshark, in der man auch die Spaltenbreite ändert.

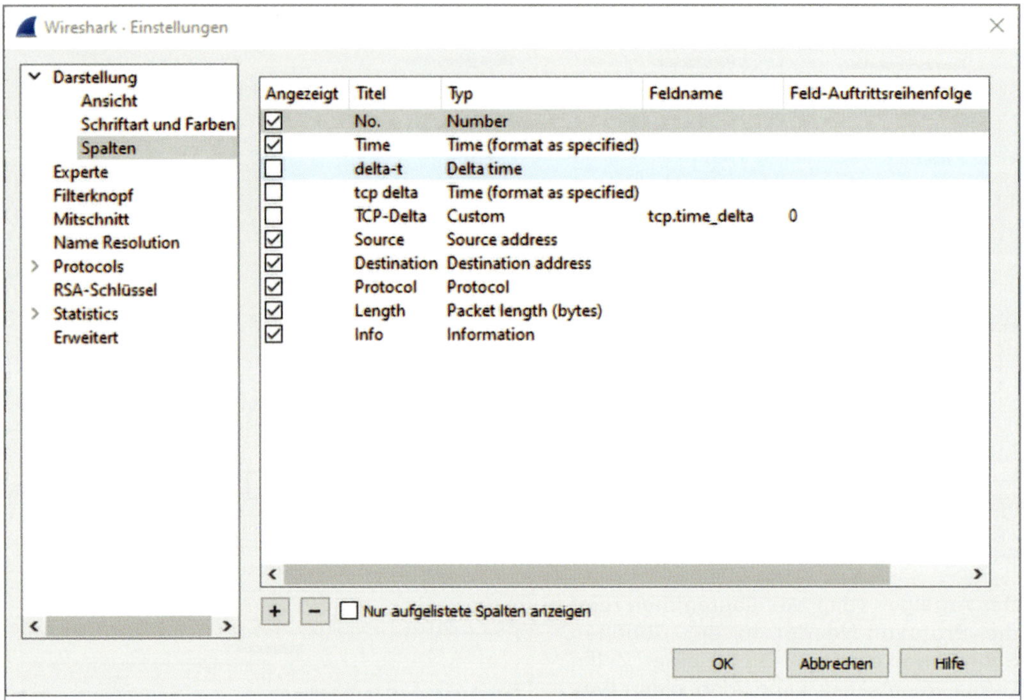

Bild 6.7: Spaltendarstellung konfigurieren

Am schnellsten geht es, indem man in den Paketdetails jene Daten markiert, die interessant sind. Das können auch von Wireshark erzeugte Felder sein, die in eckigen Klammern stehen.
Ein Rechtsklick auf die gewünschten Informationen öffnet das Kontextmenü. *Als Spalte anwenden* fügt dieses Feld nun als Spalte ein.

So fügt man beispielsweise das Feld Identification als Spalte ein, die anschließend ganz links erscheint und sich anklicken und an den gewünschten Platz ziehen lässt.

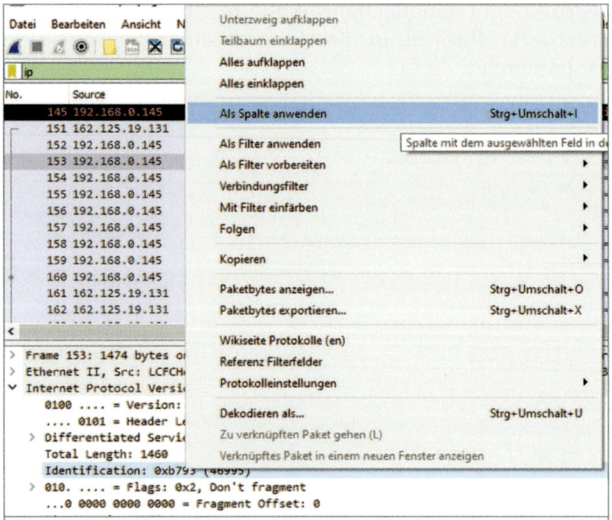

Bild 6.8: Paketdetail als Spalte anwenden

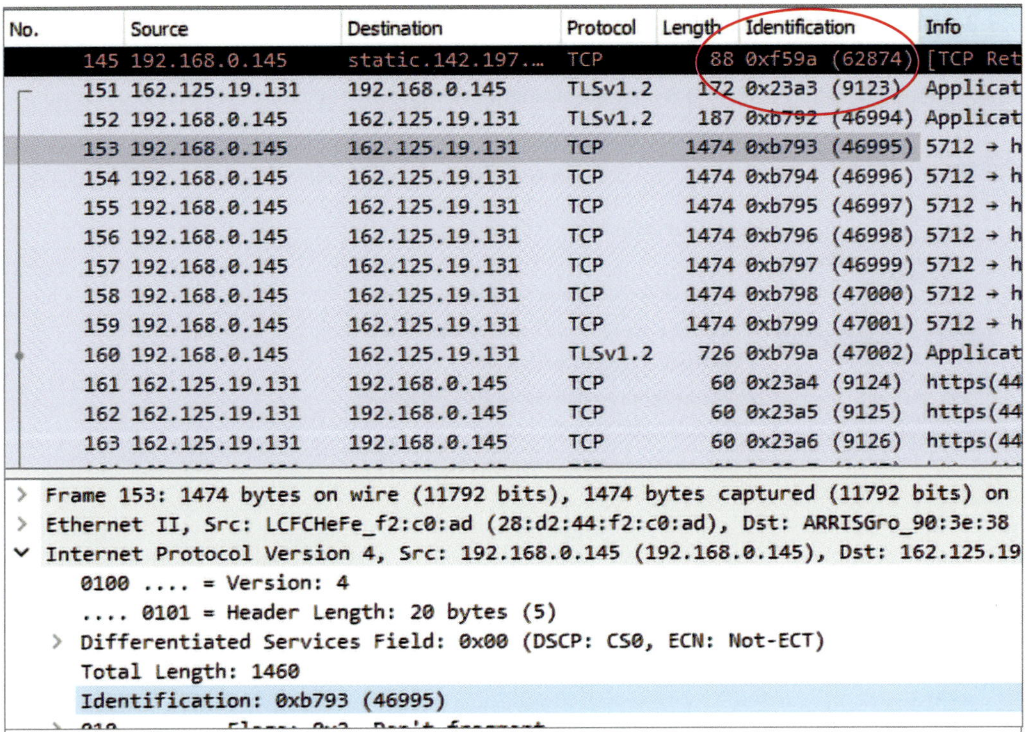

Bild 6.9: Neue Spalte „Indentifikation" wurde eingefügt

Mit einem Rechtsklick auf einen Spaltenkopf öffnet man das Kontextmenü der Spalten. Hier kann man alle bereits angelegten Spalten ein- und ausblenden. Die teilweise recht langen Bezeichnungen der Spaltenköpfe kann man über den Menüpunkt *Spalte editieren* verändern und verkürzen.

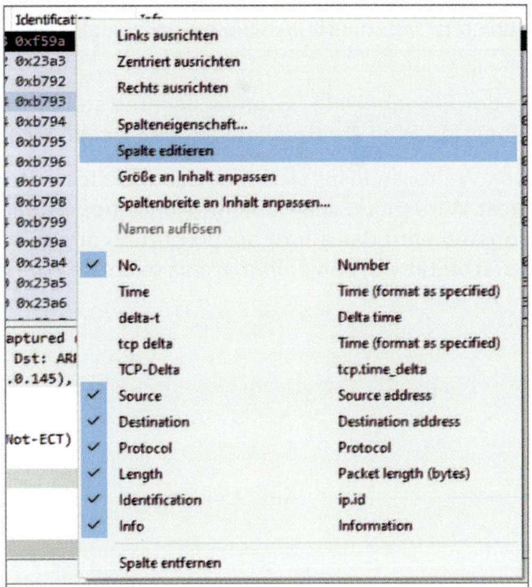

Bild 6.10: Spalten editieren

TIPP

Wenn man in seinem Netz mit VLANs arbeitet, sollte man sich auch die VLAN-Kennung (Auswahl 802.1Q VLAN id) in einer eigenen Spalte anzeigen lassen!

6.3.3 Mitschnitt-Einstellungen

In diesem Fenster schaltet man das automatische Update des Aufzeichnungsfensters und das automatische Scrollen während der Aufnahme ein oder aus.

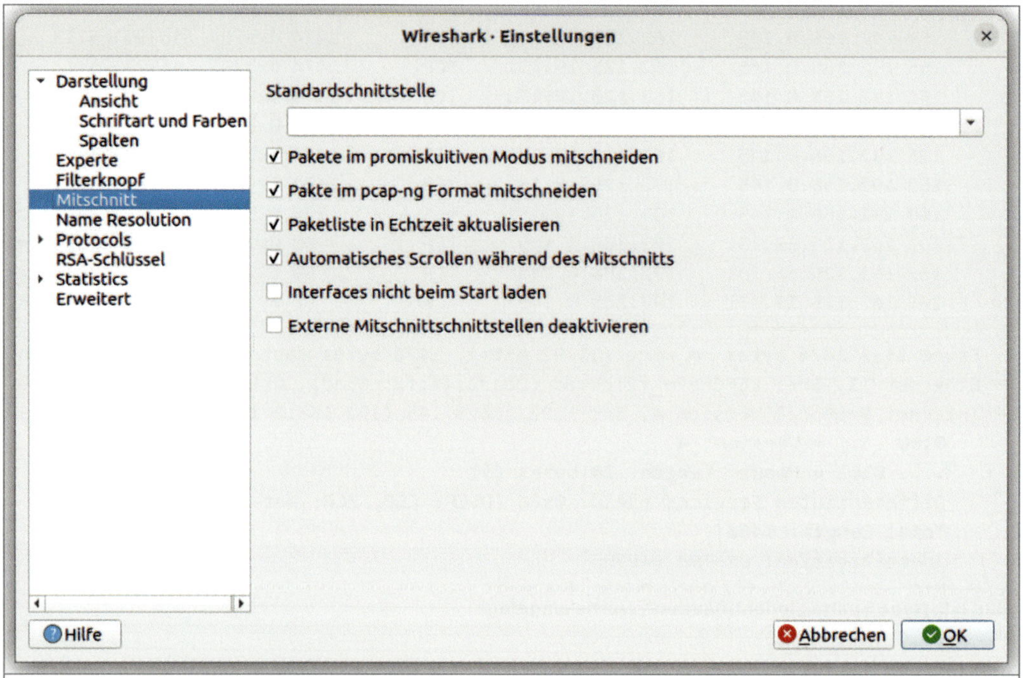

Bild 6.11: Mitschnitteinstellungen anpassen

In der Eingabezeile „Standardschnittstelle" kann man eine Netzwerk-Schnittstelle auswählen. Über den Pfeil am Ende des Feldes lassen sich alle verfügbaren Interfaces anzeigen.

Des Weiteren lässt sich hier das Dateiformat wählen; ein Häckchen bei pcap-ng Format veranlasst Wireshark, die Mitschnitte im neuen Packet-Capture-Format pcapng abzuspeichern. Ansonsten wird das ältere pcap Format verwendet. Wenn die Mitschnitte mit anderen Tools weiter verarbeitet werden sollen, muss eventuell dieses ältere Format verwendet werden.

6.3.4 Protokolleinstellungen anpassen

Der Punkt Protocols zeigt Einstellungen zu allen Protokollen an. Klappt man diesen Punkt auf, wird eine Liste sämtlicher Protokolle angezeigt, die Wireshark interpretieren kann. Bei vielen Protokollen sind weitere Einstellungen möglich.

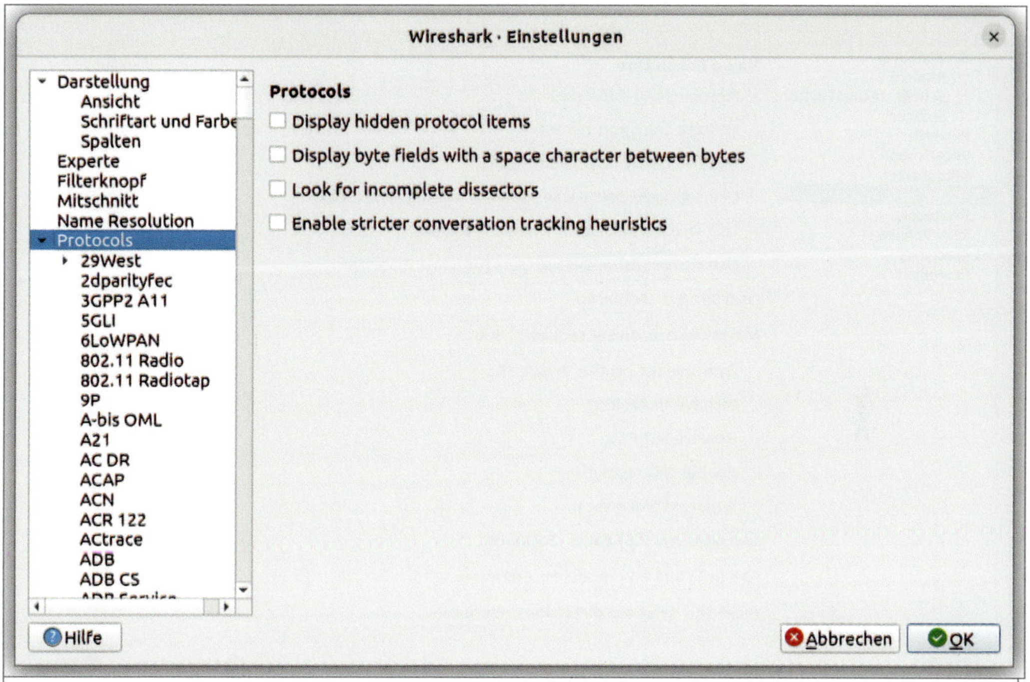

Bild 6.12: Einstellungen der Protokolle anpassen

Der Eintrag Protocols lässt sich aufklappen. Man sieht eine Liste aller konfigurierbaren Protokolle. Hier kann man Feinheiten zu einzelnen Protokollen einstellen (wie beispielsweise die GeoIP-Einstellungen bei IP).

6.3.5 Namens- und Adressauflösung

Wireshark kann Namensauflösungen vornehmen und statt der numerischen Adressen die besser lesbaren Klartextnamen anzeigen.

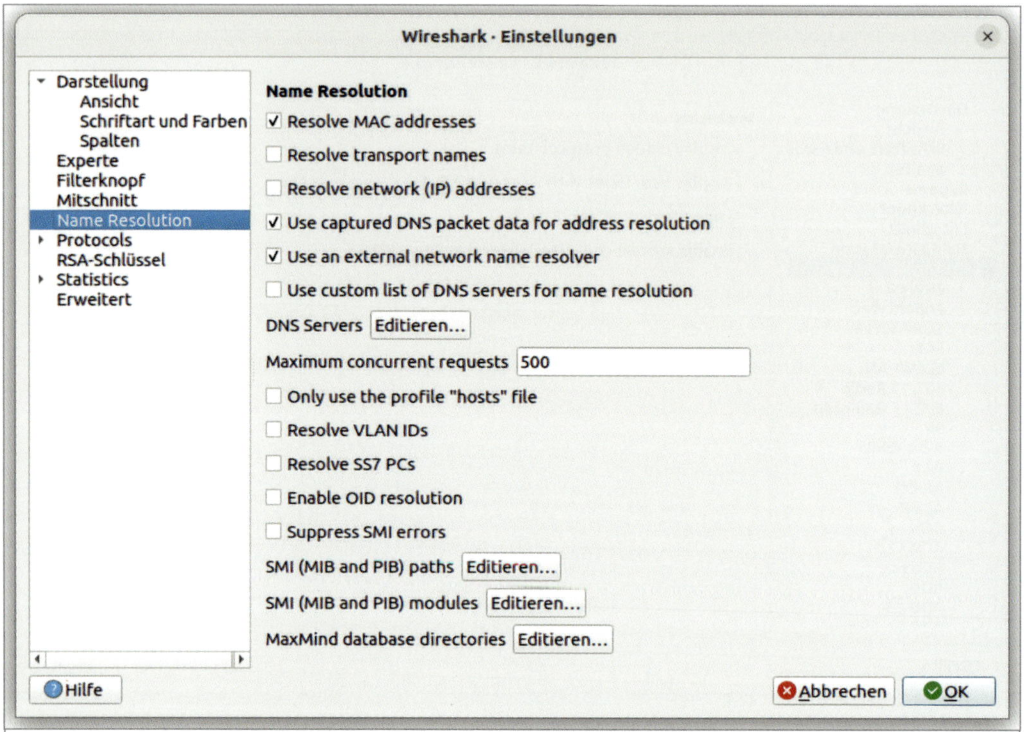

Bild 6.13: Namensauflösung anpassen

Alternativ lässt sich die Namensauflösung auch über das Anzeigen-Menü einstellen.

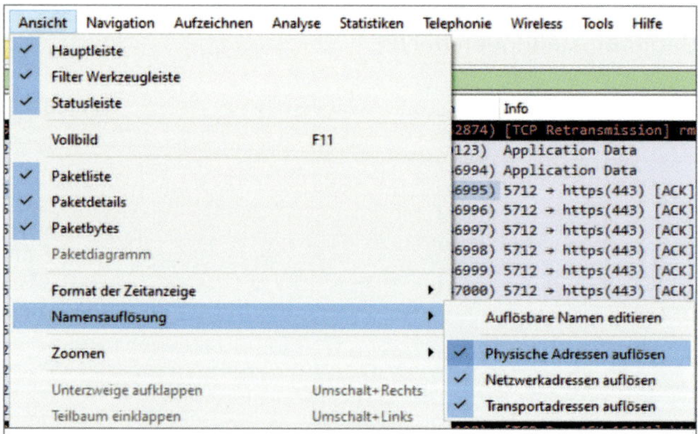

Bild 6.14: Namensauflösung einstellen

Bei den MAC-Adressen (Layer 2) wird anstelle der ersten drei Bytes der Adresse der Herstellername angezeigt. So wird aus 24:65:11:68:3c:ac die Anzeige Avm_68:3c:ac. Die Herstellerkennung 24:65:11 wird durch deren Kürzel AVM ersetzt.

Die IP-Adressauflösung sucht zu einer IP-Adresse die passenden Domänennamen. Hier ist Vorsicht geboten, da diese Auflösung über DNS erfolgt und jede Adressauflösung eine DNS-Anfrage erzeugt. Das erhöht die Netzwerklast.

Die Transportname-Auflösung ersetzt die TCP- oder UDP-Portnummer durch den entsprechenden Dienst, etwa 80 durch HTTP. Bei nicht definierten Ports oder Portnummern, die durch NAT/PAT verändert wurden, liefert diese Auflösung allerdings kein korrektes Ergebnis.

Manuelle Adressauflösung

Möchte man die Namen angezeigt bekommen, die nicht per DNS aufgelöst werden können, beispielsweise Rechner im LAN, dann kann man diese Namen-Adress-Paare bei Wireshark hinterlegen.

Über das Kontextmenü des Paketfensters wählt man eine Zeile aus, deren Adressen im Klartext angezeigt werden soll und wählt „Auflösbare Namen editieren“. Es öffnet sich eine neue Zeile unterhalb der Filterzeile, in der man zu der Adresse einen passenden Namen eingeben kann.

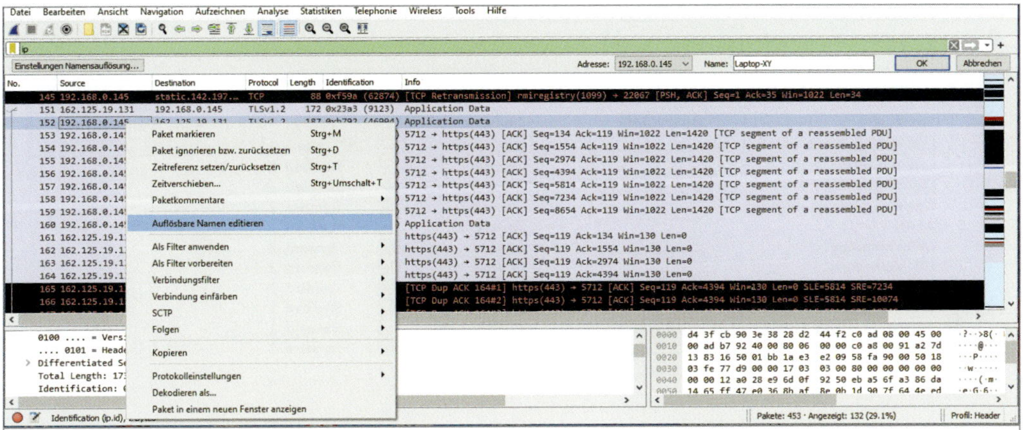

Bild 6.15: IP-Adresse einen Namen zuweisen

Nach Eingabe des Namens und Bestätigen mit OK werden die IP-Adressen durch diesen Namen ersetzt.

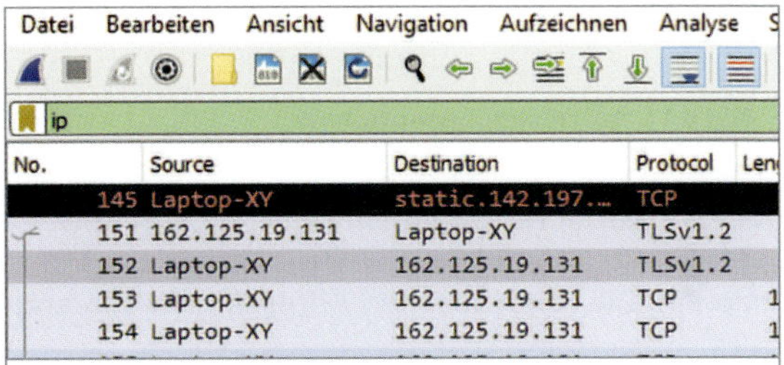

Bild 6.16: IP-Adresse durch Name ersetzt

6.4 Aufzeichnungsoptionen, Capture Interfaces

Über das Menü *Aufzeichnen > Optionen* öffnet man das Fenster Aufzeichnungsoptionen. Hier kann man das Aufzeichnungs- und Speicherverhalten von Wireshark einstellen.

6.4.1 Aufzeichnungsoptionen

Der erste Reiter „Eingabe" dient zum Konfigurieren der Schnittstellen. Mit dem Button „Schnittstellen verwalten" wird die Liste der dargestellten Schnittstellen verwaltet.

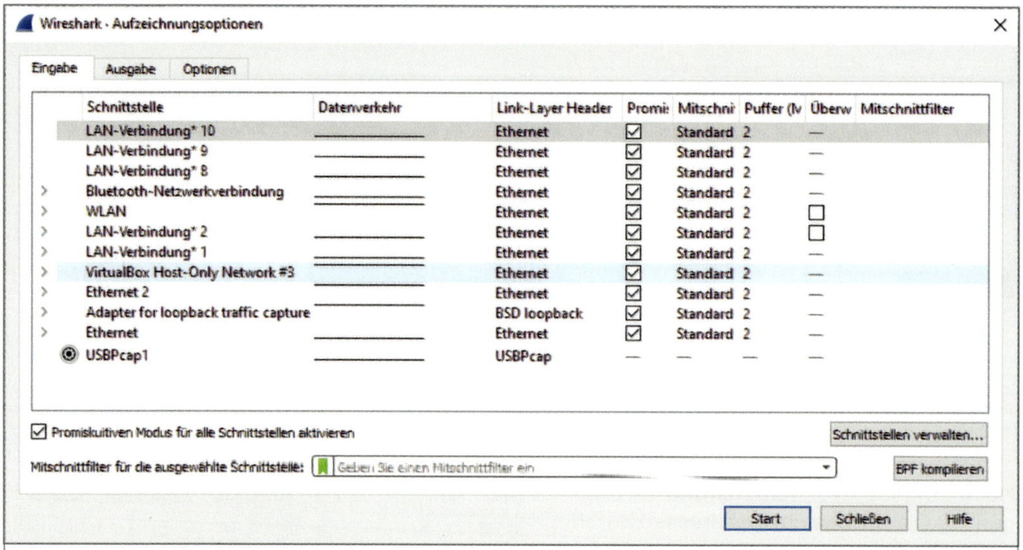

Bild 6.17: Aufzeichnungsoptionen

Aktive Interfaces zeigen eine Herzschlag-Linie. Damit erkennt man, an welchem Interface viel oder wenig Datenverkehr stattfindet. Aktive Interfaces lassen sich mit dem >-Symbol links aufklappen. Die zugewiesenen Adressen werden angezeigt.

Mit Doppelklick auf ein Feld startet man den Mitschnitt auf diesem Interface.

Man achtet darauf, dass der Haken für den Promiscuous Mode gesetzt ist. Nur so zeichnet die Netzwerkkarte alle ankommenden Pakete auf. Man kann auch für jedes Interface den Promiscous Mode separat einstellen.

Ebenso lässt sich auch für jedes Interface ein Mitschnitt-Filter eingeben (ganz rechts in der Liste). Über den Button „Manage Interfaces" kann man, um die Übersicht zu erhöhen, Interfaces ein- und ausblenden.

Über die Spalte „Mitschnittlänge" lässt sich bei jedem Interface die Anzahl der mitzuschneidenden Bytes festlegen. Oft will man nur die Header speichern und nicht den Dateninhalt. So bleiben auch Langzeitaufzeichnungen klein und Wireshark wird schnell.

TIPP

Man sollte bei Langzeitaufnahmen die Anzahl der zu speichernden Bytes auf die Header begrenzen. So hält man die Capture-Files klein. Man sollte jedoch nicht vergessen, diese Einstellung wieder rückgängig zu machen, wenn man wieder normal aufzeichnen möchte!

In den ersten 60 Bytes sind alle wichtigen Information für eine Netzwerküberwachung vorhanden (Ethernet-Header: 14 Bytes, IP-Header: 20 Bytes, TCP-Header: 20 Bytes).

6.4.2 Aufzeichnungsoptionen – Ausgabe

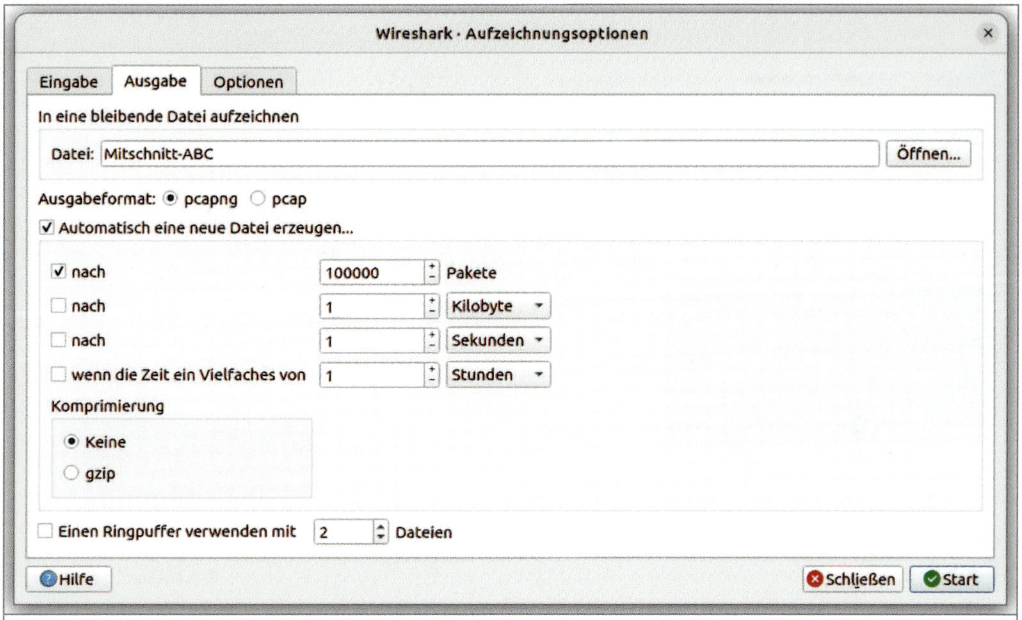

Bild 6.18: Aufzeichnungsoptionen-Ausgabe

Hier regelt man zusätzlich das Speicherverhalten von Wireshark. Bei Langzeitaufzeichnungen ist es nicht sinnvoll, den gesamten Netzwerkverkehr in einer einzigen Datei abzuspeichern. Wireshark bietet hier die Möglichkeit, mehrere Dateien nacheinander anzulegen. Dazu setzt man einen Haken in die Checkbox *„Einen Ringpuffer verwenden".*

Danach setzt man die Bedingungen, wann eine neue Datei beginnen soll, beispielsweise nach einer bestimmten Anzahl von Bytes oder nach zeitlichen Kriterien.

TIPP

Möglicherweise muss man Datenverkehre über mehrere Dateien verfolgen. Dann führet man diese einzelnen Dateien wieder zusammen. Dies kann über *Datei > zusammenführen* bewerkstelligt werden. Alternativ steht auch das Kommandozeilenwerkzeug mergecap zur Verfügung. Beim Lesen der Dateien kann man Lesefilter setzen – analog zu den Aufzeichnungsfiltern.

6.4.3 Aufzeichnungsoptionen-Optionen

Unter Capture Interfaces Options kann man die Stopp-Konditionen für Aufzeichnungen festlegen, sofern man keinen Ringpuffer benutzt.

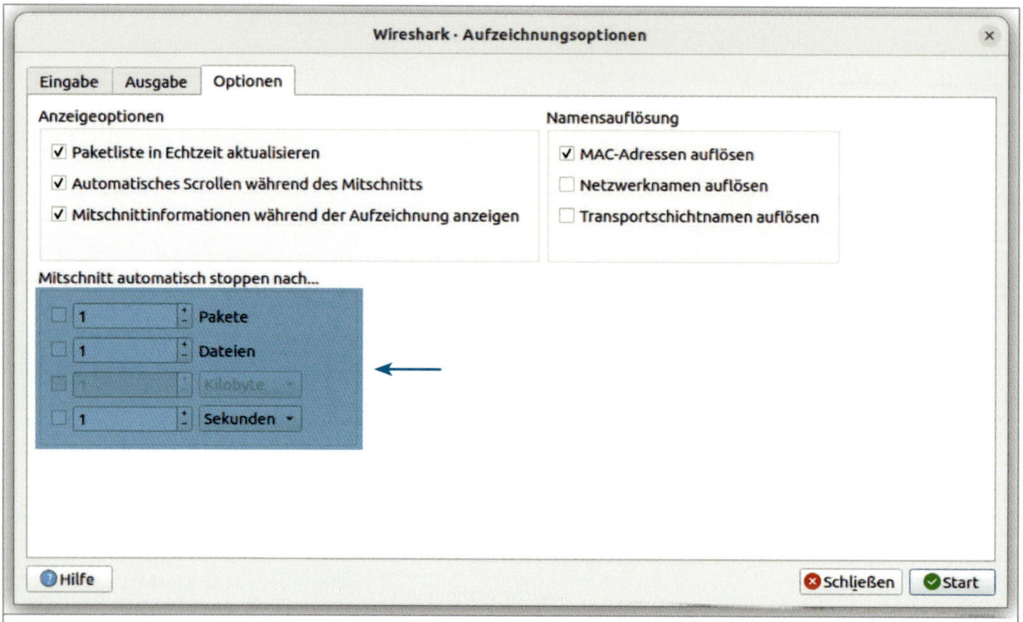

Bild 6.19: Aufzeichnungsoptionen-Optionen

In diesem Fester lässt sich auch die Namensauflösung einstellen...

TIPP

Man sollte nicht vergessen, eine Aufzeichnung entweder durch Ringpuffen (s. o.) oder durch Stopp-Optionen zu begrenzen. Eine „vergessene" Aufzeichnung lässt die temporäre Datei im RAM so lange anschwellen bis diese den gesamten Arbeitsspeicher belegen. Sodann beginnt das „swappen", das Auslagern von RAM auf die Festplatte. Das System läuft dann nur noch in Zeitlupe!

6.5 Einfärberegeln

Abhängig vom Inhalt der empfangenen Pakete werden Hintergrundfarbe und Schriftfarbe in der Paketliste eingefärbt. Als Kriterium für das Einfärben kann jeder gültige Displayfilter-Ausdruck verwendet werden.

Wireshark hat bereits eine Anzahl von Einfärberegeln vordefiniert. Über *Ansicht > Einfärberegeln* lassen sich die einzelnen Regeln bearbeiten, löschen oder neue, eigene Regeln erstellen.

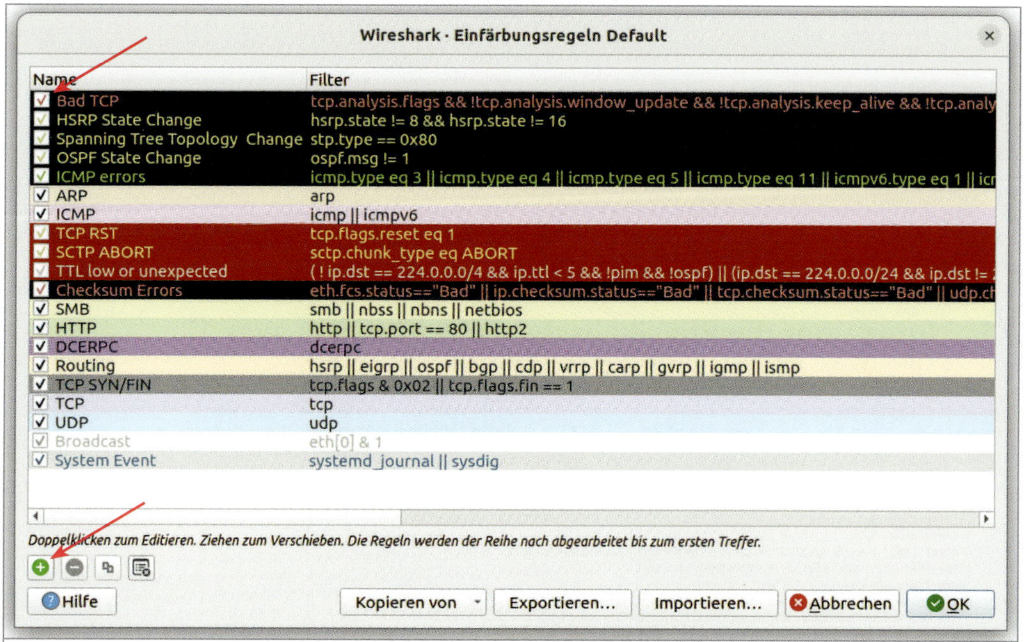

Bild 6.20: Pakete einfärben

INFO

Erstellen Sie eigene Einfärberegeln für Ihre Bedürfnisse und heben Sie so die für Sie interessanten Pakete hervor.
Deaktivieren Sie durch das Entfernen des Häckchens uninteressante Regeln. Damit werden uninteressante Pakete grau angezeigt.

7 Aus der Praxis

Alle komplexen Systeme verfügen über viele verschiedene Möglichkeiten, wie diese konfiguriert werden können. Dadurch können in der Praxis auch eine Vielzahl von Konfigurationsfehlern entstehen, die die funktionellen Eigenschaften der Netzwerke beeinflussen. In diesem Kapitel befassen wir uns mit den täglichen Problemen eines Netzadministrators und zeigen auf, wie mit Wireshark diese Probleme analysiert werden können.

7.1 Infos über die Physikalische Schicht (OSI-Layer 1)

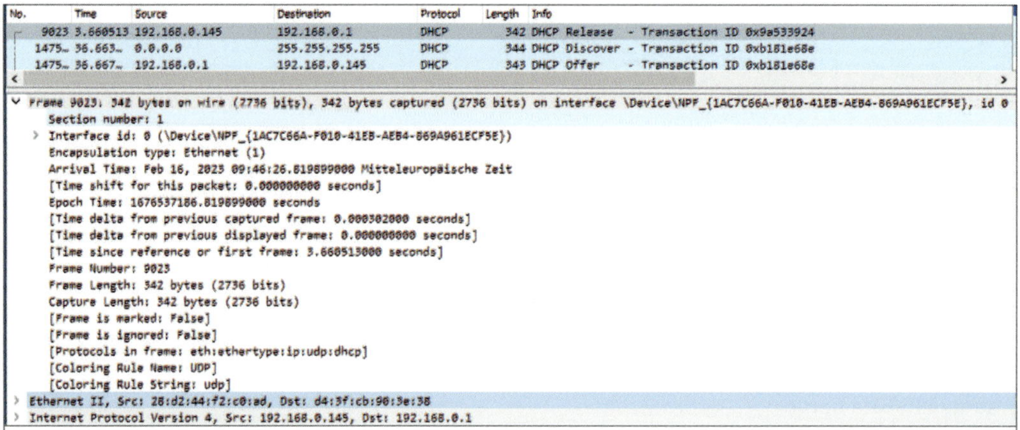

Bild 7.1: Infos über den aktuellen Frame

Auf Layer 1 sieht man, die Nummer des aktuellen Frames, wie viele Bits und Bytes auf der Leitung waren, und wie viele davon aufgezeichnet wurden. Weiterhin sieht man hier das Interface, welches diesen Frame empfangen hat und den Frametyp.

Die meisten Angaben in dieser Ansicht stehen in eckigen Klammern und sind von Wireshark eingefügt. Bei Protocols in Frame wird die gesamte Protokollverschachtelung angezeigt (hier: ethernet, IP, UDP und als letztes DHCP).

TIPP

Jedes Feld, auch in eckiger Klammer, kann als Filter verwendet werden.

7.2 Ethernet-Analyse

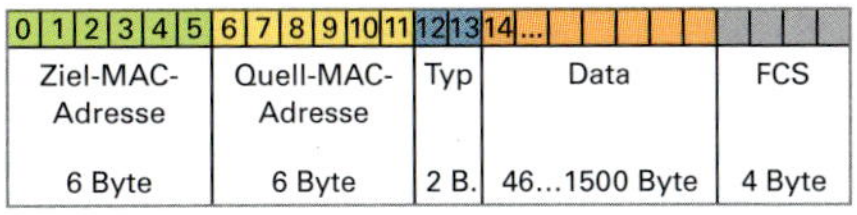

Das Ethernet-Protokoll ist sehr einfach aufgebaut. Es enthält nur die beiden MAC-Adressen und die Angabe, welches Protokoll damit transportiert wird.

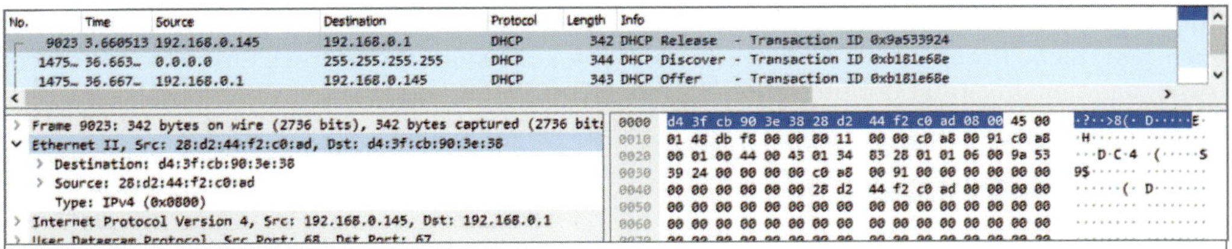

Bild 7.2: Ethernet-Details

Im Bild oben ist der Eintrag Ethernet in den Paketdetails markiert. Die entsprechenden Bytes sind rechts in den Packet-Bytes daher auch markiert. Man sieht, wie einfach der Header aufgebaut ist. Das Typ-Feld mit dem Hex-Wert 0800 ist leicht in dem rechten Fenster zu erkennen. Es sind die letzten beiden Byte des Ethernet-Headers.

Die folgende Tabelle zeigt einige der möglichen Typen und welchem Protokoll dies entspricht.

Typfeld	Protokoll
0x0800	**IP Internet Protocol, Version 4 (IPv4)**
0x0806	Address Resolution Protocol (ARP)
0x0842	Wake on LAN (WoL)
0x8035	Reverse Address Resolution Protocol (RARP)
0x809B	AppleTalk (EtherTalk)
0x80F3	Appletalk Address Resolution Protocol (AARP)
0x8100	**VLAN Tag (VLAN)**
0x86DD	**IP Internet Protocol, Version 6 (IPv6)**
0x888E	802.1X Port Access Entity
0x8892	Echtzeit-Ethernet PROFINET
0x88A4	Echtzeit-Ethernet EtherCAT
0x88AB	Echtzeit-Ethernet Ethernet POWERLINK
0x8906	Fibre Channel over Ethernet

FILTER

`eth.addr == 00:00:5e:00:53:00`	zeigt alle Frames an, die die angegebene Adresse beinhalten
`eth.dst == 00:00:5e:00:53:00`	zeigt alle Frames an, die die angegebene Ziel-Adresse beinhalten
`eth.src == 00:00:5e:00:53:00`	zeigt alle Frames an, die die angegebene Absender-Adresse (auch Quell-Adresse genannt) beinhalten
`eth.type == 0x86dd`	zeigt alle Frames an, die IPv6-Pakete transportieren

7.3 IP-Analyse

Vor Beginn der Problemanalyse muss der Troubleshooter möglichst viele Informationen über das eigentliche Kommunikationsproblem sammeln. Zuerst muss der Ort des Fehlers eingegrenzt werden. Manchmal stehen der Fehler und dessen Ursache von vornherein fest. Diese Fälle sind jedoch selten und verleiten den Troubleshooter zur Unachtsamkeit. Die Praxis zeigt, dass manche Fehler mehr als nur eine Ursache haben. Im schlimmsten Fall zeigt sich ein vermeintlicher Fehler an einem Gerät, dessen Ursache auf das Auftreten mehrerer anderer Fehler (im schlimmsten Fall sich gegenseitig beeinflussende Fehler) zurückzuführen ist. Eine klare Trennung der Fehlerursachen anhand des OSI-Schichtenmodells ist reine Theorie. Tatsächlich kann ein Protokollfehler auf einer bestimmten Schicht zu drastischen Auswirkungen auf einer anderen Schicht führen.

Auf der Schicht 3 des OSI-Referenzmodells arbeiten neben den Hauptprotokollen (IPv4 und IPv6) auch zusätzliche Protokolle. Die bekanntesten Protokolle sind das Address Resolution Protocol (ARP), das Dynamic Host Configuration Protocol (DHCP) und das Internet Control Message Protocol (ICMP).

7.3.1 Internet-Protokoll

Bits 0–3	Bits 4–7	Bits 8–15	Bits 16–18	Bits 19–31
Version	Length	Type of Service	Total Length	
Identification			Flags	Fragment Offset
Time to Live		Protocol	Header Checksum	
Source Address				
Destination Address				
Options (wenn vorhanden)				Padding

Bild 7.3: IP-Header Format (Version 4)

Das Feld *Identification* im IP-Header enthält eine eindeutige Nummer für jedes IP-Paket. Muss ein IP-Paket auf seiner Strecke zum Ziel fragmentiert werden, weil es zu groß ist, wird das „more fragments"-Bit in den Flags gesetzt. Im Feld Fragment Offset steht der Pointer, an welcher Stelle im Original-Paket die Daten stehen müssen. Alle Fragmente eines zu großen IP-Paketes haben dieselbe Identifikationsnummer!

Das Feld TTL – Time to Life gibt die „Lebensdauer" eines IP-Paketes an. Es enspricht der Anzahl der Router, die ein IP-Paket passieren kann, bevor es als unzustellbar verworfen wird.

Im IP-Header wird angegeben, welches Protokoll in den Nutzdaten transportiert wird. Bei IPv4 steht diese Information im Feld *protocol*, bei IPv6 im Feld *NextHeader*. Die folgende Tabelle zeigt die Zuordnung der wichtigsten Protokolle.

Protokoll-nummer	Protokoll
1	ICMP (Internet Control Message Protocol)
2	IGMP (Internet Group Management Protocol)
4	IP (IP in IP (encapsulation))
6	TCP (Transmission Control Protocol)
8	EGP (Exterior Gateway Protocol)
9	IGP (any private interior gateway)
17	UDP (User Datagram Protocol)
41	6in4 Verkapselung von IPv6- in IPv4-Pakete
43	IPv6-Route (Routing Header for IPv6)
47	GRE (Generic Routing Encapsulation)
50	ESP (Encapsulating Security Payload)

Protokoll-nummer	Protokoll
51	AH (Authentication Header)
58	IPv6-ICMP (ICMP for IPv6)
88	EIGRP (Enhanced Interior Gateway Routing Protocol)
89	OSPF (Open Shortes Path First)
133	FC (Fibre Channel)

7.3.2 ARP-Analyse von ARP-Betrieb und ARP-Problemen

Ethernet ist die am häufigsten eingesetzte LAN-Technologie (Local Area Network) mit einer Übertragungsgeschwindigkeit von 1 Mbit/s bis 800 Gbit/s. Dieses Protokoll verwendet eine 48-Bit-MAC-Adresse als Kennung der Datenübertragungsschicht.

Die gebräuchlichste Form der Umwandlung von Internet-Adressen in 48-Bit-MAC-Adresse wird nach einer dynamischen Methode realisiert. Als Hilfsprotokoll auf der Schicht 3 wurde dafür das Address-Resolution-Protokoll (ARP) entwickelt. Der ARP-Mechanismus wird beim IPv6-Protokoll nicht mehr verwendet. Statt ARP nutzt IPv6 das sogenannte Neighbour Discovery Protocol (NDP) zur Auflösung von IPv6-Adressen in Link-Layer-Adressen. (siehe hierzu Kapitel 9)

Das ARP-Protokoll wurde bereits im Kapitel 3 „Quickstart" kurz behandelt. Es soll hier jedoch noch einmal auf dessen Details eingegangen werden.

Das Address-Resolution-Protokoll arbeitet wie folgt:
Vor der Übertragung von Daten über das Netzwerk überprüft das Internet Protocol (IP) das Vorhandensein eines Eintrages für die Zieladresse in der ARP-Adresstabelle (ARP Cache). Das ARP-Protokoll vergleicht die vorhandenen Adresstabellen mit der Anfrage des Internet-Protokolls. Wird kein Eintrag im ARP-Cache gefunden, so wird bei allen Rechnern am Netz (Broadcast) die gewünschte Adresse erfragt. Nur Rechner mit einem Eintrag zu dieser Internet-Adresse antworten auf diese Anfrage. Die Antwort (ARP-Reply) auf den ARP-Request wird in dem lokalen ARP-Cache gespeichert. Dieser Eintrag verbleibt in dieser Tabelle für einige Minuten, bis er automatisch vom ARP-Timer gelöscht wird. Jede neue Benutzung dieses ARP-Eintrags für diese IP-Adresse startet den ARP-Timer erneut.

Bei der Fehlerbehebung eines klassischen Netzwerks in einem kleineren Unternehmen geht man wie folgt vor:

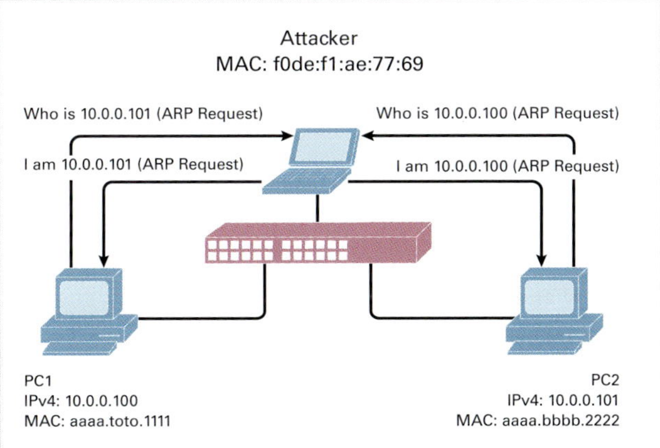

Bild 7.4: ARP-Analyse über einen Netzwerk-Switch

Wie in der vorangegangenen Abbildung dargestellt, versucht PC1 den PC2 zu erreichen:

- Der Nutzer an PC1 startet die Ping-Anwendung auf PC1 (10.0.0.100) und Übermittlung der Ping-Requests an PC2 (10.0.0.101). Dadurch wird eine ARP-Anfrage von PC1 an PC2 ausgelöst.
- Überprüfen der ARP-Tabelle auf PC1 mit dem Befehl „arp-a", um zu sehen, ob die MAC-Adresse für 10..0.0101 in der lokalen Tabelle eingetragen ist.
- Wenn die MAC-Adresse für 10.0.0.101 in der lokalen ARP-Tabelle von PC1 vorhanden ist, bestätigt dies, dass PC1die ARP-Anfrage gesendet und die ARP-Antwort von PC2 erhalten hat.
- Wenn Sie die MAC-Adresse für 10..0.0.101 auf PC1 nicht dargestellt wird, schließt man Wireshark an einen der freien Ports am Switch an und zeichnet die Pakete (mit Port-Spiegelung) auf.
- Überprüfen, ob die ARP-Anfrage von PC1 im Trace zu sehen ist. In unserem Fall war das ARP-Paket für die MAC-Adresse ff.ff.ff.ff.ff.ff bestimmt:
  1. Wenn das ARP-Anfrage-Paket in der Aufzeichnung auf dem Port, der PC1 mit dem Netzwerk verbindet (Eingangsrichtung), zu sehen ist, aber nicht in der Aufzeichnung auf dem Port, der PC2 verbindet (Ausgangsrichtung), hat der Switch das ARP-Paket möglicherweise verworfen.
  2. Wenn das ARP-Anfragepaket in der Aufzeichnung am Port, der PC1 mit dem Netzwerk verbindet (Eingangsrichtung), nicht zu sehen ist, überprüft man das physische Kabel, das PC1 mit dem Switch verbindet.
- Wenn das ARP-Anfrage-Paket in der Aufzeichnung an beiden Ports, die PC1 und PC2 mit dem Netzwerk verbinden, zu sehen ist, aber keine ARP-Antwort erfolgt, überprüft man PC2:
  1. Überprüft man, ob das ARP-Antwortpaket in der Aufzeichnung zu sehen ist.
  2. Wenn das ARP-Antwortpaket in der Aufzeichnung am Port, der PC2 verbindet (Ingress-Richtung), zu sehen ist, aber nicht in der Aufzeichnung am Port, der PC1 verbindet (Egress-Richtung), hat der Switch das ARP-Antwortpaket möglicherweise verworfen.
  3. Wenn das ARP-Antwortpaket in der Aufzeichnung am Port, der PC2 (Eingangsrichtung) verbindet, nicht zu sehen ist, überprüft man das physische Kabel, das PC2 mit dem Switch verbindet.
  4. Wenn das ARP-Antwortpaket in den Aufzeichnungen an beiden Ports, die PC1 und PC2 verbinden, zu sehen ist, aber kein Eintrag in der PC1-ARP-Tabelle vorhanden ist, überprüft man PC1.

Um nach ARP zu filtern, verwendet man den Anzeigenfilter ***arp***

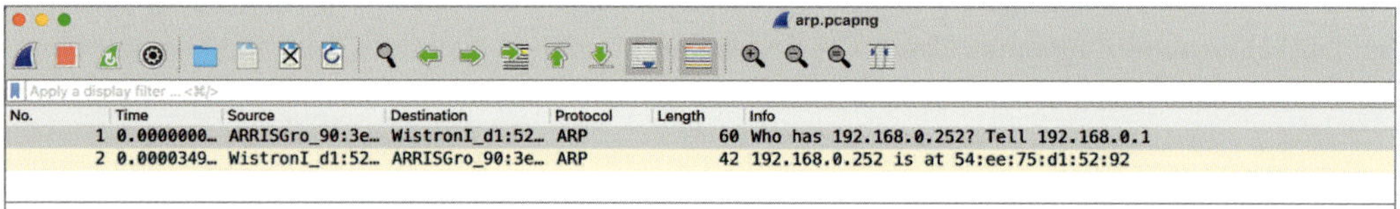

Bild 7.5: ARP-Ablauf: Request-Response

```
> Frame 1: 60 bytes on wire (480 bits), 60 bytes captured (480 bits) on interface enp0s31f6, id 0
> Ethernet II, Src: ARRISGro_90:3e:38 (d4:3f:cb:90:3e:38), Dst: WistronI_d1:52:92 (54:ee:75:d1:52:92)
v Address Resolution Protocol (request)
    Hardware type: Ethernet (1)
    Protocol type: IPv4 (0x0800)
    Hardware size: 6
    Protocol size: 4
    Opcode: request (1)
    Sender MAC address: ARRISGro_90:3e:38 (d4:3f:cb:90:3e:38)
    Sender IP address: 192.168.0.1
    Target MAC address: 00:00:00_00:00:00 (00:00:00:00:00:00)
    Target IP address: 192.168.0.252
```

Bild 7.6: ARP Request im Detail

```
> Frame 2: 42 bytes on wire (336 bits), 42 bytes captured (336 bits) on interface enp0s31f6, id 0
> Ethernet II, Src: WistronI_d1:52:92 (54:ee:75:d1:52:92), Dst: ARRISGro_90:3e:38 (d4:3f:cb:90:3e:38)
v Address Resolution Protocol (reply)
    Hardware type: Ethernet (1)
    Protocol type: IPv4 (0x0800)
    Hardware size: 6
    Protocol size: 4
    Opcode: reply (2)
    Sender MAC address: WistronI_d1:52:92 (54:ee:75:d1:52:92)
    Sender IP address: 192.168.0.252
    Target MAC address: ARRISGro_90:3e:38 (d4:3f:cb:90:3e:38)
    Target IP address: 192.168.0.1
```

Bild 7.7: ARP Response im Detail

Für eine Ende-zu-Ende-Kommunikation muss jeder Netzknoten die 48-Bit-Ethernet-MAC-Adresse auflösen, die mit der IPv4-Netzwerkadresse der Schicht 3 verbunden ist. Bei IPv4 wird ARP verwendet, um die mit der IPv4-Adresse verbundene MAC-Adresse aufzulösen. Das ARP-Paketformat hat folgendes Format:

<table>
<tr><td>0</td><td></td><td></td><td></td><td></td><td></td><td></td><td></td><td></td><td></td><td>1</td><td></td><td></td><td></td><td></td><td></td><td></td><td></td><td></td><td></td><td>2</td><td></td><td></td><td></td><td></td><td></td><td></td><td></td><td></td><td></td><td>3</td><td></td></tr>
<tr><td>0</td><td>1</td><td>2</td><td>3</td><td>4</td><td>5</td><td>6</td><td>7</td><td>8</td><td>9</td><td>0</td><td>1</td><td>2</td><td>3</td><td>4</td><td>5</td><td>6</td><td>7</td><td>8</td><td>9</td><td>0</td><td>1</td><td>2</td><td>3</td><td>4</td><td>5</td><td>6</td><td>7</td><td>8</td><td>9</td><td>0</td><td>1</td></tr>
<tr><td colspan="16">Hardware-Typ</td><td colspan="16">Protokoll-Typ</td></tr>
<tr><td colspan="8">Hardware Länge</td><td colspan="8">Protokoll Länge</td><td colspan="16">Opcode (1 = Anfrage, 2 = Antwort)</td></tr>
<tr><td colspan="32">Absender-Hardware-Adresse (Oktett 0 bis 3)</td></tr>
<tr><td colspan="16">Absender-Hardware-Adresse (Oktott 4 und 5)</td><td colspan="16">Absender-Protokolladresse (Oktett 0 und 1)</td></tr>
<tr><td colspan="16">Sender-Protokolladresse (Oktett 2 und 3)</td><td colspan="16">Ziel-Hardware-Adresse {Oktett 0 und 1)</td></tr>
<tr><td colspan="32">Ziel-Hardware-Adresse (Oktett 2 bis 5)</td></tr>
<tr><td colspan="32">Empfänger-Protokolladresse (Oktett 0 und 1)</td></tr>
</table>

Bild 7.8: ARP-Header Format

Der Rechner, der eine Adresse auflösen möchte, übermittelt eine ARP-Anfrage (Opcode = 1) per Broadcast (MAC-Adresse: ff.ff.ff.ff.ff.ff.ff) an den unbekannten Empfänger. Die Absender-Hardwareadresse wird auf die MAC-Adresse des Ursprungsknotens (des Absenders) und die Absender-Protokolladresse auf die IP-Adresse des Absendeknotens gesetzt. Die Ziel-Hardwareadresse wird auf Nullwerte gesetzt und die Ziel-Protokolladresse (die IP-Adresse des Empfängers) auf die Adresse, für die die MAC-Auflösung durchgeführt wird.

Der antwortende Knoten antwortet mit einer ARP-Antwort (Opcode = 2), die per unicast an den anfragenden Knoten gesendet wird.

Die ARP-Operation wirkt nur lokal, d. h. die ARP-Anfrage, die als Broadcast übermittelt wird, kann das lokale Netz nicht verlassen. Gehören die Quelladresse S und die Zieladresse D zum gleichen LAN (gleiches IP-Netz und gleiche Netzmaske), versucht ARP, die MAC-Adresse von D aufzulösen, indem es eine ARP-Anfrage mit der Zielprotokolladresse von D sendet.

Aber wenn die Quelladresse S und die Zieladresse D in verschiedenen LANs liegen (unterschiedliches IP-Netz), wird die Adressauflösung über die Standard-Gateway-Adresse ausgeführt.

7.3.3 DHCP

IP-Einstellungen an einem Client kann man von Hand vornehmen. Dies ist aber aufwändig und fehleranfällig und daher nicht zu empfehlen. In der Regel übernimmt ein Serverdienst mit dazugehörigem Protokoll das Verteilen der IP-Konfigurationen im Netz.

Der Ablauf beim Konfigurieren des Clients gliedert sich in vier Teile. Das heißt, dass zwischen Client und Server vier Datenpakete ausgetauscht werden.

Dies sind:

1. DHCP-Discover (Client sucht DHCP-Server)
2. DHCP-Offer (Server unterbreitet Angebot)
3. DHCP-Request (Client fragt den Server nach Konfiguration)
4. DHCP-Acknowledge (Server weist dem Client Konfiguration zu)

Die Details des DHCP-ACK enthalten die vollständigen IP-Einstellungen im Klartext. Your-IP ist die IP-Adresse, die dem Client zugewiesen wird.

Unter den DHCP-Optionen findet man unter anderem die IP des Routers, des DNS-Servers, des Zeit-Servers (NTP) sowie die Leasingdauer der IP-Konfiguration. Nach Ablauf der Hälfte der Leasingzeit fragt der Client mit einem DHCP-Request nach einer Verlängerung der Leasingzeit.

FILTER

dhcp zeigt alle DHCP-Pakete an. Bei älteren Wireshark-Versionen lautet der Filter *bootp*.

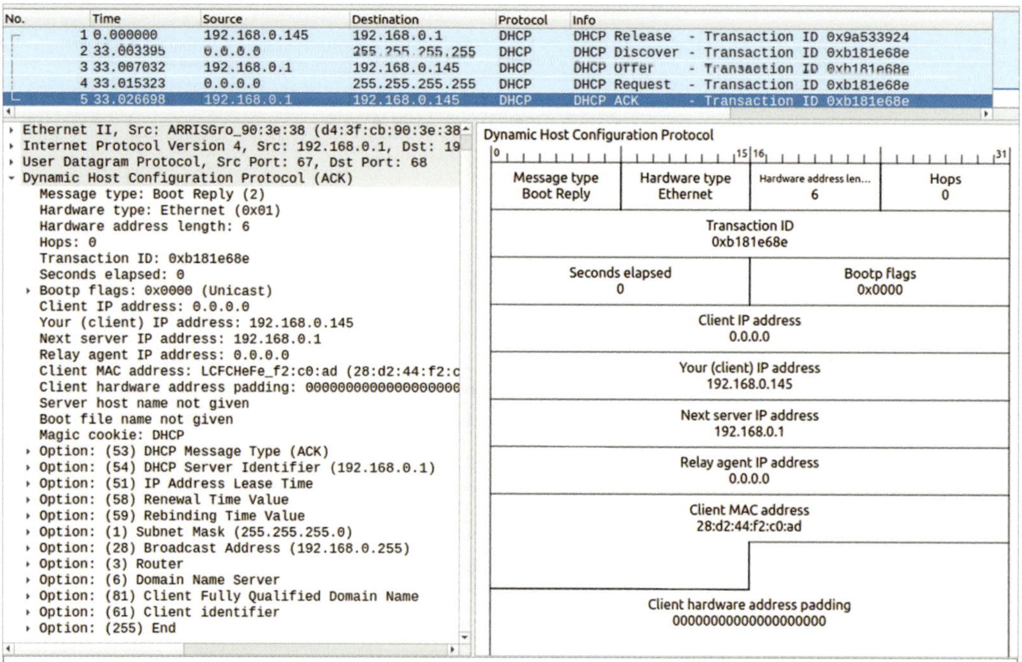

Bild 7.9: DHCP-Ablauf

Im Beispiel oben sieht man den kompletten DHCP-Ablauf (Pakete 2 bis 5). Das erste DHCP-Paket ist ein DHCP-Release, mit dem eine bestehende IP-Konfiguration gelöscht wird (ausgelöst durch den Befehl ipconfig /release an der Konsole eines Windows-Rechners). Danach folgen die vier Schritte zur IP-Konfiguration (hier ausgelöst durch den Konsolenbefehl ipconfig /renew).

Man erkennt, welche Parameter im DHCP übergeben werden können. Es sind nicht nur die IP-Adressen des Gateways, der DNS-Server, usw., es ist auch die Leasingdauer (die Gültigkeit der IP-Zuordnung) und ggf. auch der Name des Bootimages, wenn der Rechner sein Betriebssystem beim Start von einem Server beziehen soll.

INFO

Die gesamte DHCP-Kommunikation ist unverschlüsselt und daher unsicher! Ein falscher DHCP-Server kann im Netz absichtlich falsche Adresszuordnungen vornehmen. Deshalb sollte man hier die Echtheit des DHCP-Servers prüfen.

7.3.4 ICMP – Protokollanalyse und Fehlerbehebung

Das Internet Control Message Protocol (ICMP) ist ein Protokoll der Netzwerkschicht, das der Fehlermeldung und der Diagnose von Netzwerkpfaden dient. Die Dienstprogramme Ping und Traceroute nutzen ICMP-Meldungen zur Fehlererkennung und -isolierung. ICMP-Nachrichten werden unter Verwendung des grundlegenden IP-Headers gesendet. Das Protokollfeld im IP-Header wird auf ICMP gesetzt, gefolgt von der ICMP-Nutzlast. Das ICMP-Paket hat das folgende Format:

Type	Code	Checksum
ICMP Informationen		
IP Protokoll Header und 64 Bits oder Testdaten		

Bild 7.10: ICMP Message Format

FILTER

icmp zeigt alle ICMP-Messages von IPv4 an. ***icmpv6*** zeigt alle ICMP-Messages von IPv6 an.

Auf Basis der nachfolgenden IPv4-Topologie wird ein Ping-Test genauer erklärt:

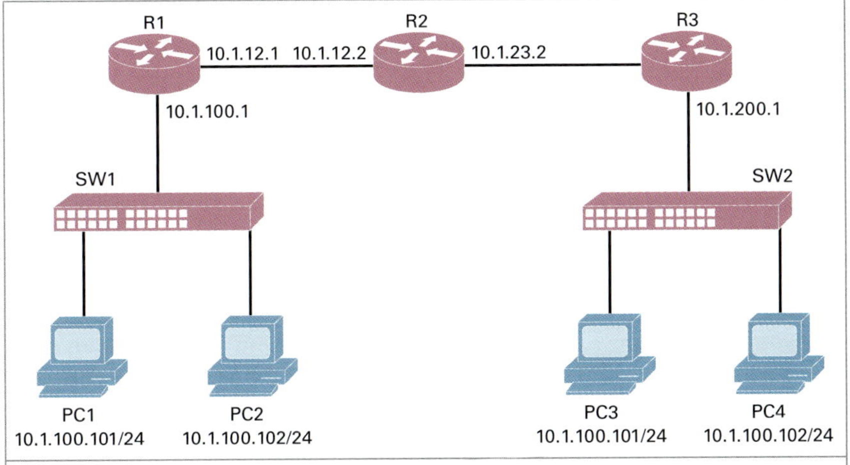

Bild 7.11: Über Router verbundene Netzwerke

Ping im lokalen Netz
Mit dem Befehl Ping und der jeweiligen Ziel-IP-Adresse wird eine ICMP-Echo-Anfrage (Typ 8 – Echo request) erzeugt. Der Zielrechner antwortet mit einer Echo-Antwort (Typ 0 – Echo reply).

FILTER

Der Anzeigefilter für ping ist eine Kombination aus Echo-request und Echo-reply und lautet ***icmp.type==0 || icmp.type==8.***

Wenn in der dargestellten Abbildung (Bild 7.11) ein Ping-Test von PCI zu PC2 ausgeführt wird, erfolgt kein Routing-Prozess zwischen PCI zu PC2, da sich beide Rechner im gleichen LAN befinden:

- Mit dem Auslösen eines Pings von PCI (10.1.100.101) zu PC2 (10.1.100.102) wird eine ICMP-Echo-Request-Nachricht erzeugt.
- Erfolgt keine Ping Echo-Reply-Meldung an PC1, sollte das physische Kabel, das PC1 mit SW1 verbindet, überprüft werden
- Ist das Kabel in Ordnung und empfängt man trotzdem keine Echo-Antwort von PC2 überprüft man den lokalen ARP Cache, und untersucht, ob die MAC-Adresse von PC2 darin eingetragen ist.
- Ist dies nicht der Fall, schließt man Wireshark an einen der freien Ports von SW1 an und zeichnet die Pakete auf (Port Mirroring).
- Man überprüft Sie, ob die ICMP-Antwort von PC2 in der Aufzeichnung zu sehen ist.
  - Wenn die Echo-Antwort im Port, der PCI und PC2 verbindet, zu sehen ist, dann funktioniert der Prozess einwandfrei.
  - Wenn die Echo-Antwort am Switch-Port, der PC2 verbindet, zu sehen ist, aber nicht am Switch-Port, der PC1 verbindet, sollte man überprüfen, ob der Switch das Paket verwirft.
  - Wenn die Echo-Antwort nicht am Switch-Port, der PC2 verbindet, zu sehen ist, sollte man das physische Kabel, das PC2 mit SW1 verbindet, überprüfen.

Ping über Router hinweg
In unserem Fall mit der Quelladresse 10.1.100.101 erzeugt, die an 10.1.200.101 gerichtet ist und wird, da der Ping über Router 1 (R1) geroutet werden muss, an das Standard-Gateway weitergeleitet wird. Jeder Router entlang des Pfades leitet die Ping Pakete auf der Grundlage seiner individuellen Weiterleitungstabelle weiter. PC3 antwortet auf die ICMP-Echo-Request-Meldung mit einer ICMP-Echo-Antwort (Typ 0).

Traceroute
Das Traceroute-Programm (auf Linux-Systemen häufig unter /usr/sbin/traceroute zu finden, auf Windowssystemen als tracert bekannt), hilft bei der Lokalisierung von Problemen beim Übergang zwischen gerouteten Netzen. Traceroute verwendet zwei Techniken, um den Lauf der IP-Datagramme auf Ihrem Weg zum Ziel zu verfolgen:

- Das Versenden von IP-Datagrammen vom lokalen Rechner an den Zielrechner erfolgt an einen nicht verwendeten Dienst bzw. an eine ungültige Portnummer. Beim Versenden werden in den aufeinander folgenden Paketen aufsteigende TTL-Werte (beginnend bei 1) im IP Header gesetzt.
- Das erste versendete Prüfdatagramm hat also den Wert 1 im TTL-Feld und ist für einen nicht verwendeten Dienst vorgesehen. Der erste Router auf dem Weg zum Ziel dekrementiert nun den TTL-Wert um Eins, so dass der TTL-Wert nun 0 ist. Datagramme mit dem TTL-Wert 0 erzeugen aber ICMPs vom Typ 11 (Time exceeded for datagramm, Zeitlimit für Datagramm überschritten). Diese ICMP-0Meldung sendet der Router an den Ursprungsrechner zurück. Als Ausgabe des Programms traceroute erscheinen nun der Absendername der ICMP-Meldung und die gemessene Zeit zwischen Absenden des IP-Datagramms und Empfang der ICMP-Meldung. Die Round-Trip-Zeit für das Paket an, wie lange das Testpaket und die ICMP-Meldung zusammen unterwegs waren. Die nächsten Prüfdatagramme haben nun jeweils steigende Werte im TTL-Feld und erzeugen somit ICMPs auf den jeweils folgenden Routern, die dann der Reihe nach aufgelistet werden.

- Erhält der Zielrechner ein Prüfdatagramm, so ist die Situation eine andere. Da, wie oben beschrieben, das Datagramm für einen nicht verwendeten Dienst bestimmt ist, sendet dieser Rechner die ICMP-Meldung Typ 3 Code 3 (Port unreachable). Sobald Traceroute diese Meldung empfängt, wird mit Ausgabe der letzten Zeile das Programm beendet

Nachfolgend wird ein Traceroute zur Web-Seite vaf.de aufgebaut.

traceroute vaf.de
traceroute to vaf.de (217.160.170.221), 64 hops max, 52 byte packets

```
 1 192.168.0.1 (192.168.0.1)  3.279 ms  1.707 ms  1.669 ms
 2 fritz.box (192.168.178.1)  2.458 ms  1.997 ms  1.820 ms
 3 5.10.6.129 (5.10.6.129)  2.505 ms  2.391 ms  3.100 ms
 4 10.226.8.21 (10.226.8.21)  4.863 ms  3.922 ms  3.329 ms
 5 5.10.7.73 (5.10.7.73)  3.690 ms  3.789 ms  3.138 ms
 6 eth-trunk-63.rt-pe-ffm-5.inf.komdsl.de (80.81.193.95)  9.973 ms  13.266 ms
   11.229 ms
 7 decix.bb-c.act.fra.de.oneandone.net (80.81.193.123)  13.823 ms  11.575 ms
   10.411 ms
 8 ae-9.bb-b.bs.kae.de.net.ionos.com (212.227.120.168)  12.717 ms  12.828 ms
   13.703 ms
 9 port-channel-3.de-rhr-bangdsr01.oneandone.net (212.227.121.3)  17.112 ms
   13.332 ms  13.061 ms
10 212.227.36.76 (212.227.36.76)  12.635 ms  13.058 ms  13.773 ms
```

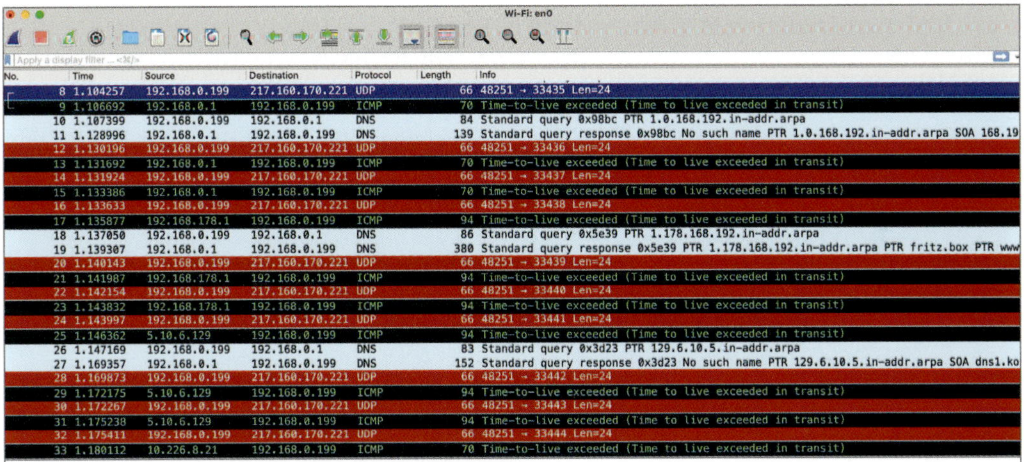

Bild 7.12: Auszug aus Traceroute zu Zielrechner vaf.de

7.3.4.1 Analyse von IPv4 Routing-Problemen

IPv4-Unicast-Routing ist der Prozess der Weiterleitung von Datenpaketen von einem Host in einem Netzwerk zu einem Empfänger in einem anderen Netzwerk. Das Datenpaket kann einen oder mehrere Router entlang des Pfades durchlaufen, die eine Suche im IP-Header durchführen, um eine Weiterleitungsentscheidung zu treffen.

Zur Analyse der Konfiguration öffnen man Wireshark und schließt den Analysator an das Netzwerk (per Port-Spiegelung) an.

Eine der Ursachen für die nicht zum Ziel weitergeleiteten Pakte kann eine fehlgeschlagene IP-Fragmentierung sein. Der Begriff IP-Fragmentierung bezeichnet die Aufteilung eines IP-Datenpakets auf mehrere Datenblöcke. Daher wirkt sich die Fragmentierung vor allem auf interaktive

Anwendungen wie Datenbanken aus, und das sind die Orte, an denen wir nach Problemen suchen sollten.

Wenn PC1 im Netzwerk 10.1.100.0/24 mit PC4 im Netzwerk 10.1.200.0/24 kommunizieren möchte, führt dieser folgende Schritte aus:

- PC1 generiert die Daten und kapselt diese in einen IP-Header ein. Die Quell-IP-Adresse wird auf 10.1.100.101 und die Ziel-IP-Adresse auf 10.1.200.102 gesetzt.
- PC1 kapselt das Paket mit einem Ethernet-Header ein. Die Quell-MAC-Adresse wird auf die PC1-MAC-Adresse und die Ziel-MAC-Adresse auf die MAC-Adresse von R1 (Standard-Gateway) gesetzt. Der Frame wird an SW1 weitergeleitet.
- Bei SW1 handelt es sich um einen Layer-2-Switch, der den Ethernet-Header überprüft und das Frame an die Ziel-MAC (in diesem Beispiel R1) weiterleitet.
- R1 empfängt das Paket und entkapselt den Ethernet-Header, da die Ziel-MAC-Adresse mit seiner eigenen Adresse übereinstimmt. Es führt einen Lookup in der lokalen Routing-Tabelle für die Ziel-IP-Adresse im IP-Header durch und findet R2 als nächsten Hop, um 10.1.200.0/24 zu erreichen.
- R1 dekrementiert die TTL im IP-Header und kapselt das Paket mit dem Ethernet-Header ein. Die Quell-MAC-Adresse wird auf R1 und die Ziel-MAC-Adresse auf R2 gesetzt. Der Frame wird an R2 weitergeleitet.
- R2 führt das gleiche Weiterleitungsverhalten durch. Dieser entkapselt den Ethernet-Header, dekrementiert die TTL des IP-Headers und leitet es mit dem neu eingekapselten Ethernet-Header an R3 weiter.
- Router 3 entkapselt beim Empfang des Frames den Ethernet-Header, dekrementiert die TIL des IP-Headers und kapselt ihn mit dem Ethernet-Header ein. Die Quell-MAC wird auf R3 und die Ziel-MAC-Adresse auf die MAC-Adresse von PC4 gesetzt.
- PC4 empfängt den Frame, entkapselt die Ethernet- und IP-Header und gibt die darin enthaltenen Daten an die entsprechende Anwendung weiter.

Wie man sieht, ändern die Router entlang des Pfades einige Felder im IP-Header (z. B. TTL) und die Ethernet-Kapselung ändert sich entlang des Pfades. Ein Verbindungsabbruch zwischen PC1 und PC4 kann verschiedene Gründe haben, wie z. B. eine falsche Ethernet-Kapselung, TTL-Behandlung und zu große Pakete.

Im folgenden Trace funktioniert die Fragmentierung nicht. Ursache ist der vom Provider gelieferte (und nicht vom Kunden managebarer) Translation-Router.

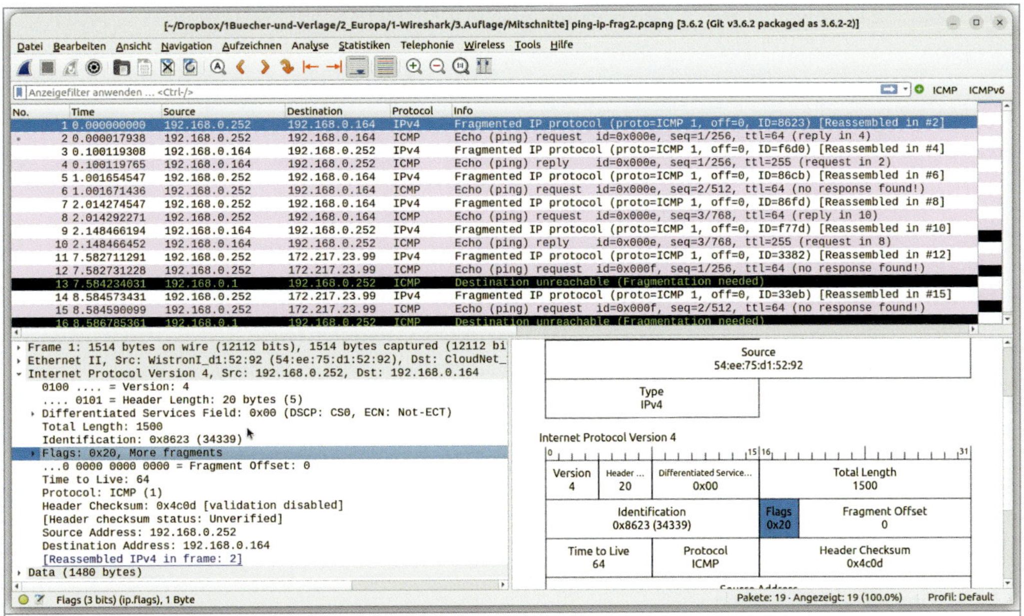

Bild 7.13: Fragmentierte IP-Pakete bei Ping, fehlgeschlagener Ping über Provider-Router

Bei den Paketen 1 bis 10 handelt es sich um einen regulären Ping mit einer Gesamtlänge von 1580 Byte, welcher an ein Gerät (192.168.0.164) im lokalen IPv4-Netz übermittelt wird. Vor der Übertragung des langen Pakets, teilt der Absender (192.168.0.252) das Request-Paket in zwei Teile auf: Länge des ersten Request Pakets: 1480 Byte, Länge des zweiten Request Pakets: 28 Byte.

Die beiden Fragmente werden beim Empfänger wieder zum Originalpaket zusammengebaut und anschließend mit einem Ping-Reply beantwortet. Auch der Ping-Reply muss fragmentiert werden: Resultat: Länge des ersten Reply-Pakets: 1480 Byte, Länge des zweiten Reply-Pakets: 28 Byte.

Diese beiden Reply-Fragmente werden mit Hilfe des Reassembly-Mechanismus beim Empfänger zum Original-Ping-Reply zusammengebaut.

Ab Paket 11 ändert sich der Empfänger (172.217.23.99). Bei diesem handelt es sich um ein Gerät, welches irgendwo im Internet angesiedelt ist. Da der Provider nur mit IPv6 in das Internet kommuniziert, muss das Ping-IPv4-Paket vom Translation Router in ein IPv6-Paket gewandelt werden.

Sobald das Paket den Translation Router (192.168.0.1) erreicht antwortet dieser mit einer „Destination Unreachable (Fragmentation needed)" Meldung. Dieses Verhalten ist nicht korrekt, denn es ist die Aufgabe eines Routers, die zu übermittelnden Datenpakete an die Anforderungen des nachfolgende Netzes anzupassen und das eingehende Paket entsprechend zu fragmentieren.

Wird die Länge des Ping-Pakets auf 1200 Byte (Maximale MTU bei IPv6) reduziert, funktioniert der Ping zum gewünschten Ziel.

7.3.4.2 TTL-Fehler

Ein Transit-Router dekrementiert jedes Mal den Wert des TTL-Felds, wenn dieser einen Lookup im IP-Header durchführt, bevor der Router das Paket an den Next Hop Router weiterleitet. Wenn ein Router ein Paket mit einer TTL von 1 empfängt und die Ziel-IP-Adresse nicht seine eigene Adresse ist, besteht das Standardverhalten darin, das Paket zu verwerfen und eine ICMP-Fehlermeldung vom Typ 11 (time to live exceeded) zu erzeugen. Dieses Verhalten stellt sicher, dass ein Paket in einer Routing-Schleife nicht ewig zwischen den Knoten hin und her springt, sondern nach spätestens 255 Iterationen verworfen wird (der maximal einstellbare TTL-Wert ist 255):

1145 Warn	Sequence	ICMP	No response seen to ICMP request in frame 1145
1146 Note	Sequence	IPv4	„Time To Live" only 4
1146 Warn	Sequence	ICMP	No response seen to ICMP request in frame 1146
1147 Note	Sequence	IPv4	„Time To Live" only 3
1147 Warn	Sequence	ICMP	No response seen to ICMP request in frame 1147
1148 Note	Sequence	IPv4	„Time To Live" only 2
1148 Warn	Sequence	ICMP	No response seen to ICMP request in frame 1148
1149 Note	Sequence	IPv4	„Time To Live" only 1
1149 Warn	Sequence	ICMP	No response seen to ICMP request in frame 1149
1150 Warn	Sequence	ICMP	No response seen to ICMP request in frame 1150
1151 Warn	Sequence	ICMP	No response seen to ICMP request in frame 1151

Bild 7.14: Dekrementieren des TTL-Werts und Hervorheben der kritischen TTL-Werte mit der Option „Expert Information"

Die Option „Expert Information" im Menüpunkt „Analyse" gibt eine Warnung aus, dass Pakete mit einer TLL von weniger als 5 empfangen wurden, und hebt diese Pakete hervor, wie im vorstehenden Tabelle gezeigt.

7.3.4.3 Doppelte IP-Adressen

Ein langsamer Zugriff auf einen Server oder ein anderes Gerät, ein langsamer Zugriff auf das Internet und hohe Antwortzeiten auf Pings, können ihre Ursache darin haben, dass die IP-Adresse einer Netzwerkkomponente mit einer anderen IP-Adresse kollidiert. Zur Überprüfung einer langsamen Verbindung kontrolliert man diese auf Basis eines Pings. Bei einigen Geräten wird der Datenstrom bei einer Kollision mit einer identischen Adresse einfach abgeschaltet. Bei anderen Geräten erhält man keine Benachrichtigung über einen Adresskonflikt. Doppelt vergebene IP-Adressen können wie folgt ermittelt werden:

- Mit Hilfe des Befehls arp -a auf der Kommandozeile. Hierzu verwendet man den Befehl cmd unter Windows oder einer beliebige Shell unter Linux. Erkennt man in der ARP-Tabelle zwei gleiche IP-Adressen mit unterschiedlichen MAC-Adressen, dann ist man einem Duplikat auf der Spur.
- Googelt man die MAC-Adressen der beiden Geräte, dann verrät der erste Teil der MAC-Adresse den Hersteller der Ethernet-Adapter. So kommt man dem Störenfried schnell auf die Spur.
- Wenn man den Standort des Geräts benötigen, meldet man sich am jeweiligen LAN-Switch an. Anhand der MAC-Adresstabelle des Switches erkennt man die Switch-Ports, an denen die Störenfriede angeschlossen sind.
- Wenn man mit Ping und ARP nichts ausrichten kann, startet man einfach Wireshark und spiegelt das jeweilige Netzwerk. Wireshark zeigt die doppelten Adressfehler mit den entsprechenden Details an.

7.3.4.4 Analyse von IP-Fragmentierungsfehlern

Um Datagramme über jede Art von Netzwerk verschickt zu können, ist das IP-Protokoll dazu in der Lage, die Größe der Datagramme dem jeweiligen Netz anzupassen. Jedes Netzwerk besitzt eine so genannte maximale Paketgröße (Maximum Transfer Unit – MTU), die bezeichnet, dass nur Pakete bis zu dieser Größe über das Netz verschickt werden können. Falls die MTU eines Übertragungsmediums kleiner ist als die Größe eines versendeten Pakets, so muss dieses Paket in kleinere Pakete aufgeteilt werden. Es genügt allerdings nicht, dass die Protokolle der Transportschicht nun von sich aus einfach kleinere Pakete versenden. Ein Paket kann auf dem Weg vom Quell- zum Zielrechner mehrere unterschiedliche Netzwerke mit unterschiedlichen MTUs durchlaufen. Aus diesem Grund muss ein flexibleres Verfahren angewendet werden, das bereits auf der Internet-Schicht kleiner Pakete erzeugen kann. Dieses Verfahren wird Fragmentierung genannt.

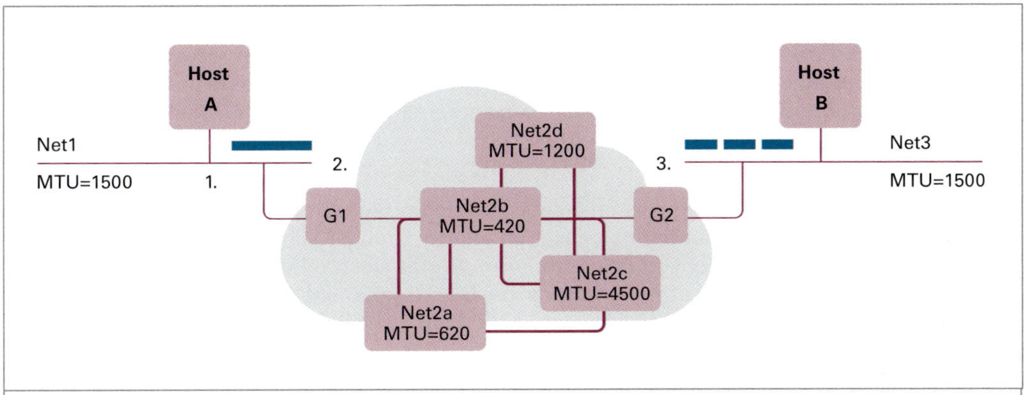

Bild 7.15: Zwischen Host A und Host B liegen Netzwerke mit unterschiedlichen MTUs

1. Host A sendet Datagramme mit maximal 1500 Byte (Ethernet)
2. Router G1 fragmentiert zu große Datagramme von Host A, bevor sie über Netzwerk Net2 gesendet werden
3. Am Zielsystem Host B werden die Fragmente gesammelt und wieder zusammengesetzt

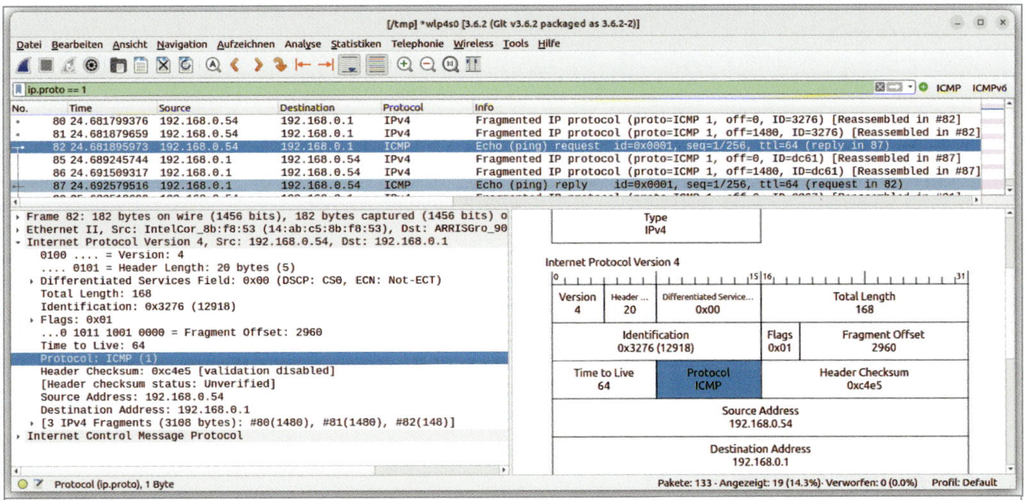

Bild 7.16: Fragmentierter Ping, in 3 IP-Pakete aufgeteilt

FILTER

Um IPv4-Fragmente anzuzeigen, benutzt man den Filterausdruck ***ip.frag_offset !=0 || ip.flags.mf == 1.***

Das „more-Fragements-Flag" ist bei allen Fragmenten gesetzt, bis auf das letzte. Der Fragmentoffset ist beim ersten Fragment null und bei allen Folgepaketen größer null. Durch diesen Filter werden somit alle Fragmente angezeigt, auch das erste und das letzte).

FILTER

Um ICMP-Pakete anzuzeigen, filtert man IP-Pakete mit der Nutzlast ICMP: ***ip.proto ==1***

Jedes Fragment eines zerteilten Pakets erhält einen eigenen, vollständigen IP-Header. Über das Identifikationsfeld im Header können alle Fragmente eines Pakets wieder erkannt werden. Die einzelnen Fragmente eines Pakets können durchaus unterschiedliche Wege auf dem Weg zum Zielrechner nehmen. Die Lage der Daten eines Fragments innerhalb der Gesamtnachricht wird mit Hilfe des Fragment-Offset-Feldes ermittelt.

Pfad-MTU-Ermittlung

Der Fragmentierungsmechanismus kann jedoch zu Leistungsproblemen führen, da der Empfänger die Pakete vor der Verarbeitung neu zusammensetzen muss. Man kann jedoch den Transitknoten zwingen, das Paket nicht zu fragmentieren. Stattdessen wird eine niedrigere MTU auf dem Pfad signalisiert und der Absender muss seine MSS (Maximum Segment Size) daran anpassen. Dieser Prozess wird als Path MTU Discovery (PMTUD) bezeichnet.

Wenn eine Fragmentierung stattfindet, erkennt man im Trace die höheren Protokolle und die fragmentierten IP-Protokollpakete:

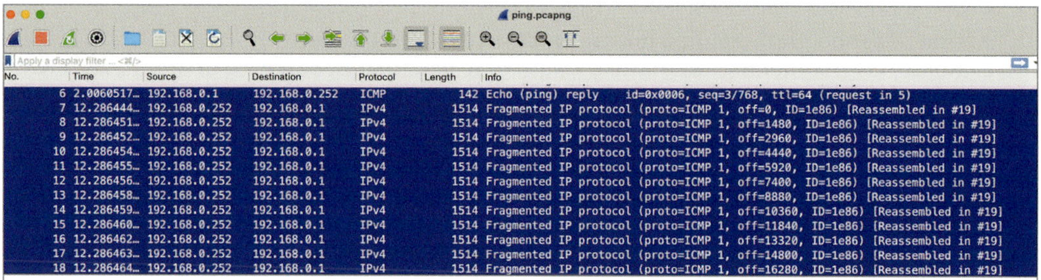

Bild 7.17: Auf der Übertragungsstrecke fragmentierte Pakete

Wenn Leistungsprobleme im Netzwerk vermutet werden, kann dies auf Problem mit der Fragmentierung zurückzuführen sein:

- Man testet zuerst die Verbindung zwischen den Clients und dem Server, um sicherzustellen, dass es keine anderen Probleme gibt.
- Anschließend sucht man im Trace nach Paketfragmenten zwischen dem Client und dem Server. Die Fragmente werden wie im vorherigen Screenshot dargestellt (IPv4-Fragmente).
- Falls man die Fragmentierung als Ursache des Problems vermutet, kann diese entweder durch Festlegen der MTU des Transitpfads oder durch eine Optimierung der Anwendung zum Senden kleinerer Pakete, die keine Fragmentierung im Netzwerk verursachen, behoben werden.
- Die empfohlene Paketgröße im Ethernet sollte daher nicht größer als 1460 Bytes abzüglich der TCP-Headergröße sein.

Wichtig dabei ist, dass man die Unterschiede zwischen der Maximum Transmission Unit (MTU) – also der Größe des IP-Pakets, einschließlich aller Header und der Daten – und der Maximum Segment Size (MSS) – der maximale Größe der TCP-Segmente – versteht.

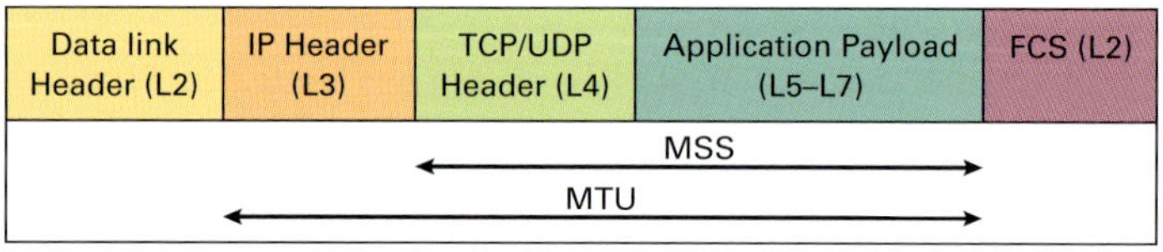

Bild 7.18: Zusammenhang zwischen MTU und MSS

Ein Paket erreicht die Netzwerkkarte oder den Router mit einer Paketgröße, die vor dem Weiterleiten fragmentiert werden muss. Das Paket wird in Abhängigkeit von der ursprünglichen Größe in mehrere Teile fragmentiert.

Für die Fragmentierung gibt es diese Felder:

1. ID: Dies ist identisch mit der ID des ursprünglichen IP-Pakets
2. Bit 0: Immer 0
3. Bit 1 (DF-Bit): 0 =darf fragmentieren, 1 =nicht fragmentieren
4. Bit 2 (MF-Bit): 0 = letztes Fragment, 1 = weitere Fragmente
5. Fragment-Offset: Gibt die Anzahl der Bytes ab dem Anfang des ursprünglichen Pakets an

Bei IPv4 kann die Netzwerkkarte selbst das Paket zusammen mit jedem Router auf dem Weg zum Ziel fragmentieren. PMTUD nutzt das Don't Fragment (DF) Flag im IP-Header. Wenn ein Transit-Router ein IP-Paket empfängt, das größer ist als die IP-MTU der ausgehenden Schnittstelle, und wenn das DF-Flag im Header des Pakets auf 1 gesetzt ist, verwirft der Router das Paket und erzeugt eine ICMP-Fehlermeldung vom Typ 3 (Ziel unerreichbar) mit Code 4 (Fragmentierung erforderlich und DF wurde gesetzt). Diese Nachricht wird an den Absender des Pakets gesendet und enthält die MTU-Größe der ausgehenden Schnittstelle.

In der nachfolgenden Abbildung wird ein Datenpaket vom Sender über drei Transitnetze bis zum Ziel geroutet. Da die Transitnetze jeweils unterschiedliche MTUs (1044, 532 und 276 Byte) aufweisen, muss der Router zwischen den Netzen 1 und 2 das ursprüngliche Paket in zwei Fragmente aufteilen. Die zwei Fragmente werden an den Router zwischen Netz 2 und 3 weitergeschickt. Aufgrund der MTU von Netz 3 müssen die zwei Fragmente noch einmal aufgeteilt werden. Beim Empfänger kommen anschließend vier Fragmente an.

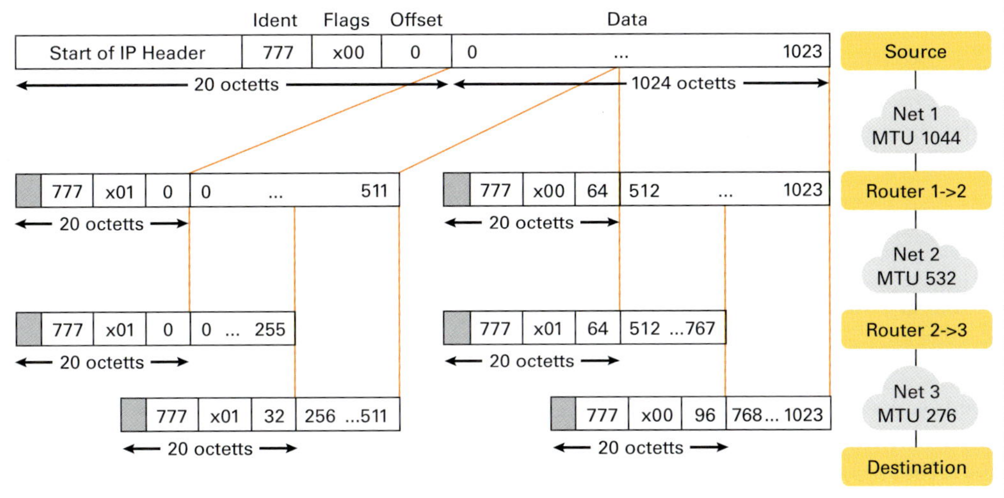

Bild 7.19: Beispiel einer kaskadierten Fragmentierung

INFO

Fragmentiert wird nur bei IPv4. Bei IPv6 darf nicht mehr fragmentiert werden. Die MTU muss vom Sender vor dem Senden für die gesamte Übertragungsstrecke ermittelt werden.

7.4 Analyse der Transportprotokolle

In diesem Kapitel werden die verschiedenen Protokolloperationen der Transportschicht des OSI-Referenzmodells analysiert. Die Protokolle der Transportschicht gehören zu den sogenannten Host-zu-Host-Kommunikationsprotokollen, die für den Datenaustausch zwischen Endanwendungen zuständig sind. Das User Datagram Protocol (UDP) ist ein einfaches, verbindungsloses Protokoll, das das Datagramm ohne jegliche Sicherungsmechanismen einfach an den vorgesehenen Empfänger übermittelt. Das Transport Control Protocol (TCP) hingegen ist ein verbindungsorientiertes Protokoll, dessen Hauptzweck darin besteht, eine zuverlässige Datenübertragung zwischen Endanwendungen zu gewährleisten.

Ein großer Teil des Internetverkehrs nutzt TCP als Transportschichtprotokoll. Jede Endanwendung, die empfindlich auf Paketverluste reagiert, erfordert Zuverlässigkeit, und solche Anwendungen verwenden TCP als Transportschichtprotokoll. Ein Webserver, der HTTP verwendet, nutzt zum Beispiel den TCP-Port 80. TCP bietet zwar Zuverlässigkeit, erfordert aber eine erneute Übertragung der verlorenen Daten, was zu Jitter und Verzögerungen führen kann. Einige Endanwendungen wie Voice/Video over IP sind weniger empfindlich gegenüber Paketverlusten, aber empfindlicher gegenüber Jitter/Verzögerung. Solche Anwendungen verwenden UDP statt TCP als Transportschichtprotokoll.

In diesem Kapitel werden die Grundprinzipien der verschiedenen Transportschichtprotokolle, häufig auftretende Probleme und die Verwendung von Wireshark zur Analyse und Fehlerbehebung des Protokolls behandelt.

7.4.1 UDP-Analyse

Obwohl die meisten Anwendungen, die UDP verwenden, tolerant gegenüber Paketverlusten sind, kann ein erheblicher Paketverlust bei einem UDP-Stream zu einer sehr frustrierenden Erfahrung für den Endbenutzer führen. In diesem Abschnitt werden einige der häufigsten Ursachen für das Versagen von UDP-Streams erörtert und wie Wireshark zur Analyse und Fehlerbehebung solcher Fehler verwendet werden kann.

Wenn eine UDP-Anwendung nicht richtig funktioniert, besteht der erste Schritt darin, sicherzustellen, dass das Netzwerk die Verbindung zum Remote-Host einwandfrei funktioniert. Dies wird mit Hilfe eines Hilfsprogramms wie Ping oder Traceroute überprüft.

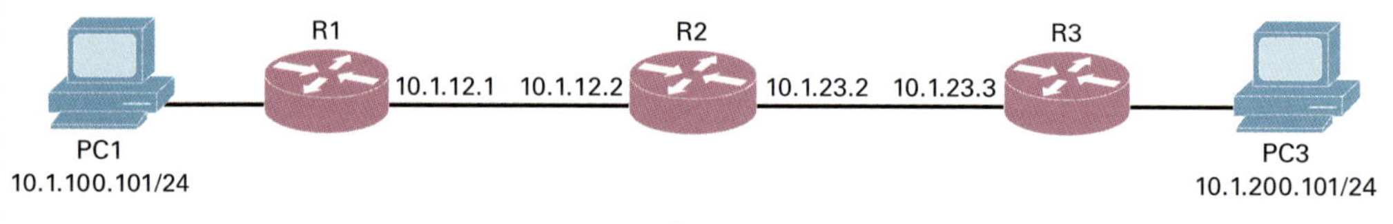

Bild 7.20: UDP-Verbindung über drei Router

Ist die Netzwerkverbindung in Ordnung ist, sollte mit folgender Fehleranalyse fortgesetzt werden:

Da die Netzwerkverbindung in Ordnung ist, muss somit die Endanwendung, also der UDP-Stream zwischen PC1 (10.1.100.101) und PC3 (10.1.200.101) nicht richtig funktionieren:

- Überprüfen, ob die UDP-Ports auf Firewalls aktiviert oder andere Sicherheitseinstellungen korrekt konfiguriert sind. Eine Firewall im Transitpfad oder auf dem Endpunkt, die den UDP-Port nicht zulässt, verwirft die UDP-Pakete.
- Ermitteln des UDP-Zielports, an den PC1 die Daten sendet, und überprüfen prüfen, ob der entsprechende UDP-Port auf PC3 für den Empfang von Daten geöffnet ist. Dies kann durch Überprüfung des Prozesses auf PC3 oder durch einen Port-Scan erfolgen.

- Wenn auf PC3 zugegriffen werden kann, kann netstat direkt auf dem Host angewendet und prüfen werden, ob der Zielport geöffnet ist.
- Wenn auf PC3 nicht zugegriffen werden kann, kann ein Port-Scan-Mechanismus für die Überprüfung verwendet werden. Es gibt verschiedene Port-Scanning-Tools, die für diesen Zweck verwendet werden können. Wenn der Port auf PC3 nicht geöffnet ist, wird das Paket verworfen und eine ICMP-Fehlermeldung (Destination Port Unreachable) gesendet.
- Wenn der Port geöffnet ist, besteht der nächste Schritt darin, eine Wireshark-Aufzeichnung und Paketanalyse durchzuführen. Da es sich bei UDP um eine verbindungslose Verbindung handelt, empfiehlt es sich, die Pakete gleichzeitig so nah wie möglich an beiden Endpunkten zu erfassen.
- Im UDP-Trace wird überprüfen, ob die UDP-Prüfsumme stimmt. Wenn die Prüfsumme nicht korrekt ist, verwirft der Zielhost das Paket. Da UDP verbindungslos arbeitet, wird keine Fehlermeldung oder Bestätigung über den Prüfsummenfehler gesendet. Achtung: bei der UDP-Prüfsumme handelt es sich um eine optionale Variable. Nicht alle Anwendungen werten die UDP-Prüfsumme aus.
- Wenn die UDP-Prüfsumme in Ordnung ist, vergleicht man die UDP-Streams (in beide Richtungen) aus beiden Aufzeichnungen, um sicherzustellen, dass die Pakete den Zielort erreichen. Wireshark ermöglicht es uns, einen bestimmten UDP-Stream zu verfolgen, der zum Vergleich zwischen den Aufzeichnungen verwendet werden kann. Jedes Capture verfügt über eine UDP-Stream-Indexnummer. Diese kann als Filter angewendet werden, um den UDP-Stream zu verfolgen. Grundsätzlich werden alle Pakete mit der gleichen Quell-/Ziel-IP und den gleichen Quell-/Ziel-UDP-Ports in der empfangenen Reihenfolge aufgelistet.
- Wenn beim Vergleich der UDP-Streams keine Probleme festgestellt werden, könnte es sich um ein Problem im Host-Stack handeln.

Im Folgenden werden einige nützliche UDP-Filter dargestellt:

Filter	Beschreibung	Beispiel
udp	Filtert alle UDP-Pakete	udp
udp.stream eq <>	Filtert alle UDP-Pakete, die mit dem Stream-Index übereinstimmen	udp.stream eq 2
udp.port == <>	Filtert alle UDP-Ports, die mit dem Wert im Feld „Quell- oder Zielport" übereinstimmen	Udp.port == 65000
udp.srcport== <>	Filtert alle UDP-Ports, die mit dem Wert im Feld „Quellport" übereinstimmen	udp.srcport== 65000
udp.dstport== <>	Filtert alle UDP-Ports, die mit dem Wert im Feld „Zielport" übereinstimmen	udp.dstport== 65000

7.4.2 Fehlerbehebung bei TCP-Verbindungsproblemen

Wenn zwei TCP-Prozesse miteinander kommunizieren wollen, öffnen sie zwei unidirektionale Verbindungskanäle, senden die Daten und schließen anschließend die Verbindungen wieder. Dies geschieht, wenn man beispielsweise einen Browser zum Internet öffnet, eine Verbindung vom Mail-Client zum Mail-Server herstellt, oder mit Telnet zum Router oder einer anderen Anwendung, die über TCP arbeitet.

Wenn TCP die Verbindung öffnet, sendet es eine Anfrage für das Öffnen einer Verbindung vom Quellport zum Zielport.

Im Folgenden werden einige nützliche TCP-Filter dargestellt:

Filter	Beschreibung	Beispiel
tcp	Filtert alle TCP-Pakete	tcp
tcp.port == <>	Filtert alle TCP-Pakete, die den angegebenen Port benutzen	tcp.port == 20000
tcp.srcport == <>	Filtert alle TCP-Pakete, die den angegebenen Quell-Port benutzen	tcp.srcport == 20000
Tcp.dstport== <>	Filtert alle TCP-Pakete, die den angegebenen Ziel-Port benutzen	tcp.dstport == 20000
tcp.flags.syn == 1	Filtert alle TCP-Pakete, bei denen das syn-Flag gesetzt ist	
tcp.flags.ack == 1	Filtert alle TCP-Pakete, bei denen das syn-Flag gesetzt ist	

Natürlich können beim Verbindungsaufbau oder der Beendigung der Anwendung einige Probleme auftreten. Ziel ist es, diese Probleme mit Hilfe von Wireshark aufzuspüren und zu lösen. Zu den Probleme gehören beispielsweise:

1. Man versucht, eine Anwendung zu starten, und diese funktioniert nicht. Man will im Internet zu surfen, und erhält keine Antwort.
2. Man möchte die E-Mail benutzen, aber zum Mailserver kann keine Verbindung hergestellt werden
3. Die Verbindungsprobleme können einfache Ursachen haben, z. B. dass der Server nicht funktioniert, die Anwendung nicht auf dem Server läuft oder das Netzwerk auf dem Weg zum Server gestört ist.
4. Die Probleme können auch kompliziertere Gründe haben, z. B. DNS-Probleme, unzureichender Speicherplatz auf dem Server, der keine Verbindung zulässt (z. B. aufgrund eines hohen Speicherverbrauchs durch eine Anwendung), doppelt vergebene PI-Adressen und vieles mehr.

In diesem Abschnitt konzentrieren wir uns auf die einfach zu lösenden Probleme. Hier lernen wir einige Indikatoren kennen und erfahren, was wir durch den Einsatz von Wireshark bei der Fehlersuche mit TCP-Verbindungsproblemen erkennen können.

Versucht man beispielsweise eine Anwendung auszuführen (z. B. einen Datenbankabfrage, ein E-Mail verschicken, usw.) und man erhält keine Ausgabe, sollten folgende Schritte ausgeführt werden:

- Überprüfen, dass der Server die Anwendungen ausführt.
- Kontrollieren, dass der Client korrekt arbeitet und über eine gültige IP-Adresse verfügt (manuell oder per DHCP konfiguriert) und mit dem Netzwerk verbunden ist.
- Mit Pingen den Server zu erreichen versuchen und vergewissern, dass man mit diesem verbunden ist.
- Anschließend im Trace nach einem der folgenden Muster suchen:
  - Dreifache SYN-Nachrichten ohne Antwort
  - SYN-Nachrichten mit einer Reset-Antwort (RST)

In beiden Fällen könnte es sein, dass eine Firewall die betreffende Anwendung blockiert oder die Anwendung nicht läuft.

Der folgende Screenshot stellt einen einfachen Fall dar, bei dem der Nutzer keinen Zugriff auf den Webserver 81.218.31.171 erhält (Pakete 61, 62 und 63). Das kann daran liegen, dass eine Firewall den Zugriff nicht zulässt, oder einfach daran, dass es ein Problem mit dem Server gibt. Im Trace wird jedoch eine Verbindung zu einer Website dargestellt (IP-Adresse 108.160.163.43; Pakete 65, 66 und 67), so dass das Verbindungsproblem nur mit 81.218.31.171 besteht.

No.	time	source	destination	protocol	length	info
60	4.994/51000	10.0.0.138	10.0.0.3	TCP	115	Standard query response 0x6d38 PT
61	5.088214000	10.0.0.3	81.218.31.171	TCP	62	51910 > http [SYN] Seq=0 Win=8192
62	5.090244000	10.0.0.3	81.218.31.171	TCP	62	51909 > http [SYN] Seq=0 Win=8192
63	5.178158000	10.0.0.3	81.218.31.171	TCP	62	51912 > http [SYN] Seq=0 Win=8192
64	6.247500000	10.0.0.3	81.218.31.171	TCP	65	51915 > xmpp-client [SYN] Seq=0 Win=
65	6.449442000	10.0.0.3	108.160.163.43	TCP	66	51921 > http [SYN] Seq=0 Win=8192
66	6.480809000	108.160.163.43	10.0.0.3	TCP	66	http > 51921 [SYN, ACK] Seq=0 Ack=
67	6.480936000	10.0.0.3	108.160.163.43	TCP	54	51921 > http [ACK] Seq=3 Ack=I win
68	6.481512000	10.0.0.3	108.160.163.43	TCP	343	GET /subscribe host_ int=340855826&
69	6.512241000	108.160.163.43	10.0.0.3	TCP	54	http > 51921 [ACK] seq=1 Ack=290 W
70	6.512988000	108.160.163.43	10.0.0.3	TCP	443	HTTP/1.1 200 OK (text/html)

Bild 7.21: TCP-Trace mit einfachen Verbindungsinformationen

In der nächsten Abbildung ein etwas komplexeren Fall der gleichen Situation dargestellt. In diesem Fall handelt es sich um einen Überwachungsserver, in den sich der Nutzt einloggen wollte, um die Kameras an einem entfernten Standort zu überwachen.

Der Überwachungsserver hatte die IP-Adresse 135.82.12.1, und das Problem bestand darin, dass der Nutzer zwar die Hauptwebseite des Servers mit dem Anmeldefenster aufrufen, sich aber nicht in das System einloggen kann. Im folgenden Screenshot sehen wir, dass eine Verbindung zur IP-Adresse 135.82.12.1 geöffnet und eine TCP-Verbindung zum HTTP-Server realisiert wird, und zunächst sieht es so aus, als gäbe es keine Verbindungsprobleme:

Filter ip.addr==135.82.12.1

No.	time	source	destination	protocol	length	info
2113	17.665372	10.0.0.3	135.82.12.1	tcp	66	[SYN] Seq=0 Win=8
2120	17.746627	135.82.12.1	10.0.0.3	Tcp	66	http > 62423 [SYN, ACK] Seq=0
2121	17.746693	10.0.0.3	135.82.12.1	Tcp	54	http > 62423 [ACK] Seq=1 Ack=1
2122	17.746693	10.0.0.3	135.82.12.1	http	316	GET / HTTP/1.1
2130	17.862143	135.82.12.1	10.0.0.3	Tcp	54	http > 62423 [ACK] Seq=1 Ack=2
2189	18.736301	135.82.12.1	10.0.0.3	Tcp	145	TCP segment of a reassembled
2191	18.767301	135.82.12.1	10.0.0.3	Tcp	1466	TCP segment of a reassembled

Bild 7.22: TCP-Trace auf den Überwachungsserver 135.82.12.1

Die Probleme treten auf, wenn wir den gesamten Datenverkehr zur IP-Adresse 135.82.12.1, d. h. dem Überwachungsserver, filtern.

Beim Versuch, eine Verbindung zum TCP-Port 6036 herzustellen, wird eine RST/ACK-Antwort festgestellt. Diese kann folgende Gründe haben:

- Eine Firewall blockiert den Port 6036 (das hier der Fall ist)
- Wenn ein Network Address Translation (NAT) aktiviert und die Port-Adressübersetzung (PAT) konfiguriert, kann es sein, dass nur Port 80 und nicht 6036 übersetzt wird.

- Die Authentifizierung des Benutzernamens und des Kennworts erfolgte am TCP-Port 6036, die Firewall lässt nur Port 80 zu, die Authentifizierung wird somit blockiert und die Anwendung funktionierte nicht.

Bei der Installation einer neuen Anwendungen im Netzwerk kann es sinnvoll sein, Wireshark auf dem Client und dem Server zu aktivieren und zu überprüfen, was tatsächlich zwischen diesen Komponenten an Daten und Protokollen übermittelt wird. Die Softwarehersteller teilen ihren Kunden nicht immer mit, was sie tatsächlich über das Netz übertragen und Firewalls blockieren deshalb bestimmte Informationen.

Der Start einer TCP-Verbindung ist in der folgenden Tabelle dargestellt:

source	destination	protocol	length	info
10.0.0.7	88.221.152.170	TCP	66	63535 > http SYN=1 Seq=0 win=8192 Len=0 MSS=460 WS=4 SACK_PERM=1
88.221.152.170	10.0.0.7	TCP	66	http > 63535 syn=1, ACK1 Seq=0 Ack=1 win=4600 Len-0 mss=1452 SACK_PERM=1 WS=2
10.0.0.7	88.221.152.170	TCP	54	63535 > http ack Seq= 1 Ack=1 win=66792 Len=0
10.0.0.7	88.221.152.170	HTTP	911	GET /web/offers/images/home/f_CIN.jpg HTTP/1.1
88.221.152.170	10.0.0.7	TCP	54	http > 65335 ACK Seq=1 ACK=858 win=16314 Len=0
88.221.152.170	10.0.0.7	TCP	1506	TCP segment of a reassembled PDU
88.221.152.170	10.0.0.7	TCP	1506	TCP segment of a reassembled PDU
88.221.152.170		TCP	1506	TCP segment of a reassembled PDU
10.0.0.7		TCP	54	http > 65335 ACK Seq=858 ACK=4357 win=66792 Len=0

Bild 7.23: Trace eines TCP-Verbindungsaufbaus

Dies geschieht in drei Schritten:

- Der TCP-Prozess auf der Client-Seite sendet ein SYN-Paket. Dies ist ein Paket, bei dem das SYN-Flag auf 1 gesetzt ist. In diesem Paket gibt der Client:
  - seine anfängliche Sequenznummer an. Dies ist die Nummer des ersten Bytes, das der Client an den Server sendet.
  - gibt seine Fenstergröße an. Dies ist der Puffer, den die Clients dem Prozess zuweisen (der Platz im RAM des Clients).
  - Legt die Optionen fest, die von ihm verwendet werden sollen: MSS, Selektive ACK, usw.
- Wenn der Server die Anfrage zum Aufbau einer Verbindung erhält, sendet der Server:
  - ein SYN/ACK-Paket an den Client, um die Annahme der SYN-Anforderung zu bestätigen.
  - gibt die anfängliche Sequenznummer des Servers an. Dies ist die Nummer des ersten Bytes, das der Server an den Client sendet.
  - Gibt die Fenstergröße des Servers an. Dies ist die Puffergröße, die der Server dem Prozess zuweist (der Platz im RAM des Servers).
  - Reagiert auf die angeforderten Optionen und setzt die Optionen auf der Serverseite.
- Wenn der Client das SYN/ACK des Servers erhält, sendet dieser:
  - ein ACK-Paket an den Server, um die Annahme des SYN/ACK-Pakets vom Server zu bestätigen.
  - Legt die Fenstergröße des Clients fest. Dies ist die Puffergröße, die der Client dem Prozess zuweist. Obwohl dieser Parameter im ersten Paket (dem SYN-Paket) definiert wurde, bezieht sich der Server auf dieses, da es die letzte vom Server empfangene Fenstergröße ist.

Im Optionsfeld des TCP-Headers gibt es die folgenden Optionen:

1. Maximale Segmentgröße (MSS): Dies ist die maximale Größe des TCP-Datagramms, d. h. die Anzahl der Bytes vom Beginn des TCP-Headers bis zum Ende des gesamten Pakets.
2. Fenstergröße: Dieser Faktor wird mit dem Feld für die Fenstergröße im TCP-Header multipliziert, um den Empfänger über einen größeren Puffer zu informieren. Da die maximale Fenstergröße im Header 64 KB beträgt, ergibt ein Faktor von 64 KB multipliziert mit 4, also eine Fenstergröße von 256 KB.
3. Selective ACK (SACK) ist eine Option, die es den beiden Parteien einer Verbindung ermöglicht, bestimmte Pakete zu bestätigen, so dass bei Verlust eines einzelnen Pakets nur dieses Paket erneut gesendet wird. Beide Parteien der Verbindung müssen sich beim Verbindungsaufbau auf SACK einigen.
4. Zeitstempel bezieht sich auf die Messung der Verzögerung zwischen dem Client und dem Server.

In diesem Stadium müssen beide Seiten:

- Einverstanden sein, eine Verbindung aufzubauen
- die anfängliche Sequenznummer der anderen Seite kennen
- die Fenstergröße der anderen Seite kennen

Alles andere als ein vollständiger Drei-Wege-Handshake während des Verbindungsaufbaus führt zu Problemen. Dazu gehören SYN-Sequenzen ohne Antworten, SYN und dann SYN/ACK und kein letztes ACK, SYN, das mit einem Reset (RST-Flag gleich 1) beantwortet wird.

Wireshark ermöglicht es dem Benutzer, den gesamten Datenfluss des TCP-Segmentaustauschs darzustellen Ein Beispiel sieht folgendermaßen aus:

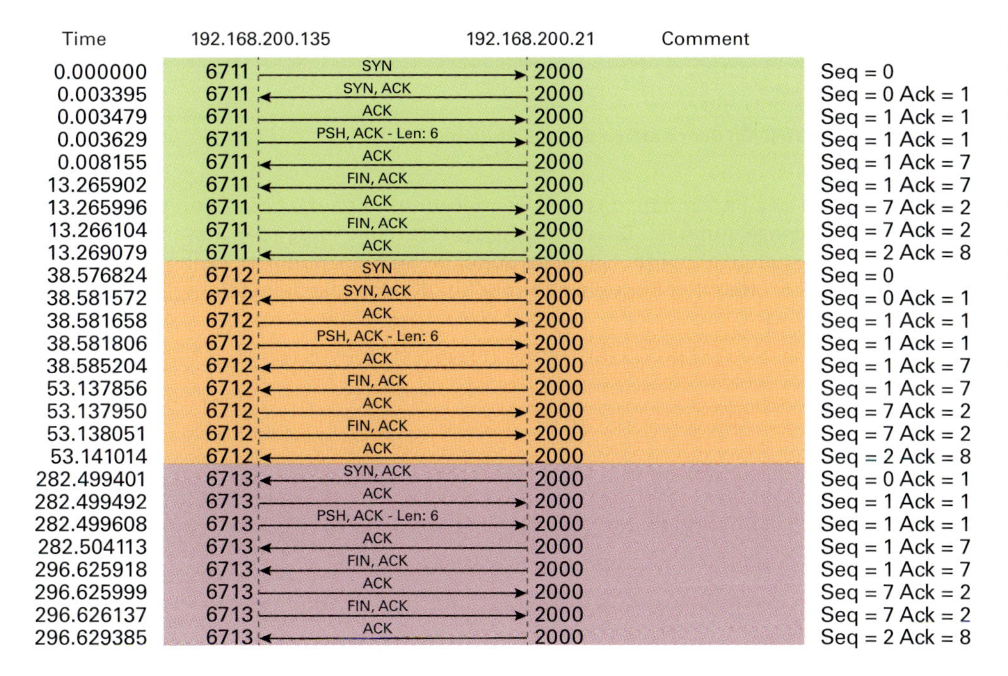

Bild 7.24: Auf- und Abbau von drei TCP-Verbindungen

Um den TCP-Fluss im dargestellten Format anzuzeigen, klicken man auf eines der Pakete, die zum TCP-Fluss gehören, und führen Sie folgende Schritte aus:

- Anklicken von Statistik
- Klicken Sie auf Flow Graph (Flussdiagramm)

Einige Faustregeln für das TCP-Protokoll lauten:

- Falls ein SYN-Paket mit RST beantwortet wird, sollte man nach einer Firewall suchen, die die Portnummern blockiert.
- Ein dreifaches SYN ohne Antwort ist entweder auf eine Anwendung zurückzuführen, die nicht geantwortet hat, oder auf eine Firewall, die die Anfrage für einen bestimmten Port blockiert.
- Man sollte immer überprüfen, ob im Netzwerk die Network Address Translation (NAT) Mechanismen, die die TCP- oder UDP-Ports manipulieren, genutzt werden. Diese Mechanismen können den Standardbetrieb von TCP stören.

Wenn die TCP-Endpunkte eine neue TCP-Verbindung aufbauen, beginnt die Sequenznummer im SYN-Paket mit einer beliebigen Zahl und wird nacheinander für jedes Byte um 1 erhöht. Zur Vereinfachung der Analyse ersetzt Wireshark die Sequenznummer durch eine relative Sequenznummer, so dass das SYN-Paket mit einer Sequenznummer von 0 beginnt und sequentiell hochgezählt wird.

```
> Frame 1: 66 bytes on wire (528 bits), 66 bytes captured (528 bits) on interface \Device\NPF_{EFF0126D-FCDE-4785-98CB-403F5C91DF50}, id 0
> Ethernet II, Src: Dell_d9:3e:7d (ec:f4:bb:d9:3e:7d), Dst: VMware_1c:e3:19 (00:0c:29:1c:e3:19)
> Internet Protocol Version 4, Src: 192.168.200.135, Dst: 192.168.200.21
v Transmission Control Protocol, Src Port: 6711, Dst Port: 2000, Seq: 0, Len: 0
    Source Port: 6711
    Destination Port: 2000
    [Stream index: 0]
    [Conversation completeness: Complete, WITH_DATA (31)]
    [TCP Segment Len: 0]
    Sequence Number: 0    (relative sequence number)
    Sequence Number (raw): 3714759466
    [Next Sequence Number: 1    (relative sequence number)]
    Acknowledgment Number: 0
    Acknowledgment number (raw): 0
    1000 .... = Header Length: 32 bytes (8)
```

Bild 7.25: Default Einstellung der relativen Sequenznummer

Im Screenshot oben ist zu erkennen, dass die Sequenznummer auf 0 gesetzt und als (relative Sequenznummer) gekennzeichnet ist. Dies ist nicht die tatsächliche Sequenznummer, die von den TCP-Endpunkten ausgetauscht wird. Die ursprüngliche Sequenznummer kann beibehalten werden, indem die Option „Relative Sequenznummer" in den Protokolleinstellungen (Protocol preferences) deaktiviert wird.

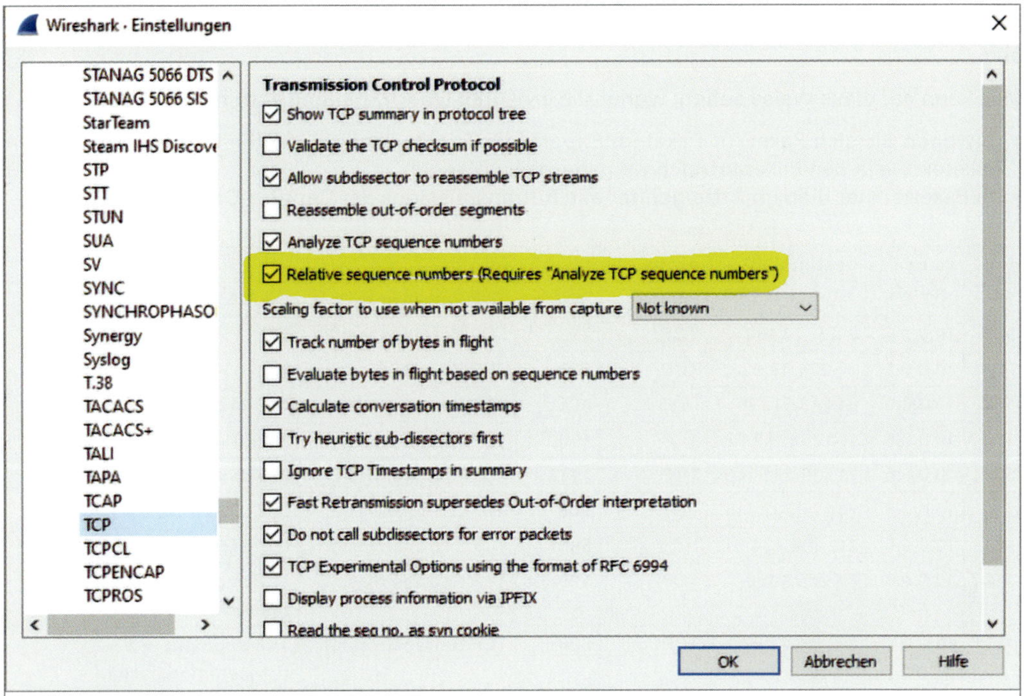

Bild 7.26: Preference-Fenster zum Ändern der relativen Seqenznummer

Hierzu wird wie folgt vorgegangen:

1. Anklicken von Menüpunkt „Einstellungen"
2. Klicken auf Protocols und Auswahl des TCP-Protokolls
3. Deaktivieren der relativen Sequenznummern

7.4.3 Fehlerbehebung bei Problemen mit TCP-Sendewiederholungen

Wenn TCP ein Paket oder eine Gruppe von Paketen sendet, wartet es auf eine Empfangsbestätigung, um das korrekte Übermittlung dieser Pakete zu akzeptieren. Wiederholte Übertragungen erfolgen aufgrund eines nicht angekommenen Pakets oder einer nicht rechtzeitig eingetroffenen Bestätigung. Dafür kann es verschiedene Gründe geben.

Stellt man fest, dass das Netzwerk langsam wird, kann einer der Gründe dafür die Sendewiederholung von Paketen sein. Hierzu verbinden man Wireshark über einen Mirror Port mit dem verdächtigen Client oder Server und zeichnet die Datenströme auf.

1. Starten der Datenanalyse auf der entsprechenden Schnittstelle.
2. Anschließend in das Menü „Analyse" und in „Expert information" springen
3. Hier wird nach dem Begriff „Retransmissions" (Sendewiederholungen) gesucht
4. Durch Klicken auf das (+)-Zeichen öffnet sich eine Liste der Wiederholungen. Ein einfacher Mausklick auf jede Zeile zeigt Ihnen die erneute Übertragung im Paketaufzeichnungsfenster an.

Wenn man Pakete über eine Kommunikationsleitung, eine Serverschnittstelle, eine Verbindung zum Internet oder eine andere Leitung aufzeichnen, zeichnet man den Datenverkehr von vielen IP-Adressen, vielen Anwendungen und sogar von bestimmten Prozeduren in jeder Anwendung auf. Ein Beispiel ist der Zugriff auf eine bestimmte Tabelle in einer Datenbankanwendung. Hier ist es wichtig, die TCP-Verbindungen zu lokalisieren, über die die Übertragungen erneut erfolgen.

Man kann auf diese Weise sehen, woher die erneuten Übertragungen kommen:

- Bewegen Sie sich Paket für Paket im Expert Info-Fenster und finden Sie heraus, bei welchen Paketen Sie in den Paketaufzeichnungsbereich gelangen
- Im Paketfenster man im Anzeigefilter alle Retransmissions der Capture-Datei anzeigen

No.	source	destination	protocol	length	info	
96	10.0.0.5	212.198-134.51	Http	366	TCP Retransmission	GET /Filter.html HTTP/1.1
98	10.0.0.5	94.27.73.160	TCP	783	TCP Retransmission	55317 > http PSH, ACK
99	10.0.0.5	77.234.43.92	TCP	638	TCP Retransmission	55310 > http PSH, ACK
100	10.0.0.5	81.213.51.136	Http	491	TCP Retransmission	Get 24x24/30.png HTTP
101	10.0.0.5	108.168.157.82	TCP	1506	TCP Retransmission	55326 > > http PSH, ACK
103	10.0.0.5	74.125.232.145	TCP	1071	TCP Retransmission	55320 > > http PSH, ACK
106	10.0.0.5	74.125.232.145	TCP	366	TCP Retransmission	55321 > > http PSH, ACK
110	10.0.0.5	212.198-134.51	Http	590	TCP Retransmission	GET /Filter.html HTTP/1.1
114	10.0.0.5	94.27.73.160	TCP	590	TCP Retransmission	TCP segment of a reassembled packet
115	10.0.0.5	77.234.43.92	TCP	638	TCP Retransmission	TCP segment of a reassembled packet
116	10.0.0.5	81.213.51.136	Http	491	TCP Retransmission	GET /Filter.html HTTP/1.1

Bild 7.27: TCP Trace mehrerer Verbindungen mit Sendewiederholungen

Fall 1: Sendewiederholung an viele Ziele

Im Screenshot wurden viele Übertragungen an viele Server mit dem Zielport 80 (HTTP) dargestellt. Der Rechner 10.0.0.5 übermittelt darüber hinaus mehrere Datenpakete erneut ins Internet, da diese auf dem Weg zum Ziel vermutlich verloren gegangen sind, bzw. die Empfangsbestätigung nicht rechtzeitig von den Webservern zurückgesendet wurden.

Wahrscheinlich ist in diesem Fall etwas mit der Internetverbindung nicht in Ordnung. Wie lassen sich solche Probleme lösen?

1. Man öffnet im Menü Statistik das IO-Diagramm.
2. In diesem Fall (Fall 1) können wir sehen, dass die Leitung fast leer ist. Wahrscheinlich handelt es sich um einen Fehler oder eine andere aktive Leitung auf dem Weg ins Internet.

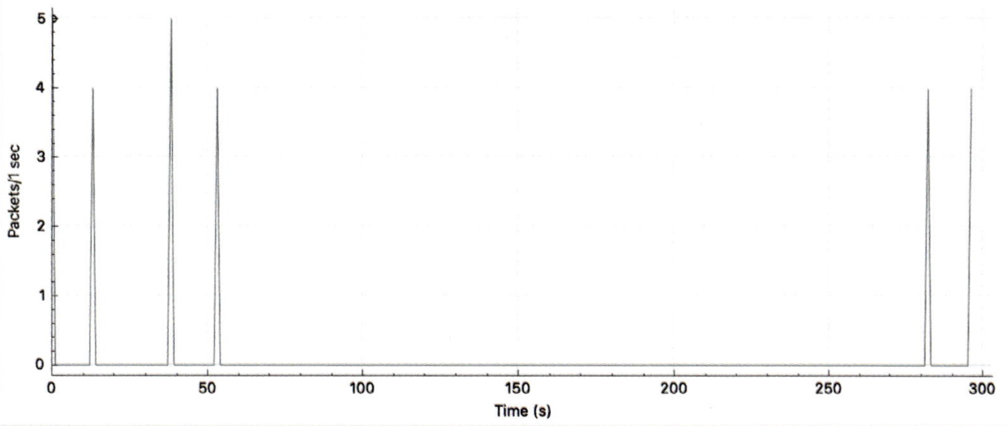

Bild 7.28: Darstellung des Verkehrs zum Internet

Fall 2: Sendewiederholung über eine Verbindung

Wenn alle Pakete von einem Gerät über eine einzigen TCP-Portnummer übermittelt werden handelt es sich um eine langsame Anwendung. Dies ist auch im folgenden beispiel dargestellt:

No.	source	destination	protocol	length	info	
96	10.90.13.12	10.1.1.200	FTP-Data	366	TCP Retransmission	FTP Data: 1360 Bytes
98	10.90.13.12	10.1.1.200	FTP-Data	783	TCP Retransmission	FTP Data: 1360 Bytes
99	10.1.1.200	10.90.30.1	TCP	638	TCP Retransmission	Intersys-cache >
100	10.90.13.12	10.1.1.200	TCP	491	TCP Retransmission	Accelanet > intersys
101	10.90.13.12	10.1.1.200	FTP-Data	1506	TCP Retransmission	FTP Data: 1360 Bytes
103	10.90.13.12	10.1.1.200	FTP-Data	1071	TCP Retransmission	FTP Data: 1360 Bytes
106	10.90.13.12	10.1.1.200	FTP-Data	366	TCP Retransmission	FTP Data: 1360 Bytes
110	10.90.13.12	10.1.1.200	FTP-Data	590	TCP Retransmission	FTP Data: 1360 Bytes
114	10.90.13.12	10.1.1.200	FTP-Data	590	TCP Retransmission	FTP Data: 1360 Bytes
115	10.90.13.12	10.1.1.200	FTP-Data	638	TCP Retransmission	FTP Data: 1360 Bytes
116	10.90.13.12	10.1.1.200	TCP	491	TCP Retransmission	Accelanet > intersys

Bild 7.29: TCP Trace mit Sendewiederholungen

Die Sendewiederholungen auf einer einzigen Verbindung lassen sich anhand folgender Schritte ermitteln:

1. Die Kommunikationsverbindungen lassen sich auch aus dem Menüpunkt „Statistics" öffnen und das Kontrollkästchen für „Conversations" aktivieren. Es werden alle Konversationen angezeigt.
2. Durch Auswahl der Registerkarte IPv4:1, sehen wir, die an der Kommunikation beteiligten Komponenten.
3. Durch Auswahl der Registerkarte TCP:6 wird dargestellt von welchen Portnummern (oder Anwendungen) die Sendewiederholungen übermittelt wurden.

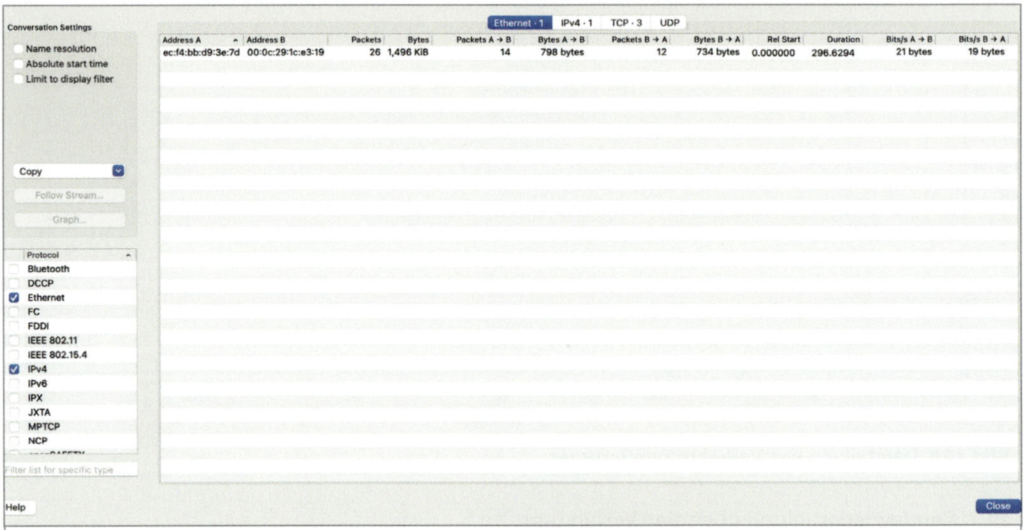

Bild 7.30: Darstellung der an der Kommunikation beteiligten Komponenten.

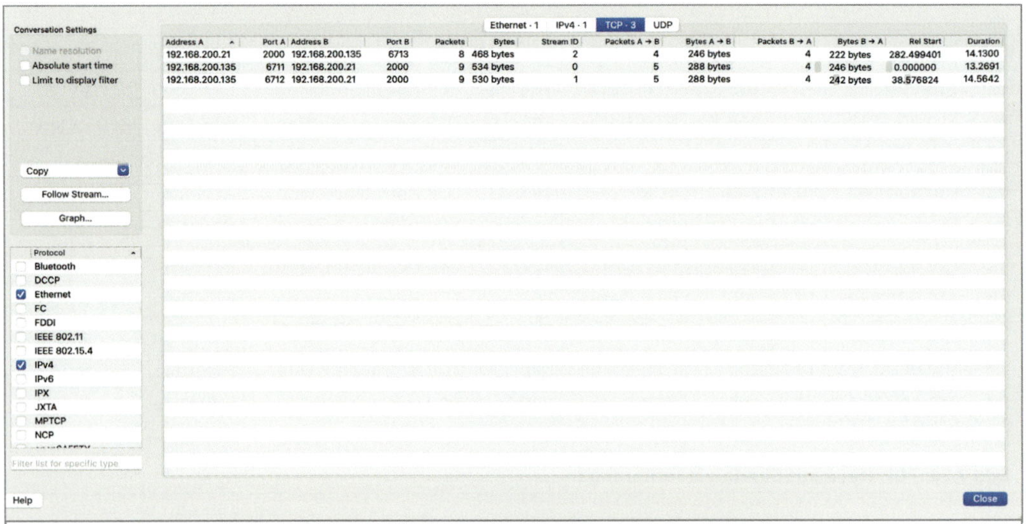

Bild 7.31: Darstellung der an der Sendewiederholung beteiligten Komponenten

Fall 3 – Sendewiederholung aufgrund einer nicht reagierenden Anwendung

Ein weiterer Grund für Sendewiederholungen kann sein, dass ein Client oder ein Server nicht auf Anfragen antwortet. In diesem Fall kommt es zu fünf Sendewiederholungen mit zunehmender Zeitdifferenz. Nach diesen fünf aufeinanderfolgenden Sendewiederholungen wird die Verbindung von der sendenden Seite als unterbrochen betrachtet (je nach Implementierung wird in einigen Fällen ein Reset gesendet, um die Verbindung zu schließen). Nach der Verbindungsunterbrechung können zwei Dinge geschehen:

1. Der Client sendet eine SYN-Anforderung, um eine neue Verbindung zu öffnen. Der Benutzer sieht in diesem Fall, dass die Anwendung einfriert und nach 15-20 Sekunden wieder funktioniert.
2. Es wird kein SYN gesendet, und der Benutzer muss die Anwendung (oder einen bestimmten Teil davon) erneut starten.

Im folgenden Beispiel wird nach dem Verbindungsabbruch eine neue Verbindung geöffnet.

No.	source	destination	protocol	length	info	
96	10.90.13.12	10.90.30.1	TCP	590	TCP Retransmis-sion	Tcp segment of a retransmission
398	10.90.13.12	10.90.30.1	TCP	590	TCP Retransmis-sion	Tcp segment of a retransmission
799	10.90.13.12	10.90.30.1	TCP	590	TCP Retransmis-sion	Tcp segment of a retransmission
1000	10.90.13.12	10.90.30.1	TCP	590	TCP Retransmis-sion	Tcp segment of a retransmission
1498	10.90.13.12	10.90.30.1	TCP	590	TCP Retransmis-sion	Tcp segment of a retransmission
1503	10.90.30.1	10.90.13.12	TCP	62	Agentview > http	SYN=1 seq=0 win=65535 len=0
1506	10.90.13.12	10.90.30.1	TCP	60	http > Agentview	SYN=1, Ack=1 seq=0 win=65535
1510	10.90.13.12	10.90.30.1	TCP	51	Agentview > http	SYN=1 seq=0 win=65535 len=0
1514	10.90.13.12	10.90.30.1	TCP	90	TCP Retransmis-sion	Tcp segment of a retransmission

Bild 7.32: TCP Trace mit Sendewiederholungen, Verbindungsabbruch und neuem Verbindungsaufbau

Fall 4: Sendewiederholung aufgrund von Verzögerungsschwankungen

TCP ist ein Protokoll, das recht tolerant gegenüber Verzögerungen ist, solange die Verzögerung nicht variiert. Bei Schwankungen der Verzögerung ist mit erneuten Übertragungen zu rechnen. Um ein solches Problem zu analysieren, kann wie folgt vorgangen werden:

- Zuerst muss man das Ziel anpingen, um die erste Information über die Verzögerung der Kommunikationsleitung zu erhalten.
- Anschließend werden die Verzögerungsschwankungen überprüft, die aus den folgenden Gründen auftreten können:
  - Eine nicht stabile oder überlastete Kommunikationsleitung. In diesem Fall wird man mit dem Ping-Befehl bereits Verzögerungsschwankungen feststellen. Dies geschieht in der Regel bei Leitungen mit geringer Bandbreite und in einigen Fällen bei Mobilfunkleitungen.
  - Eine überlastete oder ineffiziente Anwendung. In diesem Fall wird man viele Wiederholungen nur bei dieser speziellen Anwendung feststellen.
  - Ein überlastetes Kommunikationssystem (CPU-Last, Puffer, usw.).

Die Quintessenz bei TCP-Sendewiederholungen ist, dass Wiederholungen ein natürliches Verhalten des TCP-Protokolls darstellt, solange es nicht zu viele davon gibt.

Eine Leistungsverschlechterung setzt ein, wenn die erneuten Übertragungen etwa 0,5 Prozent betragen, und Verbindungsabbrüche beginnen bei etwa 5 Prozent. Dies hängt auch von der Anwendung und ihrer Empfindlichkeit gegenüber Sendewiederholungen ab.

Wenn man auf einer Kommunikationsverbindung (zum Internet, auf einem Server, zwischen Standorten oder einer anderen Verbindung) Übertragungsverzögerungen feststellen, kann man die folgenden Schritte durchführen:

1. Lokalisieren des Problems. Handelt es sich um eine bestimmte IP-Adresse, eine bestimmte Verbindung, eine bestimmte Anwendung oder ein anderes Problem?
2. Überprüfen, ob das Problem auf die Kommunikationsverbindung, einen Paketverlust oder einen langsamen Server oder PC zurückzuführen ist.
3. Überprüfen, ob die Anwendung langsam arbeitet ist.
4. Wenn das Problem nicht auf einen der oben genannten Gründe zurückzuführen ist, sollte überprüften werden, ob die Verzögerung variiert.

Schauen wir uns nun den regulären Betrieb des Transmission Control Protocols und die Ursachen der auftretenden Probleme an.

7.4.4 Regulärer TCP-Sequenz-/Bestätigungsmechanismus

In TCP ist ein Mechanismus zur Sendewiederholungen fest integriert. Dieser Mechanismus ermöglicht die Wiederherstellung von Daten, die beschädigt, verloren, dupliziert oder in falscher Reihenfolge übermittelt wurden.

Dies wird dadurch erreicht, dass jedem übertragenen Byte eine Sequenznummer zugewiesen wird und eine Bestätigung (ACK) von der empfangenden Partei erwartet wird.

Wird die ACK nicht innerhalb eines Timeout-Intervalls empfangen, werden die Daten automatisch erneut übertragen.

Auf der Empfängerseite wird anhand der Sequenznummern überprüft, ob die Informationen in der Reihenfolge ankommen, in der sie gesendet wurden. Auf Basis der Sequenznummern werden die empfangenen Daten in die vom Absender festgelegte Sequenz gebracht. Dieser Mechanismus funktioniert wie folgt:

- Beim Verbindungsaufbau teilen sich beide Seiten gegenseitig ihre anfängliche Sequenznummer mit.
- Wenn Daten gesendet werden, hat jedes Paket eine Sequenznummer. Die Sequenznummer gibt die Nummer des ersten Bytes in der TCP-Nutzlast an. Das nächste Paket, das gesendet wird, hat die Sequenznummer des vorherigen Pakets plus die Anzahl der Bytes im vorherigen Paket plus 1.
- Wenn ein Paket gesendet wird, beginnt der Zähler für die erneute Sendezeitüberschreitung (retransmission timeout, RTO) die Zeit ab dem Moment zu zählen, in dem es gesendet wurde. Der Timer für den Retransmission-Timeout basiert auf dem Van-Jacobson-Algorithmus zur Stauvermeidung und -kontrolle, der besagt, dass TCP tolerant gegenüber großen Verzögerungen, aber nicht gegenüber schnellen Verzögerungsschwankungen ist.
- Wenn der Empfänger das Paket erhält, antwortet er mit einem ACK-Paket, das dem Sender mitteilt, dass dieser das nächste Paket senden soll.

source	destination	protocol	length	info	Seq	ACK
10.90.13.12	10.90.30.1	Http	1510	Continuation of non-http- traffic	12182201	1
10.90.13.12	10.90.30.1	Http	1510	Continuation of non-http- traffic	12183653	1
10.90.30.1	10.90.13.12	TCP	54	53203 > http ACK seq=1 ACK=1201	1	12285105
10.90.13.12	10.90.30.1	Http	1506	Continuation of non-http- traffic	12285105	1
10.90.13.12	10.90.30.1	Http	1506	Continuation of non-http- traffic	12186557	1
10.90.30.1	10.90.13.12	TCP	54	53203 > http ACK seq=1 ACK=1201	1	120188009
10.90.13.12	10.90.30.1	Http	1506	Continuation of non-http- traffic	120188009	1
10.90.13.12	10.90.30.1	Http	1506	Continuation of non-http- traffic	120189461	1
10.90.30.1	10.90.13.12	TCP	54	53203 > http ACK seq=1 ACK=1201	1	120190913
10.90.13.12	10.90.30.1	Http	1506	Continuation of non-http- traffic	120190913	1
10.90.13.12	10.90.30.1	Http	1506	Continuation of non-http- traffic	120192365	1
10.90.30.1	10.90.13.12	TCP	54	53203 > http ACK seq=1 ACK=1201	1	120193817
10.90.13.12	10.90.30.1	Http	1506	Continuation of non-http- traffic	120193817	1

Bild 7.33: Trace mit Verbindungsaufbau und Übermittlung von Daten

Der Rechner 10.90.13.12 lädt eine Datei von Rechner 10.90.30.1 herunter. Die Datei wird über HTTP heruntergeladen (das Wireshark-Fenster wurde so konfiguriert, dass tcp. seq und tcp. ack in der Konfiguration angezeigt werden.

Von hier aus sendet Rechner 10.90.13.12 die Pakete mit den Sequenznummern, die mit 85101, 86557 enden, woraufhin Rechner 10.90.30.1 ein ACK zurücksendet, das den Absender auffordert, das Paket zu senden, das mit 88009 endet. Der Absender übermittelt dieses anschließend.

Dieser Vorgang illustriert das anschließende Bild:

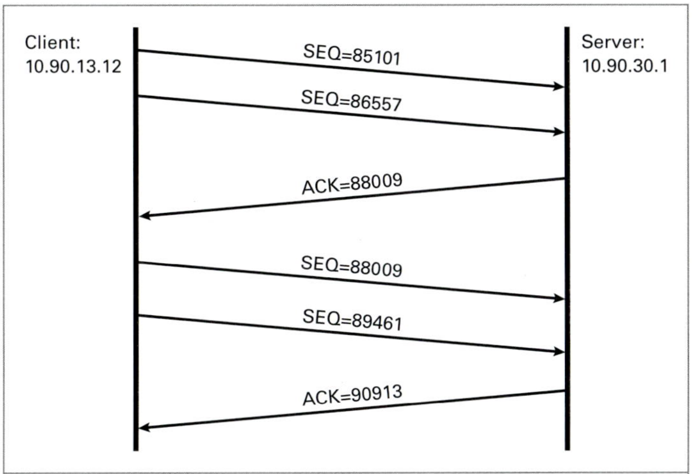

Bild 7.34: Ablauf der Sequenznummern und der Bestätigungen (ACK)

Was sind TCP-Sendewiederholungen und was bewirken diese?
Wenn eine Paketbestätigung verloren geht oder ein ACK nicht rechtzeitig eintrifft, führt der Absender zwei Dinge aus:

1. Er sendet das Paket erneut
2. Verringern des Durchsatzes

TCP ist tolerant gegenüber großen Verzögerungen, solange diese einigermaßen stabil sind. Der Algorithmus, der das Verhalten von TCP bei Verzögerungsschwankungen definiert, heißt nach seinem Erfinder Van-Jacobson-Algorithmus. Der Van-Jacobson-Algorithmus ermöglicht eine Toleranz von bis zum 3-4-fachen der durchschnittlichen Verzögerung. Wenn man beispielsweise eine Verzögerung von 100 Millisekunden hat, dann ist TCP tolerant gegenüber Verzögerungen von bis zu 300-400 Millisekunden, solange sie nicht häufig geändert werden.

7.4.5 TCP-Sliding Window-Mechanismus

Wenn die an einer TCP-Session beteiligten Rechner eine Verbindung aufbauen, wird das Feld Window Size im TCP-Header verwendet, um die Kapazität des Empfangspuffers zu signalisieren und die Menge der Daten zu bestimmen, die empfangen und verarbeitet werden können. Jeder Endpunkt unterhält ein lokales Empfangsfenster (RWND). Dies ist die maximale Datenmenge, die der Empfänger zur Pufferung und Verarbeitung empfangen kann. Der Endpunkt nimmt diesen RWND-Wert in den TCP-Header auf. Der Absender verwendet RWND als Eingabe, um die Größe des Sliding Window zu bestimmen. Dieser kann TCP-Segmente mit der in der Fenstergröße festgelegten Größe an einen Peer senden, bevor er auf eine Bestätigung wartet.

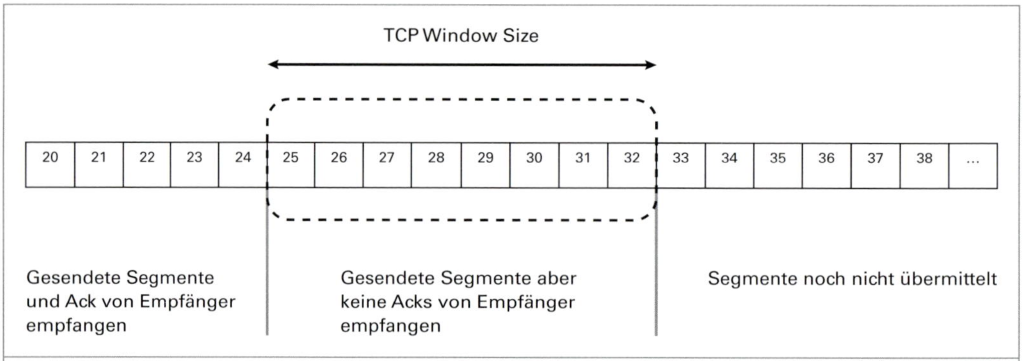

Bild 7.35: Sliding Window Mechanismus

Der Absender behält das Schiebefenster bei, indem er die Anzahl der ausstehenden TCP-Segmente, die auf eine Bestätigung warten, verwaltet. Der Absender verschiebt das Fenster nach rechts, wenn er die ACK für die Segmente erhält, die er gesendet hat und auf eine Bestätigung warten.

Ohne den Sliding-Window-Mechanismus würde der TCP-Sender ein Segment nach dem anderen senden und auf die Bestätigung warten, bevor er das nächste Segment sendet, was sich erheblich auf den gesamten TCP-Durchsatz auswirken würde.

Von der Theorie zur Praxis
Zum besseren Verständnis des Sliding Window Mechanismus schließt man Wireshark an einen Server an und zeichnet die Pakete auf. Um einen bestimmten Datenstrom zu verfolgen, wählt man das erste TCP Paket (SYN-Paket) des zu analysierenden Datenstroms aus und führen Sie die folgenden Schritte aus:

1. Zum Menüpunkt „Analyse“ gehen
2. Auf „Follow“ klicken und
3. „TCP Stream“ auswählen

In der folgenden Topologiedarstellung baut PC1 eine TCP-Sitzung mit PC3 zur Datenübertragung auf.

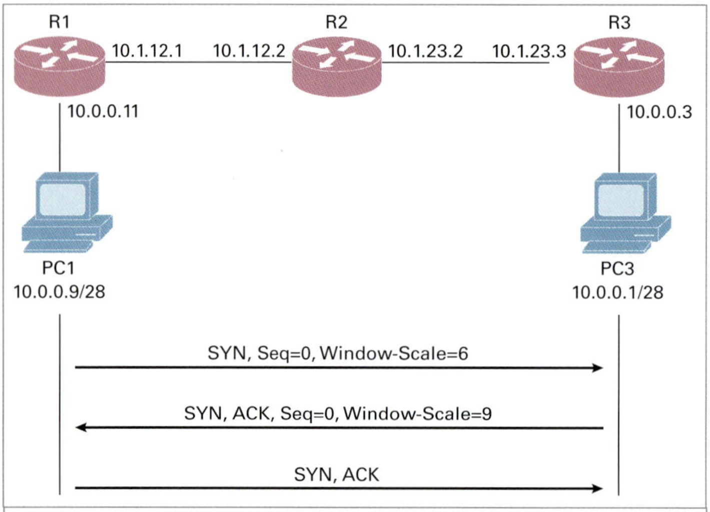

Bild 7.36: Übersicht TCP-Sitzung über ein Netzwerk

Es ist zu prüfen, ob die TCP-Endpunkte die TCP-Fenstergröße mit einem Wert größer als 0 austauschen. Wenn die Fenstergröße auf 0 gesetzt ist, kann der Empfänger keinen Datenverkehr empfangen und die Datenübertragung stockt.

In diesem Fall ist der Sender (10.0.0.9) nicht in der Lage, neue Daten an Rechner 10.0.0.1 zu verschicken. Normalerweise wird dieser Zustand von selbst behoben, sobald der Empfänger den Empfangspuffer freimacht und dies mit Bestätigungen signalisiert.

Registriert ein Empfänger eine Null-Fenster-Nachricht, reagiert dieser mit sogenannten TCP-Null-Fenster-Probs. Dies ist eine Nachricht, die vom Sender gesendet wird, um zu sehen, ob die Null-Fenster-Bedingung des Empfängers immer noch gültig ist. Bei jeder Antwort des Empfängers auf die TCP-Nullfenster-Nachricht wird der Timer exponentiell erhöht, bevor die nächste Prüfnachricht gesendet wird.

Wenn die Paketaufzeichnung kontinuierlich zeigt, dass der Empfänger mit einer Fenstergröße von 0 sendet, kann dies ein Hinweis darauf sein, dass der Empfänger nicht ordnungsgemäß funktioniert oder dass der Puffer des eingehenden Ports voll oder blockiert ist und zusätzliche Analysen auf der Serverseite erforderlich sind, um das Problem zu beheben.

Sobald das Problem auf dem Server behoben ist, sollte er in der Lage sein, die richtige Fenstergröße auszuhandeln. Im obigen Beispiel antwortet 10.0.0.1 mit einer Fenstergröße ungleich Null im SYN- und ACK-Segment.

7.4.6 Fehlersuche beim TCP-Durchsatz

Es gibt verschiedene Tools zur Messung des Netzwerkdurchsatzes, die mit den von ihnen generierten Datenströmen per Test-TCP-Sitzungen die Leistung von Netzwerken bzw. Übertragungsstrecken überwachen. Solche Tools sind zwar nützlich, aber eine echte Leistungsberechnung sollte auf Basis der genutzten Anwendungen durchgeführt werden. Um dies zu erreichen, benötigen wir einen einfachen und effizienten Mechanismus zur Messung des Durchsatzes pro TCP-Stream.

Um eine Durchsatzmessung durchführen zu können, muss zunächst der Datenstrom erfasst werden. Eine solche Aufzeichnung lässt sich entweder auf dem Applikations-Server (sofern er dies möglich ist) oder auf dem Transitpfad durchführen. Mit einem entsprechenden Filter, lässt sich der zu messenden TCP-Stream darstellen.

Überprüfung des Durchsatzes des zu messenden TCP-Datenstroms.
Dazu filtert man den entsprechenden TCP-Stream und überprüfen anschließend den Durchsatz im IO-Diagramm. Im Folgenden werden die Schritte zur Anzeige des Durchsatzdiagramms beschrieben:

1. Den infrage kommenden TCP-Stream auswählen
2. Im Menüpunkt „Statistics" den Menüpunkt „IO-Graph" auswählen.
3. Anschließend ein neues Diagramm mit dem Filter tcp. stream == <stream number> erstellen.

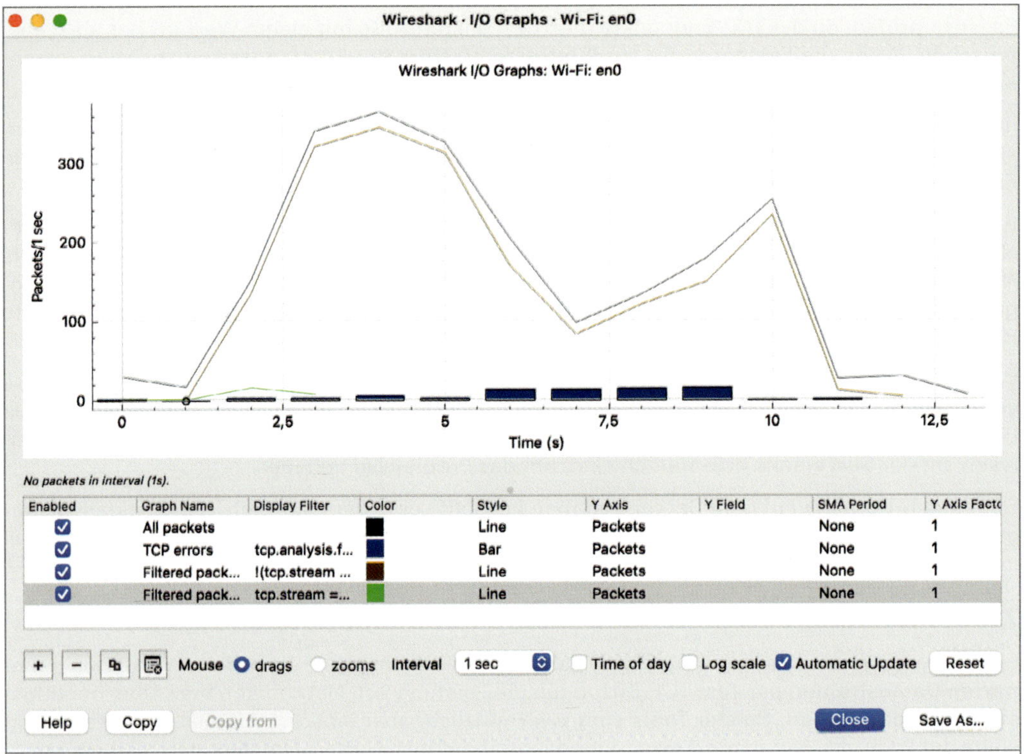

Bild 7.37: Durchsatzdiagramm

- Wenn der in der Ausgabe angezeigte Durchsatz den Erwartungen entspricht, kann man davon ausgehen, dass der Stream einwandfrei funktioniert. Wenn der Durchsatz nicht wie erwartet ist, müssen weitere Analysen durchgeführt werden.
- Es ist zu prüfen, ob die Fenstergröße auf eine größere Größe ausgehandelt wurde. Wenn die RWND kleiner ist, kann dies zu einem geringeren Durchsatz führen, da der Sender auf eine Bestätigung für Segmente innerhalb des Schiebefensters wartet.
- Unter dem Menüpunkt „Analyse" versteckt sich der Reiter „Expert Information". Über die Experteninformationen für den TCP-Stream werden die Anzahl der verschiedenen Fehler und Warnungen dargestellt. Diese Information hilft, den möglichen Grund für den Durchsatz zu verstehen.

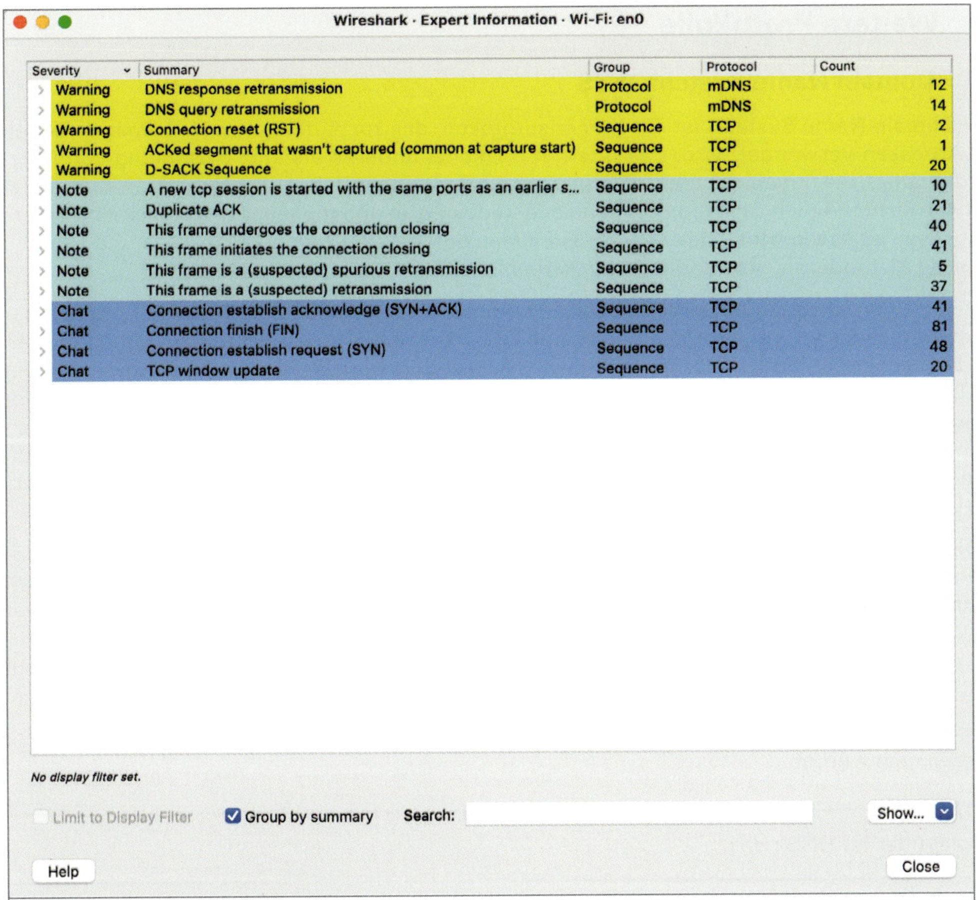

Bild 7.38: Details der TCP-Sessions

- Wenn es zahlreiche Fälle von TCP Retransmissions bzw. fehlenden Segmenten gibt, sind irgendwo im Netzwerk Paketverlust entstanden. Hier nutzt man am besten ein Tools zur Überprüfung der Netzwerkkonnektivität, wie z. B. Ping, um den Zustand des unterlagerten Netzwerks zu überprüfen.
- Alternativ kann man den Datenstrom an mehreren Erfassungspunkten im Netzwerk aufzeichnen, um den Fehler einzugrenzen.
- Wenn man zahlreiche Fälle von Paketen erkennt, die nicht in der richtigen Reihenfolge sind, nehmen die Pakete, die zum selben Datenstrom gehören, möglicherweise verschiedene Wege mit unterschiedlichen Verzögerungen/Jitter. Im Idealfall führen alle Knoten entlang des Pfades ein Lastverteilung auf der Ebene des Datenstroms durch, so dass alle Pakete, die zum gleichen Datenstrom gehören, immer den gleichen Weg nehmen. In Szenarien mit einem Link Flattern (intermittierend oder kontinuierlich) oder einem Netzknoten, der eine paketweise Lastverteilung durchführt, kann es zu solchen ungeordneten Paketen kommen.
- Wenn es zahlreiche Fälle von TCP-0-Window-Fehlern gibt, ist der empfangende Knoten nicht in der Lage, das Paket mit der vom Absender gesendeten Rate zu verarbeiten. Wenn das Problem immer wieder auftritt, ist möglicherweise eine sorgfältige Anpassung von RWND auf der Empfängerseite erforderlich.
- Einige der TCP-Erweiterungen wie beispielsweise höhere RWND-Größen, selektive ACKs, schnelle Neuübertragung (fast retransmission) können eventuell an den Endpunkten aktiviert werden, um den Gesamtdurchsatz zu verbessern.

7.5 Weitere Protokolle

7.5.1 Domain Name System, DNS

DNS (Domain Name System) ist ein Namensprotokoll, das zur Auflösung von Domänennamen in IP-Adressen verwendet wird. Das Internet ist nichts anderes als eine Sammlung von Netzwerkdomänen, die mit eindeutigen IP-Adressen als Kennung miteinander verbunden sind. Es ist praktisch nicht möglich, sich jede Domäne oder jedes Gerät anhand einer IP-Adresse zu merken. Stattdessen ist es viel einfacher, sich die Domänen anhand von Namen zu merken und eine dynamische Methode zur Umwandlung der Namen in eine IP-Adresse zu verwenden.

DNS ist ein verteiltes Client/Server-basiertes Kommunikationsmodell. DNS ist ein Protokoll der Anwendungsschicht, bei dem der Client eine DNS-Anfrage mit dem Domänennamen an den DNS-Server sendet, der wiederum mit einer DNS-Antwort für die jeweilige IP-Adresse, die mit dem Domänennamen verbunden ist, antwortet. DNS läuft über den UDP-Port Nummer 53. Der Server verwaltet eine Datenbank mit einem eindeutigen Domänennamen und den zugehörigen IP-Adressen. Die Datenbank kann den Domänennamen oder die Hostnamen innerhalb der Domäne verwalten. Die Funktion der Konvertierung von Domänennamen in IP-Adressen wird als DNS-Lookup bezeichnet.

Die DNS-Datenbank ist ein kollektiver Satz von DNS-Datensätzen, wobei jeder Datensatz ein Eintrag in der Datenbank ist, der eine Bezeichnung, eine Klasse, einen Typ und Daten mit Anweisungen darüber enthält, wie die Anfrage für den jeweiligen Datensatz zu behandeln ist. Es gibt zwar eine Vielzahl von Eintragstypen für verschiedene Zwecke, aber einige der am häufigsten anzutreffenden Eintragstypen sind A-Eintrag (für IPv4-Adressen), AAAA-Eintrag (für IPv6-Adressen) und CNAME.

Um die Typen von DNS-Einträgen zu analysieren, müssen die DNS-Abfrage- und -Antwortpakete aufgezeichnet werden.

FILTER

Displayfilter für DNS : ***dns***

Man löst eine DNS-Abfrage vom Client an den Nameserver aus und erfasst das DNS-Abfrage-Paket für die Analyse. Die DNS-Abfrage kann vom Client über verschiedene Mechanismen ausgelöst werden, die je nach Konfiguration, Softwareversion, Herstellerplattform usw. des Clients variieren können. Nachfolgend sind einige Beispiele aufgeführt, die wir zum Auslösen der Abfrage vom Client aus verwenden könnten:

1. Öffnen des Webbrowsers auf dem Client und Eingabe eines URLs, z. B. www.Vaf.de.
2. Öffnen eines Terminals und starten von Ping zu einem unbekannten Domainnamen. In Ubuntu und anderen Linux-Distributionen löst ping xyz.com eine DNS-Abfrage zur Auflösung einer IPv4-Adresse aus, während ping6 xyz.com eine DNS-Abfrage zur Auflösung einer IPv6-Adresse der Domain auslöst.

```
Wireshark · Packet 22 · tracepath-vaf-komplett[1].pcapng

> Frame 22: 97 bytes on wire (776 bits), 97 bytes captured (776 bits) on interface enp0s31f6, id 0
> Ethernet II, Src: WistronI_d1:52:92 (54:ee:75:d1:52:92), Dst: ARRISGro_90:3e:38 (d4:3f:cb:90:3e:38)
> Internet Protocol Version 6, Src: 2a02:8070:8e81:9740::db71, Dst: 2a02:8070:8e81:9740:d63f:cbff:fe90:3e38
> User Datagram Protocol, Src Port: 34228, Dst Port: 53
v Domain Name System (query)
    Transaction ID: 0x43ae
  v Flags: 0x0100 Standard query
      0... .... .... .... = Response: Message is a query
      .000 0... .... .... = Opcode: Standard query (0)
      .... ..0. .... .... = Truncated: Message is not truncated
      .... ...1 .... .... = Recursion desired: Do query recursively
      .... .... .0.. .... = Z: reserved (0)
      .... .... ...0 .... = Non-authenticated data: Unacceptable
    Questions: 1
    Answer RRs: 0
    Authority RRs: 0
    Additional RRs: 1
  v Queries
    v vaf.de: type AAAA, class IN
        Name: vaf.de
        [Name Length: 6]
        [Label Count: 2]
        Type: AAAA (IPv6 Address) (28)
        Class: IN (0x0001)
  v Additional records
    > <Root>: type OPT
    [Response In: 23]
```

Bild 7.39: Typisches DNS-Anfragepaket

Der vorangehende Screenshot ist eine Beispielerfassung der DNS-Anfrage nach der IP-Adresse von vaf.de.

Für jede DNS-Abfrage, die einen beliebigen Datensatztyp anfordert, muss es eine Antwort für den entsprechenden Datensatz vom Server geben. Wenn wir keine solche Antwort sehen oder eine negative Antwort erhalten, deutet dies auf ein Problem hin, das eine zusätzliche Analyse erfordert. Ein fehlender Eintrag in der Server-Datenbank für den abgefragten Eintragstyp kann beispielsweise dazu führen, dass eine Fehlermeldung angezeigt wird.

```
Wireshark · Packet 23 · tracepath-vaf-komplett[1].pcapng

> User Datagram Protocol, Src Port: 53, Dst Port: 34228
v Domain Name System (response)
    Transaction ID: 0x43ae
  v Flags: 0x8180 Standard query response, No error
      1... .... .... .... = Response: Message is a response
      .000 0... .... .... = Opcode: Standard query (0)
      .... .0.. .... .... = Authoritative: Server is not an authority for domain
      .... ..0. .... .... = Truncated: Message is not truncated
      .... ...1 .... .... = Recursion desired: Do query recursively
      .... .... 1... .... = Recursion available: Server can do recursive queries
      .... .... .0.. .... = Z: reserved (0)
      .... .... ..0. .... = Answer authenticated: Answer/authority portion was not authenticated by the server
      .... .... ...0 .... = Non-authenticated data: Unacceptable
      .... .... .... 0000 = Reply code: No error (0)
    Questions: 1
    Answer RRs: 0
    Authority RRs: 1
    Additional RRs: 1
  v Queries
    v vaf.de: type AAAA, class IN
        Name: vaf.de
        [Name Length: 6]
        [Label Count: 2]
        Type: AAAA (IPv6 Address) (28)
        Class: IN (0x0001)
  v Authoritative nameservers
    v vaf.de: type SOA, class IN, mname ns1119.ui-dns.de
        Name: vaf.de
        Type: SOA (Start Of a zone of Authority) (6)
        Class: IN (0x0001)
        Time to live: 600 (10 minutes)
        Data length: 60
        Primary name server: ns1119.ui-dns.de
        Responsible authority's mailbox: hostmaster.1und1.com
        Serial Number: 2017060121
        Refresh Interval: 28800 (8 hours)
        Retry Interval: 7200 (2 hours)
        Expire limit: 604800 (7 days)
        Minimum TTL: 600 (10 minutes)
  > Additional records
    [Request In: 22]
    [Time: 0.218012441 seconds]
```

Bild 7.40: Typisches DNS-Anwortpaket

In der DNS-Antwort (response) ist im Abschnitte Queries auch die DNS-Anfrage (request) enthalten. In eckigen Klammern steht ganz unten in den Details, welches Paket die Anfrage oder welches die Antwort enthält.

7.5.2 File Transfer Protokoll, FTP

Das File Transfer Protokoll (FTP) sorgt für die Übertragung von Dateien zwischen verschiedenen Rechnern über das Netz. Wie viele andere Internet-Dienste auch, arbeitet FTP Client/Server orientiert und steht auf fast allen Plattformen zur Verfügung. Einerseits ist es möglich, mit FTP private Dateien von einem Rechner zum anderen zu übertragen. Hierfür benötigt man natürlich auf den beteiligten Rechnern die entsprechenden Zugriffsrechte.

FILTER

Displayfilter für FTP : ***ftp***

Das FTP nutzt die TCP-Ports 20 und 21 für die Daten- bzw. Kontrollverbindungen. Darüber hinaus verfügt FTP über zwei Betriebsmodi:

- Aktiver Modus (ACTV): In diesem Modus initiiert der FTP-Client eine Kontrollverbindung zum FTP-Server, und der FTP-Server initiiert eine Datenverbindung zum FTP-Client
- Passiver Modus (PASV): In diesem Modus initiiert der FTP-Client sowohl die Kontroll- als auch die Datenverbindung zum FTP-Server.

Wenn man mit FTP arbeitet und Verbindungsprobleme oder langsame Antworten vermutet, konfiguriert man einen entsprechenden Mirror Port und zeichnet die Daten auf.

- Dabei prüfen man zunächst, ob Ethernet-, IP- oder TCP-Probleme auftreten. In vielen Fällen sind langsame Antworten auf Netzwerkprobleme zurückzuführen und nicht unbedingt auf Anwendungsprobleme. Mit einfachen ICMP-Ping (mit einer größeren Paketgröße mit der Länge von 1.500 Byte) stellt man zwischen Client und Server fest, ob es Verzögerungen oder Fehler auf dem Transportweg gibt.
- Anschließend prüft man den aufgezeichneten Datenstrom auf TCP-Wiederholungen und doppelte ACKs. Hierbei ist darauf zu achten, ob diese im gesamten Datenverkehr oder nur bei der FTP-Verbindung auftreten.
  - Treten diese auf verschiedenen Verbindungen auf, liegt es wahrscheinlich an einem langsamen Netzwerk, das den gesamten Datenverkehr beeinflusst.
  - Wenn es nur auf der FTP-Verbindungen zu demselben Server oder Client auftritt, kann es an einem langsamen Server oder Client liegen.

FILTER

Displayfilter für doppelte TCP-Acknowledgements: ***tcp.analysis.duplicate_ack***

Wenn bei einer FTP-Dateiübertragung nur eine einzelne Datei per FTP übermittelt wird, kann man dies auch im I/O-Diagramm anzeigen.

SICHERHEIT

Vorsicht: FTP überträgt Daten im Klartext – auch Username und Passwort! Dieses Protokoll ist daher ziemlich unsicher.

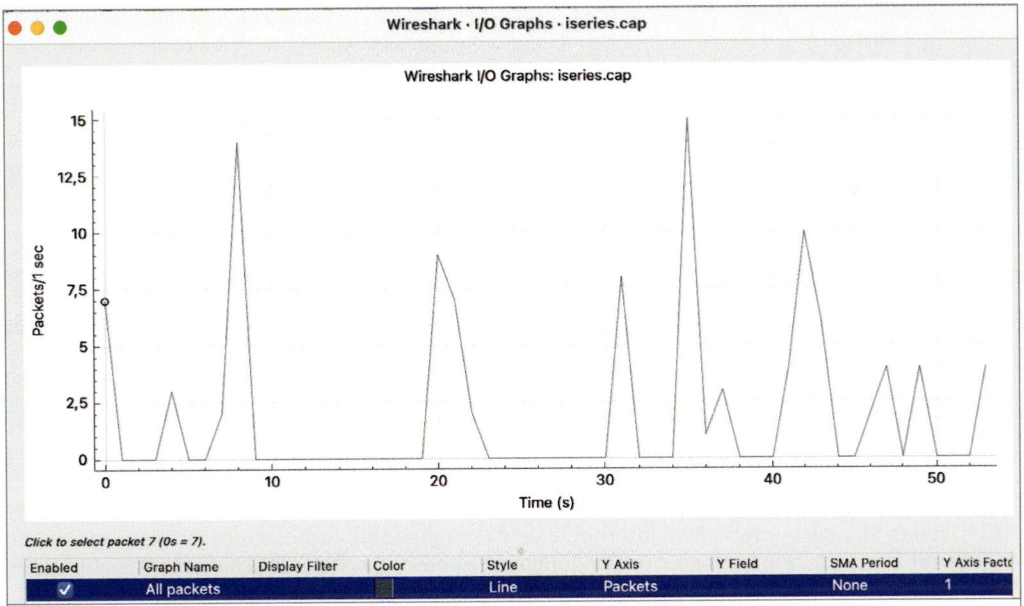

Bild 7.41: Ablauf eines File Transfers

Im der nachfolgenden Darstellung einer Capture-Datei sind folgende Pakete von Bedeutung:

Pakete 1 bis 3: Aufbau der Steuerverbindung (SYN, SYN-ACK, ACK) zum FTP-Server über Port 21
Paket 4: erstmalige Reaktion von FTP-Server
Paket 8: Eingabe der Benutzerkennung für das User Login
Paket 9: Aufforderung zur Eingabe des User Passorts
Paket 11: Eingabe des Benutzerpassworts (in Klarschrift: Pass ctds3500)
Paket 13: Bestätigung, dass der Benutzer eingelogged ist
Pakete 27 und 29: Umschalten in den Passiv-Modus
Pakete 31 bis 33: Aufbau einer Datenverbindung (SYN, SYN-ACK, ACK) vom FTP-Server zum FTP-Client
Paket 34: Anfrage des Files qgpl/apkeyf.apkeyf
Paket 38: Übermittlung des Files über die Datenverbindung (Port 20)
Paket 40: Meldung der vollständigen Übertragung des Files über Port 21 (Steuerverbindung an den FTP-Client)

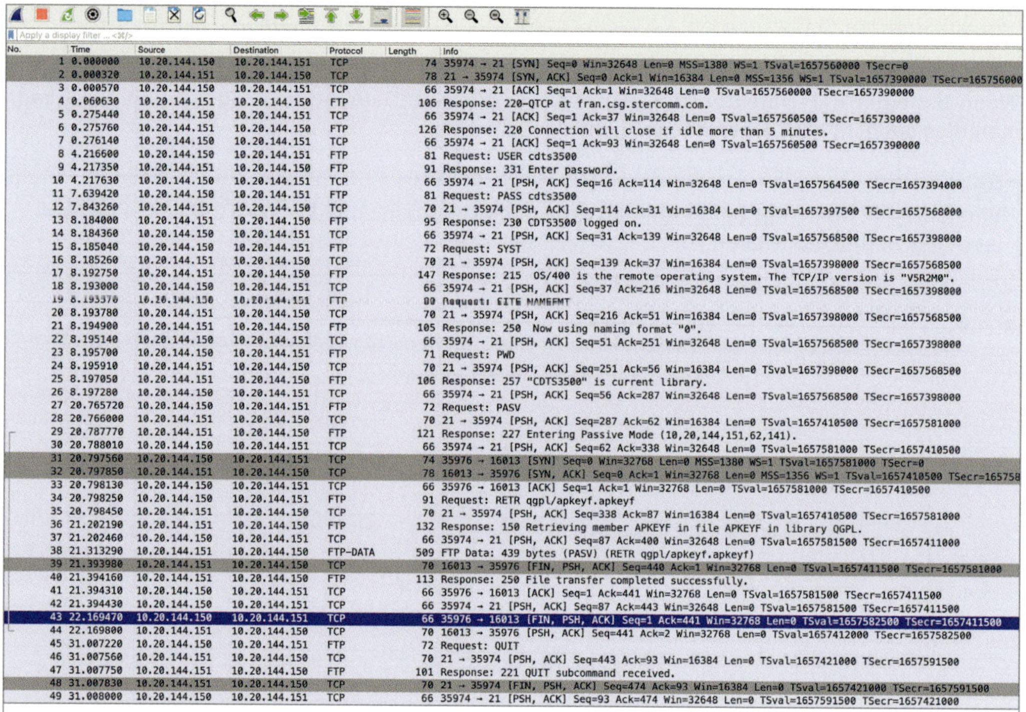

No.	Time	Source	Destination	Protocol	Length	Info
1	0.000000	10.20.144.150	10.20.144.151	TCP	74	35974 → 21 [SYN] Seq=0 Win=32648 Len=0 MSS=1380 WS=1 TSval=1657560000 TSecr=0
2	0.000320	10.20.144.151	10.20.144.150	TCP	78	21 → 35974 [SYN, ACK] Seq=0 Ack=1 Win=16384 Len=0 MSS=1356 WS=1 TSval=1657390000 TSecr=165756000
3	0.000570	10.20.144.150	10.20.144.151	TCP	66	35974 → 21 [ACK] Seq=1 Ack=1 Win=32648 Len=0 TSval=1657560000 TSecr=1657390000
4	0.060630	10.20.144.151	10.20.144.150	FTP	106	Response: 220-QTCP at fran.csg.stercomm.com.
5	0.275440	10.20.144.150	10.20.144.151	TCP	66	35974 → 21 [ACK] Seq=1 Ack=37 Win=32648 Len=0 TSval=1657560500 TSecr=1657390000
6	0.275760	10.20.144.151	10.20.144.150	FTP	126	Response: 220 Connection will close if idle more than 5 minutes.
7	0.276140	10.20.144.150	10.20.144.151	TCP	66	35974 → 21 [ACK] Seq=1 Ack=93 Win=32648 Len=0 TSval=1657560500 TSecr=1657390000
8	4.216600	10.20.144.150	10.20.144.151	FTP	81	Request: USER cdts3500
9	4.217350	10.20.144.151	10.20.144.150	FTP	91	Response: 331 Enter password.
10	4.217630	10.20.144.150	10.20.144.151	TCP	66	35974 → 21 [PSH, ACK] Seq=16 Ack=114 Win=32648 Len=0 TSval=1657564500 TSecr=1657394000
11	7.639420	10.20.144.150	10.20.144.151	FTP	81	Request: PASS cdts3500
12	7.843260	10.20.144.151	10.20.144.150	TCP	70	21 → 35974 [PSH, ACK] Seq=114 Ack=31 Win=16384 Len=0 TSval=1657397500 TSecr=1657568000
13	8.184000	10.20.144.151	10.20.144.150	FTP	95	Response: 230 CDTS3500 logged on.
14	8.184360	10.20.144.150	10.20.144.151	TCP	66	35974 → 21 [PSH, ACK] Seq=31 Ack=139 Win=32648 Len=0 TSval=1657568500 TSecr=1657398000
15	8.185040	10.20.144.150	10.20.144.151	FTP	72	Request: SYST
16	8.185260	10.20.144.151	10.20.144.150	TCP	70	21 → 35974 [PSH, ACK] Seq=139 Ack=37 Win=16384 Len=0 TSval=1657398000 TSecr=1657568500
17	8.192750	10.20.144.151	10.20.144.150	FTP	147	Response: 215 OS/400 is the remote operating system. The TCP/IP version is "V5R2M0".
18	8.193000	10.20.144.150	10.20.144.151	TCP	66	35974 → 21 [PSH, ACK] Seq=37 Ack=216 Win=32648 Len=0 TSval=1657568500 TSecr=1657398000
19	8.193370	10.20.144.150	10.20.144.151	FTP	80	Request: SITE NAMEFMT
20	8.193780	10.20.144.151	10.20.144.150	TCP	70	21 → 35974 [PSH, ACK] Seq=216 Ack=51 Win=16384 Len=0 TSval=1657398000 TSecr=1657568500
21	8.194900	10.20.144.151	10.20.144.150	FTP	105	Response: 250 Now using naming format "0".
22	8.195140	10.20.144.150	10.20.144.151	TCP	66	35974 → 21 [PSH, ACK] Seq=51 Ack=251 Win=32648 Len=0 TSval=1657568500 TSecr=1657398000
23	8.195700	10.20.144.150	10.20.144.151	FTP	71	Request: PWD
24	8.195910	10.20.144.151	10.20.144.150	TCP	70	21 → 35974 [PSH, ACK] Seq=251 Ack=56 Win=16384 Len=0 TSval=1657398000 TSecr=1657568500
25	8.197050	10.20.144.151	10.20.144.150	FTP	106	Response: 257 "CDTS3500" is current library.
26	8.197280	10.20.144.150	10.20.144.151	TCP	66	35974 → 21 [PSH, ACK] Seq=56 Ack=287 Win=32648 Len=0 TSval=1657568500 TSecr=1657398000
27	20.765720	10.20.144.150	10.20.144.151	FTP	72	Request: PASV
28	20.766000	10.20.144.151	10.20.144.150	TCP	70	21 → 35974 [PSH, ACK] Seq=287 Ack=62 Win=16384 Len=0 TSval=1657410500 TSecr=1657581000
29	20.787770	10.20.144.151	10.20.144.150	FTP	121	Response: 227 Entering Passive Mode (10,20,144,151,62,141).
30	20.788010	10.20.144.150	10.20.144.151	TCP	66	35974 → 21 [PSH, ACK] Seq=62 Ack=338 Win=32648 Len=0 TSval=1657581000 TSecr=1657410500
31	20.797560	10.20.144.150	10.20.144.151	TCP	74	35976 → 16013 [SYN] Seq=0 Win=32768 Len=0 MSS=1380 WS=1 TSval=1657581000 TSecr=0
32	20.797850	10.20.144.151	10.20.144.150	TCP	78	16013 → 35976 [SYN, ACK] Seq=0 Ack=1 Win=32768 Len=0 MSS=1356 WS=1 TSval=1657410500 TSecr=165758
33	20.798130	10.20.144.150	10.20.144.151	TCP	66	35976 → 16013 [ACK] Seq=1 Ack=1 Win=32768 Len=0 TSval=1657581000 TSecr=1657410500
34	20.798250	10.20.144.150	10.20.144.151	FTP	91	Request: RETR qgpl/apkeyf.apkeyf
35	20.798450	10.20.144.151	10.20.144.150	TCP	70	21 → 35974 [PSH, ACK] Seq=338 Ack=87 Win=16384 Len=0 TSval=1657410500 TSecr=1657581000
36	21.202190	10.20.144.151	10.20.144.150	FTP	132	Response: 150 Retrieving member APKEYF in file APKEYF in library QGPL.
37	21.202460	10.20.144.150	10.20.144.151	TCP	66	35974 → 21 [PSH, ACK] Seq=87 Ack=400 Win=32648 Len=0 TSval=1657581500 TSecr=1657411000
38	21.313290	10.20.144.151	10.20.144.150	FTP-DATA	509	FTP Data: 439 bytes (PASV) (RETR qgpl/apkeyf.apkeyf)
39	21.393980	10.20.144.151	10.20.144.150	TCP	70	16013 → 35976 [FIN, PSH, ACK] Seq=440 Ack=1 Win=32768 Len=0 TSval=1657411500 TSecr=1657581000
40	21.394160	10.20.144.151	10.20.144.150	FTP	113	Response: 250 File transfer completed successfully.
41	21.394310	10.20.144.150	10.20.144.151	TCP	66	35976 → 16013 [ACK] Seq=1 Ack=441 Win=32768 Len=0 TSval=1657581500 TSecr=1657411500
42	21.394430	10.20.144.150	10.20.144.151	TCP	66	35974 → 21 [PSH, ACK] Seq=87 Ack=443 Win=32648 Len=0 TSval=1657581500 TSecr=1657411500
43	22.169470	10.20.144.150	10.20.144.151	TCP	66	35976 → 16013 [FIN, PSH, ACK] Seq=1 Ack=441 Win=32768 Len=0 TSval=1657582500 TSecr=1657411500
44	22.169800	10.20.144.151	10.20.144.150	TCP	70	16013 → 35976 [PSH, ACK] Seq=441 Ack=2 Win=32768 Len=0 TSval=1657412000 TSecr=1657582500
45	31.007220	10.20.144.150	10.20.144.151	FTP	72	Request: QUIT
46	31.007560	10.20.144.151	10.20.144.150	TCP	70	21 → 35974 [PSH, ACK] Seq=443 Ack=93 Win=16384 Len=0 TSval=1657421000 TSecr=1657591500
47	31.007750	10.20.144.151	10.20.144.150	FTP	101	Response: 221 QUIT subcommand received.
48	31.007830	10.20.144.151	10.20.144.150	TCP	70	21 → 35974 [FIN, PSH, ACK] Seq=474 Ack=93 Win=16384 Len=0 TSval=1657421000 TSecr=1657591500
49	31.008000	10.20.144.150	10.20.144.151	TCP	66	35974 → 21 [PSH, ACK] Seq=93 Ack=474 Win=32648 Len=0 TSval=1657591500 TSecr=1657421000

Bild 7.42: FTP-Ablauf

7.5.3 HTTP-Verkehr (HTTP Flow Analyse)

HTTP ist das Standardprotokoll im Internet. Es nutzt sogenannte Statuscodes zur Kennzeichnung definierter Zustände. Bei korrekter Verbindung sollte immer der Code 200 (OK) die Ausgabe sein. Sinnvoll ist es darum, nach solchen Codes zu filtern, die auf Probleme oder Fehler hinweisen.

FILTER

Displayfilter „alle HTTP-Pakete“, die nicht OK sind: ***http.response.code != 200***
Displayfilter „alle HTTP-Pakete“, die Client- oder Server-Fehler enthalten:
http.response.code >= 400

Die erste Ziffer der Statuscodes verweist auf den allgemeinen Typ:

HTTP-Statuscode	Beschreibung
1xx	allgemeine Informationen.
2xx	Erfolgreiche Operationen, z. B. 200 (OK)
3xx	Umleitungen – wird beispielsweise bild.de angefragt, lautet die Antwort 301 „Permanently moved". Zudem erhält man die URL, die stattdessen anzufragen ist.
4xx	Client-Fehler; der bekannteste ist sicher 404 Not found: Der Client hat etwas angefragt, was der Server nicht liefern kann.
5xx	Server-Fehler, wie beispielsweise ein Internal Server Error (500).

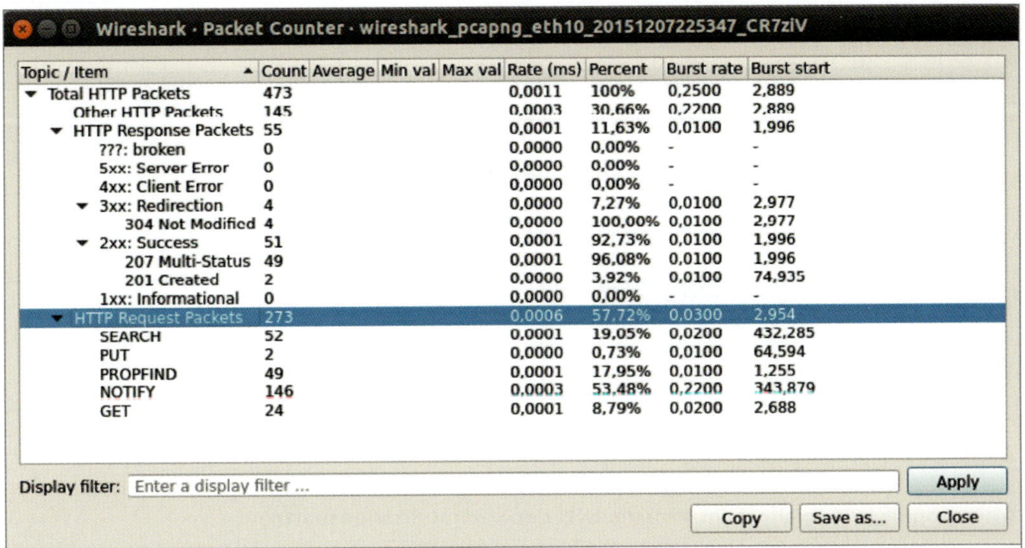

Bild 7.43: Aufgerufene Webseiten über Statistics-HTTP-Packet Counter

Über Statistics > http > Anzahl Pakete bekommt man eine Liste über HTTP-Anfragen und -Antworten, so dass man sich einen schnellen Überblick über HTTP verschaffen kann.

TIPP

Man erstellt sich idealerweise einen Filter-Button HTTP-Error, der alle HTTP-Fehler anzeigt. Der hinterlegte Filterausdruck lautet: ***http.response.code >= 400.***

Hilfreich ist es auch, die an der Kommunikation beteiligten Hosts als Spalte einzufügen. Hierzu filtert man zuerst nach http.host, anschließend gelangt man mit einem Rechtsklick in der Detailansicht im Abschnitt Hypertext Transfer Protocol auf die Zeile Host und wählt im Kontextmenü Apply as Colum.

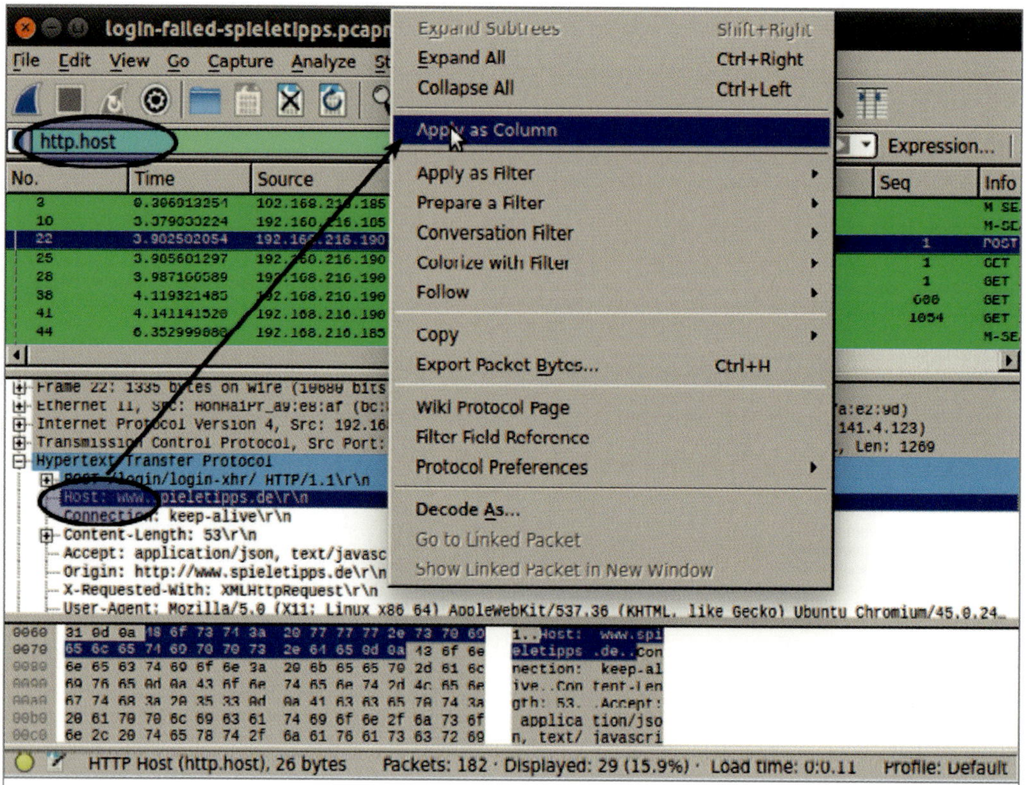

Bild 7.44: Host-Spalte einfügen

In der eingefügten Spalte sieht man die URL der Kommunikationspartner.

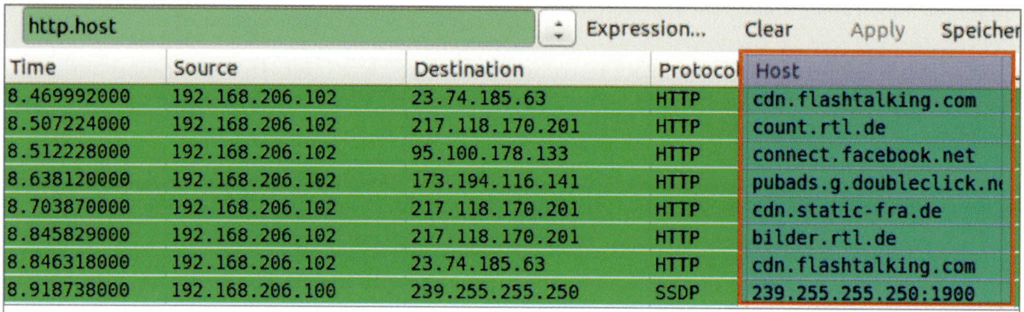

Bild 7.45: Host-Spalte eingefügt

HTTP-Requests

Oft ist es wichtig zu wissen, welcher Rechner welche Webseiten aufsucht. Über *Statistiken -HTTP Requests* erhält man eine Übersicht der aufgerufenen Seiten.

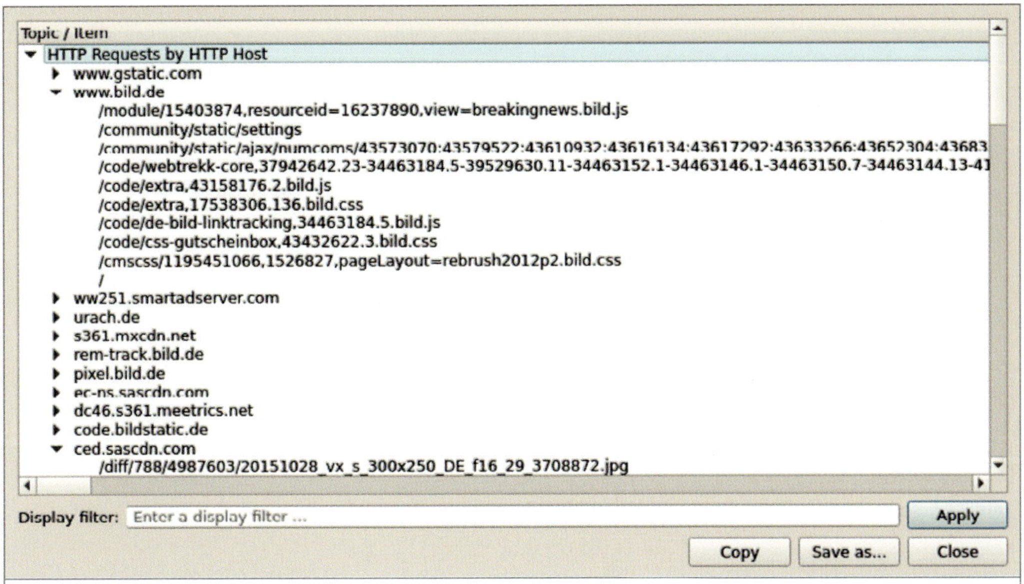

Bild 7.46: Aufgerufene Webseiten

Domänennamen mit „adv" oder „ad", so wie im Bild der ww251.smartadserver.com, deuten auf Werbeeinblendungen (Advertisements) hin.

7.6 Mail-Protokolle

Einer der wichtigsten Anwendung für die Entwicklung des digitalen Geschäftslebens war die E-Mail. E-Mail ermöglicht den Benutzern den effizienten Austausch von Echtzeitnachrichten und anderen digitalen Informationen wie Dateien und Bildern über das Internet. Viele Benutzer verfügen heute über eine für Menschen lesbare E-Mail-Adresse im Format username@Domainname.

Für das Senden und Empfangen von E-Mails stehen verschiedene Protokolle der E-Mail-Anwendungsschicht zur Verfügung, und die Kombination dieser Protokolle hilft beim Ende-zu-Ende-Austausch von elektronischen Nachrichten zwischen Benutzern in derselben oder in verschiedenen E-Mail-Domänen. Die am häufigsten verwendeten Mail-Protokolle sind:

- Post Office Protocol 3 (POP3) ist ein Protokoll der Anwendungsschicht, das von E-Mail-Systemen zum Abrufen von E-Mails von E-Mail-Servern verwendet wird. Der E-Mail-Client verwendet POP3-Befehle wie LOGIN, LIST, RETR, DELE, QUIT, um auf die E-Mails vom Server zuzugreifen und sie zu bearbeiten (abzurufen oder zu löschen). POP3 verwendet den TCP-Port 110 und löscht die E-Mails vom Server, sobald sie auf den lokalen Client heruntergeladen wurden.
- Internet Mail Access Protocol (IMAP) ist ein weiteres Protokoll der Anwendungsschicht, das zum Abrufen von E-Mails vom E-Mail-Server verwendet wird. Im Gegensatz zu POP3 ermöglicht IMAP dem Benutzer das gleichzeitige Lesen und Abrufen von E-Mails von mehr als einem Client-Gerät aus. Die aktuelle Version von IMAP ist 4 und verwendet den TCP-Port 143.
- Das Simple Mail Transfer Protocol (SMTP) ist ein Protokoll der Anwendungsschicht, das für den Versand von E-Mails vom Client zum Mailserver verwendet wird. Wenn sich Absender und Empfänger in verschiedenen E-Mail-Domänen befinden, hilft SMTP beim Austausch der E-Mails zwischen Servern in verschiedenen Domänen. Es verwendet den TCP-Port 25:

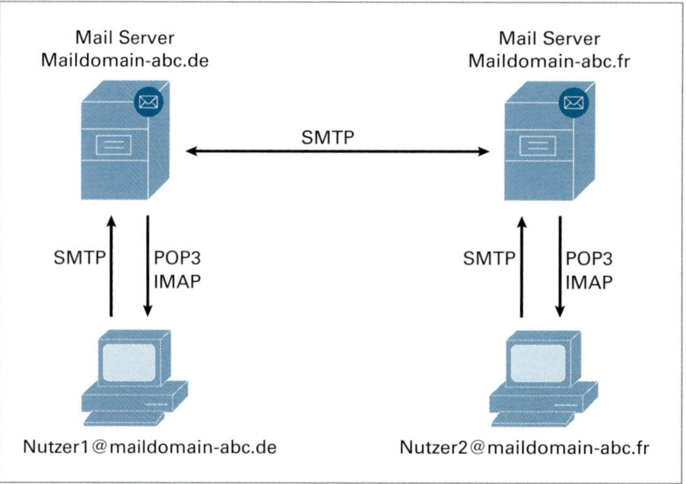

Bild 7.47: Zusammenspiel der verschiedenen Mail-Protokolle

FILTER

Displayfilter POP3: ***pop***
Displayfilter IMAP: ***imap***
Displayfilter SMTP: ***smtp***

Wie in der vorangegangenen Abbildung dargestellt, ist SMTP der E-Mail-Client, der zum Senden der E-Mails an den E-Mail-Server verwendet wird, und POP3 oder IMAP wird zum Abrufen der E-Mails vom Server verwendet. Der E-Mail-Server verwendet SMTP, um die E-Mails zwischen verschiedenen Domänen auszutauschen.

Um die Privatsphäre der Endbenutzer zu schützen, verwenden die meisten E-Mail-Server verschiedene Verschlüsselungsmechanismen auf der Transportschicht. Die Portnummer der Transportschicht unterscheidet sich von den herkömmlichen E-Mail-Protokollen, wenn diese über eine gesicherte Transportschicht (TLS) verwendet werden. Beispielsweise verwendet POP3 über TLS den TCP-Port 995, IMAP4 über TLS den TCP-Port 993 und SMTP über TLS den Port 465.

Eine weitere gängige Methode für den Zugriff auf E-Mails ist der Webzugriff auf E-Mails, bei dem man auf gängige Mailserver wie Gmail, Yahoo! und Hotmail zugreifen können. Beispiele sind Outlook Web Access (OWA) und RPC über HTTPS für den Outlook-Webclient von Microsoft.

7.6.1 POP3-Kommunikation

POP3 wird in der Regel für die Kommunikation zwischen Mail-Client und Mail-Server verwendet. Der normale Betrieb von POP3 läuft wie folgt ab:

- Man Öffnet den E-Mail-Client und gibt den Benutzernamen und das Kennwort für den Anmeldezugang ein.
- Mit POP als Anzeigefilter listet man alle aufgezeichneten POP-Pakete auf. Es ist zu beachten, dass dieser Anzeigefilter nur Pakete auflistet, die den TCP-Port 110 verwenden. Wenn TLS verwendet wird, wird der Filter die POP-Pakete nicht auflisten. Möglicherweise muss tcp. port == 995 verwendet werden, um die POP3-Pakete über TLS aufzulisten.
- Man überprüft, ob die Authentifizierung korrekt durchgeführt wurde. Fehlermeldungen während der Authentifizierungsphase verhindern, dass die Kommunikation hergestellt werden kann.

- Im Trace sollte man immer auf die üblichen TCP-Anzeigen achten: Sendewiederholungen, Null-Fenster, Fenster voll und andere. Dies weist auf eine überlastete Kommunikationsleitung, einen langsamen Server und andere Probleme hin, die von den Kommunikationsleitungen oder den Endknoten und Servern ausgehen.
- Wenn das POP3-Protokoll das TLS zur Verschlüsselung verwendet, sind (wie in unserem Beispiel) die Details der Nutzdaten nicht sichtbar.

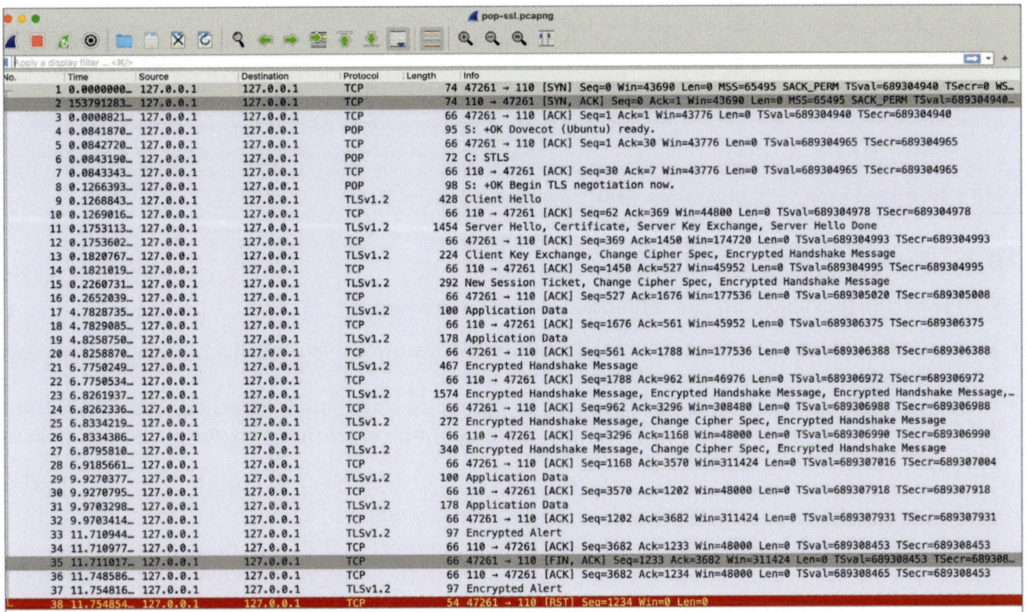

No.	Time	Source	Destination	Protocol	Length	Info
1	0.0000000…	127.0.0.1	127.0.0.1	TCP	74	47261 → 110 [SYN] Seq=0 Win=43690 Len=0 MSS=65495 SACK_PERM TSval=689304940 TSecr=0 WS…
2	153791283…	127.0.0.1	127.0.0.1	TCP	74	110 → 47261 [SYN, ACK] Seq=0 Ack=1 Win=43690 Len=0 MSS=65495 SACK_PERM TSval=689304940…
3	0.0000821…	127.0.0.1	127.0.0.1	TCP	66	47261 → 110 [ACK] Seq=1 Ack=1 Win=43776 Len=0 TSval=689304940 TSecr=689304940
4	0.0841870…	127.0.0.1	127.0.0.1	POP	95	S: +OK Dovecot (Ubuntu) ready.
5	0.0842720…	127.0.0.1	127.0.0.1	TCP	66	47261 → 110 [ACK] Seq=1 Ack=30 Win=43776 Len=0 TSval=689304965 TSecr=689304965
6	0.0843190…	127.0.0.1	127.0.0.1	POP	72	C: STLS
7	0.0843343…	127.0.0.1	127.0.0.1	TCP	66	110 → 47261 [ACK] Seq=30 Ack=7 Win=43776 Len=0 TSval=689304965 TSecr=689304965
8	0.1266393…	127.0.0.1	127.0.0.1	POP	98	S: +OK Begin TLS negotiation now.
9	0.1268843…	127.0.0.1	127.0.0.1	TLSv1.2	428	Client Hello
10	0.1269016…	127.0.0.1	127.0.0.1	TCP	66	110 → 47261 [ACK] Seq=62 Ack=369 Win=44800 Len=0 TSval=689304978 TSecr=689304978
11	0.1753113…	127.0.0.1	127.0.0.1	TLSv1.2	1454	Server Hello, Certificate, Server Key Exchange, Server Hello Done
12	0.1753602…	127.0.0.1	127.0.0.1	TCP	66	47261 → 110 [ACK] Seq=369 Ack=1450 Win=174720 Len=0 TSval=689304993 TSecr=689304993
13	0.1820767…	127.0.0.1	127.0.0.1	TLSv1.2	224	Client Key Exchange, Change Cipher Spec, Encrypted Handshake Message
14	0.1821019…	127.0.0.1	127.0.0.1	TCP	66	110 → 47261 [ACK] Seq=1450 Ack=527 Win=45952 Len=0 TSval=689304995 TSecr=689304995
15	0.2260731…	127.0.0.1	127.0.0.1	TLSv1.2	292	New Session Ticket, Change Cipher Spec, Encrypted Handshake Message
16	0.2652039…	127.0.0.1	127.0.0.1	TCP	66	47261 → 110 [ACK] Seq=527 Ack=1676 Win=177536 Len=0 TSval=689305020 TSecr=689305008
17	4.7828735…	127.0.0.1	127.0.0.1	TLSv1.2	100	Application Data
18	4.7829085…	127.0.0.1	127.0.0.1	TCP	66	110 → 47261 [ACK] Seq=1676 Ack=561 Win=45952 Len=0 TSval=689306375 TSecr=689306375
19	4.8258750…	127.0.0.1	127.0.0.1	TLSv1.2	178	Application Data
20	4.8258870…	127.0.0.1	127.0.0.1	TCP	66	47261 → 110 [ACK] Seq=561 Ack=1788 Win=177536 Len=0 TSval=689306388 TSecr=689306388
21	6.7750249…	127.0.0.1	127.0.0.1	TLSv1.2	467	Encrypted Handshake Message
22	6.7750534…	127.0.0.1	127.0.0.1	TCP	66	110 → 47261 [ACK] Seq=1788 Ack=962 Win=46976 Len=0 TSval=689306972 TSecr=689306972
23	6.8261937…	127.0.0.1	127.0.0.1	TLSv1.2	1574	Encrypted Handshake Message, Encrypted Handshake Message, Encrypted Handshake Message,…
24	6.8262336…	127.0.0.1	127.0.0.1	TCP	66	47261 → 110 [ACK] Seq=962 Ack=3296 Win=308480 Len=0 TSval=689306988 TSecr=689306988
25	6.8334219…	127.0.0.1	127.0.0.1	TLSv1.2	272	Encrypted Handshake Message, Change Cipher Spec, Encrypted Handshake Message
26	6.8334386…	127.0.0.1	127.0.0.1	TCP	66	110 → 47261 [ACK] Seq=3296 Ack=1168 Win=48000 Len=0 TSval=689306990 TSecr=689306990
27	6.8795810…	127.0.0.1	127.0.0.1	TLSv1.2	340	Encrypted Handshake Message, Change Cipher Spec, Encrypted Handshake Message
28	6.9185661…	127.0.0.1	127.0.0.1	TCP	66	47261 → 110 [ACK] Seq=1168 Ack=3570 Win=311424 Len=0 TSval=689307016 TSecr=689307004
29	9.9270377…	127.0.0.1	127.0.0.1	TLSv1.2	100	Application Data
30	9.9270795…	127.0.0.1	127.0.0.1	TCP	66	110 → 47261 [ACK] Seq=3570 Ack=1202 Win=48000 Len=0 TSval=689307918 TSecr=689307918
31	9.9703298…	127.0.0.1	127.0.0.1	TLSv1.2	178	Application Data
32	9.9703414…	127.0.0.1	127.0.0.1	TCP	66	47261 → 110 [ACK] Seq=1202 Ack=3682 Win=311424 Len=0 TSval=689307931 TSecr=689307931
33	11.710944…	127.0.0.1	127.0.0.1	TLSv1.2	97	Encrypted Alert
34	11.710977…	127.0.0.1	127.0.0.1	TCP	66	110 → 47261 [ACK] Seq=3682 Ack=1233 Win=48000 Len=0 TSval=689308453 TSecr=689308453
35	11.711017…	127.0.0.1	127.0.0.1	TCP	66	47261 → 110 [FIN, ACK] Seq=1233 Ack=3682 Win=311424 Len=0 TSval=689308453 TSecr=689308…
36	11.748586…	127.0.0.1	127.0.0.1	TCP	66	110 → 47261 [ACK] Seq=3682 Ack=1234 Win=48000 Len=0 TSval=689308465 TSecr=689308453
37	11.754816…	127.0.0.1	127.0.0.1	TLSv1.2	97	Encrypted Alert
38	11.754854…	127.0.0.1	127.0.0.1	TCP	54	47261 → 110 [RST] Seq=1234 Win=0 Len=0

Bild 7.48: Ablauf einer POP3-Session

7.6.2 IMAP-Kommunikation

IMAP ähnelt POP3 insofern, als dass es vom Client zum Abrufen der E-Mails vom Server verwendet wird. Im Normalfall verhält sich eine IMAP-Kommunikation wie folgt:

- Man öffnet den E-Mail-Client und gibt den Benutzernamen und das Passwort für das entsprechende Konto ein.
- Man verfasst eine neue Nachricht und senden diese von einem beliebigen E-Mail-Konto aus.
- Man ruft die E-Mail auf dem Client ab, der IMAP verwendet. Verschiedene Clients können unterschiedliche Methoden zum Abrufen der E-Mail haben.
- Danach prüft man, ob die E-Mail auf Ihrem lokalen Client angekommen ist.

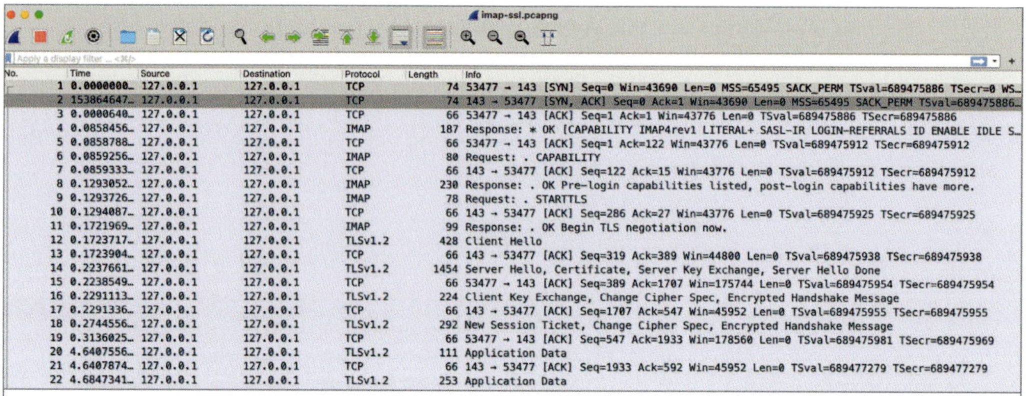

Bild 7.49: Ablauf einer verschlüsselten IMAP-Session

7.6.3 SMTP-Kommunikation

SMTP wird üblicherweise für die folgenden Zwecke verwendet:

- Kommunikation von Server zu Server, wobei SMTP das E-Mail-Protokoll ist, das zwischen den Servern läuft
- In einigen Clients sind POP3 oder IMAP4 für eingehende Nachrichten (Nachrichten vom Server zum Client) konfiguriert, während SMTP für ausgehende Nachrichten konfiguriert ist (Nachrichten vom Client zum Server)

Das normale Verhalten der SMTP-Kommunikation ist wie folgt:

- Der lokale E-Mail-Client löst die IP-Adresse der konfigurierten SMTP-Serveradresse auf.
- Dies löst eine TCP-Verbindung zum Port 25 aus, wenn SSL/TLS nicht aktiviert ist. Wenn SSL/TLS aktiviert ist, wird eine TCP-Verbindung über Port 465 aufgebaut.
- Der Client tauscht SMTP-Nachrichten aus, um sich beim Server zu authentifizieren. Der Client sendet AUTH LOGIN, um die Anmeldeauthentifizierung auszulösen. Nach erfolgreicher Anmeldung kann der Client Mails senden.
- Der Client sendet SMTP-Nachrichten wie „MAIL FROM:<>“, „RCPT TO :<>“ mit den E-Mail-Adressen von Absender und Empfänger.
- Nach erfolgreichem Einstellen in die Warteschlange erhält der Client eine OK-Antwort vom SMTP-Server.

Es folgt ein Beispiel für einen SMTP-Nachrichtenfluss zwischen Client und Server:

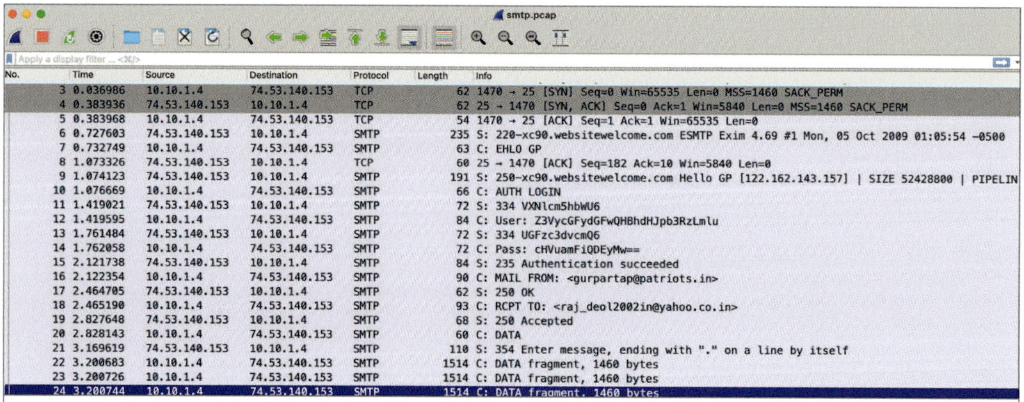

Bild 7.50: Aufbau und Ablauf einer SMTP-Session

7.7 Protokollauflösung ein-/ausschalten

Oft ist es hilfreich, wenn einzelne Protokolle nicht aufgelöst, also nicht interpretiert werden. Wenn wir beispielsweise das TCP-Verhalten untersuchen und darum den Anzeigefilter tcp einstellen, sehen wir auch die Protokolle, die mit TCP übertragen werden, also etwa HTTP-Pakete. Um die TCP-Parameter zu sehen, muss man in das HTTP-Paket und dort die TCP-Zeile aufklappen. Die Übersichtsdaten des TCP erscheinen nicht in der Info-Spalte.

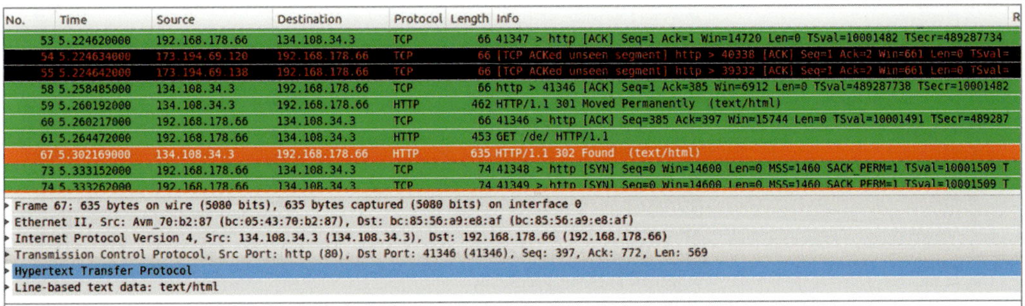

Bild 7.51: HTTP wird über TCP übertragen

„Disabled" man das HTTP-Protokoll, erscheinen auch die HTTP- als TCP-Pakete, was die TCP-Analyse wesentlich übersichtlicher macht. Die HTTP-Daten erscheinen nur noch als Nutzdaten des TCP-Pakets. Man vergleiche hier das Paket 67 in Bild 7.51 und 7.52.

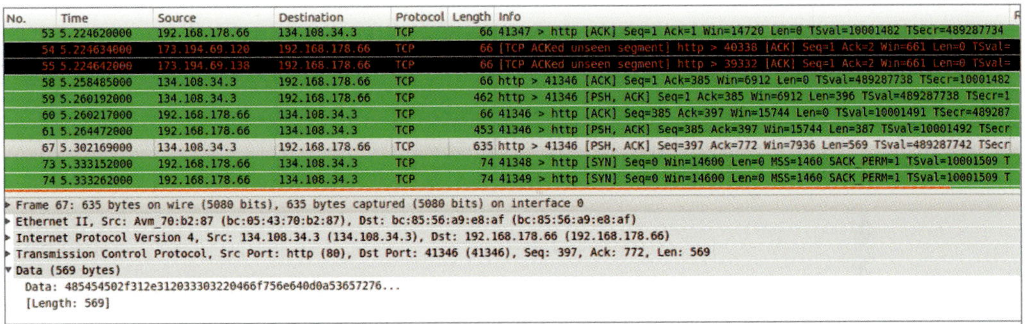

Bild 7.52: HTTP disabled

Über *Analyse > Protokolle aktivieren* oder Strg + Umschalt + E öffnet sich ein neues Fenster „Protokolle aktivieren". Von Haus aus sind alle Protokolle aktiviert; das Entfernen eines Hakens setzt das Protokoll auf „disabled".

Dasselbe Verfahren ist auch bei der IP-Analyse angeraten, wenn die darüberliegenden Protokolle stören. Es genügt, TCP und UDP zu disablen. Alle darüber liegenden Protokolle (FTP, HTTP, ...) werden dann ebenfalls nicht interpretiert.

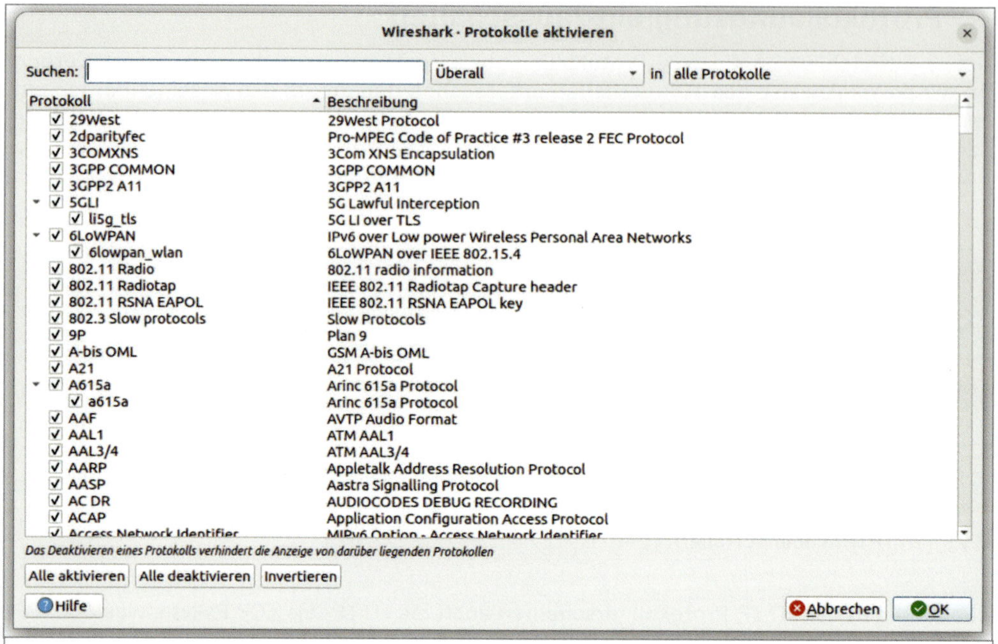

Bild 7.53: Protokollauflösung ein/aus

8 Wireshark Spezialanwendungen

8.1 Top-Talker finden – die „Hitparade“ der Vielsprecher

Welcher Rechner (IP-Adresse) und welcher Prozess (Port) verursacht wie viel Datenverkehr? Wo verbergen sich die Vielsprecher? Von wo nach wo läuft welcher Datenverkehr?

Antworten auf diese wichtigen Fragen liefert die Liste der Conversations, der Verbindungen.

Man gelangt zu dieser Liste über den Menüpunkt ***Statistiken > Verbindungen (C)***.

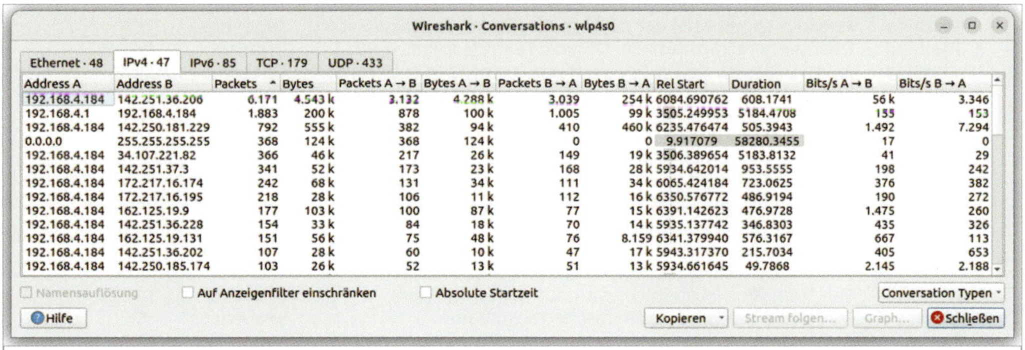

Address A	Address B	Packets	Bytes	Packets A → B	Bytes A → B	Packets B → A	Bytes B → A	Rel Start	Duration	Bits/s A → B	Bits/s B → A
192.168.4.184	142.251.36.206	6.171	4.543 k	3.132	4.288 k	3.039	254 k	6084.690762	608.1741	56 k	3.346
192.168.4.1	192.168.4.184	1.883	200 k	878	100 k	1.005	99 k	3505.249953	5184.4708	155	153
192.168.4.184	142.250.181.229	792	555 k	382	94 k	410	460 k	6235.476474	505.3943	1.492	7.294
0.0.0.0	255.255.255.255	368	124 k	368	124 k	0	0	9.917079	58280.3455	17	0
192.168.4.184	34.107.221.82	366	46 k	217	26 k	149	19 k	3506.389654	5183.8132	41	29
192.168.4.184	142.251.37.3	341	52 k	173	23 k	168	28 k	5934.642014	953.5555	198	242
192.168.4.184	172.217.16.174	242	68 k	131	34 k	111	34 k	6065.424184	723.0625	376	382
192.168.4.184	172.217.16.195	218	28 k	106	11 k	112	16 k	6350.576772	486.9194	190	272
192.168.4.184	162.125.19.9	177	103 k	100	87 k	77	15 k	6391.142623	476.9728	1.475	260
192.168.4.184	142.251.36.228	154	33 k	84	18 k	70	14 k	5935.137742	346.8303	435	326
192.168.4.184	162.125.19.131	151	56 k	75	48 k	76	8.159	6341.379940	576.3167	667	113
192.168.4.184	142.251.36.202	107	28 k	60	10 k	47	17 k	5943.317370	215.7034	405	653
192.168.4.184	142.250.185.174	103	26 k	52	13 k	51	13 k	5934.661645	49.7868	2.145	2.188

Bild 8.1: Hitparade der Toptalker

Per Reiter wählt man den OSI-Layer bzw. das Protokoll aus, der bzw. das auch die Anzahl der aufgezeichneten Konversationen (hier 48 auf Ethernet, 47 bei IPv4 und 179 TCP-Verbindungen) anzeigt.

Man sieht die beiden Kommunikationspartner A und B, die Anzahl an Paketen, die Menge an Bytes, Dauer der Kommunikation, Datendurchsatzrate und mehr.

TIPP

Durch Klick auf den Spaltenkopf werden die Daten dieser Spalte sortiert. So findet man in Sekundenschnelle die Stationen, die die meisten Pakete oder die meisten Bytes empfangen oder verschicken. Beispielsweise liefert die Spalte *Duration* diejenigen Verbindungen, die am längsten bestehen. Oder *Bytes A→B* zeigt das höchste übertragene Datenvolumen der Verbindungen.

8.2 Experteninfos

Die Experteninfos liefern einen schnellen Überblick über Fehler und andere Basisgrößen im Datenverkehr.

Links unten in der Statuszeile befindet sich die Statusampel, ein farbiger Punkt, der den Zustand der aktuellen Aufzeichnung anzeigt. Ist dieser Punkt grün, liegt nichts Wichtiges vor. Bei Gelb ist es zu Warnungen gekommen. Rot signalisiert das Vorhandensein von ernsthaften Fehlern.

Klickt man auf die Statusampel, öffnen sich die Experteninfos.

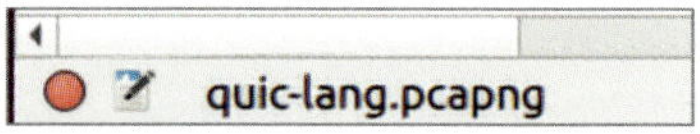

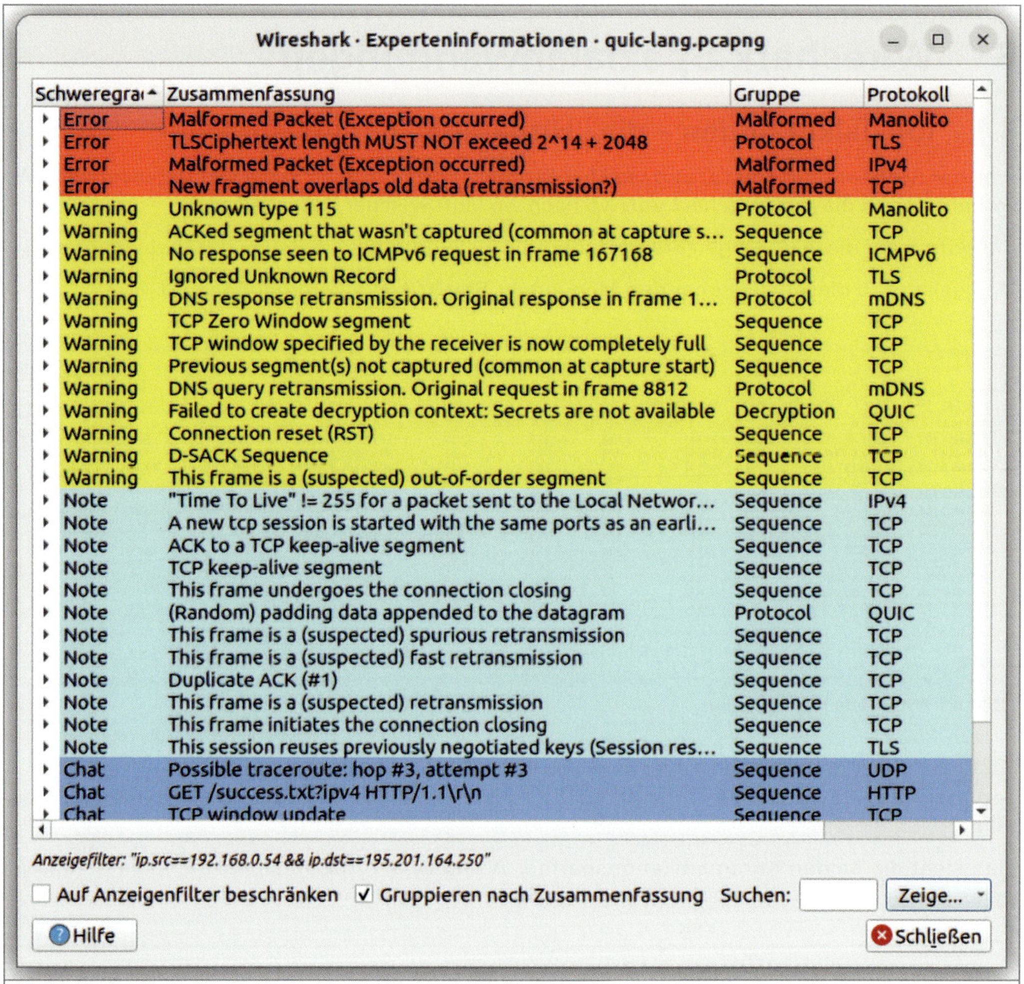

Bild 8.2: Experteninfo

Die Einträge sind nach Schweregrad sortiert.

Gleichartige Meldungen werden zusammengefasst dargestellt.

Vier Typen von Meldungen werden unterschieden:

- **Errors** (rot hinterlegt) zeigen schwerwiegende Fehler, z. B. fehlerhafte Pakete.
- **Warnings** (gelb hinterlegt) zeigen Auffälligkeiten im Datenfluss, wie Segmentierungsfehler, Zero-Window-Pakete oder Out-of-order-Pakete.

- **Notes** (türkis hinterlegt) führt Benachrichtigungen wie doppelte Acknowledgements, Fast Retransmissions u. Ä. auf.
- **Chats** (blau hinterlegt) zeigen die Pakete, die für die Kommunikation zuständig sind.

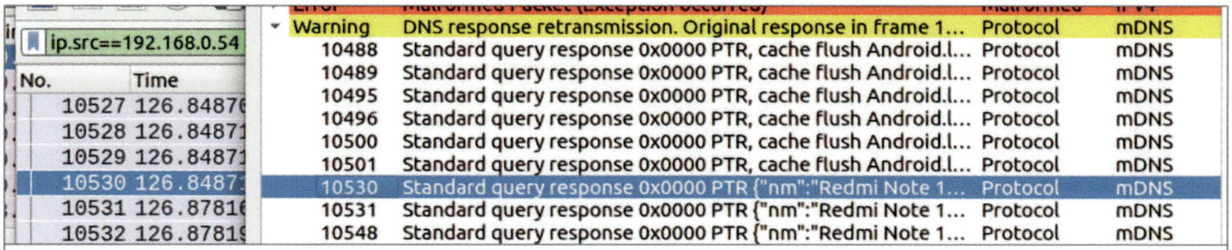

Bild 8.3: Details der Experteninfos

Die Einträge können aufgeklappt werden. Man erkennt welche Ursache diesen Eintrag erzeugt hat und welches Paket daran beteiligt war. Die Paketnummer wird angezeigt. Klickt man auf eine Meldung, so springt der Fokus in der Paketliste zum jeweiligen Paket.

8.3 Langzeitaufnahmen

Seltene oder nur gelegentlich auftretende Fehler lassen sich nur mit einer Daueraufzeichnung des Netzwerkverkehrs finden.

Aber Vorsicht: Eine solche Aufzeichnung wird vollständig im RAM abgelegt – vergisst man den Prozess, ist irgendwann der Speicherplatz voll und der Wireshark-Rechner wird RAM-Inhalte auf die Festplatte auslagern. Der Rechner wird langsam, und falls Wireshark gar auf einem Server läuft, wird dieser seine Dienste einstellen.

Abhilfe schafft hier das Abspeichern in einer Datei. Dazu gibt man in den Mitschnittoptionen (*Aufzeichnen > Optionen*) einen Dateinamen an.

TIPP

Man setzt einen Haken bei *Automatisch eine neue Datei erzeugen* und beschränkt Sie die Dateigröße auf 50–100 MB. Damit werden mehrere noch gut handhabbare Dateien erzeugt, die mit einem Zeitstempel versehen sind. Des weiteren setzt man möglichst noch eine Stop-Bedingungen, um das Mitschneiden zu beenden.

Oft werden Langzeitaufnahmen zu groß. Beim Bearbeiten merkt man, dass die Zeit, die Wireshark benötigt um zu filtern, unerträglich lange ist.

8.3.1 Ringpuffer verwenden

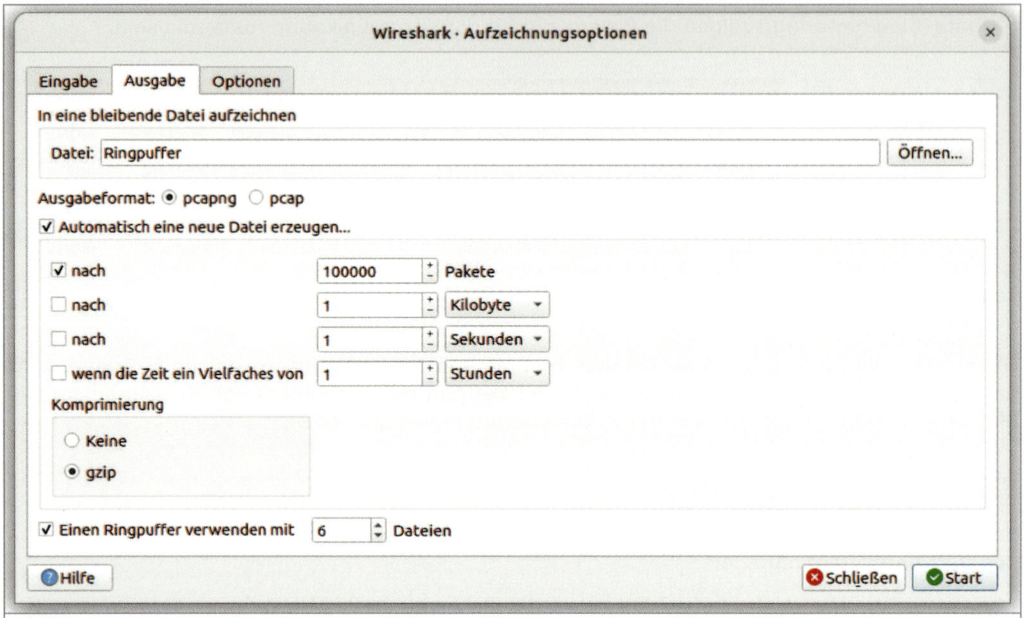

Bild 8.4: Ringpuffer einstellen

Bild 8.4 zeigt, wie man einen Ringpuffer mit 6 Dateien erzeugt. Dabei werden jeweils 100.000 Pakete in eine Datei gespeichert. Jede Datei erhält den angegebenen Dateinamen und wird um eine laufende Nummer sowie Datum und Uhrzeit erweitert:

```
Ringbuffer _ 00197 _ 20231130202641
```

Die älteste Datei wird dabei wieder gelöscht, sodass nur die angegebene Anzahl von Dateien auf der Platte liegen.

Wireshark schreibt nun den Datenverkehr in Dateien auf die Festplatte, indem es den angegebenen Dateinamen verwendet und daran Datum mit Uhrzeit anhängt.

Wenn das von Ihnen gesuchte Ereignis eintritt, können Sie nach Datum und Uhrzeit in den Mitschnitten suchen. Wenn die angegebene Bedingung erfüllt ist, wird eine neue Datei erzeugt.

Um die Anzahl der Dateien nicht unendlich groß werden zu lassen, verwendet man einen **Ringpuffer**, der die Dateien auf die angegebene Anzahl begrenzt und jeweils die älteste wieder überschreibt.

TIPP

Speichert man die Mitschnittdateien gezippt ab, spart man Speicherplatz und die Schreib-/Lesezeiten werden kürzer.

8.3.2 Mitschnittlänge limitieren

Eine sinnvolle Möglichkeit, die Mitschnitte klein zu halten ist, nur die Header aufzuzeichnen und die Nutzdaten nicht. Bei den Aufzeichnungsoptionen kann man die Mitschnittlänge einstellen. Limitiert man die Mitschnitte auf 100 Byte, so sind die wichtigsten Headerdaten im Mitschnitt vorhanden (Ethernet-Header 18 Byte, IP-Header 20 Byte (IPv4) oder 40 Byte (IPv6), TCP-Header 20

Byte. Ein kompletter Frame umfasst 1514 Bytes, so dass sich mit diesem Trick die Menge der aufgezeichneten Daten sich wesentlich verringert.

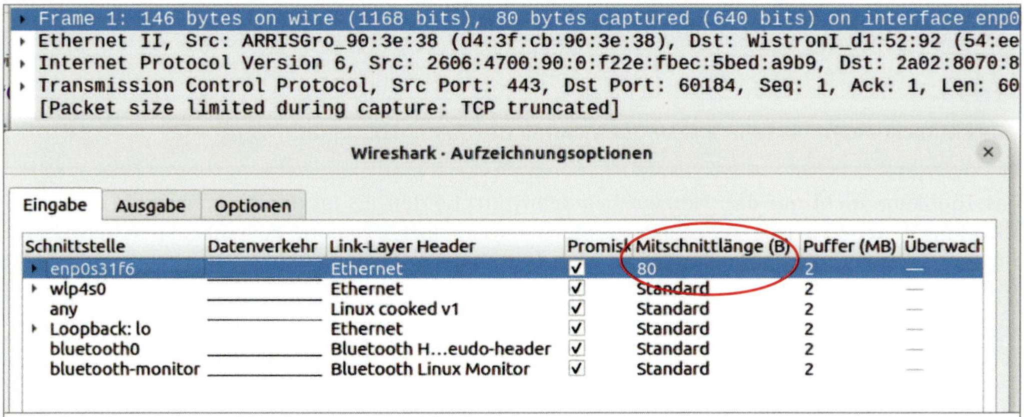

Bild 8.5: Mitschnittlänge der Pakete limitieren

Die Abbildung oben zeigt die Einstellung für die Mitschnittlänge auf 80 Byte. In den Paketdetails wird beim Frame angezeigt, dass 146 Byte empfangen wurden aber nur 80 Bytes aufgezeichnet. Die Daten bei TCP sind daher verkürzt. Die Header sind dabei aber vollständig erhalten.

8.4 Das Konsolenprogramm *tshark*

Oftmals soll auf Systemen gesnifft werden, die über keine grafische Oberflächen verfügen (beispielsweise Server). Hier kann Wireshark nicht eingesetzt werden.

Es gibt mehrere Möglichkeiten um trotzdem den Datenverkehr zu überwachen.

Wireshark ohne GUI ist das das Tool *tshark*. Mit tshark können die Datenpakete als Text am Bildschirm ausgegeben werden. Ebenso kann eine Capture-Datei erstellet werden, um anschliessend an einem anderen Rechner mit Wireshark zu analysieren (siehe hierzu auch Kapitel 13.7 Fernzugriff).

Wenn TShark Pakete auf der Standardausgabe anzeigt, schreibt es standardmäßig eine Zusammenfassungszeile mit den Feldern, die in der Voreinstellungsdatei angegeben sind (das sind auch die Felder, die im Paketlistenfenster in Wireshark angezeigt werden), obwohl es das Feld „Frame-Nummer" nicht anzeigt, wenn es Pakete schreibt, während es sie erfasst, anstatt Pakete aus einer gespeicherten Erfassungsdatei zu schreiben.

```
~$ tshark
Capturing on ‚enp0s31f6'
** (tshark:386712) 07:00:24.554401 [Main MESSAGE] -- Capture started.
** (tshark:386712) 07:00:24.554505 [Main MESSAGE] -- File: „/tmp/wireshark_
enp0s31f65BVPZ1.pcapng"
1 0.000000000 fe80::c1d9:a7eb:cafd:c009 → ff02::16 ICMPv6 Multicast Listener Report Mes-
sage v2
2 0.259315598 192.168.0.252 → 34.107.221.82 HTTP GET /success.txt?ipv4 HTTP/1.1
3 0.259479711 2a02:8070:8e81:9740:2789:8e1e:a685:49d4 → 2a02:8070:8e81:9740:d63f:cbff:fe90
:3e38 DNS Standard
query 0x50a6 A ipv4only.arpa OPT
4 0.260668809 2a02:8070:8e81:9740::1269 → 2600:1901:0:38d7:: HTTP GET /success.txt?ipv6
HTTP/1.1
```

```
5 0.260685753 2a02:8070:8e81:9740:2789:8e1e:a685:49d4 → 2a02:8070:8e81:9740:d63f:cbff:fe90
:3e38 DNS Standard
query 0xc157 AAAA ipv4only.arpa OPT
```

Bild 8.6: tshark-Aufzeichnung – zeigt die einzelnen Pakete an

TIPP

Das Mitschneiden bei tshark beendet man mit der Tastenkombinatin Strg + Z

Das Tool kann nicht nur den Netzwerkverkehr mitscheiden. Es ist darüber hinaus in der Lage, Mitschnittdateien in einer Vielzahl von Dateiformaten einzulesen und auch abzuspeichern. Beim Einlesen können Filter angewendet werden.Tshark benutzt dieselben Aufzeichnungsfilter wie Wireshark. Aber trotzdem ist das Auswerten am Bildschirm keine leichte Aufgabe.

8.4.1 Dateiformate konvertieren

Gespeicherte Mitschnitte können mit tshark in einem üblichen Dateiformat eingelesen (Option -r) und auch wieder ausgegeben werden (Option -w). Dadurch kann tshark als Formatkonverter auf Konsolenebene benutzt werden.

```
$ tshark -r <Mitschnittdatei.pcapng> -w <Mitschnitt-neu.pcap>
```

8.4.2 Mitschnitte an der Konsole filtern

Gespeicherte Mitschnitte können mit tshark mit Lesefilter (Option -R) eingelesen und gefiltert werden. Dabei wird die Syntax der Anzeigefilter verwendet. Mit der Option -w <Ausgabedatei> wird die gefilterte Datei wieder als Mitschnittdatei abgespeichert. Auf dieser Weise kann man Mitschnitte von uninteressanten Paketen befreien und die Dateigröße verkleinern.

Beispiel:

```
$ tshark -2 -r https-surfen.pcapng -R ip.addr==192.168.0.1 -w surfen1.pcap
```

In diesem Beispiel wird die Datei https-surfen.pcapng eingelesen. Dabei wird der Lesefilter (-R) für die IP-Adresse 192.168.0.1 verwendet. Das Ergebnis wird in die Datei surfen1 mit dem Dateiformat pcap geschrieben.

TIPP

Mehrere Mitschnittdateien können mit tshark in Batch-Betrieb oder Powershell sehr schnell gefiltert werden. Ebenso lassen sich Mitschnitt-Dateiformate ändern!

8.4.3 URLs automatisch aus Mitschnitt exportieren

Falls der Paketmitschnitt sehr groß ist und eine Menge URLs zu erwarten sind, kann man mit tshark alle URLs exportieren. Dies ist beispielsweise interessant, wenn man herausfinden möchte, wer mit welchen Internetseiten kontakt hatte. Der Befehl dazu lautet:

```
$ tshark -2 -r <Pfad/Dateiname-des-Mitschnitts> -T fields -e http.host -R http.request
```

Die Option -2 ist notwendig, damit tshark zwei Mal den Mitschnitt durchsucht. Der Option -r folgt der Dateiname des zu durchsuchenden Mitschnitts. Mit -T wird angegeben, dass bestimmte Felder ausgegeben werden sollen. Mit der Option -e wird der Name der auszugebenden Felder angegeben. -R definiert den Lesefilter.

Die Ausgabe dieses Befehls sieht folgendermaßen aus:

```
$ tshark -2 -r https-surfen.pcapng -T fields -e http.host -R http.request
r3.o.lencr.org
ocsp.sectigo.com
r3.o.lencr.org
ocsp.sectigo.com
r3.o.lencr.org
r3.o.lencr.org
ocsp.godaddy.com
ocsp.sectigo.com
ocsp.sca1b.amazontrust.com
connectivity-check.ubuntu.com
hs-esslingen.
...
```

Auch aus verschlüsselten Mitschnitten lassen sich die Namen der besuchten Server extrahieren. Der Befehl dazu lautet:

```
$ tshark -2 -r <Pfad/Dateiname-des-Mitschnitts> -T fields -e tls.handshake.extensions_
server_name -e ipv6.dst -e ipv6.src -e ip.dst -e ip.src -R tls.handshake.extensions_
server_name -w testxxxt
~$ tshark -2 -r https-surfen.pcapng -T fields -e tls.handshake.extensions_server_name
-e ipv6.dst -e ipv6.src -e ip.dst -e ip.src
-R tls.handshake.extensions_server_name -w testxy.pcapng
www.google.com 2a00:1450:4001:831::2004 2a02:8070:8e81:9740::9ccb
www.google.com 2a00:1450:4001:831::2004 2a02:8070:8e81:9740::9ccb
www.heise.de 2a02:2e0:3fe:1001:7777:772e:2:85 2a02:8070:8e81:9740::9ccb
cmp.heise.de 108.138.17.89 192.168.0.54
yxsu5ufd2m.kameleoon.eu 2606:4700:20::ac43:4832 2a02:8070:8e81:9740::9ccb
cmp.heise.de 108.138.17.89 192.168.0.54
eu-api-tracker.kameleoon.eu 195.201.164.250 192.168.0.54
```

Bild 8.7: tshark extrahiert eine List von Hosts aus einer Mitschnittdatei mit verschlüsselter Übertragung

Im Beispiel aus Konsole 2 werden mehrere Felder, die jeweils mit -e angegeben werden, angezeigt. Es sind hier die Servernamen sowie die IP- Ziel- und Quelladressen.

Die Option -w schreibt die Pakete in eine pcapng-Datei.

8.4.4 Protokollhierarchie ausgeben

Die Protokollhierarchie eines Mitschnitts kann auch an der Konsole mit tshark angezeigt werden. Der Befehl dazu autet:

```
$ tshark -2 -r <Mitschnittdatei> -z io,phs -q
```

Beispiel:

```
$ tshark -r erster-Versuch.pcapng  -z io,phs -2 -R udp -q
===================================================================
Protocol Hierarchy Statistics
Filter:

eth                                         frames:23 bytes:2660
  ipv6                                      frames:11 bytes:1461
    udp                                     frames:11 bytes:1461
      data                                  frames:4 bytes:658
      mdns                                  frames:3 bytes:361
      llmnr                                 frames:4 bytes:442
ip                                          frames:12 bytes:1199
    udp                                     frames:12 bytes:1199
      snmp                                  frames:3 bytes:360
      mdns                                  frames:5 bytes:477
      llmnr                                 frames:4 bytes:362
===================================================================
```

Im Beispiel oben durchläuft die Datei „erster-Versuch.pcapng" zwei Mal das Programm. Mit der Option -R (als Lese-/Anzeigefilter) werden nur die UDP-Pakete berücksichtigt.

8.5 Das Konsolenprogramm *termshark*

Wireshark benötigt eine grafische Benutzeroberfläche, was bedeutet, dass man in Bezug auf den Ort, an dem man die Analyse durchführen kann, etwas eingeschränkt ist. Das genutzte Gerät muss zumindest in der Lage sein, eine grafische Benutzeroberfläche bereitzustellen. In Wireshark ist tshark hierfür vorgesehen. Dieses Programm verfügt jedoch nicht über die intuitiven Benutzerelemente von Wireshark und ist schwer zu bedienen. Was man in der Praxis wirklich braucht, ist Termshark! Termshark ist im Grunde die futuristische Terminalversion von Wireshark und in Go geschrieben, was diesem Programm seine leichtgewichtigen und effektiven Eigenschaften verleiht. Es ist perfekt mit tshark integriert und bildet mit diesem eine synchronisierte interaktive Einheit. Einfach ausgedrückt: Termshark fungiert als interaktive Terminalschnittstelle, die tshark fehlt.

Termshark nutzt die Funktionalität von tshark und Wireshark, nur auf der Kommandozeile. Inzwischen wird Termshark auch auf den folgenden Plattformen unterstützt: Linux, OS X und Windows.

Man kann mit termshark Datenverkehr live mitschneiden oder abgespeicherte Mitschnitte öffnen. In beiden Fällen kann man Filter verwenden.

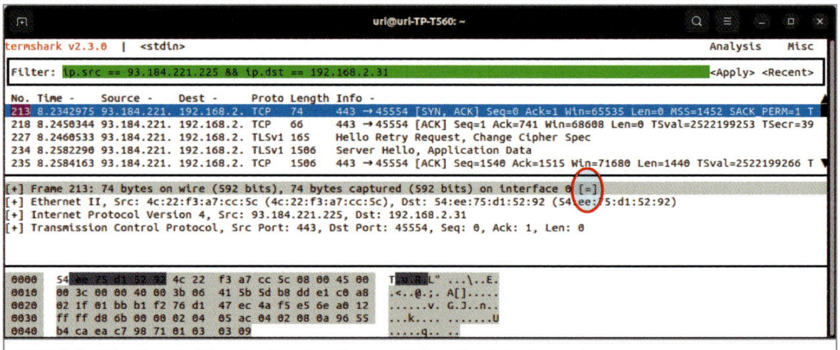

Bild 8.8: Die 3-geteilte Ansicht, wie von Wireshark bekannt

Die Anzeige ist dreigeteilt in Paketliste, Paketdetails und Rohdaten. Mit der Tab-Taste (oder Strg + w) wechselt man den Fokus von einem Feld zum nächsten. Filter lassen sich, analog zu Wireshark, in einer Filterzeile eingeben. Die Syntax-Prüfung des Filterausdrucks funktioniert auch hier.

Ähnlich zum Kontextmenü in Wireshark, lassen sich auch hier in den Paketdetails Filter erstellen und Spalten einfügen. Dazu wird der Fokus in eine Zeile gesetzt. Es erscheint ein =-Zeichen am Zeilenende. Ein Klick auf dieses Zeichen öffnet das Kontextmenü.

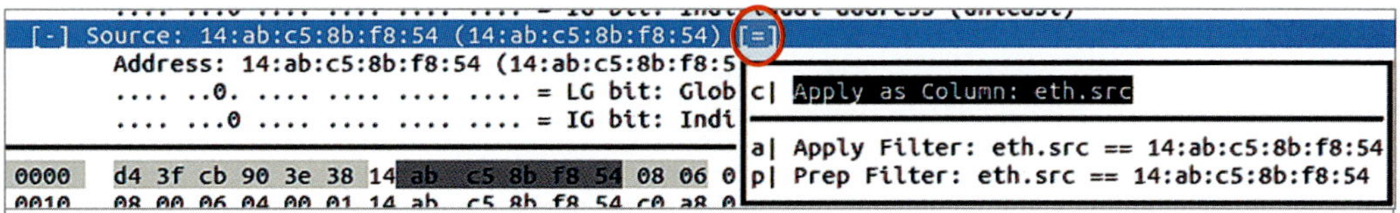

Bild 8.9: Detail-Ansicht mit [=]-Symbol zum Öffnen des Kontextmenüs

Der Menüpunkt <Recent> öffnet die Liste der zuletzt verwendeten Mitschnittdateien.

Über den Menüpunkt <Analysis> lassen sich u. a. die Eigenschaften der Mitschnittdatei anzeigen. Conversations zeigt die Verbindungen von Ethernet, IPv4, IPv6, TCP und UDP an. Aus diesen Verbindungen lassen sich auch Filter-Strings generieren.

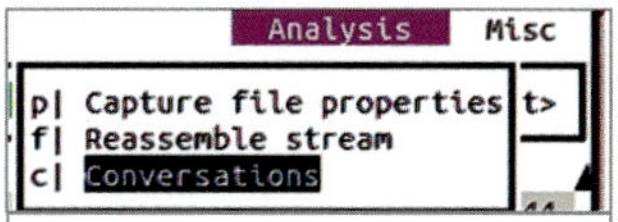

Bild 8.10: Analyse-Menü

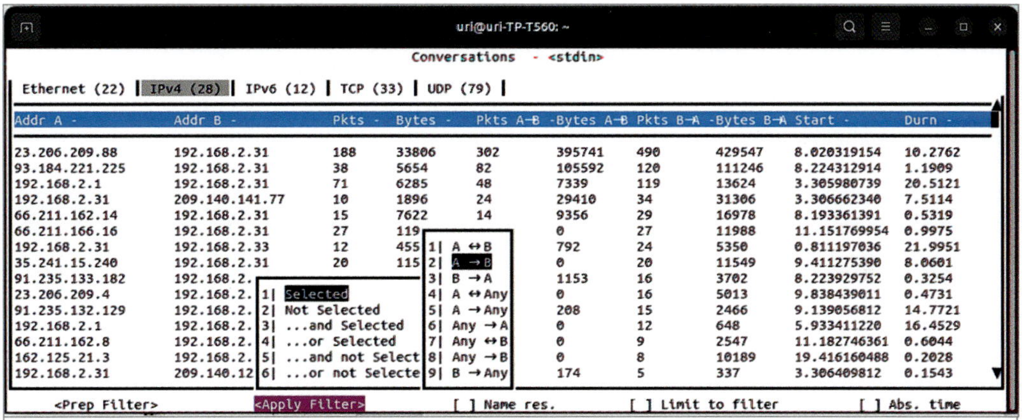

Bild 8.11: Liste der Verbindungen mit Filtermöglichkeit

Im Menü <Misc> lassen sich die Spalten der Paketliste editieren, Hilfe abrufen oder das Programm beenden.

Zum Speichern eines Mitschnitts kann man beim Aufruf einen Dateinamen angeben (-w).

```
termshark -i eth0 -w datei.pcap
```

schreibt die Aufzeichnung in die angegebene Datei.

Termshark kann auch gleichzeitig mehrere Interfaces aufzeichnen:

```
termshark -i eth0 -i eth1
```

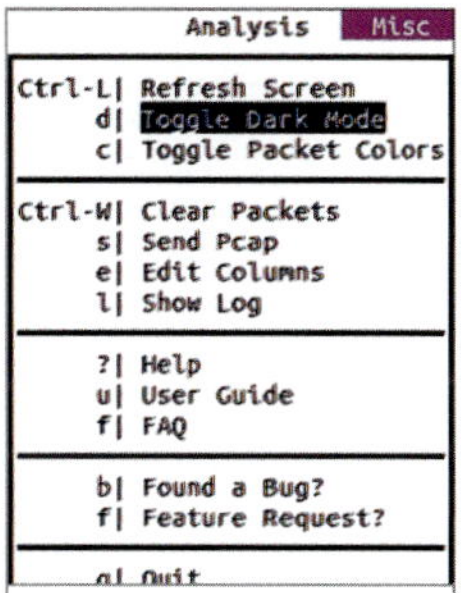

Bild 8.12: Menü „Verschiedenes", Misc

FILTER

Die Filterangabe beim Aufruf von Termshark wird beim Einlesen von einem Interface (Schalter -i, Interface) als Aufzeichungsfilter (Capturefilter) interpretiert. Nicht aufgezeichnete Daten können nicht angezeigt werden.

`termshark -i eth0 ip` startet den Livemitschnitt auf Interface eth0 und filtert alle IP-Pakete (Aufzeichnungsfilter).

Beim Öffnen einer Datei (Schalter -r, read) wird die Filterangabe als Anzeigefilter (Displayfilter) interpretiert.

`termshark -r datei.pcap icmp` öffnet die Datei „datei.pcap", filtert dabei alle ICMP-Pakete und zeigt sie an (Displayfilter).

Termshark kann auch Daten auf der Standardschnittstelle empfangen. Beispielsweise kann mit tcpdump oder tshark aufgezeichnet werden, die Daten werden an die Standardschnittstelle weitergeleitet. Hier kann sie Termshark empfangen und anzeigen.

```
tshark -i eth0 -w - arp | termshark
```

tshark sammelt Daten auf Interface eth0, filtert ARP-Pakete heraus und schreibt sie auf „-", die Standardschnittstelle. Termshark empfängt die Daten auf der Standardschnittstelle und zeigt sie an.

TIPP

Fenster, die durch Menüs geöffnet wurden, lassen sich meist durch die ESC-Taste schließen. Strg + z beendet termshark.

Mit termshark -h lässt sich an der Konsole die Hilfeseite öffnen. Bei laufendem Programm kann durch die Eingabe eines Fragezeichens (?) ein Hilfefenster geöffnet werden.

Bild 8.13: Eingebaute Hilfeseite (?-Taste)

8.6 Firewall Regeln definieren

Firewalls schützen Netzwerke vor ungewolltem Zugriff. Dazu verwenden Sie Regeln. Um solche Regeln für Firewalls zu erstellen, stellt Wireshark eine starke Funktion bereit. Man sucht dazu in einem Mitschnitt ein Paket, welches durch eine Firewall geblockt oder durchgelassen werden soll. Man markiert das entsprechende Paket und öffnet anschließend das Menü Tools - Firewall ACL Regeln.

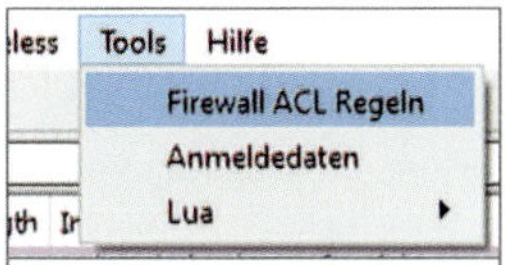

Bild 8.14: Wireshark Firewall-Tool aufrufen

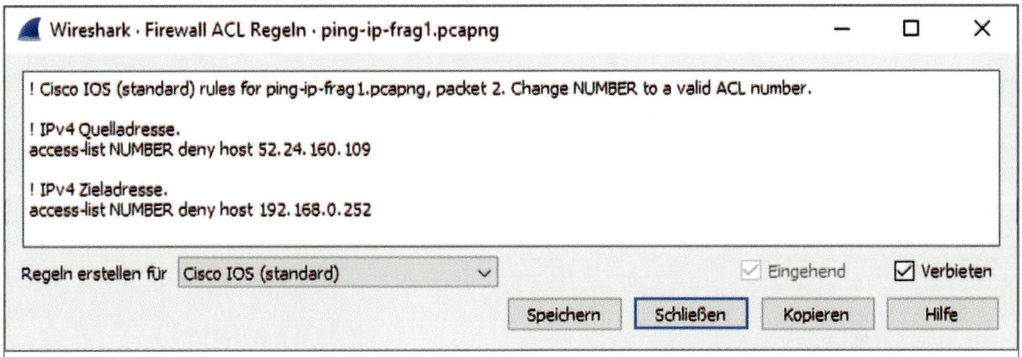

Bild 8.15: Firewall-Regel für Cisco IOS

Es öffnet sich ein Fenster, in dem der Ausdruck angezeigt wird, wie er in die Filterliste einer Firewall eingegeben werden kann. Man kopiert sich den gewünschten Eintrag aus diesem Fenster mit der Schaltfläche „Kopieren" in die Zwischenablage und fügt diese Firewall-Regel anschließend in den Regelsatz der Firewall ein.

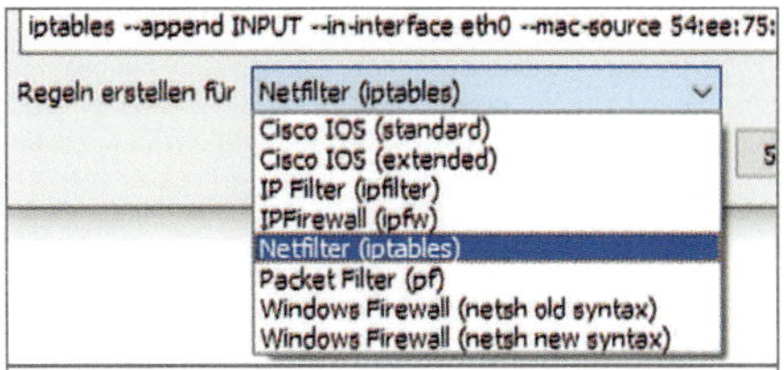

Bild 8.16: Auswählen des Firewall-Typs

Über das Auswahlfeld „Regeln erstellen für" lässt sich die Syntax für die jeweilige Firewall einstellen. Man sieht, dass sich die Syntax teilweise doch ziemlich unterscheidet.

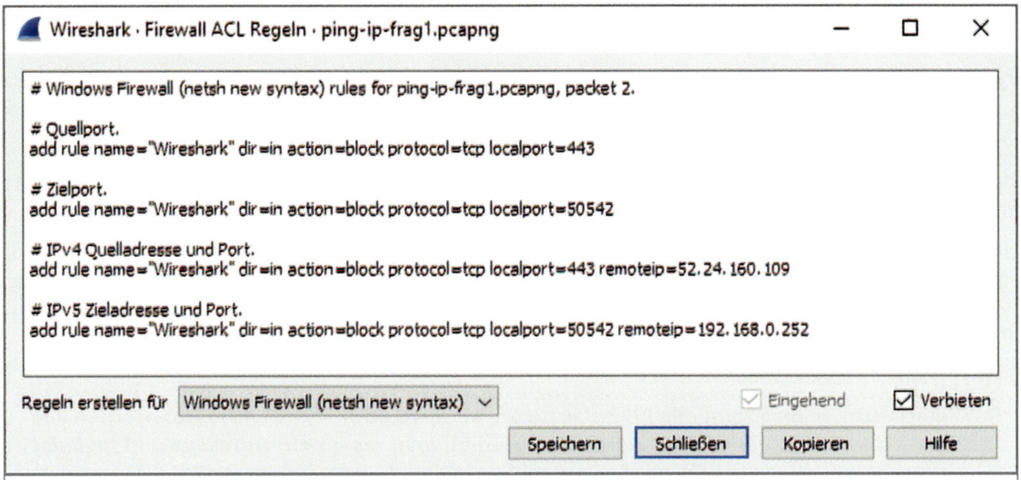

Bild 8.17 zeigt die selbe Regel wie Bild 8.15, hier für eine Windows Firewall.

9 Wireshark Analyse einiger IPv6 Protokolle

Bewegt man den Mauszeiger beim Startbildschirm von Wireshark über den „Heartbeat" eines Interfaces, so erscheinen in einem Popup-Window die dem Interface zugeordneten Adressen.

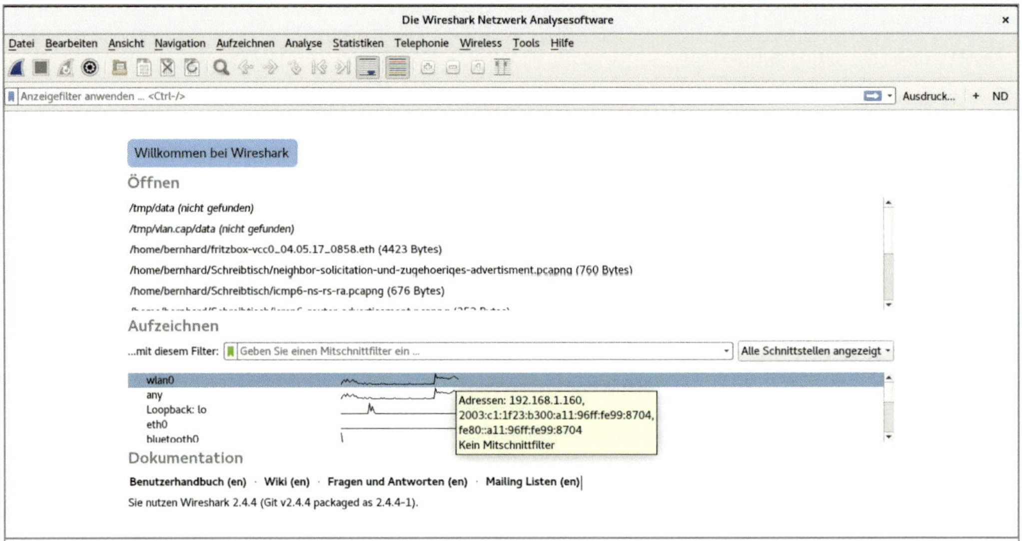

Bild 9.1: Wireshark und IPv6

Falls eine IPv6-Verbindung ins Internet bestehen sollte, beginnt die angezeigte Adresse mit Hexadezimalwerten zwischen 2000 und 3fff. Auf jeden Fall ist auf einem aktuellen System mit aktiviertem IPv6-Stack eine Link-Lokale-Adresse beginnend mit fe80:: zu finden.

Damit ist Wireshark von Haus aus fähig, IPv6-Verbindungen mitzuschneiden. Die Analyse läuft hierbei wie beim Internet Protocol (IP) auf Layer 3 des ISO/OSI-Schichtenmodells ab.

Um nur den IPv6-Verkehr im Mitschnitt sehen zu können reicht es aus in die Filterzeile *ipv6* einzugeben. Danach werden nur noch Pakete mit IPv6 Adressen dargestellt. Sieht man sich die Details auf Layer 3 an erkennt man auch die Bitkombination 0110 (dezimal 6), was der verwendeten IP-Version entspricht.

FILTER

Der Filterausdruck ***ipv6*** zeigt alle IPv6-Pakete an. Mit ***ipv6.addr == <IP-Adresse>*** werden alle Pakete mit der angegebenen IPv6-Adresse angezeigt. ***Ipv6.src == <IP-Adresse>*** und ***Ipv6.dst == <IP-Adresse>*** zeigen die Pakete der angegebenen Quell-, bzw Zieladresse an.

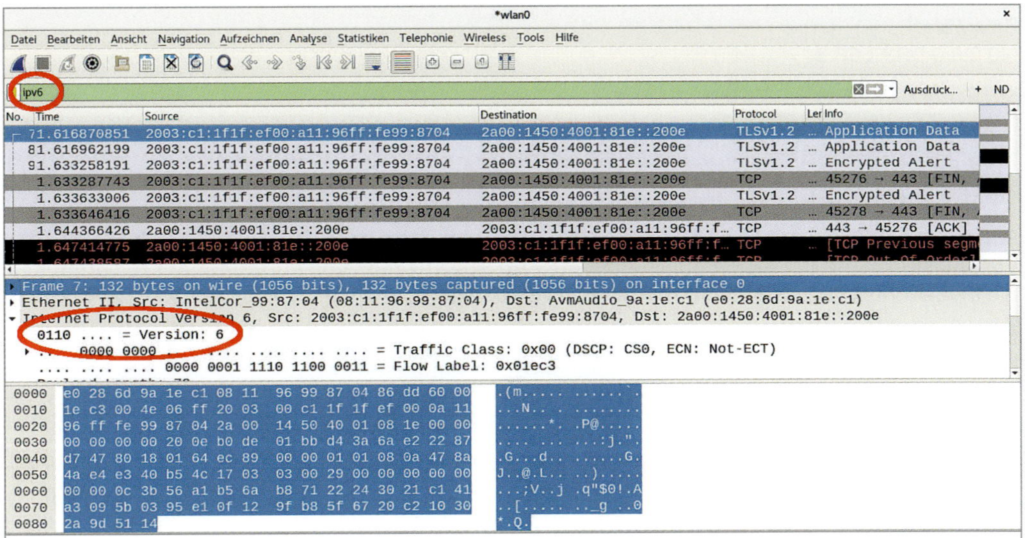

Bild 9.2: Einfaches filtern nach IPv6-Paketen

9.1 Einführung in IPv6-Adressen

Die Darstellung von IPv6-Adressen kann in dezimaler, oktaler oder hexadezimaler Form erfolgen. Um eine gewisse logische Zusammengehörigkeit der einzelnen Oktetts zu ermöglichen, werden bei der hexadezimalen Darstellung die einzelnen Oktetts durch einen Doppelpunkt getrennt. Die bevorzugte Darstellung einer IPv6-Adresse hat folgendes Format:

x:x:x:x:x:x:x:x	(x entspricht 16 Bit, dargestellt als 4 Hexadezimalzahlen)

Bild 9.3: Klassischer Aufbau einer IPv6-Adresse

Die Werte x entsprechen einem hexadezimalen Wert der acht 16-Bit-Worte einer Adresse. Die 128 Bit der IPv6-Adresse werden in acht Abschnitte zu je 16 Bit unterteilt. Diese Abschnitte werden jeweils durch ein Trennzeichen, einen Doppelpunkt („:"), unterteilt. Die 16 Bit eines Abschnittes werden durch vier hexadezimale Ziffern (0...9, A...F), notiert. Die Buchstaben der Hexadezimalziffern können als Groß- oder Kleinbuchstaben geschrieben werden („case-unsensitive").

Beispiele:
FEDC:BA98:7654:3210:FEDC:BA98:7654:3210
1080:0:0:0:8:800:200C:417A

Am Anfang eines Feldes müssen die 0-Werte nicht dargestellt werden.

- Durch die unterschiedlichen Adresstypen kann es vorkommen, dass einige Bestandteile einer IPv6-Adresse aus langen 0-Werte-Sequenzen bestehen. Zur Vereinfachung der Schreibweise dieser Adressen können die 0-Werte anhand einer speziellen Syntax komprimiert werden. Die Multicast-Adresse FF01:0:0:0:0:0:0:43 kann dadurch auch als FF01::43 geschrieben werden. Der Wert „::" darf jedoch immer nur einmal in einer Adresse auftreten.
- Innerhalb eines Netzes, in dem sowohl IPv4- als auch IPv6-Rechner eingesetzt werden, lässt sich das folgende Adressformat einsetzen: x:x:x:x:x:x:d.d.d.d. Die Werte *x* entsprechen den sechs High-Order 16-Bit-Worten der jeweiligen Adresse. Die Werte *d* entsprechen den vier Low-Order 8-Bit-Worten der jeweiligen Adresse. Die Werte *d* entsprechen somit der jeweiligen IPv4-Adresse.

Beispiele:
0:0:0:0:0:0:13.1.68.3
0:0:0:0:0:FFFF:129.144.52.38

in komprimierter Form (ohne führende Nullen):

::13.1.68.3
::FFFF:129.144.52.38

Bei der Darstellung der IPv6-Adresse in der URI-Form („Uniform Resource Identifiers") muss, um Kollisionen mit der bisher üblichen Syntax zur Spezifikation von Portnummern zu vermeiden, die IPv6-Adresse in eckige Klammern („[...]") gesetzt werden.

Beispiele:
http://[IPv6-Adresse]:Portnummer/Dateien- bzw. Verzeichnisname
http://[xxxx:xxxx:xxxx:xxxx:xxxx:xxxx:xxxx:xxxx]:pppppp/name
http://[4030:00BC:0000:00A4:0267:01FF:FE01:7352]:80/verz/index.html

Weiterhin gibt es die Präfix-Notation, die in etwa dem CIDR entspricht. Der Präfix definiert dabei die Anzahl der Bits, die dem Präfix angehören. Die Syntax der Präfix-Adressen lautet: IPv6-Adresse/Präfix-Länge

Beispiele:
xxxx:xxxx:xxxx:xxxx:xxxx:xxxx:xxxx:xxxx/bbb

4030:00BC:0000:00A4:0267:01FF:FE01:7352/56

Bei folgenden Beispielen handelt es sich um gültige Darstellungen des 60-Bit-Präfix 12AB00000000CD3 (hexadezimal):

12AB:0000:0000:CD30:0000:0000:0000:0000/60
12AB::CD30:0:0:0:0/60 Der erste Null-Block wurde durch ::zusammengefasst
12AB:0:0:CD30::/60 Der zweite Null-Block wurde durch ::zusammengefasst

9.2 Aufbau von IPv6-Adressen

Die IPv6-Adressen werden nicht einem Gerät zugeordnet, sondern haben nur eine Bedeutung für ein Interface. Zum Ansprechen eines IPv6-Geräts kann jede der Unicast-Adressen verwendet werden, die einem seiner einzelnen Anschlüsse zugeordnet verwendet wird. Der IPv6-Standard sieht außerdem die Zuordnung mehrere Unicast-, Anycast- und Multicast-Adressen zu einem Interface vor. Auch der umgekehrte Fall, bei dem eine IPv6-Adresse mehreren Interfaces zugeordnet wird, ist vorgesehen. Damit wird die starre IPv4-Zuordnung einer IP-Adresse zu einem Interface aufgebrochen und die Grundlage für eine intelligente Lastverteilung gelegt. Verfügt ein Server oder eine Koppelkomponente (Router, Switch) über mehrere Netzanschlüsse, können die zu übermittelnden Datenströme automatisch auf die verfügbaren Interfaces verteilt und somit schnellstmöglich übertragen werden.

9.2.1 Scopes

Scopes dienen zur Begrenzung der Reichweite von IPv6-Adressen. Man unterscheidet im Wesentlichen zwischen dem Global- und dem Link-Local Scope. Adressen aus dem globalen Bereich werden weltweit geroutet. Der Link-Local-Scope hingegen dient zur Kommunikation innerhalb eines Subnetzes, insbesondere dann, wenn noch keine globale Adresse vor liegt. Sie sind erkennbar an fe80 :: /10. Sie werden für Unterprotokolle konsequent eingesetzt wie wir im späteren Verlauf noch sehen werden.

9.2.2 Unicast-Adressen

IPv6-Unicast-Adressen sind im Allgemeinen aggregierbar, mit zusammenhängenden bitweisen Masken. Daher gibt es auch verschiedene Formen von Unicast-Adressen. Beim IPv6 gibt es zum Beispiel die global aggregierbare globale Unicast-Adresse, die NSAP-Adresse, die standortlokale Adresse, die linklokale Adresse und die IP-v4-kompatible Adresse.

Die einfachste Form einer IPv6-Rechneradresse hat folgendes Format:

0										1										2										3	
0	1	2	3	4	5	6	7	8	9	0	1	2	3	4	5	6	7	8	9	0	1	2	3	4	5	6	7	8	9	0	1
Knotenadresse																															
Knotenadresse (Fortsetzung)																															
Knotenadresse (Fortsetzung)																															
Knotenadresse (Fortsetzung)																															

Bild 9.4: Format einer IPv6-Adresse

Im Gegensatz zu IPv4 muss bei IPv6-Unicast-Adressen berücksichtigt werden, wozu der Host tatsächlich in der Lage ist (d. h. die Funktionalität eines einfachen Hosts im Gegensatz zu der eines Routers). Der Host selbst kann beispielsweise keine Ahnung von der internen Struktur einer Version 6 Adresse haben, weshalb die Adresse in diesem Fall nur als 128-Bit-String ohne integrale Hierarchie betrachtet wird. In ähnlicher Weise kann ein Host mit einem geringen Grad an Komplexität die Subnetz-Präfixe für die Verbindungen kennen, mit denen er verbunden ist. In diesem Fall würde die Adresse die höherwertigen Bits zur Definition des Subnetzes und die niederwertigen Bits zur Definition der Schnittstelle enthalten. Da verschiedene Subnetze natürlich unterschiedliche Präfixlängen aufweisen können, kann der in der nachfolgenden Darstellung gezeigte Wert von Subnetz zu Subnetz variieren.

n Bits	128-n Bits
Subnetz Präfix	Interface ID

Bild 9.5: Unicast-Adresse (Beispiel 1)

Mehrere Formatpräfixe erfordern, dass die Schnittstellen-IDs 64 Bit lang sein müssen und im IEEE EUI-64-Format (EUI-64) angegeben werden. Diese Kennungen haben in der Regel einen globalen Geltungsbereich, wenn eine globale Adresse (d. h. eine IEEE-48-Bit-MAC-Adresse) verfügbar ist, oder einen einfachen lokalen Geltungsbereich, wenn keine solche globale Adressierung vorhanden ist (wie im Fall einer seriellen Verbindung usw.). In diesen Fällen wird das universell/örtlich verwaltete Bit innerhalb der EUI-64-Adresse verwendet, um anzuzeigen, ob die Schnittstellen-ID das lokale Bit (Wert = 0) oder eine universelle Bit (Wert = 1) Bedeutung hat. Die ersten drei Oktette einer EUI-64-Kennung sehen wie in der nachfolgenden Abbildung dargestellt aus.

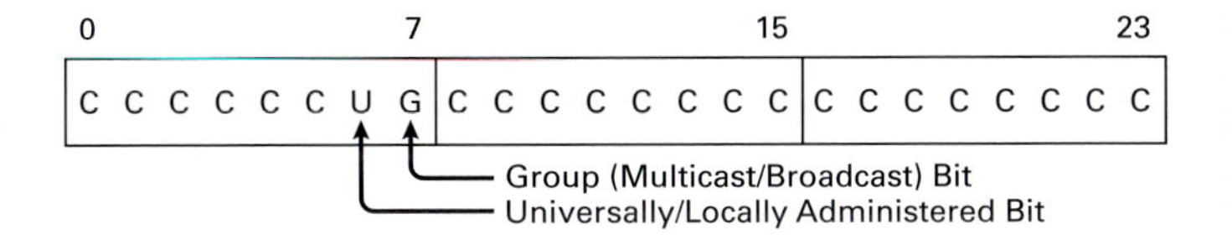

Bild 9.6: EUI-64-Adressoktette

9.2.3 Multicast-Adressen

Die Multicast-Adressen dienen zur Adressierung mehrerer Interfaces in unterschiedlichen Rechnern. Wird ein Paket zu einer Multicast-Adresse gesendet, so wird dieses Paket von allen Interfaces, die der Multicast-Gruppe angehören, empfangen. Daher kann die Quelladresse (Source) eines Paketes nie eine Multicast-Adresse enthalten. Multicast-Adressen sind durch besondere Adressbereiche gekennzeichnet.

Durch eine IPv6-Multicast-Adresse ist ein Rechner in der Lage, eine fest definierte Gruppe von Rechnern zu adressieren. Die Multicast-Adressen haben folgendes Format:

8 Bit	4 Bit	4 Bit	112 Bit
FF	Flags	Scope	Gruppen ID

Bild 9.7: Multicast-Adresse

Eine MulticastAdresse wird durch ein 8 Bit langes Feld am Anfang der Adresse (Wert = 11111111) gekennzeichnet.

Reservierte Multicast-Adressen.
Die folgenden Multicast-Adressen wurden für besondere Zwecke reserviert:

All-Nodes-Adressen
Die folgenden Multicast-Adressen wurden zur Identifizierung von IPv6-Rechnergruppen reserviert und legen den Scope der jeweiligen Adresse (1= node-local, 2 = link-local):
FF01:0:0:0:0:0:0:1
FF02:0:0:0:0:0:0:1

All-Router-Adressen
Die folgenden Multicast-Adressen wurden zur Identifizierung von IPv6-Router-Gruppen reserviert und legen den Scope der jeweiligen Adresse (1= node-local, 2 = link-local, 5 = site-local):
FF01:0:0:0:0:0:0:2
FF02:0:0:0:0:0:0:2

DHCP-Server/Relay-Agent
Die folgenden Multicast-Adressen wurden zur Identifizierung von IPv6-DHCP-Server und Relay-Agent-Gruppen innerhalb des Scopes 2 (link-local) reserviert:
FF02:0:0:0:0:0:1:0

Solicited-Node-Adresse:
Die als „Solicited-Node-Adresse" bezeichnete Multicast-Adresse wird aus der Unicast- und der Anycast-Adresse des jeweiligen Rechner gebildet. Die Solicited-Node-Multicast-Adresse wird aus den niederwertigen 24 Bit der Unicast- oder Anycast-Adresse mit einem voran geschalteten 104 Bit langem Präfix FF02:0:0:0:0:1:FF00::/104 gebildet. Aus diesem Grund haben die Solicited-Node-Adressen folgende Wertebereiche:

FF02:0:0:0:0:1:FF00:0000 bis FF02:0:0:0:0:1:FFFF:FFFF

9.2.4 Anycast-Adressen

IPv6 benutzt im Gegensatz zu IPv4 keine Broadcast-Adressen. Die Funktion des allgemeinen Broadcasts wird von Multicast-Adressen übernommen. Beim IPv6 wird ein neues Verfahren zur Adressierung mehrerer Endgeräte genutzt. Dieses Verfahren wird als Anycasting bezeichnet. Beim Anycasting sind mehrere Endgeräte (Interfaces) unter einer gemeinsamen Adresse erreichbar. Ein fester Bestandteil jeder registrierten Anycast-Adresse ist der Präfix P. Dieser Präfix dient zur eindeutigen Identifikation einer topologischen Region. Zu dieser Region gehören alle Interfaces, denen die jeweilige Anycast-Adresse zugeordnet wurde. Innerhalb einer Region muss jedes Mitglied der Anycast-Gruppe durch einen separaten Eintrag in den Routing-Systemen (auch Host-Route genannt) propagiert werden.

Die Anycast für Subnet-Router wurde im Standard definiert und hat folgendes Format:

n Bits	128-n Bits
Subnetz Präfix	00000000000000

Bild 9.8: Anycast-Adressen

Der „Subnet-Präfix" in einer Anycast-Adresse wird zur Identifizierung des jeweiligen Links verwendet. Diese Anycast-Adresse entspricht von der Syntax her genau einer Unicast-Adresse eines Interfaces eines bestimmten Links, bei dem der Interface-Identifikator auf den Wert = 0 gesetzt wurde.

Alle an eine Subnet-Router-Anycast-Adresse gesendeten Pakete werden zwangsläufig nur an einen Router im Subnet übermittelt. Aus diesem Grund müssen alle Router auf den jeweiligen angeschlossenen Subnetz-Interfaces die Subnet-Router-Anycast-Adressen unterstützen.

9.3 IP(v4)- versus IPv6-Header

Vergleicht man den IP(v4)-Header (Bild 9.9) mit dem IPv6-Header (Bild 9.10) fällt zunächst auf, dass die Anzahl an Feldern deutlich geschrumpft ist. Damit wurden einige Altlasten über Bord geworfen um Router in ihrem Durchsatz zu optimieren. Andere Felder wurden hingegen umbenannt, in ihrer Funktion jedoch nicht groß verändert.

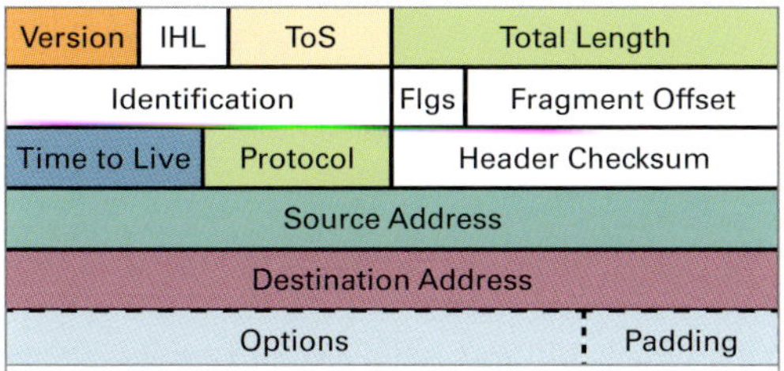

Bild 9.9: IPv4-Header

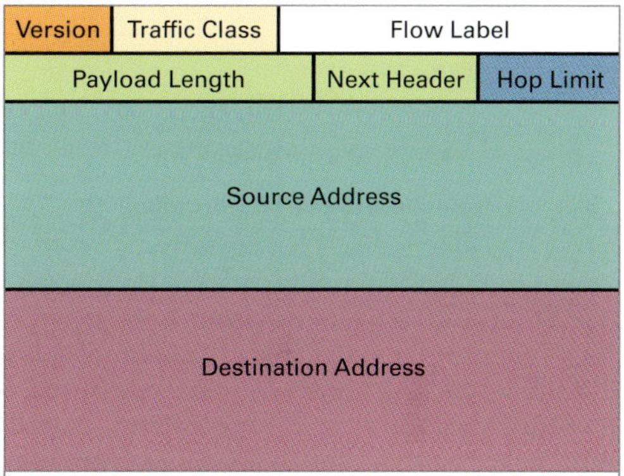

Bild 9.10: IPv6-Header

Im Versions-Feld steht nun binär eine 6 kodiert. IHL (IP Header Length) hingegen wurde gänzlich gestrichen da bei IPv6 der Header immer gleich lang ist, nämlich genau 40 Bytes. ToS (Type of Service) nennt sich nun Traffic-Class und wird dazu verwendet Pakete zu priorisieren ebenso wie das Feld FlowLabel bei Echtzeitanwendungen. Payload-Length gibt die Größe des Paketes ohne den Header an und Next-Header bestimmt die Art der Payload (z. B. TCP oder UDP). Hop-Limit ist vergleichbar mit der TTL (Time To Live) bei IP(v4) und bestimmt die maximale Anzahl an Routern, welche bis zum Ziel an jedem Router herunter gezählt wird. Source- und Destination-Adresse sind nun länger als bei IP(v4).

Auf eine Prüfsumme wurde verzichtet, da diese sowohl auf Layer 2 als auch auf Layer 4 bereits berechnet wird und zudem an jedem Router, wegen der sich ändernden TTL (jetzt Hop-Limit), neu berechnet werden musste. Ebenso sind die Flaggen und Fragmente verschwunden, da bei IPv6 Router keine Pakete mehr fragmentieren sondern via ICMPv6 eine Nachricht an den Ersteller schicken, mit der Bitte die Pakete doch kleiner zu machen.

9.4 Untersuchungen an IPv6-Protokollen

9.4.1 Neighbour Discovery Protokoll (NDP)

Das Neighbour Discovery Protokoll wurde als Ersatz für das unter IPv4 bekannte ARP (Address Resolution Protokoll) entwickelt und soll die Link-Layer-Adresse (lladdr, in der Regel die MAC-Adresse) eines anderen Hosts erfragen. Damit kann das IPv6 Paket in ein Layer 2 Paket eingepackt und adressiert werden. Hierfür wird eine Neighbour Solicitation (NS, ICMPv6 Typ 135) an die Multicast-Adresse ff02::1:ffxx:xxxx/104 gesendet, wobei die unteren 24 Bits (x) für die Multicast Gruppenidentifikation steht. Diese entsprechen genau unteren 24 Bits der Interface-ID.

Als Antwort bekommt der anfragende Host ein Neighbour Advertisement (NA, ICMPv6 Typ 136), welche die Link-Layer-Adresse (MAC) enthält.

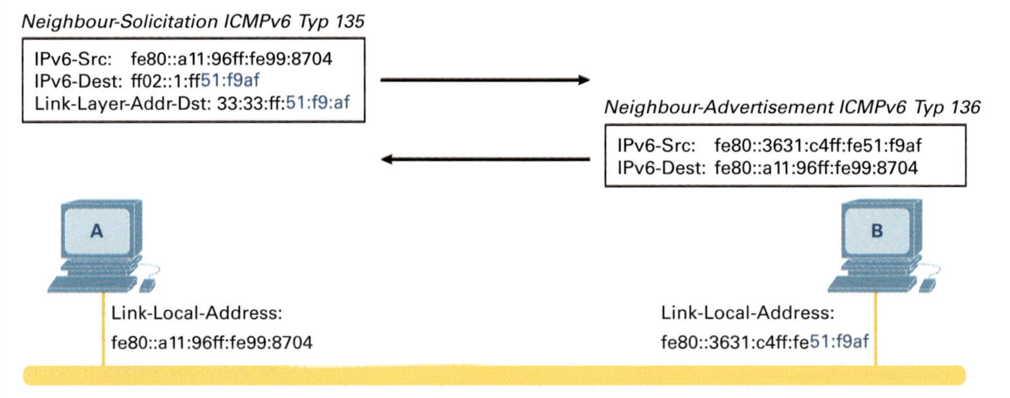

Bild 9.11: Neighbour-Discovery-Protokoll

Im vorangegangenen Bild möchte Host A mit der Link-Local-Address fe80::a11:96ff:fe99:8704 einen Ethernet-Frame an Host B mit der Link-Local-Address fe80::3631:c4ff:fe51:f9af senden. Hierfür benötigt Host A die Link-Layer-Adresse von Host B. Host A sendet eine Neighbour-Solicitation (ICMPv6 Typ 135) an die Multicast-Adresse ff02::1:ffxx:xxxx/104 wobei die letzten 24 Bits der IPv6-Adresse von Host B entsprechen, also ff02::1:ff51:f9af (Solicited-Node-Multicast-Address). Auf Layer 2 wird hierbei ein Multicast an 33:33:ff:51:f9:af gesendet. Host B antwortet mit einem Neighbour-Advertisement (ICMPv6Typ 136). Im Datenfeld findet sich seine Link-Local-Adresse.

Für die Suche im Wireshark-Mitschnitt bieten sich die Protokollfilter an. Ein Filter wie in nachfolgender Abbildung dargestellt, erfasst sowohl die Neighbour-Solicitation (ICMPv6 Typ 135) als auch das Neighbour-Advertisement (ICMPv6 Typ 136). Ebenfalls sind auf Layer 3 die Solicited-Node-Multicast-Address als Zieladresse der Anfrage sowie der Multicast auf Layer 2 erkennbar. Es gibt keine Broadcasts mehr, welche sich über das ganze Netzwerk verteilen, denn auch Switche sollten anhand ihrer MAC-Tabelle mit Adressen, die mit 33:33:ff beginnen Multicast auf Layer 2 durchführen.

```
icmpv6
```

filtert alle icmp Messages von IPv6 heraus.

```
icmpv6.type == 135
```

filtert alle neighbour-solicitation Pakete heraus. Mit dem Ausdruck

```
icmpv6.type == 135 || icmpv6.type == 136
```

erhält man die Anfragen (Neighbour Solicitation) sowie die Antworten (Neighbour Advertisement).

Der Aufzeichnungsfilter für icmpv6 lautet

```
icmp6
```

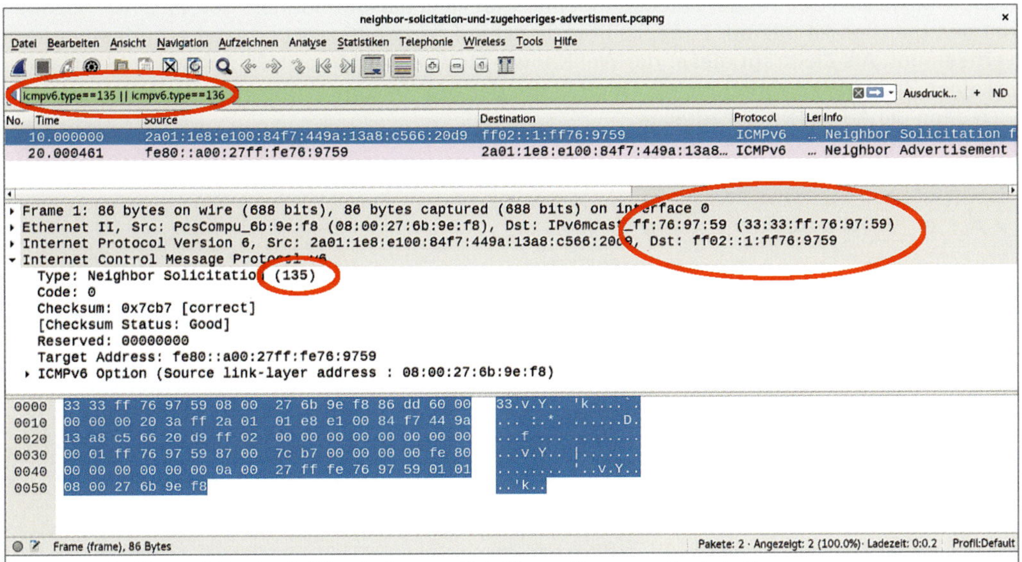

Bild 9.12: Gefilteter Wireshark-Mitschnitt zum Neighbour-Discovery-Protokoll

9.4.2 Duplicate Address Detection (DAD)

Bei IPv6 wurde ein Mechanismus eingeführt, doppelte Adressen im Netz von vorne herein auszuschließen. Bei korrekter Implementation muss ein Client, bevor er eine Adresse an ein Interface bindet, eine Duplicate Address Detection (DAD) durchführen. Die Wahrscheinlichkeit eine Adresse mehrfach im Netz zu haben sinkt alleine schon durch den Umstand, dass die Präfixe von den Routern verwaltet werden und die Interface-ID von den Clients erzeugt werden. Der Adressraum der Interface-ID ist 64 Bit groß, was eine Kollision sehr unwahrscheinlich macht. Dennoch ist die DAD Pflicht.

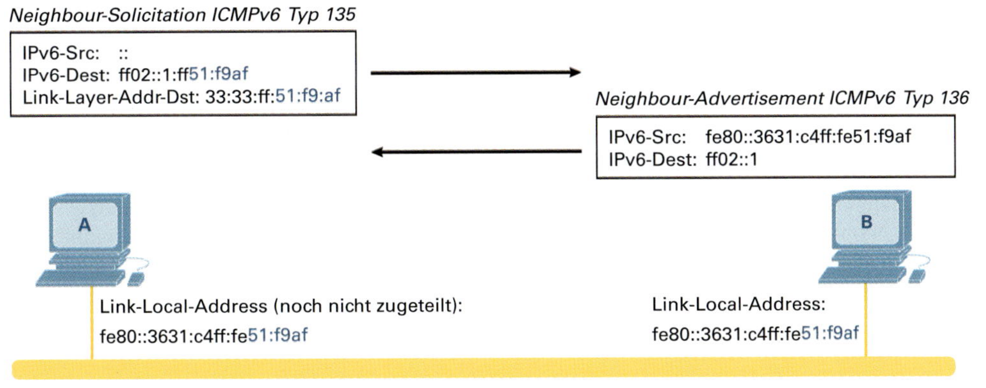

Bild 9.13: Duplicate-Adress-Detection

Duplicate Address Detection (Bild 9.13) funktioniert ähnlich wie das Neighbour Discovery Protokoll, nur, dass als Quelladresse undefinded (::) eingetragen wird (die Adresse ist ja noch nicht zugeteilt). Wieder wird eine Neighbour-Solicitation mit dem Ziel eines Multicasts an ff02::1ffxx:xxxx/104 versendet, wobei die letzten 24 Bits (x) den 24 Bits der Adresse entsprechen, welche sich der Sender zuteilen möchte. Gibt es in diesem Subnetz bereits einen Rechner, mit den gleichen 24 Bits am Ende, so hört dieser auf den Multicast und reagiert mit einem Advertisement. Als Ziel trägt dieser die WellKnown-Multicast-Address ff02::1 (alle Host) ein, da er ja keinen Zieladresse vorliegen hat. Der Initiator der DAD bekommt diese Nachricht mit und darf sich dann die Adresse nicht zuteilen.

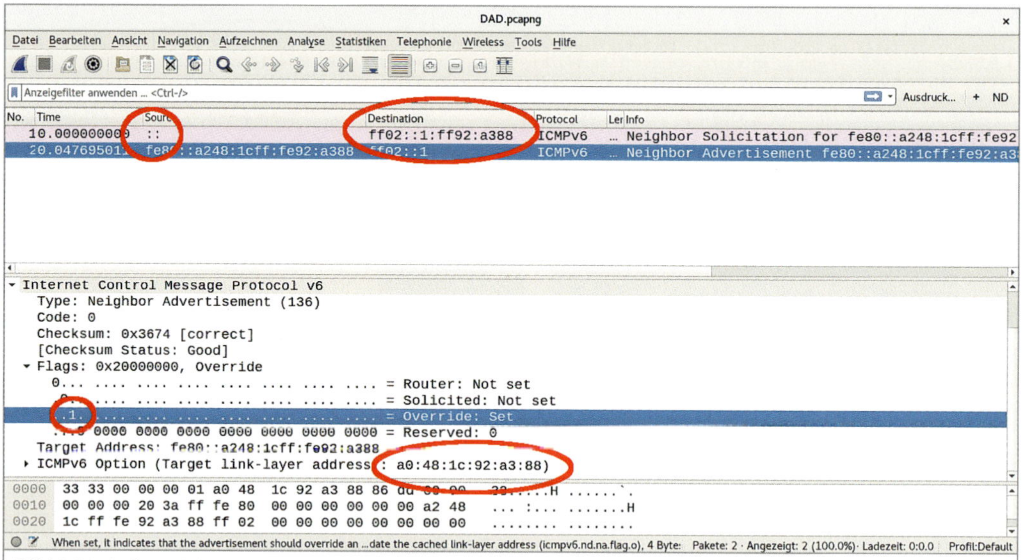

Bild 9.14: Aufgezeichnete Duplicate-Address-Detection

Im Bild oben wurde einem Interface eine bereits im Subnetz vorhandene Link-Lokale-Adresse zugewiesen und damit eine DAD angestoßen und mitgeschnitten. Wie erwartet wird eine Neighbour-Solicitation mit Quelladresse :: gesendet. Der andere Host, der sich bereits die Adresse zugeteilt hat antwortet mit einem Advertisement an ff02::1. Weiter schickt er seine Link-Layer-Addresse (MAC) mit mit der Bitte den Neighbour-Cache zu aktualisieren (gesetztes Override-Flag). Der Neighbour-Cache ist vergleichbar mit dem ARP-Cache, in welchem die Zuordnung IP zu MAC gespeichert wird.

9.4.3 IPv6 Extension Headers

Der Ipv6-Basis-Header enthält nur Informationen, die beim Transport für jede Station zur Verfügung stehen müssen. Alle zusätzlichen Informationen werden in sogenannte Erweiterungs-Header ausgelagert und direkt an den IPv6-Header angehängt. Diese optionalen Header werden durch das Next-Header-Feld gekennzeichnet. Ein IPv6-Paket kann dadurch aus dem reinen IPv6-Header (keine Header-Erweiterung) oder dem IPv6 und ein bis mehreren Extension-Headern bestehen. Im einfachsten Fall ist dies ein Zeiger auf einen Transport-Header:

IPv6 Header (Next Header = TCP)	TCP Header - Data

Bild 9.15: IP-Header ohne Erweiterungen

Mit dem Routing-Header wird die Source-Routing-Funktion von IPv4 erreicht. Der Routing-Header wird von den Routern auf dem Übertragungsweg ausgewertet.

IPv6 Header (Next Header = Routing)	Routing Header (Next Header = TCP)	TCP Header - Data

Bild 9.16: IP-Header mit einem Routing-Header

Die Extension-Header werden normalerweise auf dem Übermittlungspfad zwischen dem Sender und dem Empfänger nicht verarbeitet. Die Ausnahme hiervon bildet der Hop-by-Hop-Option-Header. In diesem Header werden Informationen abgelegt, die auf dem Übermittlungspfad zwischen dem Sender und dem Empfänger von jedem Rechner verarbeitet werden müssen. Der Hop-by-Hop-Option-Header folgt immer sofort auf den IPv6-Header. Ein Hop-by-Hop-Option-Header wird durch den Wert =0 im Next-Header-Feld des IPv6-Headers gekennzeichnet.

Wird während der Verarbeitung eines Header festgestellt, dass ein weiterer Header folgt und wurde im Next-Header-Feld eine unbekannte Option gefunden, so muss das Paket verworfen und an den Absender ein ICMP-Parameter-Problem-Paket gesendet werden. Bei ICMP-Parameter-Problem-Paket wird der ICMP-Code auf den Wert = 2 gesetzt und das ICMP-Pointer-Feld zeigt auf den unbekannten Wert im Originalpaket.

Jeder Extension-Header hat immer eine Vielfache Länge von 8 Oktetts auf. Die gleiche Regel gilt auch für Multi-Oktett-Felder in Extension-Headern. Eine komplette Implementation des IPv6-Protokolls unterstützt die folgenden Extension-Header:

- Hop-by-Hop Option
- Routing (Typ 0)
- Fragment
- Destination Option
- Authentication
- Encapsulating Security Payload

Die Erweiterungs-Header haben folgendes Format:

0										1										2	
0	1	2	3	4	5	6	7	8	9	0	1	2	3	4	5	6	7	8	9	0	1
Option Type								Opt. Data Length								Option Data					

Bild 9.17: Format der Erweiterungs-Header

9.4.4 ICMPv6

Das Internet Control Message Protocol (ICMP) dient der Übertragung von Statusinformationen und Fehlermeldungen. ICMP nutzt das Internet Protocol (IP), als wäre es selber in einer höheren Schicht als IP angesiedelt. Tatsächlich ist ICMP ein wesentlicher Teil von IP und muss von jedem IP-Modul eingebunden werden. ICMP ist zusammen mit IP im OSI-Schichtenmodell in der Vermittlungsschicht (Schicht 3) angesiedelt.

Da das IP-Protokoll keinerlei Status- oder Fehlermechanismen vorsieht, wurde zur Übermittlung dieser Informationen eigens das ICMP entwickelt. Sender, die ein Datagramm (Paket) per IP übertragen, haben weder Anspruch darauf, dass das Paket ankommt oder, falls es ankommt, dass es korrekt übertragen wurde. Auch wird er nicht darüber informiert, wenn letzterer Fall eintritt. Bei Protokoll- oder Netzwerkfehlern setzt der ICMP-Mechanismus an.

Das Internet Control Message Protocol (ICMPv6) wird immer mit einem vorangestellten IPv6-Header verschickt. Im IPv6-Next-Header wird das nachfolgende ICMPv6-Protokoll durch den Wert 58 gekennzeichnet. Die Meldungen des ICMP-Protokoll sind in Fehlermeldungen und die Informationsmeldungen unterteilt:

No.	Time	Source	Destination	Protocol	Length	Info
1	0.000000	fe80::2d57:c4f…	ff02::fb	ICMPv6	94	Echo (ping) request id=0x0001, seq=161, hop limit=128 (multicast)
2	0.011408	fe80::3e15:c2f…	fe80::2d57:c4f…	ICMPv6	94	Echo (ping) reply id=0x0001, seq=161, hop limit=64
3	0.011773	fe80::14e8:eb8…	fe80::2d57:c4f…	ICMPv6	94	Echo (ping) reply id=0x0001, seq=161, hop limit=64
4	0.011811	fe80::2d57:c4f…	fe80::14e8:eb8…	ICMPv6	142	Parameter Problem (unrecognized Next Header type encountered)
5	0.012019	fe80::fa1e:dff…	fe80::2d57:c4f…	ICMPv6	94	Echo (ping) reply id=0x0001, seq=161, hop limit=64
6	0.012043	fe80::2d57:c4f…	fe80::fa1e:dff…	ICMPv6	142	Parameter Problem (unrecognized Next Header type encountered)
7	0.038814	fe80::1c7f:d89…	fe80::2d57:c4f…	ICMPv6	94	Echo (ping) reply id=0x0001, seq=161, hop limit=64
8	0.038845	fe80::2d57:c4f…	fe80::1c7f:d89…	ICMPv6	142	Parameter Problem (unrecognized Next Header type encountered)
9	0.042104	fe80::1804:175…	fe80::2d57:c4f…	ICMPv6	94	Echo (ping) reply id=0x0001, seq=161, hop limit=64
10	0.042127	fe80::2d57:c4f…	fe80::1804:175…	ICMPv6	142	Parameter Problem (unrecognized Next Header type encountered)

Bild 9.18: IPv6 Ping

ICMPv6-Fehlermeldungen
Als Fehlermeldungen wurden bisher definiert:

Typ	Beschreibung
1	Destination Unreachable
2	Packet Too Big
3	Time Exceeded
4	Parameter Problem

ICMPv6-Informationsmeldungen
Die wichtigsten v6 sind Informationsmeldungen:

Typ	Beschreibung
128	Echo Request
129	Echo Reply
130	Multicast Listener Query
131	Multicast Listener Report
132	Multicast Listener Done
133	Router Solicitation
134	Router Advertisement
135	Neighbour Solicitation
136	Neighbour Advertise-ment
137	Redirect
138	Router Renumbering

Eine ICMPv6-Messages hat folgendes Format:

<table>
<tr><td colspan="10">0</td><td colspan="10">1</td><td colspan="10">2</td><td colspan="2">3</td></tr>
<tr><td>0</td><td>1</td><td>2</td><td>3</td><td>4</td><td>5</td><td>6</td><td>7</td><td>8</td><td>9</td><td>0</td><td>1</td><td>2</td><td>3</td><td>4</td><td>5</td><td>6</td><td>7</td><td>8</td><td>9</td><td>0</td><td>1</td><td>2</td><td>3</td><td>4</td><td>5</td><td>6</td><td>7</td><td>8</td><td>9</td><td>0</td><td>1</td></tr>
<tr><td colspan="9">Type</td><td colspan="8">Code</td><td colspan="15">Checksum</td></tr>
<tr><td colspan="32">ICMP-Informationen</td></tr>
<tr><td colspan="32">Enthält vom verursachenden Paket so viel wie mögliche Daten, ohne dass das ICMPv6-Paket die Länge von 1280 Oktett übersteigt</td></tr>
</table>

Bild 9.19: ICMP - Message Format

9.4.5 IPv6 Fragmentierung

Ein Paket wird durch Fragmentierung in kleinere Fragmente aufgeteilt, um in Pakete mit einer geringeren MTU entlang des Pfades zu erreichen. Die Art und Weise, wie die Fragmentierung von

Paketen bei IPv6 gehandhabt wird, unterscheidet sich vollständig von IPv4. Im Folgenden sind einige der wichtigsten Unterschiede im Umgang mit der Fragmentierung bei IPv6 aufgeführt:

- Während bei IPv4 jeder Router das Paket fragmentieren darf (vorausgesetzt, das DF-Bit ist nicht gesetzt), darf bei IPv6 nur die Quelle des IPv6-Pakets fragmentieren und keiner der Transitknoten kann ein IPv6-Paket fragmentieren.
- In IPv4 werden die Fragmentierungsdetails als Teil des IPv4-Headers übertragen, aber in IPv6 wird ein neuer Erweiterungs-Header definiert, der nur in fragmentierte Pakete aufgenommen wird.

In der folgenden Abbildung ist der MTU-Wert der ausgehenden Schnittstelle auf R2 auf 1280 gesetzt, was der minimalen MTU entspricht, die für die Weiterleitung von IPv6-Paketen erforderlich ist:

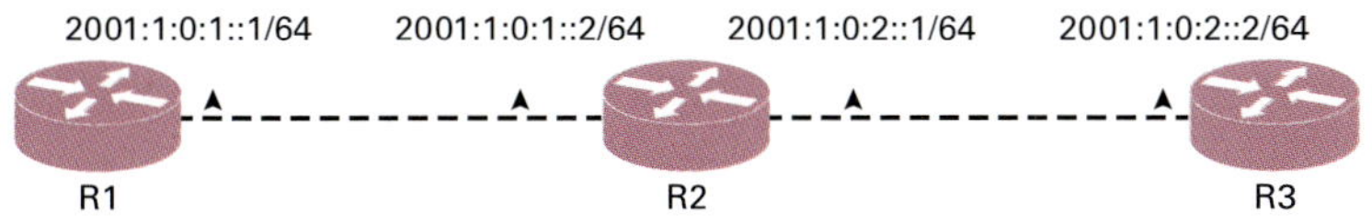

Bild 9.20: Netzwerkpfad (R1-R2-R3) zwischen zwei Netzen

Wenn ein Router ein IPv6-Paket empfängt, das größer als die MTU der ausgehenden Schnittstelle ist, wird das Paket standardmäßig verworfen und eine ICMPv6-Fehlermeldung erzeugt. In unserem Beispiel verwirft R2 das Paket und generiert eine ICMPv6-Fehlermeldung mit der ausgehenden MTU-Schnittstelle an die eigentliche Quelle des Pakets (in unserem Beispiel R1).

Im anschließenden Paket enthält der IPv6-Fragment-Erweiterungs-Header des Senders alle mit der Fragmentierung zusammenhängenden Details.

9.4.6 Router-Solicitation und Router-Advertisement

Bei der Einführung in IPv6-Adressen wurde in Bild 9.5 gezeigt, dass diese sich in ein Globales-Routing-Präfix und eine Interface-ID aufteilt (je 64 Bit). Während die Interface-ID vom Client selbst generiert wird, verteilen Router das Präfix für das Subnetz für welches sie zuständig sind. Damit kann es auch mehrere Router innerhalb eines Layer 2 Netzes geben, welche Präfixe anbieten und damit sich die Clients mehrere Standard Gateways einrichten können.

Ein Ziel bei der Planung von IPv6 war es Verbindungen herzustellen, auch wenn zentrale, schlecht redundant aufbaubare Komponenten wie beispielsweise DHCP ausfallen. Stateless-Address-Autoconfiguration (SLAAC) war geboren.

Wenn ein Interface hoch fährt wählt es zunächst eine Interface-ID. Diese kann aus der MAC-Adresse generiert, zufällig erzeugt oder aus der System-ID abgeleitet werden. Damit kann das Interface bereits seine Link-Lokale-Adresse konfigurieren (fe80::/10). Bevor diese zugeteilt werden kann macht das System eine Duplicate-Adress-Detection (DAD). Falls statische Adressen in der Netzwerkkonfiguration eingetragen sind werden diese auch nach DAD konfiguriert. Hosts machen darüber hinaus SLAAC. Das Interface fragt mit der Link-Lokalen-Adresse alle Router per Multicast (fe02::2) nach Präfixen. Alle erhaltenen Präfixe werden zusammen mit der Interface-ID als Adresse konfiguriert, nachdem eine DAD durchgeführt wurde und festgestellt wurde, dass diese Adresse nicht bereits vergeben ist. Nun müssen nur noch alle Router als Default Router konfiguiert werden und schon hat man im besten Fall mehrere Verbindungen ins Internet. Welche Route letztlich gewählt wird entscheidet die Metrik.

Eigentlich fehlt für das Surfvergnügen via IPv6 noch eine Kleinigkeit: der DNS-Server, welcher bei IP(v4) via DHCP mitgeteilt wurde. Grundsätzlich ist Layer 3 nicht für Informationen des ApplicationLayer zuständig, weshalb auch bei unixoiden Systemen, diese Aufgabe der Resolv-Dämon übernimmt. Aber auch diese Information kann ein Router mit seinen Advertisements mitschicken. Darüber hinaus verschicken Router ihre Advertisements regelmäßig per Multicast in das Netz, damit Hosts ihre Konfiguration entsprechend ändern, wenn Router ihre Konfiguration ändern.

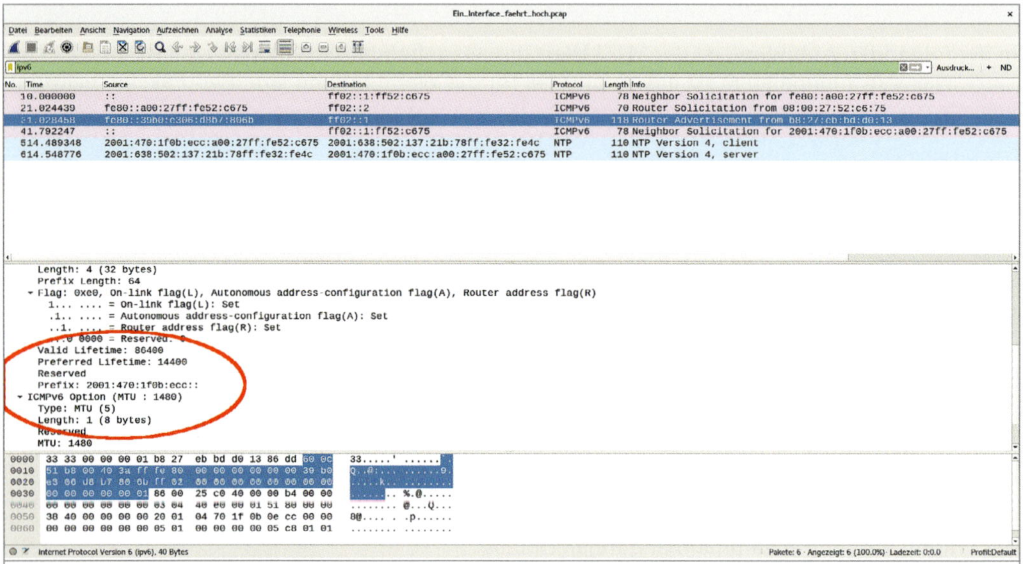

Bild 9.21: Ein Interface fährt hoch

Im bereinigten Wireshark-Mittschnitt versucht ein Host zunächst seine Link-LokaleAdresse zu konfigurieren (DAD Paket 1 und 2). Danach folgt eine Router-Solicitation (ICMPv6-Typ 152) an die Multicast-Adresse ff02::2 (Alle Router im Link-Lokalen Netz), mit der zuvor konfigurierten und getesteten Link-Lokalen-Adresse als Quelladresse. Der Router wird daraufhin getriggert ein Advertisement an alle Host im Link-Lokalen-Netz per Multicast zu schicken (ff02::1, ICMPv6-Typ 151).

Dieses enthält neben den gewünschten Präfixinformationen (2001:470:1f0b:ecc::/64) auch die Lebensdauer des Präfixes, die MTU (Maximum Transmission Unit) mithilfe dessen der Host seine Konfiguration vervollständigen kann. Da IPv6 keine fragmentierte Pakete mehr erlaubt, muss sich der Host an die vorgegebene MTU halten. Falls auf der Strecke ein anderer Router eine kleinere MTU besitzt, wird der Host via ICMPv6 (Typ 2) darüber informiert, die Pakete mit dieser MTU zu erzeugen. Router fragmentieren Pakete nicht mehr!

Nachdem der Host die gewünschten Informationen erhalten hat, kann er das angeforderte Präfix mit seiner Interface-ID als globale Adresse konfigurieren und zuvor eine DAD durchführen (Paket 4). Da es keine Antwort gibt, wird die Adresse als global gesetzt und es startet sofort die Kommunikation mit einem NTP-Server mit der globalen IPv6-Adresse (Pakete 5 und 6).

9.5 DHCPv6

Autokonfiguration ist zwar schön, doch wenn ein Host sich in einem verwalteten Netzwerk befindet meinen viele Administratoren einen Rechner anhand seiner IPv6-Adresse identifizieren zu müssen. Dass dies ein fataler Fehler ist, dürfte spätestens dann klar werden, wenn man sich vor Augen führt, dass die Interface-ID auch als statische Adresse konfiguriert werden kann und somit ein anderer Host nur vor dem via DHCPv6 versorgten Host gestartet werden muss um sich als ein anderer auszugeben. Denn auch ein via DHCv6 versorgter Host muss eine DAD durchführen und kann sich die Adresse in diesem Fall nicht zuteilen. Sowohl via IPv4 als IPv6 lassen sich Hosts nicht identifizieren. Das geht nur mit installierten Zertifikaten auf dem Host und ist damit ein Problem des Application-Layers.

Da Clients bei DHCP in der Regel jeden Server akzeptieren, bietet dies die Möglichkeit für viele Angriffsszenarien.

Dennoch gibt es Gründe für DHCPv6:

- Spezielle Adressierungsschemen auf Providerseite umsetzen
- Informationen wie SIP, DNS- und NTP-Server verteilen
- Dynamische DNS-Updates
- Rückverfolgung etc.

Doch dieses mal findet die Kommunikation nicht wie bei DHCP mit Broadcasts auf Layer 2 statt sondern über die höheren Protokollschichten. DHCPv6 kann damit einfach redundant aufgebaut werden und stellt für die Sicherheit kein größeres Problem mehr dar.

Grundsätzlich hat ein Host bereits seine Link-Lokale-Adresse konfiguriert und kann damit via Uniund Multicast im Link-Lokalen-Netz kommunizieren. Ein Host fragt immer zunächst beim Router nach einem Präfix. Dieser teilt dieses dem Host mit oder verweist ihn an einen DHCPv6-Server (Stateless- und Statefull-DHCPv6).

9.5.1 Stateless DHCPv6

Hierbei bekommt der Host durch ein Router-Advertisement das Präfix mitgeteilt, mithilfe dessen er sich seine globale IPv6-Adresse konfiguieren kann. Weiter ist im Router-Advertisement das OptionFlag gesetzt, wodurch der Host angewiesen wird, sich die weiteren Informationen, wie DNS, NTP etc. von einem DHCPv6-Server zu beschaffen. Hierfür existiert die Well-Known-Multicast-Adresse ff02::1:2, wodurch alle DHCPv6-Server im Link-Lokalen-Netz erreicht werden und ein sogenannter Information-Request via UDP Port 547

9.5.2 Statefull DHCPv6

Auch hier fragt ein Host zunächst beim Router an. Dieser teilt dem Host jedoch kein Präfix mit sondern setzt das Managed- und/oder Option-Flag in seinem Advertisement, was den Host dazu veranlasst sich alle Informationen, auch die globale IPv6-Adresse, beim DHCPv6-Server zu besorgen. Hierbei handelt es sich um einen Request. Vorteil dieser Methode ist es, dass der DHCPv6-Server weiß welchem Host er die IP-Adresse zugeteilt hat. Er kann nun dynamisch beim DNS-Server im Netz dem Host einen Namen setzen unter dem er fortan erreichbar ist.

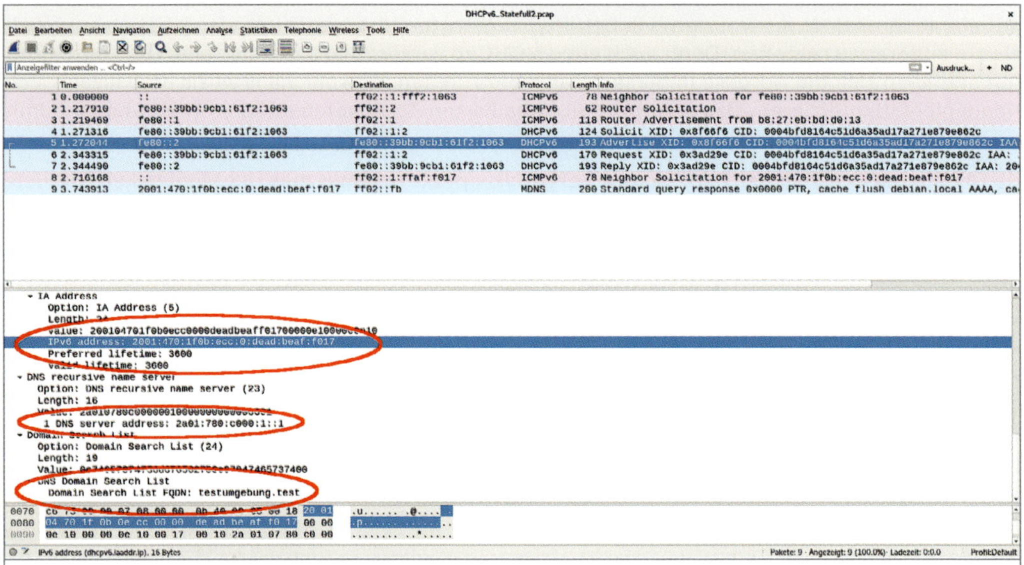

Bild 9.22: Statefull DHCPv6 Konfiguration

In vorangegangener Abbildung ist der Ablauf einer Statefull-DHCPv6-Konfiguration mitgeschnitten worden. Zunächst macht der Host eine Duplicate-Address-Detection um seine Link-Lokale-Adresse zu konfigurieren (Paket 1). Danach fragt er per Multicast an ff02::2 alle Router nach einem Angebot (Pakete 2 und 3). Dieses Mal ist im Angebot das Managed- und Option-Flag gesetzt, was den Host dazu veranlasst alle Link-Lokalen-DHCPv6-Server abzufragen (Paket 4, Multicast an ff02::1:2). Ein DHCPv6-Server antwortet mit einem Angebot (Paket 5) in welchem er eine IPv6-Adresse für die kommenden 3600 Sekunden anbietet. Gleichzeitig wir in den Optionen des Paketes ein DNS-Server und der Domänenname mitgeteilt.

In den folgenden beiden Paketen 6 und 7 wird das Angebot angenommen. Danach folgt eine Duplicate-Address-Detection der zugewiesenen Adresse und eine Sekunde später wird bereits eine Anfrage mit dieser neuen Adresse verschickt (Paket 9). Alles in allem dauerte die Konfiguration in diesem Fall weniger als vier Sekunden.

10 Voice over IP (VoIP)

Zum Analysieren von Telefonaten ist der Menüpunkt Telephonie vorhanden.

Sind in einem Mitschnitt Telefonate enthalten, so kann man sich diese über das Telefonie-Menü – VoIP-Anrufe ausfiltern lassen. Man sieht in einen neuen Fenster alle erkannten Telefonate und kann diese auswerten.

Der Menüpunkt RTP öffnet in einem neuen Fenster eine Liste von RTP-Datenströmen.

SIP Flows zeigt die einzelnen Datenströme, die durch SIP initiiert wurden.

SIP Statistics eine Liste von SIP-Request-Methoden und Response-Codes.

Bild 10.2 zeigt die Telefonate, die in einem Mitschnitt (über den Menüpunkt Telephonie – VoIP-Anrufe) gefunden wurden. Diese können am PC angehört oder auch exportiert werden (siehe Kapitel 10.5).

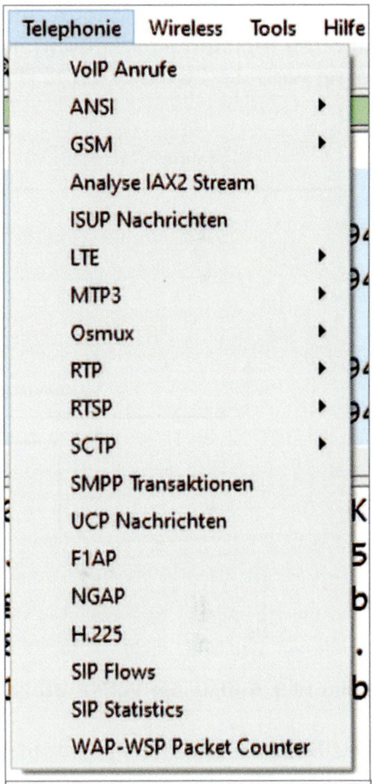

Bild 10.1: Das Telefon-Menü

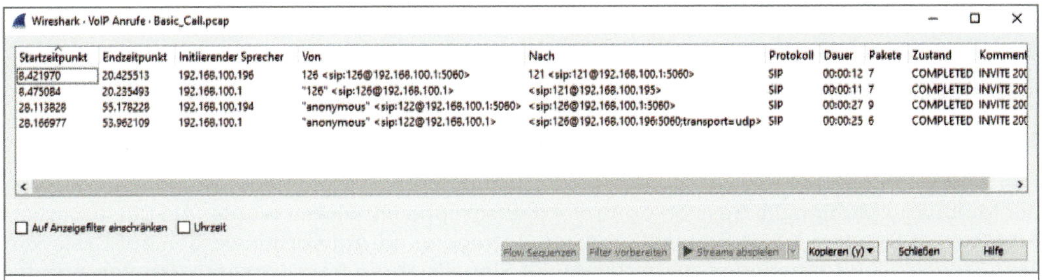

Bild 10.2: VoIP-Anrufe

Im Folgenden noch etwas Theorie.

Für die Übertragung von Sprache, Video oder Multimedia müssen wir zwei Funktionen erfüllen. Die erste ist die Übertragung des Medienstroms, meist Sprache oder Video, und die zweite ist die Signalisierung, d. h. der Aufbau und die Beendigung des Anrufs, die Einladung von Teilnehmern zum Anruf und so weiter. Im Laufe der Jahre wurden zwei Protokollsuiten für die Signalisierung vorgeschlagen:

- Die ITU-T[1]-Protokollsuite, einschließlich H.323 als Dachprotokoll für die Suite, H.225 für die Registrierung und Adressauflösung, H.245 für die Steuerung und einige andere
- Die IETF[2]-Suite von Protokollen, einschließlich SIP als Signalisierungsprotokoll (RFC 3261 mit späteren Aktualisierungen) und Session Description Protocol (SDP) zur Beschreibung der Sitzungsparameter (RFC 4566)

Die ITU-T-Protokolle sind in den letzten Jahren mehr oder weniger vom Markt verschwunden, und die meisten Anwendungen verwenden heute die IETF-Protokolle. In der folgenden Abbildung wird die Struktur der IETF-Protokollsuite dargestellt.

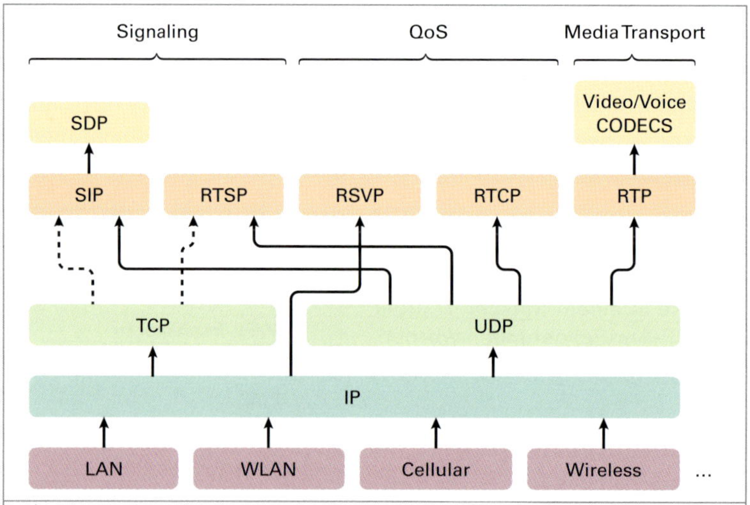

Bild 10.3: Aufbau der VoIP-Protokolle

Das Session Initiation Protocol übernimmt dabei die Funktion des Signalisierungsprotokoll zum Aufbau, Modifizieren und Abbau einer Multimediasitzung. Das SIP (Session Initiation Protocol) wurde im März 1999 mit Blick auf das Internet von der IETF entwickelt und im RFC 3261 beschrieben. SIP dient lediglich dazu, die Kommunikation zu ermöglichen – die eigentlichen Daten für die Kommunikation müssen über andere, dafür geeignete Protokolle ausgetauscht werden. Hierzu werden das Session Description Protocol (SDP) und das Realtime Transport Protocol (RTP) eingesetzt. SDP dient dazu, die zwischen den Endpunkten zu verwendenden Codecs, Transportprotokolle, usw. auszuhandeln. Aufgabe von RTP ist es, den Multimedia-Datenstrom (Audio, Video, Text, ...) zu transportieren – d.h. die Daten zu kodieren, zu paketieren und zu versenden.

Das Session Initiation Protocol (SIP) ist fester Bestandteil der Multimedia-Architektur, die von der Multiparty Multimedia Session Control Arbeitsgruppe entwickelt wurde. Als Client-Server-Protokoll ist SIP dem HTTP-Protokoll ähnlich. Anfragen und Antworten werden auf Basis von Text-Strings die Informationen zur Verbindungs-Signalisierung transportieren. Für den Anrufer

1 ITU – International Telecommunication Union, Internationale Fernmeldeunion
2 IETF - Internet Engineering Task Force

und den Angerufenen wird dynamisch ein SIP-URL (Nutzer@Rechner) generiert. Die Adressen können beispielsweise aus einem Benutzernamen, einem Vor- oder Nachnamen oder aus einer Telefonnummer bestehen. Bei einem Anruf lokalisiert der Anrufer zunächst den zugehörigen SIP-Server und schickt an diesen seine Kommunikationsanfrage. Der Gesprächspartner ist in der Lage, seinem SIP-Server die Kontaktadressen seiner Aufenthaltsorte dynamisch mitteilen. Im Gegensatz zu H.323 ist SIP einfacher zu implementieren, da die Textcodierung keinen aufwendigen Codegeneratoren benötigt. SIP ist verantwortlich für die gesamte Gesprächssignalisierung, das Lokalisieren von Anwendern und die Registrierung. Für Dienstgüte, Verzeichniszugriffe sowie die Beschreibung von Sitzungen und Konferenzkontrollen sind dagegen weitere Protokolle zuständig.

Das RTP-Protokoll unterstützt Anwendungen bei Echtzeitübertragung. Es ist kein reines Transportprotokoll, sondern eng mit der Anwendung gekoppelt. RTP wurde ursprünglich den Einsatz in Multimedia-Konferenzen im Internet entwickelt. Es wird mittlerweile außer im Bereich Internet-Telefonie (VoIP) unter anderem für Videokonferenzen und interaktive Anwendungen wie Media-on-Demand-Anwendungen verwendet.

RTP-Pakete werden innerhalb einer RTP-Session als RTP-Stream übertragen. Unterschiedliche Medien werden in separaten RTP-Sessions übertragen (beispielsweise Bild und Ton einer Konferenz). Diese Trennung ermöglicht es einem Empfänger, den Empfang auf bestimmte Medien zu beschränken. Beispielsweise kann ein Konferenzteilnehmer den Empfang auf den Ton beschränken, wenn seine Verbindung nicht ausreichend Bandbreite zur Übertragung der Bildinformationen bereitstellt. RTP legt keine Audio- oder Videoformate fest, sondern überträgt Standardformate ebenso wie proprietäre Formate. In einem Profil wird spezifiziert, welche Formate übertragen werden können.

RTP besteht aus dem unidirektionalen RTP-Protokoll zur Übertragung der Nutzdaten sowie dem bidirektionalen Kontrollprotokoll RTCP zur Übertragung von Feedback-Informationen. RTCP überwacht die Dienstqualität und liefert beispielsweise Kontrollinformationen über Konferenzteilnehmer oder den Datendurchsatz. Jedes RTP-Paket besitzt den gleichen Aufbau. RTCP-Pakete unterscheiden sich in Abhängigkeit vom Pakettyp. Anwendungen, die keine Kontrolldaten benötigen (beispielsweise Internet-Radio), können RTP ohne RTCP einsetzen.

10.1 SIP-Arbeitsprinzip, Nachrichten und Statuscodes

Das Session Initiation Protocol (SIP) ist ein Signalisierungs- und Kontrollprotokoll, das auf der Anwendungsschicht arbeitet und für die Erstellung, Änderung und Beendigung von Multimedia-Sitzungen zwischen einem oder mehreren Teilnehmern zuständig ist. Beim Senden von SIP-Anfragen werden die Sitzungsparameter über Session Description Protocol (SDP) gesendet, die es den Benutzern ermöglichen, sich auf eine Reihe von kompatiblen Medientypen zu einigen. Wenn Sitzungen erstellt werden, wird die Sprache oder das Video durch RTP übertragen und optional durch RTCP gesteuert.

SIP definiert Endpunkte als User Agents (UAs), und der Prozess des Aufbaus einer Sitzung beinhaltet die Verhandlung der UAs, um sich auf eine Charakterisierung der Sitzung zu einigen, die sie aufbauen möchten. Für zusätzliche Dienste wie das Auffinden von Sitzungsteilnehmern, die Registrierung, die Weiterleitung von Anrufen usw. definiert SIP-Hosts, so genannte Server, an die UAs Registrierungen, Einladungen zu Sitzungen und andere Anfragen senden können.

Um einen durchgängigen Anrufablauf aufzubauen, müssen entsprechende SIP-Sitzungen zwischen verschiedenen SIP-Kommunikationspunkten realisiert werden.

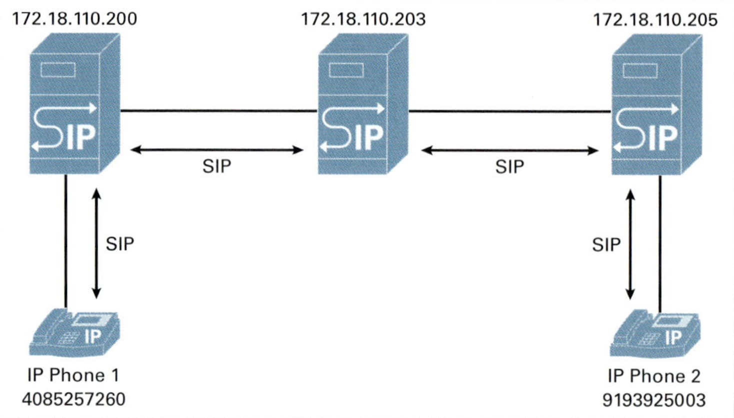

Bild 10.4: Ablauf einer SIP-Signalisierung zwischen zwei VoIP-Telefonen

10.1.1 SIP-Registrierung

Der Registrar-Server sorgt für die Endgeräte- und Ortsunabhängigkeit eines Nutzers. Damit sich ein Teilnehmer an seinem Telefonnetz anmelden kann, muss dieser sich beim zuständigen Registrar anmelden. Dies erfolgt, indem die SIP-URI des Nutzers mit der temporären Adresse des Nutzers (IP-Adresse) verbunden wird. Bei diesem Prozess meldet sich der UAC des Nutzers bei dem Registrar-Server der Heimat-Domain per Register-Anfrage an.

Vom Registrar-Server wird die Anfrage „REGISTER" mit „200 OK" dem UAC bestätigt und an den Location-Server weitergeleitet.

SIP-URIs dienen der Adressierung von Teilnehmern SIP-basierter Gespräche. Das SIP-Protokoll verwendet Uniform Resource Identifiers (URIs), die eine Nutzerkennung und eine Domain enthalten. Es handelt sich somit um die SIP-Telefonnummer eines Gesprächspartners. SIP-URIs verwenden eine von E-Mail-Adressen her bekannte Notation.

Durch die Registrierung erlangt der Teilnehmer in seinem Telefonnetzwerk eine Zugangsberechtigung und wird für andere Teilnehmer erreichbar. Mit der Registrierung kann auch zusätzlich eine Echtheitsprüfung (Authentizität) erforderlich sein. Hierbei wird der Teilnehmer zuerst identifiziert und wird erfolgreicher Authentizitätsprüfung für SIP-Rufe freigegeben. Je nach den Sicherheitsanforderungen kann die Authentizitätsprüfung eines Teilnehmers auch während der Rufbehandlung vom SIP-Proxy-Server angefordert werden.

FILTER

Die SIP-Registrierung kann man sich mit dem Filterausdruck ***sip.Method == REGISTER*** anzeigen lassen

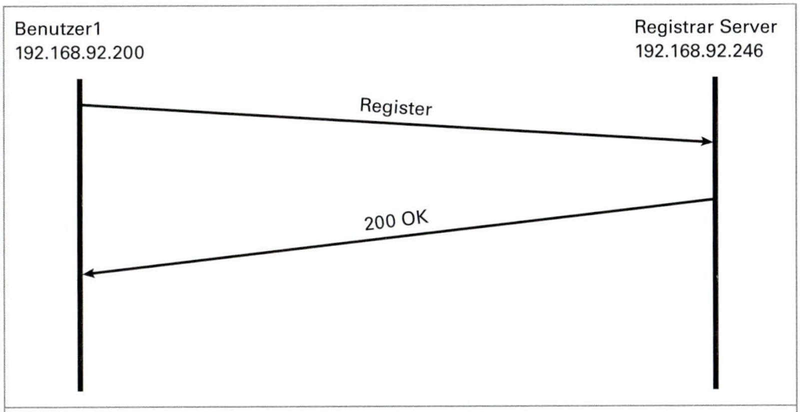

Bild 10.5: SIP-Registrierung eines Benutzers

Für die Registrierung wird in der Regel eine HTTP-Digest Authentizitätsprüfung genutzt. Bei dem Digest Access Authentication-Verfahren wird nicht der Benutzername und das Passwort in Klartext übertragen, sondern es wird zunächst vom SIP-Client als Berechtigungsnachweis eine Prüfsumme berechnet. Die Prüfsumme wird mithilfe des MDS-Algorithmus aus Benutzername, Realm (Bereich, Domäne), Passwort und dem Nonce-Wert gebildet. Eine Nonce bezeichnet ein vorläufiges Wort, eine Buchstaben- oder Zahlenfolge. Das Ergebnis wird mit in der Antwort als Berechtigungsnachweis den Registrar/SIP Proxy zur Verifikation übertragen. In Kenntnis des Passworts und anderer Parameter bzw. Anweisungen errechnet der Registrar/SIP Proxy die Prüfsumme und vergleicht das Ergebnis mit den empfangenen Informationen. Liefert der Vergleich eine exakte Übereinstimmung, ist die Authenzität des SIP-Clients nachgewiesen.

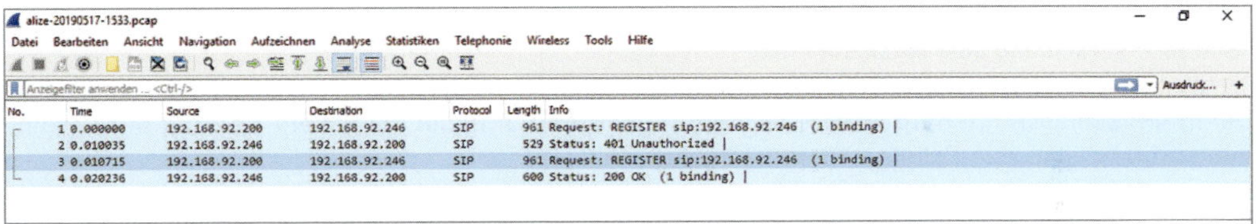

Bild 10.6: Beispiel einer SIP-Registierung eines Endgerätes am SIP Registra

Paket 1

Die Anforderung der Registrierung enthält in der Request-Line die Request-URI des SIP-Registras 192.168.92.246. Im nachfolgenden Beispiel wird die Registrierungsanforderung ohne Verschlüsselung über das Schüsselwort „sip" gebildet.

Paket 2

Die Status-Line enthält als Antwort auf eine Registrierungsanforderung die Statusmeldung „401 Unauthonzed". Damit wird dem Telefon angezeigt, dass zur Überprüfung seiner Identität eine Authentizitätsprüfung für erforderlich wird.

Paket 3

Aufgrund der erforderlichen Authentizitätsprüfung muss das Telefon unter Angabe der Authentizität seines Namens (username), des Bereichs (realm) und sonstiger Direktiven (beispielsweise nonce-Wert von der 401-Nachnicht) den Response-Parameter berechnen, das Ergebnis der Berechnung der Authentizitäts-Header-Zeile hinzufügen und erneut eine REGISTER-Nachricht an den Registrar/SIP Proxy senden.

Paket 4
Mit der Antwort 200 OK" (Zeile 8) bestätigt der SIP-Proxy/Registra sowohl die Registrierungsanforderung als auch die erfolgreiche Authentizitätsprüfung,

Verbindungsaufbau mit SIP
Beide Endgeräte haben sich bei ihrem SIP-Registrar bereits angemeldet. Das Softphone (PhonerLite) mit der IP-Adresse 192.168.92.246 möchte eine Verbindung zum IP Phone 8086s (Telefon 2) aufbauen. Auf dem PC auf dem das Softphone arbeitet ist auch das Wireshark-Programm aktiv und zeichnet alle über das Netzwerk übermittelten Daten auf.

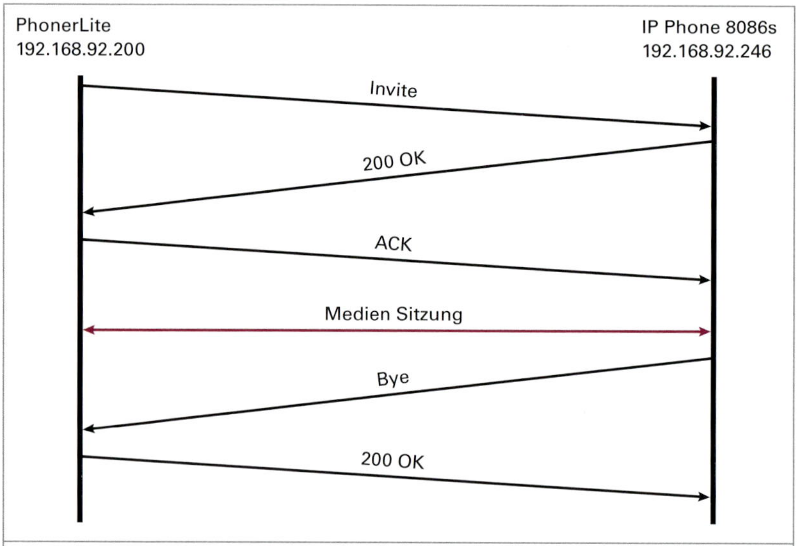

Bild 10.7: Verbindung über einen SIP Proxy

Der im Flussdiagramm dargestellte Verbindungsaufbau umfasst die Pakete 1 bis 12, der Verbindungsabbau ist in den Paketen 13 und 14 dargestellt.

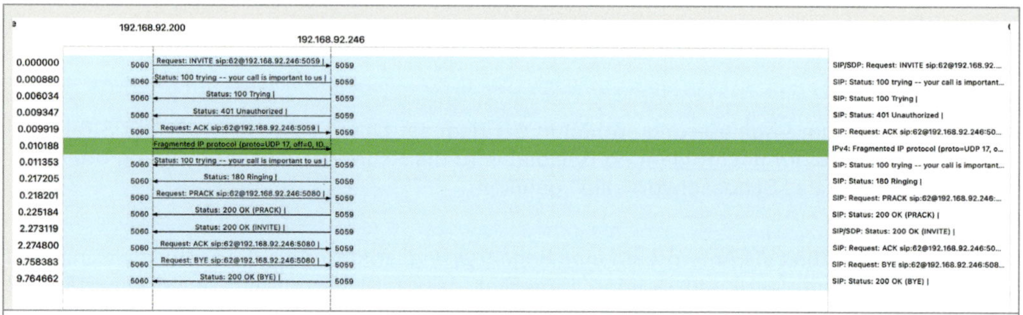

Bild 10.8: Flussdiagramm des Verbindungsauf und -abbaus

Der Verbindungsaufbau
Ein erfolgreicher SIP-Verbindungsaufbau besteht typischerweise aus den in nachfolgender Abbildung dargestellten Sequenzen.

- Mit dem ersten Paket sendet der UAC des Nutzers eine Verbindungsanfrage (INVITE) an den Proxy-Server der Heimat-Domain. Im Request-Paket sind im höheren SDP-Header des UAC alle von ihm unterstützten Session-Merkmale enthalten.
- Mit der Antwort (100 Trying) wird dem UAC vom Server signalisiert, dass der Verbindungsaufbau in Arbeit ist.
- Mit Paket 3 (100 Trying) wird dem UAC noch einmal vom Server signalisiert, dass der Verbindungsaufbau noch weiterhin in Arbeit ist.
- Anschließend weist der Proxy-Server die Anfrage ab (401 Unauthorized) und fordert den UAC auf, sich einer Authentizitätsprüfung zu unterziehen.
- Mit Paket 5 bestätigt der UAC den Erhält der vorangegangenen Message (ACK) und übermittelt gleichzeitig die Identitätsdaten für die notwendige Authentizitätsprüfung
- Mit der Antwort (100 Trying) wird in Paket 7 dem UAC vom Server weiterhin mitgeteilt, dass der Verbindungsaufbau noch immer in Arbeit ist.
- Mit Paket 8 übermittelt der Proxy-Server das Telefonklingeln (180 Ringing) von Telefon 2 an Telefon 1.
- Paket 9 stellt eine Besonderheit dar, denn mit der Provisional Response Acknowledgement (SIP PRACK) Methode wird eine zuverlässige und geordnete Lieferung von vorläufigen Antworten signalisiert.
- Mit Paket 10 wird die SIP PRACK Methode bestätigt
- Mit Paket 11 wird der Empfang der 1xx-Nachricht mit einer OK 200 Nachricht bestätigt.
- Paket 12 bestätigt den Abschluss des Verbindungsaufbaus.

Anschließend werden über den Sprachkanal zwischen den beiden beteiligten Telefonen die Sprachdaten übermittelt.

No.	Time	Source	Destination	Protocol	Length	Info
1	0.000000	192.168.92.200	192.168.92.246	SIP/SDP	1299	Request: INVITE sip:62@192.168.92.246:5059 |
2	0.000880	192.168.92.246	192.168.92.200	SIP	445	Status: 100 trying -- your call is important to us |
3	0.006034	192.168.92.246	192.168.92.200	SIP	413	Status: 100 Trying |
4	0.009347	192.168.92.246	192.168.92.200	SIP	519	Status: 401 Unauthorized |
5	0.009919	192.168.92.200	192.168.92.246	SIP	400	Request: ACK sip:62@192.168.92.246:5059 |
7	0.011353	192.168.92.246	192.168.92.200	SIP	445	Status: 100 trying -- your call is important to us |
8	0.217205	192.168.92.246	192.168.92.200	SIP	672	Status: 180 Ringing |
9	0.218201	192.168.92.200	192.168.92.246	SIP	882	Request: PRACK sip:62@192.168.92.246:5080 |
10	0.225184	192.168.92.246	192.168.92.200	SIP	661	Status: 200 OK (PRACK) |
11	2.273119	192.168.92.246	192.168.92.200	SIP/SDP	1245	Status: 200 OK (INVITE) |
12	2.274800	192.168.92.200	192.168.92.246	SIP	816	Request: ACK sip:62@192.168.92.246:5080 |

Bild 10.9: Trace eines erfolgreichen SIP-Verbindungsauf- und -abbaus

Der Verbindungsabbau

Ein erfolgreicher SIP-Verbindungsabbau besteht typischerweise aus den in Bild 10.10 dargestellten Sequenzen 13 bis 14.

- Mit dem ersten Paket 13 (BYE) baut das Telefon 1 die Verbindung zum Telefon 2 ab.
- Als Reaktion auf die Aufforderung zum Verbindungsabbau wird die RTP-Verbindung im Hintergrund zwischen den beiden Telefonen eliminiert.
- Paket 14 bestätigt (200 OK) den Verbindungsabbau.

13	9.758383	192.168.92.200	192.168.92.246	SIP	851	Request: BYE sip:62@192.168.92.246:5080 |
14	9.764662	192.168.92.246	192.168.92.200	SIP	659	Status: 200 OK (BYE) |

Bild 10.10: Trace eines erfolgreichen SIP-Verbindungsabbaus

FILTER

Mit dem Ausdruck ***sip.Method*** kann man sich Befehle zur Verbindungssteuerung anzeigen lassen. ***sip.Method==INVITE*** zeigt den Verbindungsaufbau, ***sip.Method==BYE*** zeigt den Verbindungsabbau.

10.2 SIP-Statuscodes

Im folgenden Bild ist der Verbindungsaufbau dargestellt, in dessen Verlauf der SIP-Proxy-Client auf der Seite des gerufenen Terminals in einem Fehlerzustand befindet. Der empfangene Verbindungswunsch wird daher abgewiesen. Die Abweisung erfolgt mit einer 4xx (Client Error), 5xx (Server Error) oder 6xx (Global Failure), je nachdem, wo der Fehler besteht. In dem dargestellten Beispiel wird die Statusinformation 503 (Service Unavailable) gesendet.

Die Statuscodes 1xx sind Informationen, 200 bedeutet OK und die 3xx-Codes sind Umleitungsinformationen.

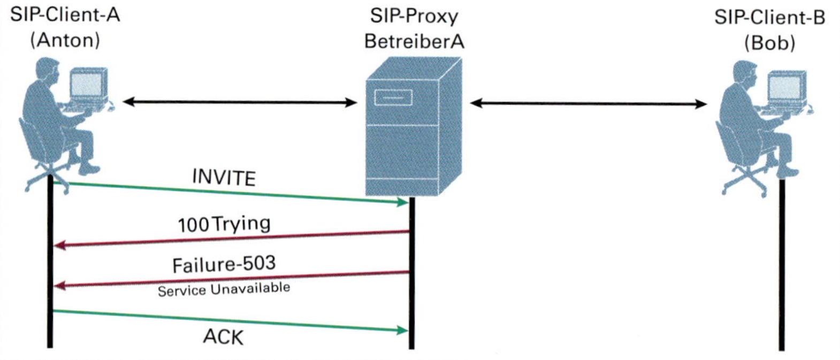

Bild 10.11: SIP-Fehlerfall

Folgende Tabelle zeigt die exakten SIP-Fehlermeldungen:

Tabelle 10.1: SIP Client Statuscodes

Typ	Status-code	Fehler
Informational	100	Trying
	180	Ringing
	181	Call Is Being Forwarded
	182	Queued
Success	200	OK
Redirection	300	Multiple Choices
	301	Moved Permanently
	302	Moved Temporarily
	303	See Other
	305	Use Proxy
	380	Alternative Service
Client-Error	400	Bad Request
	401	Unauthorized
	402	Payment Required
	403	Forbidden
	404	Not Found
	405	Method Not Allowed
	406	Not Acceptable
	407	Proxy Authentication Required

Typ	Status-code	Fehler
	408	Request Timeout
	409	Conflict
	410	Gone
	411	Length Required
	413	Request Entity Too Large
	414	Request-URI Too Large
	415	Unsupported Media Type
	420	Bad Extension
	480	Temporarily not available
	481	Transaction Does Not Exist
	482	Loop Detected
	483	Too Many Hops
Client-Error	484	Address Incomplete
	485	Ambiguous
	486	Busy Here
Server-Error	500	Internal Server Error
	501	Not Implemented
	502	Bad Gateway
	503	Service Unavailable
	504	Gateway Time-out
	505	SIP Version not supported
Global failure	600	Busy Everywhere
	603	Decline
	604	Does not exist anywhere
	606	Not Acceptable

FILTER

Sip-Statuscodes können mit ***sip.Status-Code == <SIP-Status-Code>*** gefiltert werden. Der Ausdruck ***sip.Status-Code == 180*** zeigt alle Pakete an, bei denen die Gegenstelle geade gerufen wird (ringing).

10.3 Session Description Protocol (SDP)

Das `Session Description Protocol` (`SDP`) ermöglicht die genauere Beschreibung der Nutzverbindung. Eine Multimedia-Session kann mehrere, unterschiedliche Medienströme auch zu mehreren Kommunikationspartnern umfassen. Das SDP beschreibt die Art und Anzahl der verschiedenen Medienströme in den Steuernachrichten. Eine Multimediakommunikation kann beispielsweise aus mehreren Audioverbindungen, einer Videoverbindung und einer „Whiteboard-Session" bestehen. Allein bei der Übertragung der Nutzinformationen mit RTP werden eine ganze Reihe verschiedener Codierungsverfahren für die Sprachübertragung unterschieden (RTP Payload-Type). Für jede Medienstromart gibt es auch eine Adresse, die jeweils unterschiedlich sein kann. Hierbei kann auch noch je Informationstyp in Uni- oder Multicast-Verbindungen unterschieden werden. Auch der verwendete Port innerhalb des Protokolls TCP bzw. UDP kann je nach Medienart verschieden sein. Schließlich wird mit dem SDP auch der Initiator einer Verbindung beschrieben (Telefonnummer, E-Mail-Adresse usw.), der für die Sendung verantwortlich ist bzw. an den man sich bei technischen Problemen wenden kann.

Bild 10.12: Aufbau der SDP-Beschreibung

Bisher wurden folgende SDP-Eigenschaften festgelegt:

Tabelle 10.2: SDP-Eigenschaften gemäß RFC 4566

Abkürzung	Beschreibung
v	Protokollversion
o	Ersteller der Session und Session-Identifizierung
s	Name der Session
i	zusätzliche Session-Informationen (optional)
u	URI die auf zusätzliche Informationen zur Session verweist (optional)
e	E-Mail-Adresse (optional)
p	Telefonnummer (optional)
c	Verbindungsinformation (wird nicht benötigt, wenn bei allen Medien angegeben, optional)
b	Information über die Bandbreite (optional)

Abkürzung	Beschreibung
z	Zeitzonenanpassungen (optional)
k	Verschlüsselungsschlüssel (encryption key) (optional)
a	keine oder mehr Session-Attribute (optional)
Zeit-Beschreibungen:	
t	Zeit, in der die Session aktiv ist
r	keine oder mehr Wiederholungen (optional)
Beschreibung der Medien:	
m	Medientyp, Port und Protokoll für den Medientransport sowie die Medienformate
i	Titel des Mediums (optional)
c	Verbindungsinformationen, optional wenn diese nicht in der Session definiert sind (s. o., optional)
b	keine oder mehr Bandbreiteninformationen (optional)
k	Verschlüsselungsschlüssel ("encryption key", optional)
a	keine oder mehr Medienattribute (optional)

```
> Frame 322: 1065 bytes on wire (8520 bits), 1065 bytes captured (8520 bits) on interface rpcap://192.168.0.10/trace, id 0
> Ethernet II, Src: Innovaph_40:2a:c6 (00:90:33:40:2a:c6), Dst: Innovaph_00:00:00 (00:90:33:00:00:00)
> Internet Protocol Version 4, Src: 192.168.0.10, Dst: 192.168.0.53
> User Datagram Protocol, Src Port: 5060, Dst Port: 5060
v Session Initiation Protocol (200)
  v Status-Line: SIP/2.0 200 OK
      Status-Code: 200
      [Resent Packet: False]
      [Request Frame: 303]
      [Response Time (ms): 6285]
  v Message Header
    > Via: SIP/2.0/UDP 192.168.0.53:5060;branch=z9hG4bK00bbf02bdc80ec1197236dd2a697b945;rport=5060;received=192.168.0.53
    > From: "Gandalf" <sip:Testuser%202@test.local>;tag=2355409860
    > To: "Testuser 1" <sip:10@test.local>;tag=861984321
      Call-ID: 00BBF02B-DC80-EC11-9720-6DD2A697B945@192.168.0.53
      [Generated Call-ID: 00BBF02B-DC80-EC11-9720-6DD2A697B945@192.168.0.53]
    > CSeq: 2 INVITE
    > Contact: <sip:10@192.168.0.10:5060;user=phone;transport=UDP>
      Allow: REGISTER,SUBSCRIBE,NOTIFY,INVITE,ACK,PRACK,OPTIONS,BYE,CANCEL,REFER,INFO,UPDATE,PUBLISH
      Content-Length: 261
      Content-Type: application/sdp
      Server: (innovaphone IP411/13r2 sr8 [13.6268/136268/600])
      Supported: 100rel,replaces,privacy,timer,from-change,histinfo,tdialog,answermode,uui
    > P-Asserted-Identity: "Testuser 1" <sip:10@test.local;user=phone>
      Recv-Info: dtmf
  v Message Body
    v Session Description Protocol
        Session Description Protocol Version (v): 0
      > Owner/Creator, Session Id (o): - 9 1 IN IP4 192.168.0.10
        Session Name (s): PhonerLite/2.97
      > Time Description, active time (t): 0 0
      > Media Description, name and address (m): audio 16398 RTP/AVP 8 101 13
      > Connection Information (c): IN IP4 192.168.0.10
      > Media Attribute (a): rtpmap:8 PCMA/8000
      > Media Attribute (a): rtpmap:101 telephone-event/8000
      > Media Attribute (a): rtpmap:13 CN/8000
      > Media Attribute (a): fmtp:101 0-15
      > Media Attribute (a): ptime:20
      > Media Attribute (a): silenceSupp:off - - - -
        Media Attribute (a): sendrecv
        [Generated Call-ID: 00BBF02B-DC80-EC11-9720-6DD2A697B945@192.168.0.53]
```

Bild 10.13: Aufbau eines SIP/SDP Traces

In der Abbildung oben ist zu erkennen, dass SDP im Message Body von SIP eingebettet ist.

FILTER

Der Filterausdruck ***sdp*** zeigt alle SIP/SDP-Pakete an. Mit ***spd.media_attr*** lässt sich das Vorhandensein von Attributen wie beispielsweise eines Audop-CODECs filtern. Mit ***sdp.media_attr == "rtpmap:0 PCMU/8000"*** werden Verbindungen mit dem PCMU/8000-Codec angezeigt.

10.4 Real-Time Transfer Protocol (RTP)

RTP setzt voraus, dass die Protokolle der unteren Schichten in der Lage sind, zwischen dem Empfang von RTP-Nutzdaten und RTCP-Kontrollinformationen zu unterscheiden (Demultiplexing von RTP- und RTCP-Daten). Beim Einsatz mit UDP verwenden RTP und RTCP dazu unterschiedliche Portnummern. RTP unterstützt Anwendungen bei der Übertragung von Echtzeitdaten. Garantieren kann es die Echzeitübertragung nicht. RTP stellt keine Echtzeitverbindung zur Verfügung, sondern setzt sie voraus. RTP ist ein unzuverlässiges Protokoll. Es garantiert nicht, dass die Daten beim Empfänger ankommen. Weiterhin verfügt RTP über keinen Mechanismen zur Ressourcenreservierung oder Festlegung und Sicherstellung der Dienstqualität. Diese Aufgaben müssen von Protokollen wie RSVP übernommen werden. RTP kann die Dienstqualität lediglich überwachen, nicht aber garantieren.

RTP-Pakete bestehen aus einem Header und den Nutzdaten. Der RTP-Header besteht aus einem fixen Teil von 12 Bytes Länge, der in jedem RTP-Paket enthalten ist, und einem variablen Teil, der bei Durchlaufen eines Mixers eine Liste von Quellen enthält. Dem Header kann eine Erweiterung angefügt sein.

<table>
<tr><td colspan="10">0</td><td colspan="10">1</td><td colspan="10">2</td><td colspan="2">3</td></tr>
<tr><td>0</td><td>1</td><td>2</td><td>3</td><td>4</td><td>5</td><td>6</td><td>7</td><td>8</td><td>9</td><td>0</td><td>1</td><td>2</td><td>3</td><td>4</td><td>5</td><td>6</td><td>7</td><td>8</td><td>9</td><td>0</td><td>1</td><td>2</td><td>3</td><td>4</td><td>5</td><td>6</td><td>7</td><td>8</td><td>9</td><td>0</td><td>1</td></tr>
<tr><td colspan="2">Ver</td><td>P</td><td>X</td><td colspan="4">CSRC Count</td><td colspan="2">M</td><td colspan="7">Payload Type</td><td colspan="15">Sequence</td></tr>
<tr><td colspan="32">Time Stamp</td></tr>
<tr><td colspan="32">Synchronization Source (SSRC)</td></tr>
<tr><td colspan="32">Contribution Source (CSRC)</td></tr>
</table>

Bild 10.14: RTP-Header

```
> Frame 330: 214 bytes on wire (1712 bits), 214 bytes captured (1712 bits) on interface rpcap://192.168.0.10/trace, id 0
> Ethernet II, Src: Innovaph_00:00:00 (00:90:33:00:00:00), Dst: Innovaph_40:2a:c6 (00:90:33:40:2a:c6)
> Internet Protocol Version 4, Src: 192.168.0.53, Dst: 192.168.0.10
> User Datagram Protocol, Src Port: 5062, Dst Port: 16398
v Real-Time Transport Protocol
  v [Stream setup by SDP (frame 303)]
      [Setup frame: 303]
      [Setup Method: SDP]
      [Generated Call-ID: 00BBF02B-DC80-EC11-9720-6DD2A697B945@192.168.0.53]
    10.. .... = Version: RFC 1889 Version (2)
    ..0. .... = Padding: False
    ...0 .... = Extension: False
    .... 0000 = Contributing source identifiers count: 0
    1... .... = Marker: True
    Payload type: ITU-T G.711 PCMA (8)
    Sequence number: 1
    [Extended sequence number: 65537]
    Timestamp: 160
    Synchronization Source identifier: 0x1f65ca07 (526764551)
    Payload: d5d5d5d5d5d5d5d5d5d5d5d5d5d5d5d5d5d5d5d5d5d5d5d5d5d5d5d5d5d5d5d5d5d5...
```

Bild 10.15: Beispiel eines Wireshark RTP-Traces

FILTER

Der Anzeigefilter für RTP lautet ***rtp***.

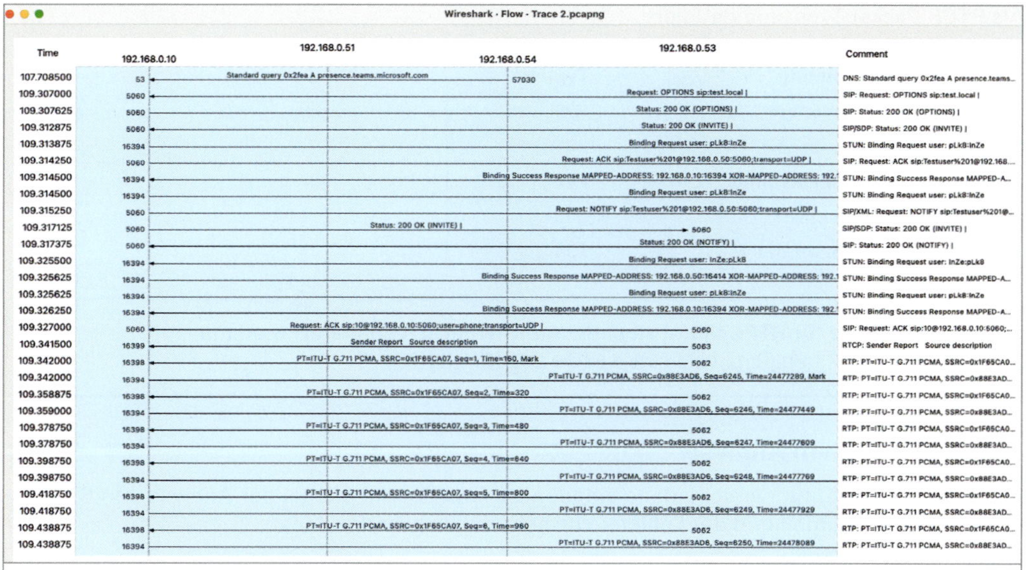

Bild 10.16: Aufbau eines SIP/SDP Traces

Real Time Control Protocol (RTCP)

RTCP unterstützt RTP, indem es Feedback-Informationen über die Dienstqualität und die Teilnehmer einer Session liefert. In regelmäßigen Abständen werden dazu Kontrollpakete zwischen den Teilnehmern übertragen. Die wichtigsten Kontrollinformationen sind zum einen Empfangsdaten von Synchronisationsquellen und Empfängern, sowie zum anderen ein bestimmter Bezeichner (der sogenannte CNAME), der zur globalen Identifikation von Synchronisationsquellen benötigt wird.

An einer RTP-Session können mehrere tausend Teilnehmern beteiligt sein. Mit steigender Teilnehmerzahl erhöht sich auch die Zahl der zu übertragenden RTCP-Pakete. Um Übertragungsbandbreite zu schonen, werden mit zunehmender Teilnehmerzahl immer größere Übertragungsintervalle für die RTCP-Pakete gewählt, die Rate wird dynamisch angepasst. Von der Bandbreite, die für eine RTP-Session zur Verfügung steht, wird ein Teil zur Übertragung von RTCP-Paketen benötigt. Die Protokollspezifikation sieht vor, dass der RTCP-Anteil unter 5 Prozent der Session-Bandbreite bleibt. Kontrollinformationen von Sendern haben eine höhere Priorität als Empfängerinformationen. Daher steht den Sendern mehr Kontrollbandbreite zur Verfügung als den Empfängern. Die Sender erhalten ca. 25 Prozent, die restlichen 75 Prozent werden unter den Empfängern aufgeteilt. Um zu verhindern, dass ein Sender gleichzeitig von allen Empfängern Kontrollinformationen erhält (und dadurch dessen Leistungsfähigkeit beeinträchtigt wird), werden die Übertragungszeitpunkte zufällig gewählt RTCP-Pakete bestehen aus einem fixen Header und einem Abschnitt, der in Abhängigkeit vom Pakettyp aus unterschiedlichen Feldern besteht.

Jedes RTCP-Paket besteht aus einem Header, dem in Abhängigkeit vom Pakettyp ein spezifischer Datenblock folgt.

0										1										2										3	
0	1	2	3	4	5	6	7	8	9	0	1	2	3	4	5	6	7	8	9	0	1	2	3	4	5	6	7	8	9	0	1
Ver		P		RC, SC, Subtype				Packet Type									Length														
Synchronization Source (SSRC) Identifier																															

Bild 10.17: RTCP-Header

Als RTCP-Packet Type sind definiert:

Typ	Bezeichnung	Typ-Nr.
SR	sender report	200
RR	receiver report	201
SDES	source description	202
BYE	goodbye	203
APP	application-defined	204

FILTER

Der Anzeigefilter für RTPC lautet ***rtcp***. Bestimmte Pakettypen filtert man mit ***rtcp.pt == <Typ>***, beispielsweise ***rtcp.pt == 203*** für „Bye"

10.4.1 RTP Stream Analyse

Wireshark verfügt über verschiedene eingebaute Funktionen, die bei der Analyse von RTP-Audio- und Videoströmen und der Fehlersuche sehr nützlich sind.

Tritt ein Problem auf einem bestimmten VoIP-Client auf, verbindet man Wireshark mit dem Port des Clients über einen Port Mirror. Wenn ein Problem mit allen VoIP-Clients vorliegt, schließt man Wireshark an einen gemeinsamen Switch an, der alle Clients verbindet.

1. Man öffnet Wireshark und navigiert über das Menü Telefonie zu RTP, wie im folgenden Bild dargestellt:

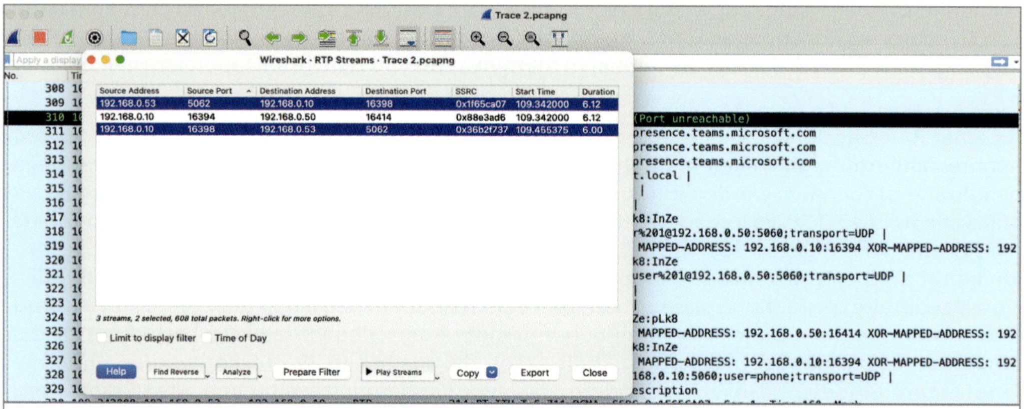

Bild 10.18: Anzeige der aufgezeichneten RTP-Streams und Anzeige der zusammengehörenden RTP-Streams

2. Dies führt zu einem Pop-up-Fenster, in dem alle aktuell aufgezeichneten RTP-Streams aufgelistet sind.
3. Man wählt den zu analysierenden Stream aus und verwenden Find Reverse -> Find all Pairs, (den entgegengesetzten finden -> finde alle Paare) um zusammengehörende RTP-Streams zwischen den Endpunkten zu identifizieren
4. Durch einen Klick auf den Button „Analyse" werden die Details der ausgewählten RTP-Streams (beispielsweise Jitter, Anzahl der übermittelten Pakete, verlorengegangene Pakete, usw.) dargestellt
5. Über den Button Play Streams, bzw. Streams abspielen öffnet man den RTP-Player in dem man sich die einzelnen Streams anhören kann.

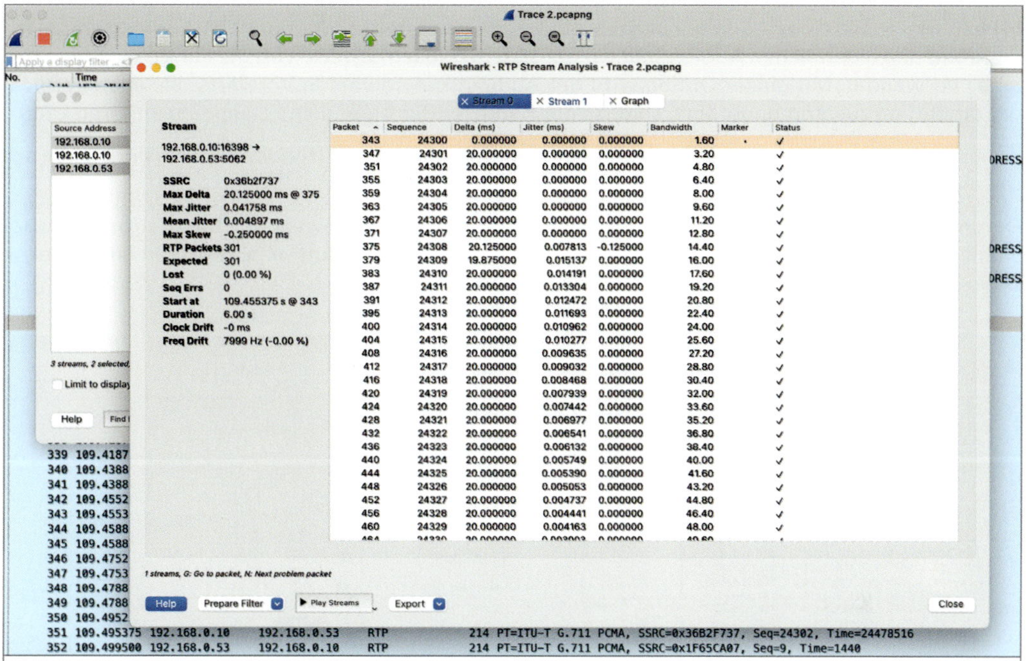

Bild 10.19: Anzeige der Details der ausgewählten RTP-Streams

10.5 Telefonanruf aufzeichnen, abhören und exportieren

Unabhängig vom verwendeten Signalisierungsprotokoll verwenden die meisten aktuellen Audio- und Videoströme RTP als Transportmechanismus. Das RTP-Protokoll bietet Zuverlässigkeit durch die Sequenzierung der Pakete auf der Anwendungsschicht und hilft bei der Kontrolle von Jitter und Verzögerung durch die Weiterleitung von Audio- und Video-Nutzdaten in kleinen Paketen in jedem RTP-Paket.

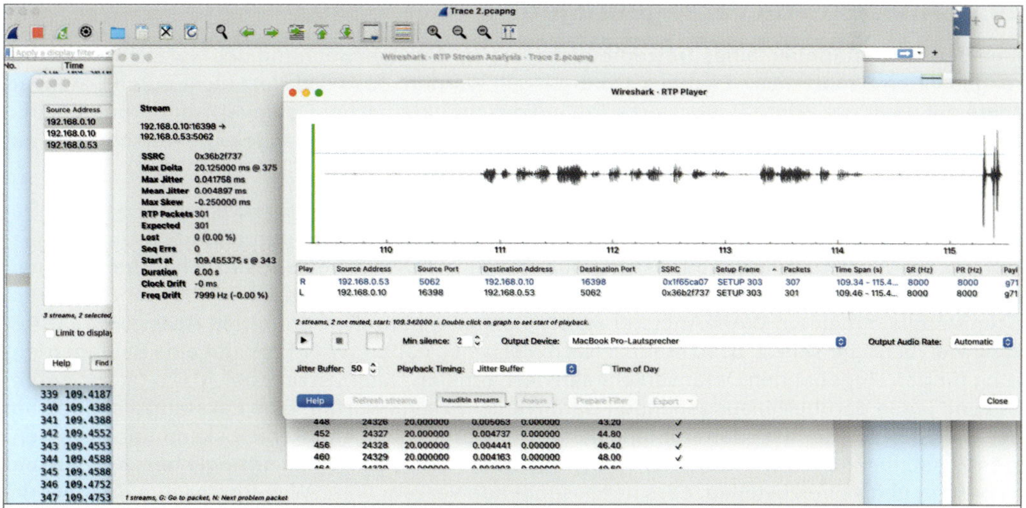

Bild 10.20: Anzeige der aufgezeichneten RTP-Streams und Anzeige der zusammengehörenden RTP-Streams

Wireshark ist mit einer Audiowiedergabefunktion ausgestattet, die den RTP-Audiostrom dekodiert und den eigentlichen Audioinhalt wiedergibt. Zu diesem Zweck wird die Funktion „Play Streams" verwendet. Mit dieser Option wird der Audiostrom sowohl in Vorwärts- als auch in Rückwärtsrichtung zusammengeführt, so dass der Benutzer das eigentliche Gespräch anhören kann.

Achtung: Die Wireshark-RTP-Wiedergabe funktioniert nicht für RTP-Video-Streams und kann somit nicht zur Anzeige von Videoinhalten verwendet werden.

Durch Anklicken der RTP-Streams des Telefonats werden die jeweiligen Datenströme ausgewählt. Anschließend können die ausgewählten Daten über den Button „Export" in eine externe Datei kopiert werden.

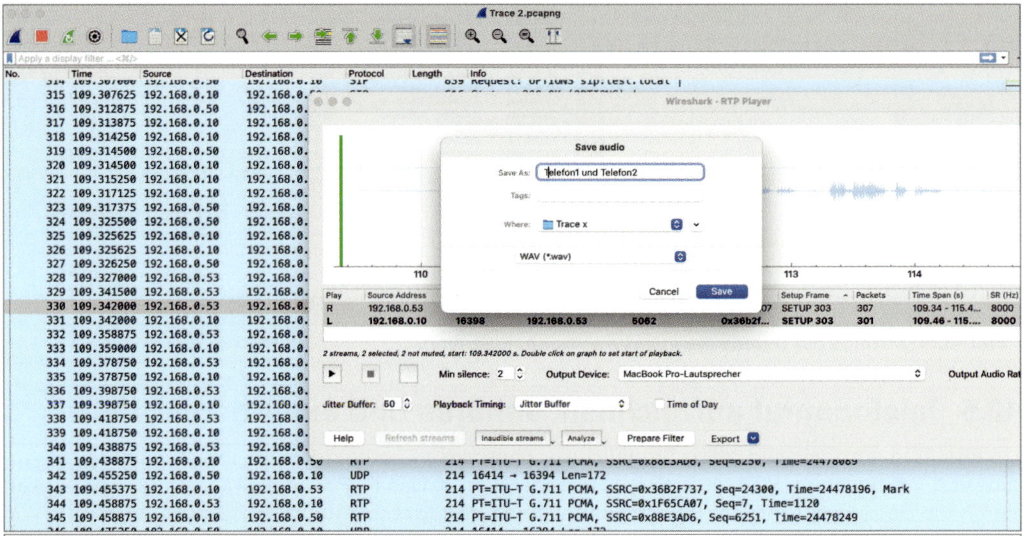

Bild 10.21: Exportieren der RTP-Streams als WAV-Datei

10.6 Analyse von Verzögerungen

Eine der Hauptaufgaben eines Netzadministrators ist die Überwachung des Netzes und der bereitgestellten Bandbreiten. Es muss sichergestellt werden, dass das Netz nicht durch Datenverkehre mit niedriger Priorität blockiert wird und geschäftskritischer Datenverkehr darunter leidet. Auch ist sicherzustellen, dass der WAN-Anbieter in der Lage ist, die zugesagte Verkehrsrate auf der Zugangsleitung bereitzustellen.

Bei den meisten der bisher besprochenen Fehlerbehebungs- und Analyseverfahren wird die Datenerfassung so nah wie möglich an den Anwendungsendpunkten durchgeführt. Um die Auslastung der WAN-Leitungen zu messen, müssen wir möglicherweise zusätzliche Überlegungen anstellen, um die Bandbreite genau zu messen. Ein Unternehmen kann über eine 1-Gbit/s-Schnittstelle mit einem WAN-Anbieter verbunden sein, aber die Committed Access Rate (CAR) kann viel niedriger sein (z. B. 10 Mbit/s). Normalerweise haben WAN-Provider eine Ratenbegrenzung für den eingehenden Datenverkehr aktiviert, um den Datenverkehr auf 10 Mbit/s zu begrenzen und jeden darüberhinausgehenden Datenverkehr zu verwerfen. Eine Paketaufzeichnung auf der WAN-Router-Seite ist daher möglicherweise nicht genau. Andererseits kann das Unternehmen Zusatzfunktionen wie Traffic Shaping implementieren, die es ihm ermöglichen, den Verkehr zu puffern und sicherzustellen, dass der ausgehende Verkehr vom WAN-Router zum Provider die CAR nicht überschreitet. Je nachdem, wie das Netz aufgebaut ist, muss die Paketerfassung also an der entsprechenden Stelle erfolgen.

Je nachdem, wie das Netzwerk aufgebaut ist, müssen wir die Paketerfassungstools an den entsprechenden Stellen positionieren:

- Wenn Traffic Shaping aktiviert ist, können wir die Pakete in der ausgehenden Richtung auf WAN-Routern erfassen.
- Wenn Traffic Shaping nicht aktiviert ist, können wir die Pakete in der eingehenden Richtung vom WAN-Provider erfassen.

Um die Bandbreite einer WAN-Leitung zu messen, müssen wir möglicherweise zusätzlichen Verkehr mit einer Datenrate nahe an der Bandbreitenobergrenze des jeweiligen Interfaces erzeugen. Nur durch eine Überlast lässt sich feststellen, ob die QoS-Mechanismen funktionieren. Es gibt verschiedene Traffic-Generator-Tools wie iPerf, IXIA und Spirent, die zum Generieren verschiedener Verkehrsarten verwendet werden können. Auch Open-Source-Verkehrsgeneratoren wie Scapy, tcpreplay oder playcap können ebenfalls zur Verkehrserzeugung verwendet werden.

Um die durchschnittliche Bandbreitennutzung zu ermitteln, zeichnet man die RTP-Daten auf und wählt unter „Statistics" den Menüpunkt „Endpoints aus:

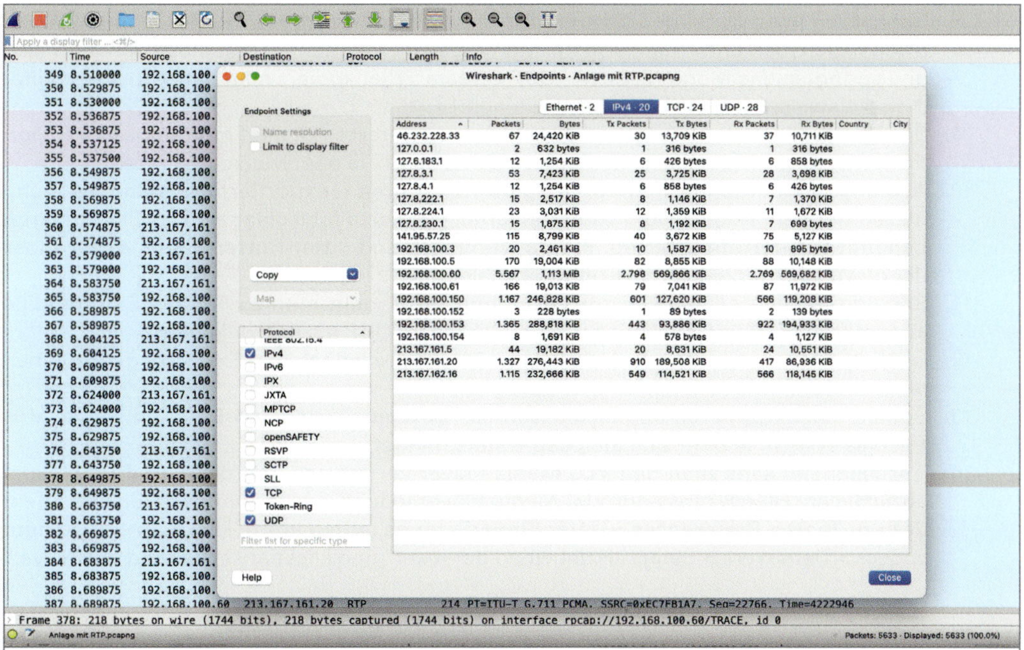

Bild 10.22: Durchsatz der aufgezeichneten RTP-Streams

10.7 Wiedergabe von Videos

Unter dem Begriff „Streaming" versteht man die gleichzeitige Übertragung und Wiedergabe von Video- und/oder Audiodaten über ein IT-Netzwerk. Der im Datenstrom übermittelte Inhalt wird als Stream bezeichnet; wenn die Übermittlung in Echtzeit stattfindet. In diesem Fall wird dieser Datenstrom auch als Livestream bezeichnet. Im Gegensatz zum Herunterladen von Daten ist das Ziel beim Streaming nicht, eine Kopie der Medien beim Nutzer anzulegen, sondern die Medien direkt auszugeben, anschließend werden die Daten verworfen. Seit der Pandemie gehören Videokonferenzen zum Alltag im Arbeitsleben. Bei Videokonferenzen bzw. Onlinebesprechungen zwischen mindestens zwei Teilnehmern werden heute neben ein- und ausgehenden Audiodaten werden auch Videodaten übertragen.

Die folgende Anleitung zur Wiedergabe von Video auf Basis eines Wireshark Traces funktioniert nur, wenn das Video im H.264-Format vorliegt und der RTP-Stream nicht verschlüsselt ist. Hierzu sind die folgenden Schritte notwendig:

1. Man muss das Wireshark-Plugin „rtp_h264_extractor.lua“ aus dem Internet heruntergeladen werden.
2. Anschließend wird das Plugin in dem Verzeichnis ab, in dem Wireshark installiert wurde (beispielsweise C:\Program Files\Wireshark).
3. Danach sucht man im gleichen Verzeichnis nach einer Datei mit der Bezeichnung "init.lua". Man muss sicherstellen, dass das Attribut "disable_lua" auf den Wert "false" gesetzt ist -- > disable_lua = false
4. Unten in der Datei "init.lua" gibt man den Parameter "dofile(DATA_DIR.. "rtp_h264_extractor.lua")" ein.
5. Danach startet man Wireshark neu, und das Plugin sollte unter Tools sichtbar sein.
6. Jetzt lädt man den aufgezeichneten Trace mit der unverschlüsselten H264 Payload
7. In der Regel befinden sich mehrere Videostreams in der der aufgezeichneten pcap-Datei. Aus diesem Grund muss man die gewünschten H264-Stream-Quelle auslagern. Die Audiostreams kann man in der pcap-Datei belassen.
8. Sobald die pcap-Datei geöffnet ist, filtern wir nach "udp". Hier findet man die H264-Stream, den man entfernen möchte. Man klickt mit der rechten Maustaste auf das Paket und springt in das Menü "Follow > UDP Stream". Hier kopiert man den Wireshark-Filter (beispielsweise.: udp.stream eq 14)
9. Sobald Sie alle unerwünschten H264-Streams gefiltert sind, geht man zu Datei > Exportierte Pakete und speichern die Capture-Datei ohne die unerwünschten Streams.
10. Achtung: Wenn man nur den benötigten H264-Stream exportiert und dann versucht, diesen mit dem H264-Plugin zu extrahieren, wird dies fehlschlagen. Das Plugin-Skript benötigt rtcp-Pakete, rtp_seq, Frame-Nummern und Jitter-Buffer-Daten, daher muss der gewünschte H264-Stream unberührt bleiben.
11. Sobald die neue pcap-Datei zur Verfügung steht, geht man zu Tools > Extract h264 stream from RTP und stellt sicher, dass Wireshark UDP als RTP dekodiert.
12. Der Extraktor analysiert dabei die Pakete. Man muss jedoch den Extraktor geöffnet halten, bis dieser mit dem Extrahieren fertig ist)
13. Sobald das Extrahieren abgeschlossen ist, wird eine dump.264-Datei im selben Verzeichnis erstellt, in dem sich die pcap-Datei befindet.
14. Anschließend kann man den VLC Media Player verwenden, um die h264-Dump-Datei abzuspielen. Hierzu muss der VLC Media Player jedoch zuerst konfigurieren. Man geht dazu zu Tools > Preferences > unter Show Settings (unten links), klickt auf "All" > Input codecs > Demuxers > Select "H264 video demuxer" und klickt anschließend auf „save“.

11 Wi-Fi-Sniffing

Funknetze gehören zu den Gewinnern im Bereich der Netzwerke. Dies schlägt sich auch in den Standardisierungsgremien und den von diesen erarbeiteten Standards nieder. Treibende Kraft hinter der drahtlosen Datenübertragung ist das IEEE-802-Gremium bzw. dessen 802.11 Arbeitsgruppe. Zusätzlich sind noch die IEEE 802.15 im Bereich Wireless Personal Area Networks (WPANs) und die 802.16 (Broadband Wireless Access) im Bereich Wireless Metropolitan Area Networks (WMAN) aktiv.

11.1 Die unterschiedlichen WLAN-Standards

Im Jahr 1997 wurde mit dem IEEE 802.11 Standard erstmals eine verbindliche Luftschnittstelle für lokale Funknetzwerke veröffentlicht. Die Spezifikation IEEE 802.11 ist, vereinfacht ausgedrückt, eine Art schnurloses Ethernet. IEEE 802.11 definiert die Bitübertragungsschicht des OSI-Schichtenmodells für ein Wireless LAN. Der ursprüngliche Standard IEEE 802.11 wurde laufend erweitert und verbessert. Hauptsächlich um den Datendurchsatz, Effizienz, Reichweite und die Datensicherheit zu erhöhen und die Zusammenarbeit zwischen den Geräten unterschiedlicher Hersteller zu verbessern.

In vielen Publikationen wurde die Bezeichnung „Wireless LAN“ und der Standard „IEEE 802.11“ durcheinander geworfen. Der Unterschied ist dabei ganz einfach. „Wireless LAN“ ist die allgemeine Bezeichnung für ein schnurloses lokales Netzwerk (Wireless Local Area Network). „IEEE 802.11“ dagegen ist ein Standard für eine technische Lösung, die den Aufbau eines Wireless LAN ermöglicht.

Allerdings hat es sich im allgemeinen Sprachgebrauch durchgesetzt, ein lokales Funknetzwerk, das auf dem Standard „IEEE 802.11“ basiert als Wireless LAN bzw. in Deutschland als „WLAN“ zu bezeichnen. International hat sich inzwischen der Begriff „Wireless Fidelity“ mit der Abkürzung „Wi-Fi“ durchgesetzt.

Die Fähigkeit von Wi-Fi-Netzen mit unterschiedlichen Standards, Bezeichnungen und eventuelle Inkompatibilitäten ist für Normalnutzer kaum auseinanderzuhalten. Einfachere Bezeichnungen sollen helfen. Statt der kryptischen IEEE-Projektgruppennamen haben die Wi-Fi-Standards zusätzlich eine fortlaufende Nummer. Leider ist diese Angabe auch unzureichend, denn der Standard allein ist nicht der einzige Parameter, der Einfluss auf die Geschwindigkeit und Leistungsfähigkeit der WLAN-Technik hat. So ist die Anzahl der unterstützten MIMO[1]-Datenströme und die Anzahl der benutzten Antennen genauso wichtig. Damit kann man langsame und schnelle Geräte viel besser voneinander unterscheiden.

1 MIMO – Multiple In Multiple Out, bei dieser Technik werden gleichzeitig mehrere Antennen zum Senden und zum Empfangen benutzt

Tabelle 11.1: Vergleich der WLAN-Standards

Alter Name	802.11 b	802.11a	802.11g	802.11n	802.11ac	802.11ax	802.11ax	802.11be
Veröffentlichungsjahr	1999	1999	2003	2009	2013	2020	2021	2024
Frequenz / [GHz]	2,4	5	2,4	2,4 und 5	5	2,4 und 5	2,4, 5, 6	2,4, 5, 6
Modulationsverfahren	DSSS/ OFDM	DSSS/ OFDM	DSSS/ OFDM	OFDM	OFDM	OFDMA	OFDMA	OFDMA
Max. Datenrate	11 Mbit/s	54 Mbit/s	54 Mbit/s	600 Mbit/s	3.5 GBit/s	9.6 GBits	9.6 GBit/s	46 GBit/s
Spatial Streams	1	1	2	4	8	8	8	16
Multiple In/Multiple Out (MIMO)	-	-	-	MIMO / SU-MIMO DL	MU-MIMO	UL/DL MU-MIMO	UL/DL MU-MIMO	UL/DL MU-MIMO
Neuer Name	Wi-Fi 1	Wi-Fi 2	Wi-Fi 3	Wi-Fi 4	Wi-Fi 5	Wi-Fi 6	Wi-Fi 6E	Wi-Fi 7

11.2 Physikalische Grenzen

Die Reichweite von Funknetzen hängt von vielen Faktoren ab: Sendeleistung, Antennen, räumliche Gegebenheiten usw. Die Feldstärke des Sendesignals nimmt quadratisch mit der Entfernung ab; bei doppelter Entfernung empfängt man also nur noch ein Viertel der Funkleistung. Es ist daher wichtig, wo Sie das Gerät, das den Netzwerkverkehr mitschneidet, platzieren. Die Funkwellen machen nicht an Gebäude- oder Grundstücksgrenzen Halt – Funknetze sind somit sehr leicht abzuhören!

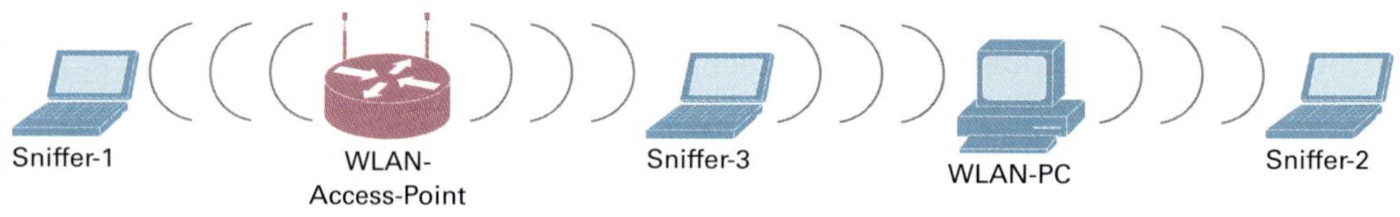

Bild 11.1: Platzieren des Sniffing-Rechners

Ist Sniffer-1 die Sniffing-Station, fehlen möglicherweise Pakete, die vom zu überwachenden Rechner zum Accesspoint gesendet werden. Bei Sniffer-2 fehlen möglicherweise Pakete, die vom Accesspoint kommen. Zwischen den beiden Stationen liegt der beste Ort, um den Datenverkehr abzuhören (Sniffer-3). Aber bei Funknetzen gibt es nie Gewissheit, alle Pakete abfangen zu können.

Möglicherweise empfängt man Pakete, die zwischen den Kommunikationspartnern korrekt übertragen wurden, gar nicht. Ebenso können Pakete zwischen den beiden Stationen nicht korrekt übertragen und wiederholt gesendet werden, obwohl sie bei der Sniffingstation korrekt angekommen sind.

Eine Funknetzwerkkarte kann sich nur mit einem Netzwerk und einem Funkkanal verbinden. Ist man mit einem Netzwerk verbunden, lässt sich auch nur der Datenverkehr des aktuell verwendeten Kanals mitschneiden.

Wireshark eignet sich auf normalen Rechnern nicht als WLAN-Scanner, um das WLAN nach vorhandenen Stationen abzusuchen. Von der Firma Riverbed gibt es einen WLAN-Stick (AirPcap), mit dem dies möglich ist. Andere Programme, wie beispielsweise **kismet**, können auch auf normalen WLAN-Rechnern eingesetzt werden, um Scanning zu betreiben.

Wireshark kann aber auf normalen Rechnern sehr wohl auch den Datenverkehr (aber nur auf dem Kanal, mit dem man verbunden ist) mitschneiden.

11.3 Vorbereitung

WLAN-Adapter empfangen grundsätzlich nur Funk-Datenpakete, die entweder als Unicast direkt an sie, als Multicast an eine Gruppe oder als Broadcast an alle Stationen adressiert sind. Es ist also nicht möglich, die Management-Datagramme für den Verbindungsaufbau aufzuzeichnen. Datagramme, die an andere Hosts im Funknetz adressiert werden, sind ebenfalls nicht zu empfangen.

Versucht man den Datenverkehr zwischen einer drahtlosen Station, auf der Wireshark läuft, und anderen kabelgebundenen oder drahtlosen Geräten im Netzwerk zu erfassen, und nur an normalen Netzwerkdaten interessiert sind, nicht an 802.11-Kontrollpaketen oder Funk-/Link-Layer-Informationen, dann muss nichts Besonderes eingestellt werden. Man öffnet einfach Wireshark, wählt die spezifische drahtlose Schnittstelle, an der man interessiert ist, wendet die erforderlichen Filter an und lässt das Programm im Promiscuous-Modus arbeiten.

Wenn man mit Wireshark den Datenverkehr zwischen verschiedenen Prozessen aufzeichnen möchte, die innerhalb der drahtlosen Stationen ablaufen, sollte die Aufzeichnung auf einer Loopback-Schnittstelle erfolgen.

Wenn man versucht, Datenverkehr zu erfassen, der nicht nur zu oder von der drahtlosen Station, auf der Wireshark läuft, sondern auch zwischen verschiedenen drahtlosen Geräten im Netzwerk gesendet wird - und wenn man an 802.11-Kontrollpaketen oder Funk-/Link-Layer-Informationen interessiert ist -, muss der Monitormodus aktiviert werden. Diese Art der Erfassung wird oft als Over-the-Air (OTA)-Paketerfassung bezeichnet.

11.4 aircrack-ng

Es gibt eine Reihe von Programmen für die Analyse und das Mitschneiden von WLANs. Das Paket Aircrack-ng[2] umfasst Treiber und einige Programme, um die WLAN-Interfaces in den Monitor Mode zu schalten und Netzwerkverkehr mitzuschneiden. Sie installieren das Paket unter Debian/Ubuntu-Linux mit:

```
# sudo apt-get install aircrack-ng
```

Das darin enthaltene Programm airmon-ng listet alle verfügbaren WLAN-Schnittstellen auf.

```
# sudo airmon-ng
```

Interface	Chipset	Driver
wlan0	Atheros	ath9k - [phy0]
wlan1	Unknown	r8712u

Die Syntax dieses Befehls lautet:

```
usage: airmon-ng <start|stop|check> <interface> [channel or frequency]
```

2 www.aircrack-ng.org

Mit *start* versetzen Sie das ausgewählte Interface in den Monitormodus:

```
# sudo airmon-ng start wlan0
Found 6 processes that could cause trouble.
If airodump-ng, aireplay-ng or airtun-ng stops working after
a short period of time, you may want to kill (some of) them!
PID            Name
1082           avahi-daemon
1088           avahi-daemon
1145           NetworkManager
1222           wpa _ supplicant
4638           dhclient
4826           dhclient
Process with PID 4638 (dhclient) is running on interface wlan0
Process with PID 4818 (wlan1) is running on interface wlan1
Process with PID 4826 (dhclient) is running on interface wlan1
Interface               Chipset          Driver
wlan0                   Atheros          th9k - [phy0]
                                                 (monitor mode enabled on mon0)
wlan1                   Unknowna                 r8712u
```

In diesem Beispiel wird das Interface wlan0 in den Monitor Mode versetzt und ist dann als mon0 unter Wireshark als Sniffing-Interface auswählbar. Dieses Vorgehen bietet sich an, wenn sich der Monitor Mode in Wireshark nicht aktivieren lässt oder es zu Verbindungsabbrüchen kommt. Aktualisieren Sie die Interfaceliste und sniffen Sie auf dem neuen Interface „mon0“.

Ein weiteres nützliches Programm im aircrack-ng-Paket ist airodump-ng. Es sammelt Daten auf einem Monitor-Interface, das zuvor mit airmon gestartet wurde. Das Programm läuft bis zum Abbruch mit Strg + F und aktualisiert permanent den Bildschirm.

```
# sudo airodump-ng mon0
```

Die Ausgabe zeigt eine Liste erkannter Accesspoints und Clients – in der ersten Zeile den aktiven Kanal, die verstrichene Zeit seit Start des Programms, das aktuelle Datum und die aktuelle Uhrzeit. Wurde ein WPA/WPA2-Handshake erkannt, steht dies am Ende der Zeile – hier ein Handshake mit der BSSID BC:05:43:70:B2:89; diese MAC-Adresse gehört zum Accesspoint Haus 8. Im oberen Teil der Anzeige sehen Sie die erkannten Accesspoints und zu jedem AP die Empfangsleistung, die Anzahl der bisher empfangenen Beacons, die Anzahl der empfangenen Datagramme (*#Data*), die Datenrate (*#/s)*, Kanalnummer (*CH*), die maximale Datenrate (*MB*), die Verschlüsselung sowie den Namen des Netzes (*ESSID*).

Der untere Teil zeigt die Clients, die empfangen werden. PWR gibt die empfangene Leistung (in dBm) an, Rate die Datenrate (die erste Zahl steht für die Sendegeschwindigkeit des Accesspoints, die zweite für die Sendeleistung des Clients).

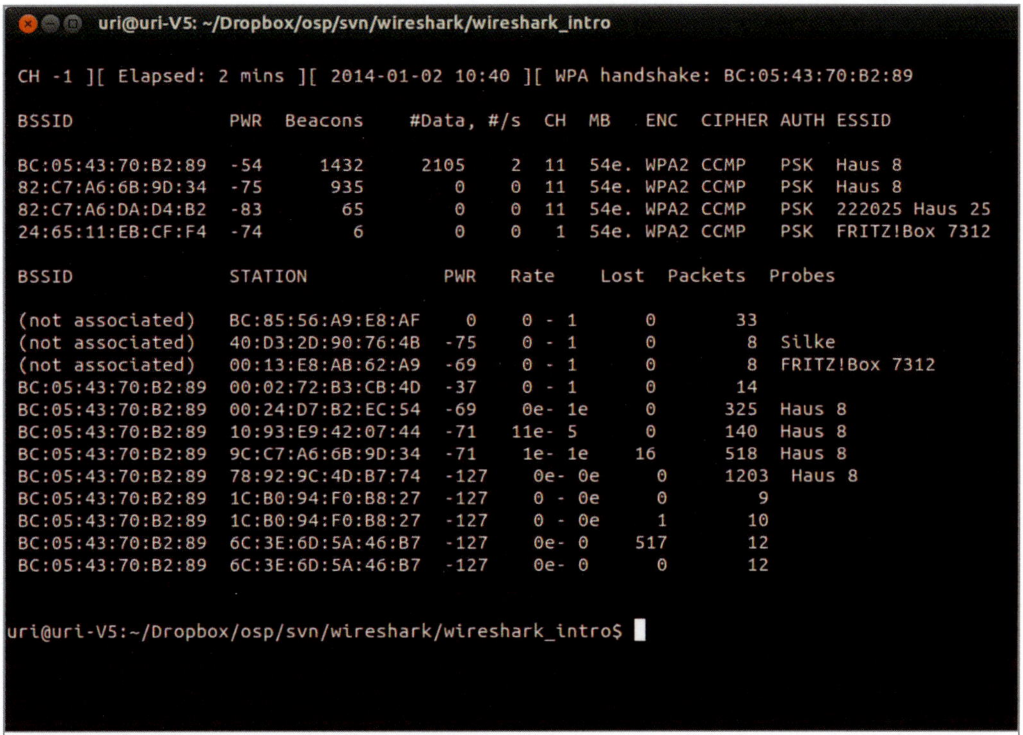

Bild 11.2: airodump zeigt aktive Stationen im WLAN

airodump-ng kann auch den empfangenen Datenverkehr mitschneiden und in einer Datei speichern (Option -w). Der Befehl

```
# sudo airodump-ng -w dateiname mon0
```

schneidet alles vom Monitor-Interface mon0 mit und speichert es in der Datei dateiname. Sie beenden die Aufzeichnung mit Strg + C. Die Datei wird dadurch geschlossen und steht offline für die Analyse, z. B. mit Wireshark, zur Verfügung.

Mit anderen Parametern können Sie den Datenstrom bereits beim Aufzeichnen filtern:

```
# sudo airodump-ng -c -1 --bssid <bssid-nr> -w dateiname mon0
```

Mit dem Parameter *--bssid,* gefolgt von der Nummer der Station, werden nur die Pakete der angegebenen Station erfasst; er wirkt also wie ein Capture-Filter[3].

3 Mehr zu Aircrack-ng unter http://www.aircrack-ng.org/

12 Internet der Dinge, IoT

Das Internet der Dinge (Internet of Things; kurz IoT) ist ein System miteinander verbundener Datenverarbeitungsgeräte, mechanischer und digitaler Maschinen, Gegenstände, Tiere oder Menschen, die mit eindeutigen Kennungen versehen sind und Daten über ein Netz übertragen können, ohne dass eine Interaktion von Mensch zu Mensch oder Mensch zu Computer erforderlich ist.

IoT-Protokolle sind Kommunikationsmodi, die die zwischen angeschlossenen Geräten ausgetauschten Daten schützen und optimale Sicherheit gewährleisten. Die IoT-Geräte sind in der Regel über ein Internet-Protokoll-Netz mit dem Internet verbunden. Geräte wie Bluetooth und RFID ermöglichen es jedoch, IoT-Geräte lokal zu verbinden. In diesen Fällen gibt es einen Unterschied bei der Leistung, der Reichweite und dem verwendeten Speicher. Verbindungen über IoT-Protokoll-Netzwerke (IP) sind vergleichsweise komplex und erfordern von den IoT-Geräten mehr Speicher und Energie, während die Reichweite kein Problem darstellt. Andererseits erfordern Nicht-IP-Netzwerke vergleichsweise weniger Energie und Speicher, haben aber eine begrenzte Reichweite.

IoT-Geräte
IoT wirkt sich auf viele Bereiche des täglichen Lebens aus. Einige der wichtigsten Sektoren sind:

Industrie/Bereich	Verwendung
Home	Haussteuerung von Heizung, Licht, Türschlössern usw.
Gesundheit	Medizinische Fernüberwachung von Patienten usw.
Fitness und Wellness	Überwachung der Herzfrequenz und Trainingspläne
Fabriken und Industrie	Steuerung von Produktionslinien, Anlagenverfolgung usw.
Landwirtschaft	Automatische Bewässerung, Bodenüberwachung usw.
Autos und Straßen	Vernetzte Autos, Parkplätze
Intelligente Städte	Verkehrsmanagement, Verfolgung und Verfügbarkeit von Parkplätzen

Ein IoT-System besteht aus drei grundlegenden Komponenten:

- Den Dingen: Sensoren, Aktoren usw.
- dem Netzwerk und den Protokollen und
- den Plattformen, Anwendungen und Diensten

Media Access Control (MAC)
IoT-Geräte und -Sensoren müssen mit dem Netzwerk und somit auch untereinander verbunden sein, damit ihre Daten genutzt werden können. Neben der großen Bandbreite an Sensoren, Aktoren und intelligenten Objekten, die das IoT ausmachen, gibt es auch eine Reihe verschiedener Protokolle, die zu deren Verbindung genutzt werden.

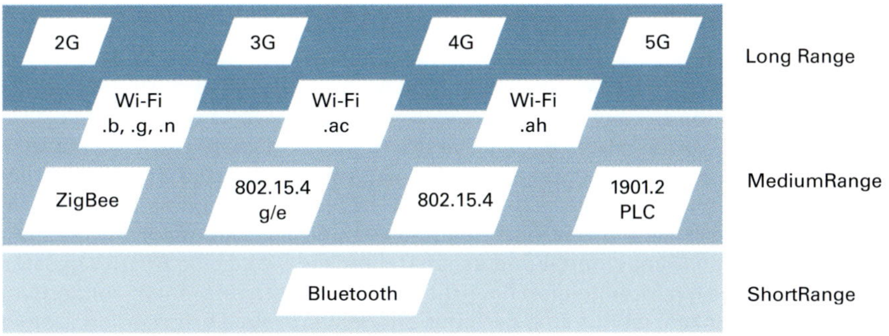

Bild 12.1: Drahtlose Zugangstechnologien von IoT

12.1 IEEE 802.15.4

IEEE 802.15.4 ist eine drahtlose Zugangstechnologie für kostengünstige Geräte mit niedriger Datenrate, die mit Strom oder Batterien betrieben werden. Die IEEE 802.15.4 PHY- und MAC-Schichten bilden die Grundlage für mehrere Netzprotokollstacks. Diese Protokollstapel nutzen 802.15.4 auf der physikalischen und der Verbindungsebene, aber die oberen Schichten sind unterschiedlich. Diese Protokollstacks werden von verschiedenen Organisationen separat festgelegt und kommerziell vermarktet. Einige der bekanntesten Protokollstacks, die auf 802.15.4 basieren, sind in nachfolgende Tabelle dargestellt.

Tabelle 12.1: Protocol Stacks Utilizing IEEE802.15.4

Protokoll	Beschreibung
ZigBee	ZigBee wird von der ZigBee Alliance festgelegt und definiert Komponenten der oberen Schicht (Netzwerk bis Anwendung) sowie Anwendungsprofile. Zu den gängigen Profilen gehören Gebäudeautomatisierung, Heimautomatisierung und Gesundheitswesen. ZigBee definiert auch Funktionen von Geräteobjekten, wie beispielsweise Geräterolle, Geräteerkennung, Netzwerkverbindung und Sicherheit.
6LOWPAN	6LOWPAN ist eine IPv6-Anpassungsschicht, die von der IETF-Arbeitsgruppe 6LoWPAN definiert wurde und beschreibt, wie IPv6-Pakete über IEEE 802.15.4-Schichten transportiert werden. Verschiedene RFCs dokumentieren die Header-Kompression und IPv6-Erweiterungen, um mit den spezifischen Details von IEEE 802.15.4 zurechtzukommen. Anzeigefilter: *6lowpan*
ZigBee IP	ZigBee IP ist eine Weiterentwicklung des ZigBee-Protokollstacks und übernimmt die 6LOWPAN-Anpassungsschicht, die IPv6-Netzwerkschicht und das RPL-Routing-Protokoll. Darüber hinaus bietet es Verbesserungen bei der IP-Sicherheit.
ISA100.11a	ISA100.11 wurde von der International Society of Automation (ISA) als Wireless Systems for Industrial Automation Process Control and Related Applications entwickelt. Es basiert auf dem IEEE 802.15.4-2006 Standard und die Spezifikationen wurden als IEC 62734 veröffentlicht. Die Netzwerk- und Transportschicht basiert auf den IETF-Standards 6LOWPAN, IPv6 und UDP.
WirelessHART	WirelessHART, gefördert von der HART Communication Foundation, ist ein Protokollstack, der eine zeitsynchronisierte, selbstorganisierende und selbstheilende Mesh-Architektur bietet, die IEEE 802.15.4-2006 über das 2,4-GHz-Frequenzband nutzt.
Thread	Thread basiert auf 6LoWPAN/IPv6 und ist ein Protokollstack für ein sicheres und zuverlässiges Mesh-Netzwerk zur Verbindung und Steuerung von Produkten im Haushalt. Die Spezifikationen werden von der Thread-Gruppe definiert und veröffentlicht. Anzeigefilter: *thread*

12.2 Sigfox

Das französische Unternehmen Sigfox baut Übertragungstechniken für den M2M-Bereich und nutzt hierfür das frei verfügbares Frequenzspektrum (868 MHz in Europa und 915 MHz in den USA) um die Signale von Geräten zu übertragen. Das weltweite Sigfox-Netzwerk erlaubt es, Daten von Geräten aller Art über Basisstationen an die Sigfox-Cloud und wieder zurückzusenden. Die Kunden-Cloud und -Apps greifen dann auf die Sigfox-eigene Cloud zurück und liefern dem Nutzer die nötigen Informationen über ihre verbundenen Geräte. Da die Signale sehr weit reichen muss nur eine vergleichsweise geringe Anzahl an Basisstationen aufgebaut werden. Sigfox kommt ohne ein SIM-Karten Management und es entstehen weltweit keine Roamingkosten. Da sich die Endgeräte nicht wie ein Mobiltelefon dauerhaft mit dem Netz verbinden, sondern nur bei Bedarf ihre Nachrichten funken, ist nur eine geringer Energieverbrauch erforderlich. Der sogenannte Idle-Modus setzt die Geräte der Netzanbindung meist in den Tiefschlaf und sorgt für lange Batterielaufzeiten.

Das Sigfox-Signal werden relativ schmalbandig mit 100 Hz übermittelt. Aufgrund des gewählten Frequenzbandes gehen die Signale auch Mauern hindurch. Dadurch kann das System auch im Indoor-Betrieb eingesetzt werden.

Das Abhören oder Kopieren der Nachrichten lässt sich zudem durch Sicherheitselemente, eine Device- und Nachrichten-Authentifizierung, einen Anti-Replay-Schutz für Nachrichten sowie durch eine AES-Verschlüsselung sicherstellen.

Eine Sigfox-Nachricht darf nur zwölf Bytes groß sein und bis zu 140 Nachrichten dürfen pro Tag übermittelt werden. Diese 12 Byte reichen für alle gängigen Zustands- und Alarmmeldedaten aus. So brauchen selbst GPS-Koordinaten nur rund sechs Byte und Temperaturwerte rund zwei Byte. Pro Basisstation lassen sich bis zu eine Million Sensoren verwalten.

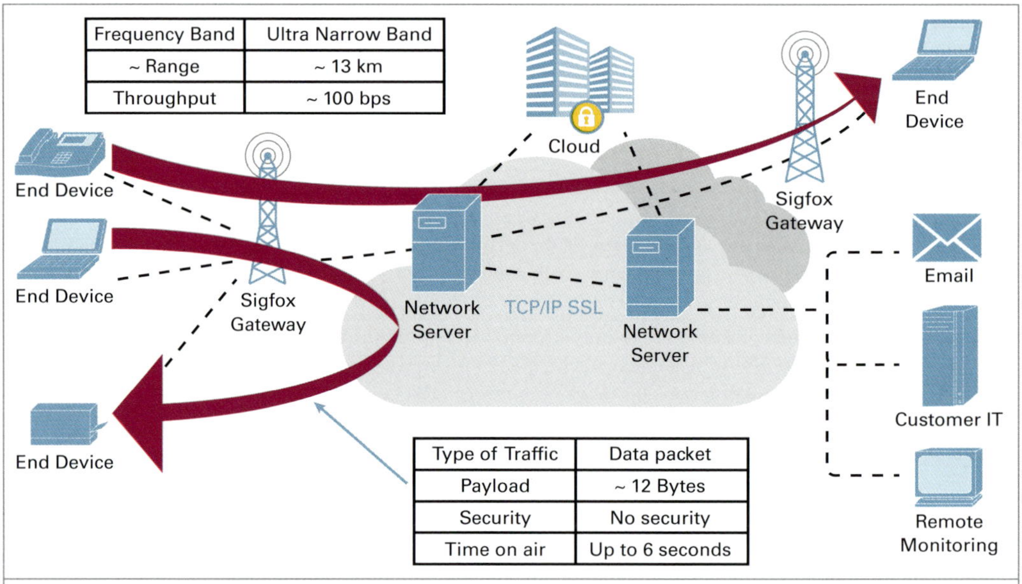

Bild 12.2: Sigfox Architektur (Quelle: ITU)

12.3 IEEE 802.11 ah

In nicht-eingeschränkten Netzwerken ist der Standard IEEE 802.11 (auch bekannt als Wi-Fi oder WLAN) die am erfolgreichsten eingesetzte Funktechnologie. Dieser Standard ist eine wichtige drahtlose IoT-Zugangstechnologie, entweder für die Verbindung von Endpunkten wie Fog-Computing-Knoten, Sensoren mit hoher Datenrate und Audio- oder Videogeräten oder für die Bereitstellung von Wi-Fi-Backhaul-Infrastrukturen wie Wi-Fi-Mesh im Freien. Allerdings fehlt es der WLAN-Technologie an Sub-GHz-Unterstützung für eine bessere Signalpenetration, einen geringen Stromverbrauch für batteriebetriebene Knoten und die Fähigkeit, eine große Anzahl von Geräten zu unterstützen.

12.4 LoRaWAN

In den letzten Jahren hat eine Reihe von neuen Drahtlostechnologien, die als Low-Power Wide-Area (LPWA) bekannt sind, etabliert. LoRa ist optimiert für Zwei-Wege-Kommunikation mit großer Reichweite und niedrigem Stromverbrauch. Aus diesem Grund entwickelte sich die Technologie mit der Gründung der LoRa Alliance zu einem breiteren Anwendungsbereich.

FILTER

Der Anzeigefilterstring lautet: **lorawan**

Die LoRa Layer 1 PHY-Modulationstechnologie von Semtech ist von mehreren Chipsatzanbieter erhältlich. Zur Unterscheidung von der Modulation der physikalischen Schicht, die als LoRa bekannt ist, verwendet die LoRa Alliance den Begriff LoRaWAN, um auf ihre Architektur und ihre Spezifikationen zu verweisen, die die Ende-zu-Ende-LoRaWAN-Kommunikation und -Protokolle beschreiben.

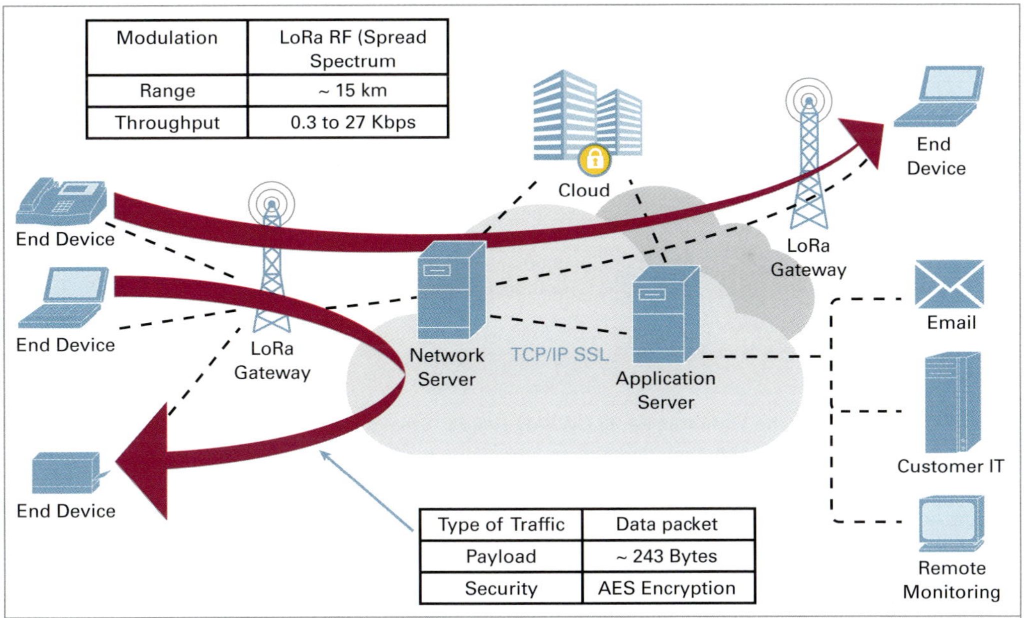

Bild 12.3: LoRaWAN Architektur (Quelle: ITU)

Der wesentliche Unterschied zwischen der traditionellen Informationstechnologie (IT) und der Betriebstechnologie (OT) ist die Lebensdauer der zugrunde liegenden Technologien und Produkte. Alle neueren Betriebssysteme, von Allzweckcomputern und Servern bis hin zu eingebetteten Systemen verfügen inzwischen über einen integrierten (IPv4 und IPv6) IP-Stack. Außerdem wurden die Protokolle für IoT-Anwendungen in vielen industriellen OT-Lösungen aktualisiert, um auf Basis des IP-Protokolls arbeiten zu können.

12.5 IP-Anpassungen an IoT

Während das Internet-Protokoll der Schlüssel für ein erfolgreiches Internet der Dinge ist, erfordern die Beschränkungen in manchen Geräten und Netzwerke eine Optimierung auf verschiedenen Ebenen der IP-Architektur.

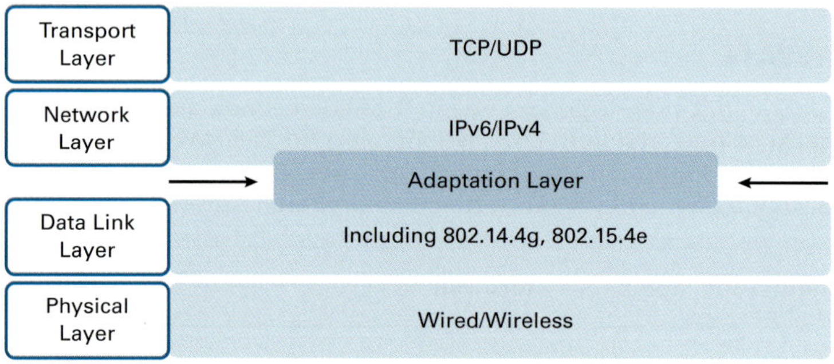

Bild 12.4: Optimierung von IP für IoT mit Hilfe einer Anpassungsschicht

Die IP-Architektur erfordert, dass der Datentransport der höheren Schichten über den Layer-2 (MAC-Protokoll und dem Layer-1- (PHY-Layer) transportiert wird. Das Modell für die Integration von IP in Protokolle der unteren Schichten wird auch als Adoption-Layer bezeichnet. 6LoWPAN ist die Abkürzung für „IPv6 over Low power Wireless Personal Area Network". Die 6LoWPAN-Arbeitsgruppe hat im RFC 4944 (Titel: Transmission of IPv6 Packets over IEEE 802.15.4 Networks) die im Paket-Header festgelegten Funktionen, wie beispielsweise Header-Kompression, Fragmentierung und Mesh-Adressierung festgelegt.

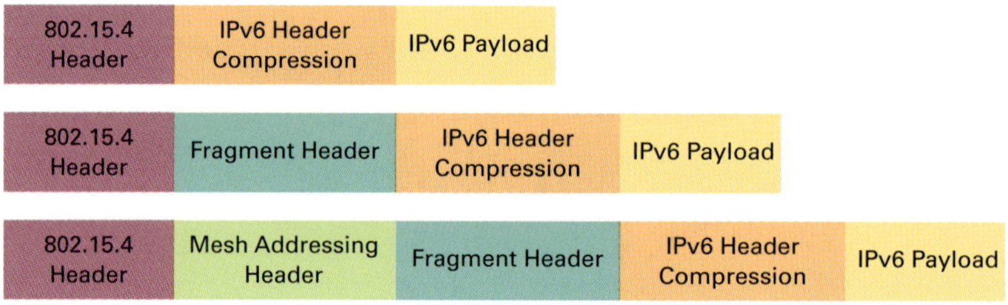

Bild 12.5: Unterschiedliche Varianten der 6LOWPAN-Header-Stacks

IoT-Datenprotokolle

IoT-Datenprotokolle werden für die Verbindung von IoT-Geräten mit geringem Stromverbrauch verwendet. Diese IoT-Protokolle ermöglichen eine Punkt-zu-Punkt-Kommunikation mit der Hardware auf der Benutzerseite, ohne dass eine Internetverbindung erforderlich ist. Die Konnektivität bei IoT-Datenprotokollen erfolgt über ein kabelgebundenes oder ein Funknetz. Einige der wichtigen IoT-Datenprotokolle sind:

- **Message Queue Telemetry Transport (MQTT):** Dieses Protokoll sammelt Daten von verschiedenen elektronischen Geräten und unterstützt die Fernüberwachung von Geräten. Es handelt sich um ein Subscribe/Publish-Protokoll, das auf Basis des TCP-Protokolls arbeitet, d. h. es unterstützt den ereignisgesteuerten Nachrichtenaustausch über drahtlose Netzwerke.

FILTER

Der Anzeigefilterstring lautet: **mqtt**

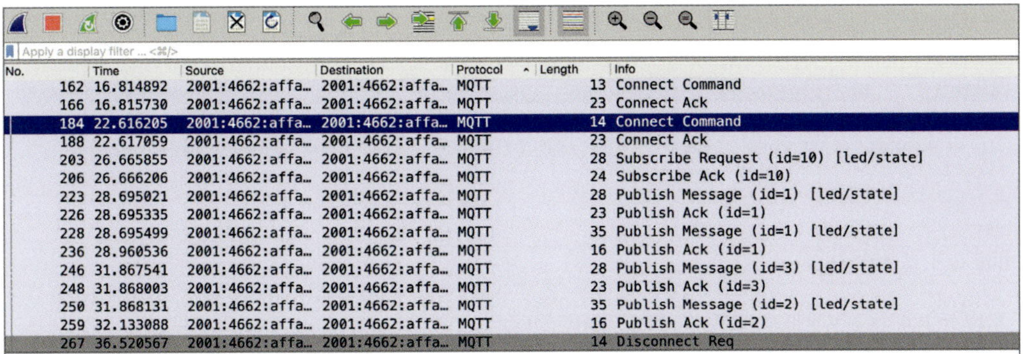

Bild 12.6: MQTT-Request und Response

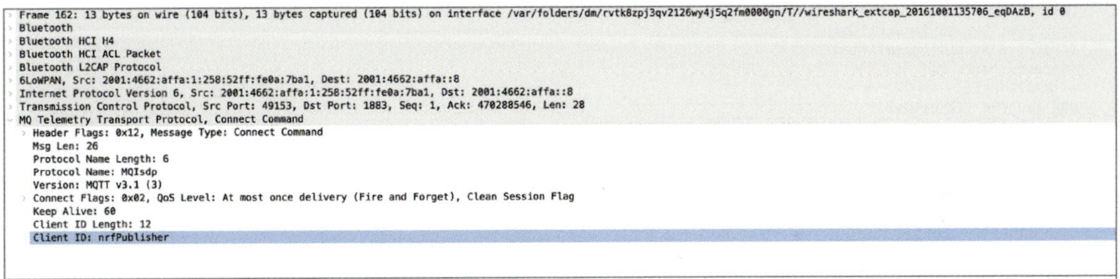

Bild 12.7: Details eines MQTT-Requests

- **Constrained Application Protocol (CoAP):** Dieses Protokoll gehört zu den Nutzungsprotokoll für eingeschränkte Geräte. Mit diesem Protokoll kann der Client eine Anfrage an den Server senden, und der Server kann die Antwort in HTTP an den Client zurücksenden. Für eine leichtgewichtige Implementierung verwendet es UDP (User Datagram Protocol) und reduziert den Platzbedarf. Das Protokoll verwendet das binäre Datenformat EXL (Efficient XML Interchanges). Das CoAP-Protokoll wird hauptsächlich in der Automatisierungstechnik, bei Mobiltelefonen und Mikrocontrollern eingesetzt. Das Protokoll sendet eine Anfrage an die Endpunkte der Anwendung und dieser sendet die Antwort der Dienste und Ressourcen in der Anwendung zurück.

0	1	2	3
1 2 3 4 5 6 7 8 9 0 1 2 3 4 5 6 7 8 9 0 1 2 3 4 5 6 7 8 9			
Ver	T	Code	Nachrichten ID
Token (variable Länge)			
Option (Wenn vorhanden)			
Payload (Nutzdaten)			

Bild 12.8: CoAP-Header

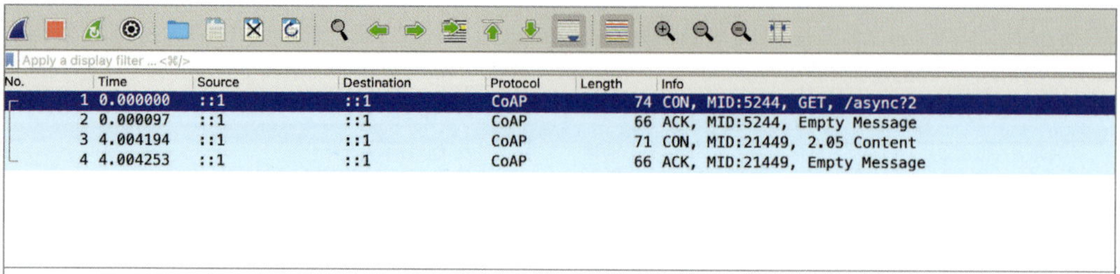

Bild 12.9: CoAP-Sequenz

```
> Frame 1: 74 bytes on wire (592 bits), 74 bytes captured (592 bits)
> Ethernet II, Src: 00:00:00_00:00:00 (00:00:00:00:00:00), Dst: 00:00:00_00:00:00 (00:00:00:00:00:00)
> Internet Protocol Version 6, Src: ::1, Dst: ::1
v User Datagram Protocol, Src Port: 36605, Dst Port: 5683
    Source Port: 36605
    Destination Port: 5683
    Length: 20
    Checksum: 0x2da6 [unverified]
    [Checksum Status: Unverified]
    [Stream index: 0]
  > [Timestamps]
    UDP payload (12 bytes)
v Constrained Application Protocol, Confirmable, GET, MID:5244
    01.. .... = Version: 1
    ..00 .... = Type: Confirmable (0)
    .... 0000 = Token Length: 0
    Code: GET (1)
    Message ID: 5244
  > Opt Name: #1: Uri-Path: async
  > Opt Name: #2: Uri-Query: 2
    [Uri-Path: /async]
```

Bild 12.10: CoAP-Message Header im Trace

- **Advanced Message Queuing Protocol (AMQP)**: AMQP ist ein Software-Layer-Protokoll für eine nachrichtenorientierte Middleware-Umgebung, das Routing und Queuing ermöglicht. Es wird für zuverlässige Punkt-zu-Punkt-Verbindungen verwendet und unterstützt den sicheren Austausch von Daten zwischen den angeschlossenen Geräten und der Cloud. AMQP besteht aus drei separaten Komponenten: Exchange, Message Queue und Binding. Alle drei Komponenten gewährleisten einen sicheren und erfolgreichen Austausch und die Speicherung von Nachrichten. Außerdem hilft es dabei, die Beziehung zwischen einer Nachricht und einer anderen herzustellen. Das AMQP-Protokoll wird hauptsächlich im Bankensektor verwendet. Wenn eine Nachricht von einem Server gesendet wird, verfolgt das Protokoll die Nachricht so lange, bis sie ohne Fehler an die vorgesehenen Benutzer/Zielorte geliefert wird.

```
> Frame 1: 86 bytes on wire (688 bits), 86 bytes captured (688 bits) on interface any, id 0
> Linux cooked capture v1
> Internet Protocol Version 4, Src: 192.168.23.87, Dst: 192.168.23.91
> Transmission Control Protocol, Src Port: 5672, Dst Port: 40870, Seq: 1, Ack: 1, Len: 18
v Advanced Message Queuing Protocol
    00.. .... = Format: 0
    .... 1111 = Position: BEbe (15)
    Type: Control (0)
    Length: 18
    Track: Control (0)
    Channel: 1
    Reserved: 0x00000000
    Class: Session (2)
    Method: session.confirmed (9)
  > Arguments
```

Bild 12.11: AMQP-Message Header im Trace

- **Machine-to-Machine (M2M) Kommunikationsprotokoll:** Es handelt sich um ein offenes Industrieprotokoll, das für die Fernverwaltung von IoT-Geräten entwickelt wurde. M2M-Kommunikationsprotokolle sind kostengünstig und nutzen öffentliche Netze. Es schafft eine Umgebung, in der zwei Maschinen miteinander kommunizieren und Daten austauschen. Dieses Protokoll unterstützt die Selbstüberwachung von Maschinen und ermöglicht es den Systemen, sich an die sich verändernde Umgebung anzupassen.
- **Extensible Messaging and Presence Protocol (XMPP):** Dieses Protokoll verwendet einen Push-Mechanismus, um Nachrichten in Echtzeit auszutauschen. XMPP wurde unter Verwendung von offenem XML (Extensible Markup Language) entwickelt und funktioniert als Präsenzanzeige, die den Verfügbarkeitsstatus der Server oder Geräte anzeigt, die Nachrichten senden oder empfangen. Neben Instant-Messaging-Anwendungen wird XMPP auch für Online-Spiele, Nachrichten-Websites und Voice over Internet Protocol (VoIP) verwendet.
- **Data Distribution Service (DDS):** Es handelt sich um ein IoT-Datenprotokoll und einen API-Standard, der typischerweise für die Übertragung von Daten in Echtzeitsystemen verwendet wird, die in einer verteilten Umgebung arbeiten. DDS arbeitet mit einem UDP-basierten Protokoll und basiert architektonisch auf dem Publish–Subscribe Pattern. Dieser Mechanismus wird in der Luft- und Raumfahrt, dem Gesundheitswesen und der Automobilindustrie genutzt. Die Hauptvorteile der Verwendung von Data Distribution Service sind Datenverbindungen mit geringer Latenz, extreme Zuverlässigkeit und eine skalierbare Architektur.

13 Platzieren des Analysators und Abgreifen der Daten

Für den Erfolg ist es wichtig, dass die gewünschten Daten mit der richtigen Technik an der richtigen Stelle abgegriffen werden. Im Folgenden werden einige gebräuchliche Verfahren vorgestellt.

13.1 Daten an Quelle abgreifen

Das einfachste und sicherste ist, die Daten direkt an den Endpunkten abzugreifen. Beim Browsen wäre dies der PC als ein Endpunkt und der Web-Server als der andere Endpunkt. Beim Telefonieren wäre es das IP-Telefon oder die TK-Anlage. Hat man Zugang zum Server, der Server-basierten TK-Anlage (z. B. Asterisk) oder anderen Rechnern, auf die man Administrator-Zugriff hat, dann kann man Wireshark direkt auf diesem Rechner installieren und betreiben.

Werden die Daten über einen Router in ein anderes Netz weitergeleitet, können diese auch am Router direkt abgegriffen werden. Viele Router verfügen über die Möglichkeit, Mitschnitte zu erstellen und an den Analyse-PC zu schicken.

Das IOS der Router und Switches von Cisco ist in der Lage Datenverkehr gefiltert (Aufzeichnungsfilter) aufzuzeichnen und weiterzugeben. Der IOS-Befehl lautet *ip traffic-export*.

Für das genaue Vorgehen, auch bei anderen Router-Betriebssystemen, sollte man die jeweiligen Hilfe-Dateien und Handbücher konsultieren.

Die FRITZ!Box der Firma AVM ist ein im Heim- und SOHO-Bereich weit verbreiteter Router. Ein Aufruf der Seite *http://fritz.box/html/capture.html* im Browser führt auf die Seite „FRITZ!Box Paketmitschnitt“.

Bild 13.1: Capture mit FRITZ!Box

Hier startet oder stoppt man das Mitschneiden der Daten für die verschiedenen Schnittstellen des FRITZ!Box Routers. Der Mitschnitt wird anschließend auf den lokalen Rechner geladen und kann anschließend mit Hilfe von Wireshark analysiert werden.

Viele IP-Telefone bieten über ihre (Browser-)Konfigurationsoberfläche die Möglichkeit, den Datenverkehr mitzuschneiden um später mit Wireshark zu bearbeiten.

13.2 Wireshark in die Datenleitung einschleifen

Die zu überwachende Leitung wird aufgetrennt und der Wireshark-PC mit zwei Netzwerkkarten in die Leitung eingeschleift. Der PC schickt die Daten transparent von A nach B und umgekehrt. Der Wireshark-PC kann die Datenströme in beide Richtungen mitschneiden.

Die erste Entscheidung, die sich bei jedem Troubleshooting stellt, ist die Wahl des richtigen Platzierens des Messgerätes.

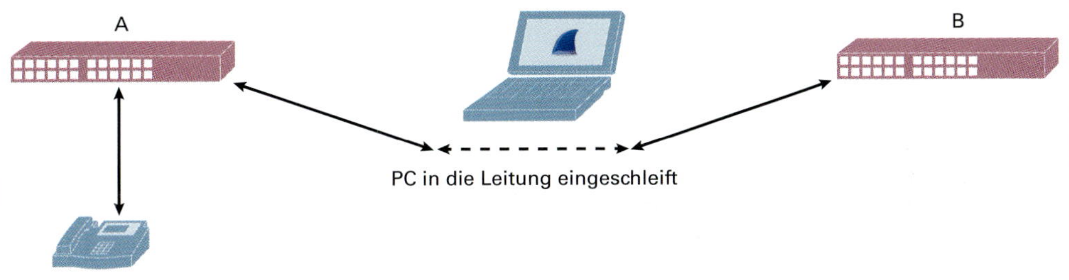

Bild 13.2: Eingeschleifter Wireshark-PC

Die Netzwerke werden immer größer und komplexer und transportieren noch nie dagewesene Datenmengen mit zunehmender Geschwindigkeit. Beispielsweise befinden sich derzeit die 1-Tbit/s schnellen Ethernet-Varianten in der Entwicklung und das Cloud Computing bzw. die Software Defined-Netzlösungen schaffen zusätzliche Komplexität. All das macht den durchgängigen Zugriff auf die Paketebene deutlich schwieriger.

Der Einsatz von Switch-Systemen gehört heute zu den Standards in Netzwerken. Damit haben die Hub-Technik und somit auch das shared Media-LAN für immer ausgedient. Mit der Installation von Switches wird die Aggregat-Bandbreite (Gesamtbandbreite aller Ports) sofort um das X-fache erhöht. Die Separierung des Verkehrs führt dazu, dass ein Messgerät bzw. der Analysator nicht mehr bedenkenlos an jeden Port angeschlossen werden kann. Die Separierung des Datenverkehrs durch den Switch hat zur Folge, dass an einem Switch-Port nur noch folgender Verkehr gemessen werden kann:

- Unicast-Pakete, die für das am Port angeschlossene Endgerät bestimmt sind,
- Unicast-Pakete mit unbekannter (nicht in der Switch-Tabelle eingetragener bzw. von dieser gelernten) MAC-Adresse
- Broadcast-Pakete

Somit werden in geswitchten Netzen die für die Datenanalyse notwendigen Daten nicht an jeden Port übertragen. Wird zusätzlich noch die VLAN-Technologie im Netzwerk genutzt, ist selbst der Broadcast-Verkehr nur auf die Ports des betreffenden VLANs beschränkt. Von einer völligen Transparenz des Netzverkehrs kann also nicht mehr die Rede sein.

Daher müssen in geswitchten Umgebungen Alternativen gefunden werden, die eine Ermittlung der Datenströme ermöglichen. Die jeweiligen Lösungsmodelle haben jedoch neben vielen Vorteilen auch einige gewichtige Nachteile.

13.3 Switch Port Analyser (SPAN), Portspiegelung

Switches leiten den Datenverkehr nur an denjenigen Port weiter, der zum Ziel führt

Professionelle Switches verfügen über die Möglichkeit der Portspiegelung, dem sogenannten Mirroring. Dabei wird über die Management-Oberfläche eingestellt, welche Anschlüsse auf einem weiteren Anschluss dupliziert ausgegeben werden. An diesem Mirror-Port wird dann der Wireshark-PC angeschlossen.

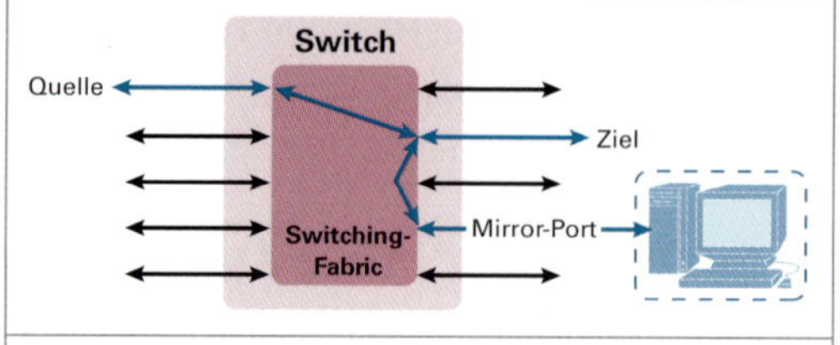

Bild 13.3: Port-Spiegelung am Switch

Wenn man keinen Management-Zugang zum Switch hat, muss der Netzwerk Administrator behilflich sein und diese Mirror-Funktion aktivieren.

INFO

Es gibt auch kleine und preiswerte managebare Switches mit 4 oder 5 Ports. Man kann einen solchen Miniswitch mit Portspiegelung so vorkonfigurieren, dass man ihn im Bedarfsfall nur in die zu prüfende Leitung einschleifen braucht. Diese Technik nennt sich SOB – SPAN out of the Box.

13.3.1 Probleme bei Portspiegelung

Jeder Switchport verfügt über einen Eingangsspeicher. Ankommende Daten werden im sequenziell arbeitenden Eingangspuffer zwischengespeichert. Diese warten anschließend darauf, dass diese zum Zielport weitertransportiert werden. Am Zielport befindet sich wiederum ein Ausgangspuffer. In diesem Puffer warten die Daten, bis sie Bit für Bit, auf der Leitung ausgegeben werden können. Die beiden Puffer sorgen für die Anpassung der Datenraten der jeweiligen Ein- und Ausgangsinterfaces.

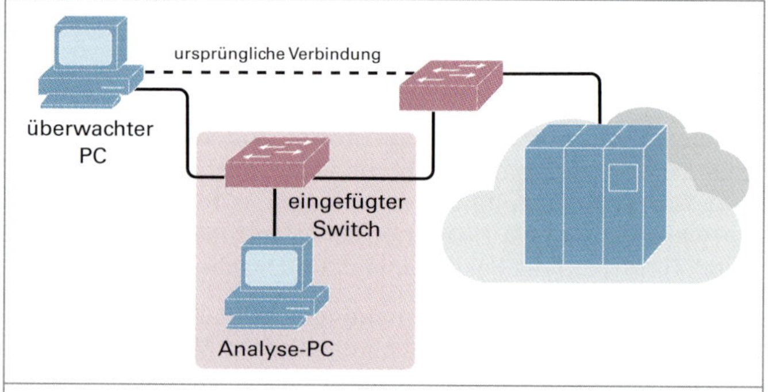

Bild 13.4: Vorkonfigurierten Switch einschleifen

Bei hohem Datenaufkommen können diese Speicher im Switch überlaufen. Die übergelaufenen Datenpakete gehen somit verloren. Kommen beispielsweise auf mehreren Ports Datenströme an, die an denselben Port weitergeleitet werden müssen, dann kann der Ausgangspuffer sehr schnell überlaufen, da er die Daten nur mit einfacher Geschwindigkeit ausgeben kann.

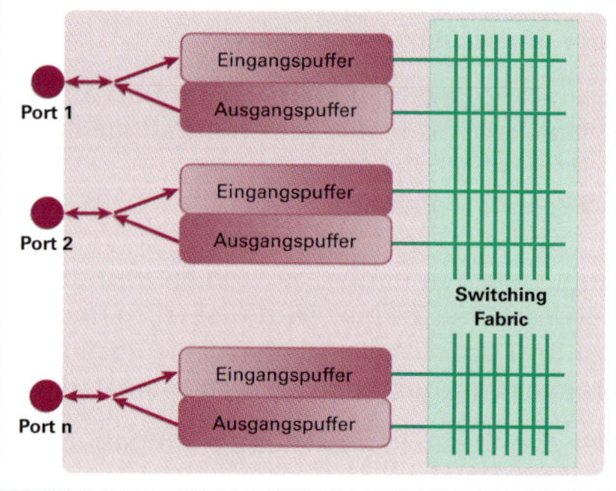

Bild 13.5: Probleme bei der Portspiegelung

Beim Einrichten einer Portspiegelung steht man in der Praxis genau vor diesem Problem. Switches arbeiten heute immer im Vollduplex-Modus. Das heißt, dass beispielsweise bei Gigabit-Ethernet 1000 Mbit/s in Senderichtung und 1000 Mbit/s in Empfangsrichtung auftreten können. Der Mirrorport muss daher in der Lage sein, sowohl in Sende- als auch in Empfangsrichtung jeweils 1000 Mbit/s an Daten abführen können. Es ist ein weit verbreiteter Irrtum, dass es sich hierbei um eine Summengeschwindigkeit von 2000 Mbit/s handelt. Beide Übertragungsrichtungen sind auf der jeweiligen Übertragungsstrecke von einander entkoppelt und nur im „Shared Media-Modus" werden diese gemeinsam benutzt.

Werden jedoch mehrere Ports gespiegelt auf einen Mirrorport gespiegelt, entsteht schnell das Problem, dass der Mirrorport überlastet wird und Pakete verloren gehen können. Daher muss man bei einer solchen Aufzeichnung einer solchen Protokollanalyse über mehrere Ports darauf geachtet werden, es sich bei Paketverlusten nicht um Netzwerkfehler, sondern um Aufzeichnungsfehler handeln kann.

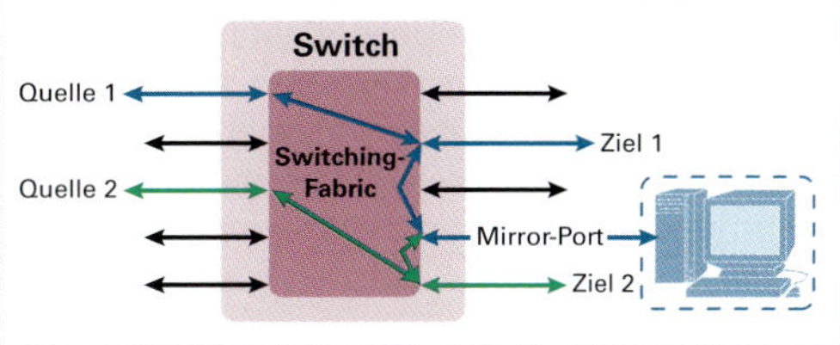

Bild 13.6: Spiegelung von mehreren Ports

Ein weiteres Problem beim Abgreifen von Datenpaketen am Mirrorport besteht darin, dass ein Switch im Store-and-Forward-Modus nur geprüfte Pakete weiterleitet. Pakete mit den folgenden Merkmalen werden vom Switch verworfen und vom Eingangspuffer nicht weitergegeben:

- CRC-Fehler: Die Ursache für CRC-Fehler können Kollisionen oder Fehler in den Kabeln sein. Das Auftreten von CRC-Fehlern gibt dem Troubleshooter Hinweise auf eine übermäßige Signaldämpfung, die ihre Ursache in Kabelüberlängen hat.
- Alignement Fehler: Bei einem Alignement Fehler handelt es sich um Datenrahmen, deren Länge kein ganzzahliges Vielfaches von 8 Bit beträgt. Die Ursache sind Störeinflüsse während der Übertragung oder fehlerhafte Netzwerkadapter. Bei Twisted Pair Verkabelung wirkt sich das Nahnebensprechen (NEXT) direkt auf die Kabellängen aus. Der NEXT-Verlustwert eines bestimmten Paares innerhalb des Kabels ist zum Teil eine Funktion der Verdrillung (Schlaglänge) des Drahtes für dieses Aderpaar. Fehler in der Verseilung der Adernpaare wirken sich in der Praxis durch das Auftreten von Alignement Fehlern aus.
- Zu kurze Pakete: Unterschreitet ein Ethernet Frame die geforderte Mindestlänge von 64 Bytes, wird dieses vom Empfänger als „Packet to short", also als ein zu kurzes Paket gewertet. Diese Pakete werden vom Empfänger immer verworfen. Zu kurze Pakete sind grundsätzlich nichts ungewöhnliches. Sie sind reguläre Erscheinungen bei Kollisionen.
- Runts: Bei diesen Paketen handelt es sich um Paketbruchstücke die kürzer als 96 Bit sind. Diese Paketbruchstücke werden von einem Repeater/ Hub auf 96 Bits aufgefüllt. Diese Paketbruchstücke bestehen scheinbar nur aus einer MAC-Destination und MAC Source Adresse.
- Zu lange Pakete: Ist ein Ethernet-Paket länger als die erlaubten 1.518 Bytes, reagiert der Empfänger mit der Meldung „Frame to long". Zu lange Pakete werden vom Empfänger verworfen. Dieses Ereignis ist heute nur selten zu beobachten. Nur beim Einsatz des VLAN-Taggings ist dieses Phänomen auf den Trunk-Ports der Switches zu beobachten. Es kann aber auch sein, dass ein Adapter gar nicht mehr mit dem Senden aufhört. Sendet eine Station ohne Unterbrechung längere Zeit, also Pakete mit mehr als die maximal zugelassenen 1518 Bytes, dann bezeichnet man dies als „Jabber" (Geplapper). Hauptursache hierfür sind defekte Netzwerkkarten oder -Treiber. Die Ausnahme bilden hier die sogenannten Jumbo-Pakete.
- Ghost-Pakete: Geisterpakete sehen nur wie echte Pakete aus. Es handelt sich im Grunde um Datenrahmen mit gestörter Präambel oder ein Störsignal, das wie ein Datenpaket aussieht. Die Ursache für Geisterpakete sind Störeinflüsse, fehlerhafte Repeater, sowie Potentialausgleichsströme.
- Jumbo-Frames: Der Begriff Jumbo Frames bezeichnet beim Ethernet (Layer 2) nicht standardisierte Pakete, die größer sind als 1518 Byte. Durch die Verwendung von Jumbo-Frames kann auf den Netzwerkschnittstellen der Verarbeitungs-Overhead reduziert werden. Insbesondere durch die Verwendung von Jumbo-Frames mit einer Gigabit- oder 10-Gigabit-Ethernet-Infrastruktur lässt sich die Leistung je nach aktuellem Netzwerkverkehr erheblich verbessern.

Diese vom Switch nicht weitergeleiteten Pakete resultieren in einem Mitschnitt in fehlenden Paketen.

INFO

Cisco gibt in dem White Paper „On SPAN port usability and using the SPAN port for LAN analysis" folgende Warnung aus: Der an die SPAN Ports in den Cisco Switches weitergeleitete Verkehr wird im Gegensatz zum normalen Port-zu-Port-Verkehr mit einer niedrigeren Priorität verarbeitet. Unter Last muss das Gerät seine Ressourcen optimieren und zwischen der Verarbeitung des normalen Verkehrs und den SPAN-Daten wählen. Da der normale Datenverkehr über höhere Verarbeitungsprioritäten verfügt, werden bei Überlast auf dem SPAN-Port die Pakete willkürlich verworfen. Diese Regel stellt sicher, dass der Netzwerkverkehr in jeder Situation die maximale Performance erhält.

13.4 TAP – Test Access Point einsetzen

Die in Switches integrierten Mirror- und SPAN-Ports verhindern die Durchleitung fehlerhafter Datenpakete und können Messergebnisse unter Umständen verfälschen. Für die genaue Erfassung der Messdaten setzt man heute TAPs (auch Link-Splitter genannt) ein. Ein Netzwerk-TAP ist ein Gerät, das direkt mit der Kabelinfrastruktur verbunden wird. Somit arbeitet der Netzwerk-TAP zwischen den zu messenden Netzwerkkomponenten und sorgt dafür, dass der Netzadministrator direkt auf alle Daten, die durch den TAP fließen, zugreifen kann. Mithilfe eines internen Splitters erstellt der TAP eine Kopie der Daten für das Monitoring, während die Originaldaten ungehindert durch das Netzwerk weiter fließen.

Ein TAP ist ein aktiver oder passiver Abgriff einer Datenleitung. Er wird wie ein Switch in die Datenleitung eingefügt.

Sogenannte Breakout TAPs sind die einfachste Form von TAPs. Ein Breakout TAP besteht aus vier Ports: zwei Input-Ports und zwei Output-Ports. Die von Gerät A (Tx) übermittelten Daten werden über das Netzwerk übertragen und von Gerät B (Rx) empfangen. Gleichzeitig können Daten in umgekehrter Richtung übermittelt werden, wobei Gerät B seine Daten an Gerät A vermittelt.

Die meisten TAPs kopieren die Sendesignale von Gerät A und Gerät B getrennt und übermitteln diese – quasi als Abzweig - an einen separate Monitoring-Ports (TxA und TxB). Dabei ist zu beachten, dass für den Einsatz eines TAPs die zu überprüfende Netzwerkverbindung für den Einbau des Abzweigers kurzzeitig unterbrochen werden muss.

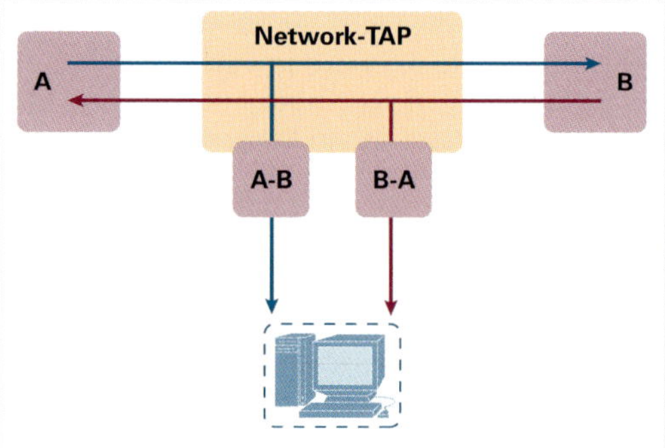

Bild 13.7: TAP – Je Richtung ein Monitor-Port

Einfache Passiv-TAPs sind für ca. 10€ erhältlich. Dabei werden die beiden aktiven Leitungspaare parallel auf zwei Monitor-Ports gelegt. Bei kurzen Anschlussleitungen zum Sniffing-PC funktioniert diese Technik trotz Fehlanpassung der Leitung (3-fach abgeschlossene Leitung). Bei längeren Leitungen stören die auftretenden Signalreflexionen.

13.4.1 Verschiedene TAP-Arten

TAPs unterstützen unterschiedliche Zusatzfunktionen, die die Datenaufzeichnung vereinfachen. Hier sind folgende Geräteklassen erhältlich:

- **Aggregation TAPs** können beide Richtungen eines Vollduplex-Datenstroms in einem Ausgangsport zusammenfassen. Zum Vermeiden von Datenverlust bei Lastspitzen sind sie mit einem Datenpuffer ausgestattet. Mit Aggregation TAPs ist es möglich, beide Richtungen des Datenverkehrs auf nur einen Messausgang zu kopieren, womit es möglich ist diesen mit Mess- und Analyselösungen zu verbinden, die auf einen Eingangs-Port beschränkt sind, wie beispielsweise Notebooks.
- **Regenerator TAPs** ermöglichen den Verkehr aus einem Netzwerksegment zu nehmen und ihn an mehrere Überwachungstools zu übermitteln. Damit kann ein einziger Verkehrsstrom an eine Reihe verschiedener Überwachungstools gesendet und jeweils unterschiedlichen Bedingungen unterzogen werden.
- **Konverter TAPs** werden bei Lichtwellenleitern verwendet. Eine LWL-Verbindung kann nicht mit einem Kupfer-Analysator gemessen werden. Die unterschiedlichen Netztechnologien erfordern eine Umwandlung der Signale. Die Lösung bietet ein Konverter TAP der die jeweiligen Lichtsignale in ein entsprechendes Ethernet-Signal umsetzt. Darüber hinaus spart ein solcher Konverter die Beschaffung einer zusätzlichen LWL-Messkarte für den Analysator ein.
- **Filtered TAPs** filtern den Datenverkehr noch vor dem Sniffer. Die Netzanalyse auf hoch ausgelasteten Leitungen führt immer wieder zu Schwierigkeit. Bei hoher Auslastung ist das Risiko groß, dass der angeschlossene Analysator nicht alle Pakete aufzeichnen wird. Ein Filtered TAP sorgt durch zusätzliche Filterfunktionen (HW-Filter im TAP), dass aus den übermittelten Datenströmen nur die gewünschten Signal ausgefiltert werden. Aus diesem Grund sollte man bereits bei der Aktivierung der Filter darüber im Klaren sein, dass man nur noch die Datenpakete zu sehen bekommt, die den Filterkriterien entsprechen. Es besteht deshalb die Gefahr, dass die Pakete, die Rückschlüsse auf die Fehlerursache ermöglichen würden, in der Trace-Datei nicht enthalten sind.
- Zusätzlich gibt es Kombinationen aus den Varianten Aggregation und Conversion TAPs, sowie Multi-Port In und Out Lösungen, sogenannte Matrix-TAPs.

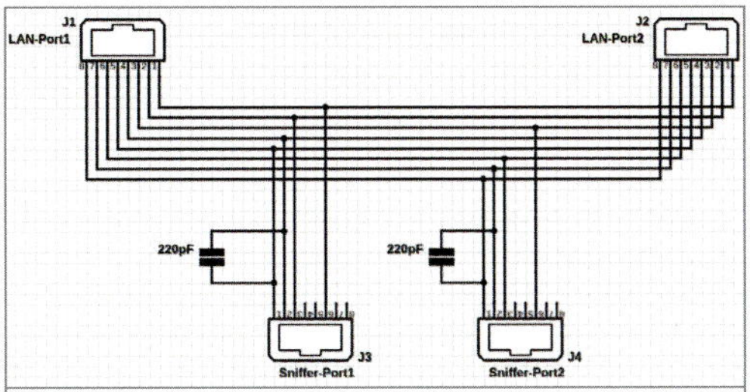

Bild 13.8: Schaltbild eines Passiv-TAPs

Bild 13.9: Einfacher Passiv-TAP bis 100Mbit/s

© Bernhard Hauser

13.5 SDN Sniffing Regeln verwenden

Software-Defined-Networking (SDN) ist ein Ansatz, um die Netzwerkressourcen optimal auszunutzen. Dabei gibt es nur noch einen Gerätetyp – den SDN-Switch. Klassische Switches und Router werden durch SDN-Switches ersetzt, die über keine eigene Weiterleitungslogik verfügen. Die Netzwerkarchitektur wird dabei in zwei Ebenen eingeteilt:

- Control-Layer und
- Data-Layer

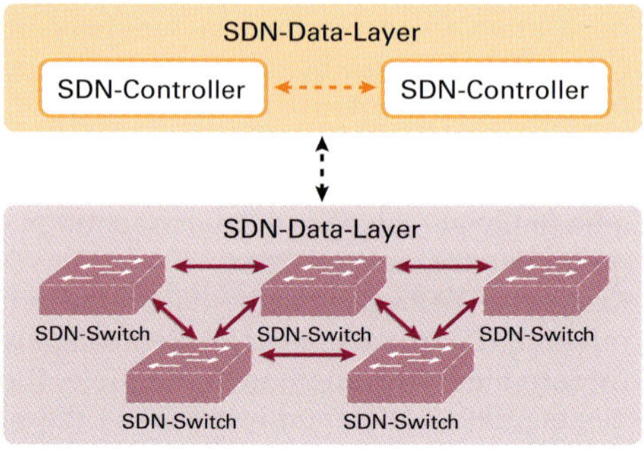

Bild 13.10: SDN-Layer

Auf dem Control-Layer befinden sich ein oder mehrere SDN-Controller. Diese verfügen über ein Regelwerk, wie mit den Datenpaketen zu verfahren ist.

Das darunter liegende Data-Layer ist mit den SDN-Switches für den Transport der Daten zuständig. Die Switches fragen beim Eintreffen von unbekannten Paketen bei einem Controller nach, wie mit diesen Paketen zu verfahren ist. Diese Regeln können sehr komplex sein. SDN-Switches können Pakete routen wie ein Router, switchen wie ein Switch, filtern wie eine Firewall. Sie können auch Datenpakete spiegeln und an einen Wireshark-PC weiterleiten.

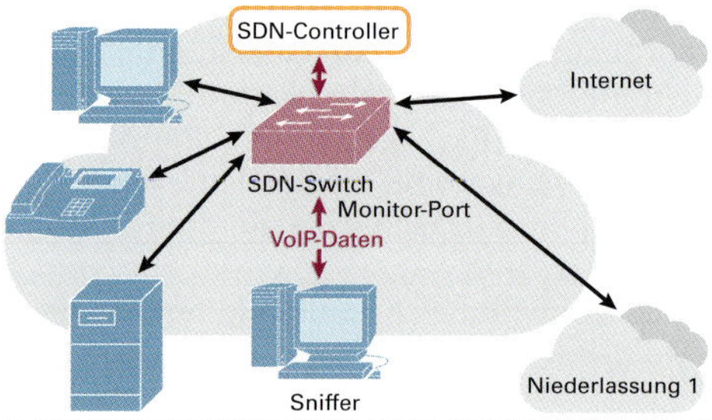

Bild 13.11: Mirrorport mit SDN

Durch diese große Flexibilität können Datenströme weitergeleitet werden und gleichzeitig gefiltert auf einem Monitorport ausgegeben werden. So gelangen nur die ausgefilterten Daten zum Wireshark-PC.

Ein SDN-Regelwerk könnte lauten: Route alle Web-Zugriffe ins Internet, route alle Daten für die Niederlassung 1 in das Netz der Niederlassung, route alle Telefonate zur TK-Anlage und schicke eine Kopie der VoIP-Daten an den Monitorport.

13.6 SPAN – TAP -SDN-Switch vergleichen

Jedes der drei Verfahren hat Vor- und Nachteile. Dies veranschaulicht die folgende Übersicht.

Tabelle 13.1: Vergleich der Techniken

SPAN	TAP	SDN
▶ einfach zu realisieren ▶ kostengünstig ▶ nur für geringe Datenlasten geeignet ▶ defekte Frames erreichen Wireshark nicht ▶ SPAN im Unternehmensnetz muss vom Netzwerk-Administrator eingerichtet werden	▶ einfach zu realisieren ▶ kostengünstig bei geringen Datenraten (10/100 Mbit/s) durch passive Technik ▶ hohe Datenraten möglich, sowohl über Cu als auch über LWL ▶ einsetzen, wenn SPAN sich nicht mehr eignet ▶ auch defekte Frames werden sichtbar	▶ ermöglicht das automatische Filtern von Daten vor der Ausgabe am Monitorport ▶ erfordert eine SDN-Architektur im Netz/Teilnetz ▶ schwierig einzurichten ▶ SDN-Regelwerk muss vom Netzwerkadministrator eingerichtet werden

13.7 Tshark und TCPdump – die textbasierte Analyse

Für Rechner ohne graphische Oberfläche (wie Server, TK-Anlagen wie die Linux-basierte ASTERISK) gibt es die textbasierte Wireshark Version THSARK. TDPdump ist ein weiteres Tool zum textbasierten Mitschneiden von Datenflüssen. Beide Tools verfügen über Aufnahmefilter um das Datenvolumen zu reduzieren. Aufgezeichnete Daten können gespeichert werden und anschließend mit Wireshark analysiert werden. Dazu wird die Capture-Datei anschließend zum Analyserechner transportiert.

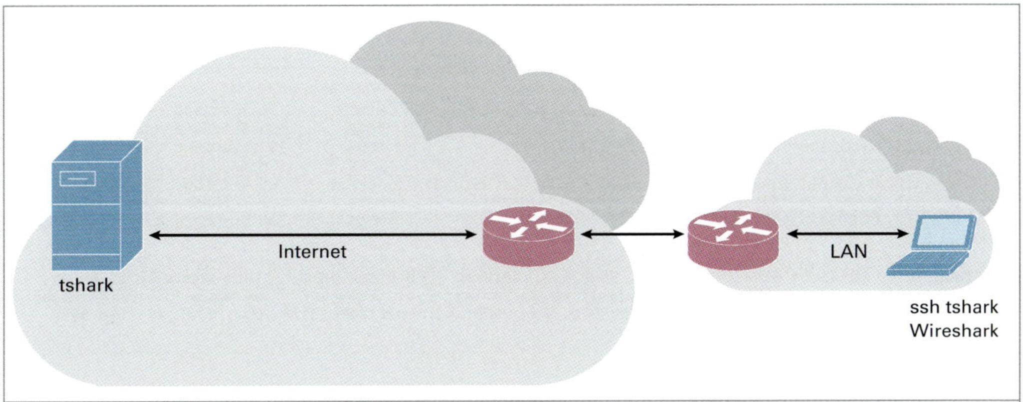

Bild 13.12: SSH-Zugriff auf entfernten Rechner im Internet

13.7.1 Fernzugang zum Sniffen über ssh

Oft möchte man den Datenverkehr eines entfernt aufgestellten Rechners analysieren, beispielsweise in einer Niederlassung oder auch in einem Cloud-Rechenzentrum. Hat man auf den Rechner Fernzugriff über secure shell (ssh), dann kann man sich mit diesem Rechner verbinden, dort eine Tshark-Session starten und den Ausgang der Daten in eine Pipe umleiten. Die mitgeschnittenen Daten werden dadurch nicht in eine Datei geschrieben sondern in eine Pipe. Das andere Ende der Pipe ist der eigene Rechner mit Wireshark. Als Eingangsinterface verbindet man Wireshark mit dem Ende der Pipe. Dadurch kann man fernen Datenverkehr (auch übers Internet) am eigenen Rechner analysieren.

Die Befehlszeile am Analyse-PC lautet:

```
ssh root@192.168.0.252 tshark -i 1 -w - | wireshark -k -i -
```

Mit ***ssh*** wird die ssh-Konsole gestartet. Mit ***root@192.168.0.25*** verbindet man sich mit dem entfernten Rechner als User root. Mit ***tshark -i 1 w –*** startet man tshark zum Sniffen auf dem 1. Interface (-i 1) und schreibt die Daten (-w -). Die Pipe (|) leitet die Ausgabe um zum eigenen Rechner. Hier wird mit ***wireshark -k -i –*** Wireshark gestartet und startet sofort mit der Aufzeichnung (-k) auf dem Interface - (-i -).

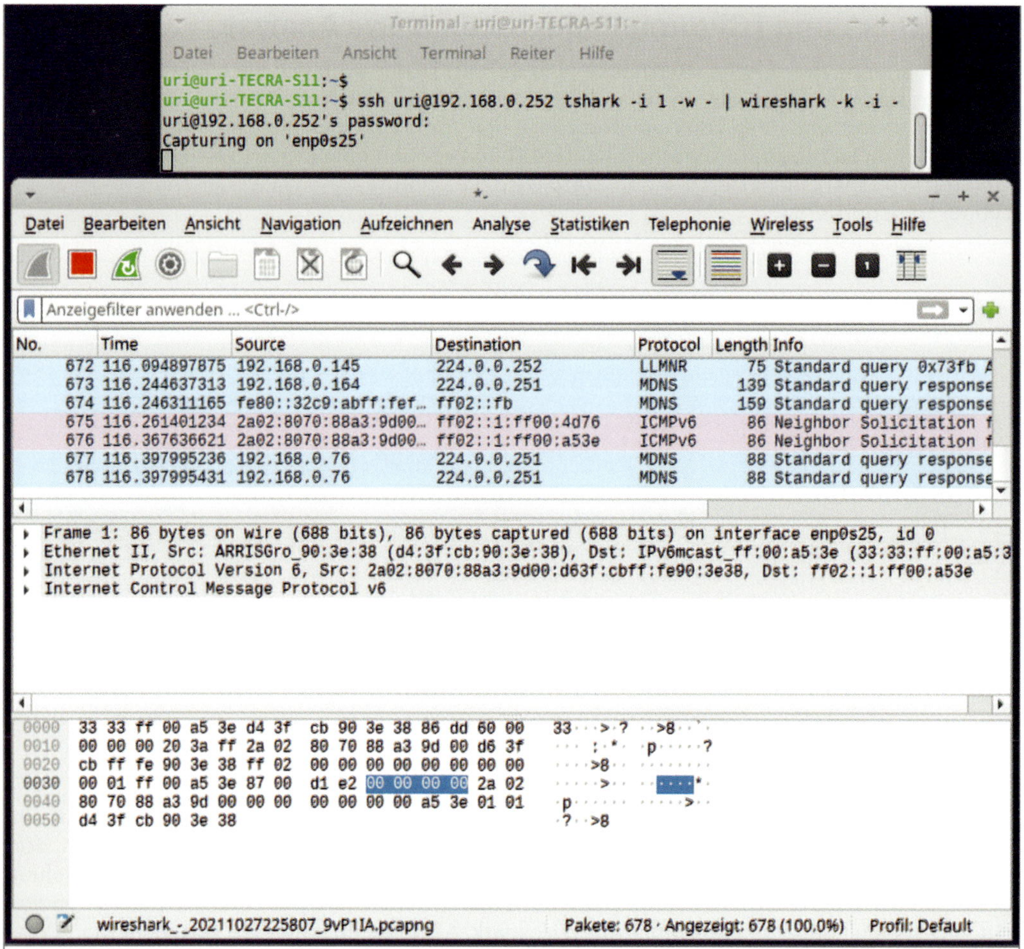

Bild 13.13: Sniffing auf entferntem Rechner. Oben ssh-Fenster, unten Wireshark des fernen Rechners

13.8 Netzwerkpakete in virtuellen Umgebungen erfassen

Bei der Virtualisierung handelt es sich um eine **Abstraktion physischer IT-Ressourcen**. Abstrahieren lassen sich Hardware- und Software-Komponenten. Eine im Rahmen der Virtualisierung erstellte IT-Komponente wird als *virtuelle* oder *logische Komponente* bezeichnet und kann genauso verwendet werden wie ihr physisches Pendant.

Der zentrale Vorteil der Virtualisierung ist die Abstraktionsschicht zwischen der physischen Ressource und dem virtuellen Abbild.

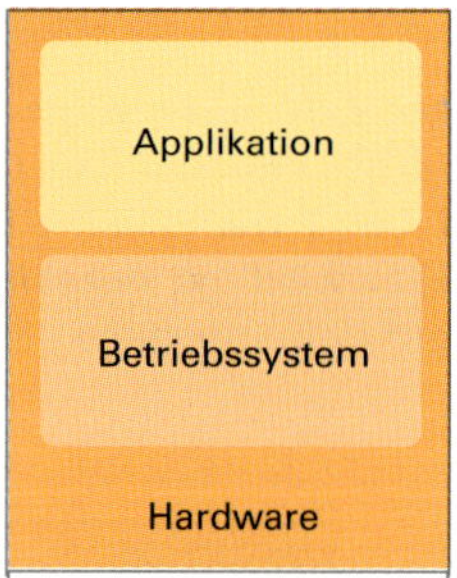

Bild 13.14: Rechner ohne Virtualisierung (Bare Metal)

Bei der Virtualisierung handelt es sich um eine **Abstraktion physischer IT-Ressourcen**. Abstrahieren lassen sich Hardware- und Software-Komponenten. Eine im Rahmen der Virtualisierung erstellte IT-Komponente wird als *virtuelle* oder *logische Komponente* bezeichnet und kann genauso verwendet werden wie ihr physisches Pendant.

Der zentrale Vorteil der Virtualisierung ist die Abstraktionsschicht zwischen der physischen Ressource und dem virtuellen Abbild.

Bild 13.14 veranschaulicht die Schichten eines handelsüblichen PCs, Servers oder Laptops: Auf der Rechner-Hardware läuft ein Betriebssystem, auf diesem wiederum (ggf. parallel) die Anwendungen. Mehrere Betriebssysteme sind zeitgleich nicht möglich, sodass Fehler in einer Applikation ggf. den gesamten Rechner zum Absturz bringen.

Die Virtualisierung (Bild 13.15) führt eine zusätzliche Schicht ein, auf der dann verschiedene Systeme (Virtuelle Maschinen) installierbar sind. Jeder Virtuellen Maschine (VM) wird eine standardisierte, virtuelle Hardware zugewiesen, sodass man auf einem physikalischen Rechner mehrere VMs mit unterschiedlichen Betriebssystemen und Hardwareanforderungen betreiben kann. Die VMs sind voneinander isoliert.

Stürzt eine Virtuelle Maschine ab, laufen die anderen weiter.

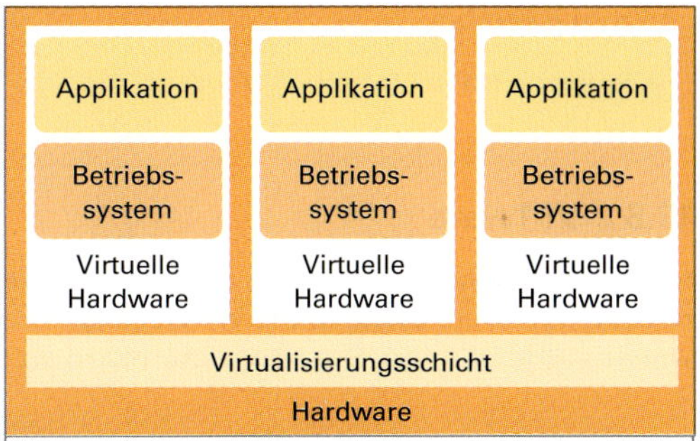

Bild 13.15: Mehrere VMs auf einer Hardware

Die VMs können über virtuelle Netzwerkkarten miteinander und mit der Außenwelt kommunizieren. Dazu gibt es mehrere Betriebsarten.

Das Problem dieser Technik besteht jedoch darin, dass von außen die virtuellen Netzwerkkarten nicht mehr zugänglich sind.

Eine Lösung besteht darin, dass man auf der zu überwachenden VM selbst Wireshark installiert und den zu überprüfenden Netzwerkverkehr in eine Datei schreibt. Diese wird anschließend von der VM auf den Wireshark-PC übermittelt.

13.8.1 VirtualBox

VirtualBox ist eine häufig eingesetzte Virtualisierungssoftware vom amerikanischen Hersteller SUN/ORACLE. Diese Lösung steht als Open Source den gängigen Wirtsbetriebssysteme kostenlos zur Verfügung.

Mit VirtualBox kann man jede Netzwerkschnittstelle auf jeder VM überwachen und die gesnifften Daten in eine Datei auf dem Wirtsrechner ablegen. Dieser Trace lässt sich anschließend mit Wireshark öffnen und analysieren, ohne ein zusätzliches Programm auf dem Wirt oder auf einer VM zu installieren.

Man gibt dazu auf der Systemkonsole folgenden Befehl ein:

```
~$ vboxmanage modifyvm <VM-Name> --nictrace<1...4> on --nictracefile<1...4> trace-name.pcap
```

<VM-Name> ist der Name der virtuellen Maschine, die mitgeschnitten werden soll. Jede VM kann über bis zu vier Netzwerkkarten verfügen; die Nummer der zu überwachenden Netzwerkkarte wird an die Parameter *nictrace* und *nictracefile* angehängt.

TIPP

Der Befehl muss vor dem Start der VM ausgeführt werden. Man sollte auch nicht vergessen, die Überwachung wieder auszuschalten, da die Trace-Datei sehr groß werden kann:

```
vboxmanage modifyvm <VM-Name> --nictrace<1...4> off
```

Beispiel: Möchte man die zweite Netzwerkkarte der VM mit dem Namen BT5 erfassen und die Daten in der Datei bt5-trace abzulegen, lautet der Befehl:

```
~$ vboxmanage modifyvm bt5 --nictrace2 on --nictracefile2 trace-name.pcap
```

und zum Beenden:

```
~$ vboxmanage modifyvm bt5 --nictrace2 off
```

13.8.2 VMWare

Auch der VMWare bietet eine Möglichkeit, den Netzwerkverkehr der internen Netzwerkkarten zu protokollieren. Dazu liefert VMWare ein Programm mit Namen vmnetsniffer (Windows) bzw. vmnet-sniffer (Linux). Das Programm wird an der Konsole gestartet:

```
~$ vmnet-sniffer -i vmnet1 -w trace-name.pcap
```

und protokolliert die interne Schnittstelle vmnet1 in die Datei trace-name.pcap.

13.9 Speziallösung Address-Spoofing, Man in the middle

Beim sogenannten Spoofing-Angriff gibt sich ein Rechner als ein anderer Rechner aus. Beispielsweise macht der Wireshark-PC dem Opfer-Rechner klar, er sei der Router ins Internet.

Danach schickt der Opfer-Rechner alle Datenpakete zum Wireshark-PC anstatt zum Router. Der Wireshark-PC kann die an ihn übermittelten Daten speichern, analysieren, manipulieren und schließlich an den richtigen Router senden. In der Regel bemerkt der Nutzer diesen zwischengeschalteten Vorgang nicht.

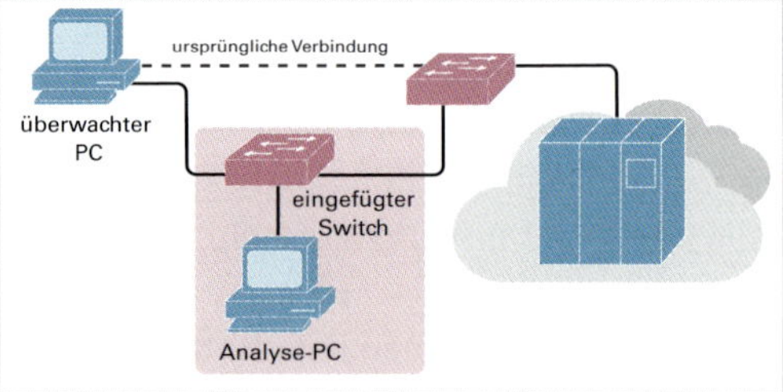

Bild 13.16: Analyse-PC als Man in the middle

Die Pakete, die vom Router zurückkommen, werden natürlich wieder an den Wireshark-PC übermittelt. Dieser gibt die Pakete – nach seiner individuellen „Bearbeitung" – an den Opfer-Rechner weiter.

Der „Opfer-PC" merkt ebenfalls nicht, dass sich ein Dritter zwischen ihm und dem Router befindet. Aus diesem Grund spricht man hier auch von einer Man-in-the-middle Attacke.

Mit einem Linux-Rechner lässt sich dieses Szenario recht einfach nachstellen müssen nur wenige Zeilen an der Konsole eingegeben werden:

```
echo 1 > /proc/ss/net/ipv4/ip _ forward
arpspoof -i eth0 -t <IP-Opfer-PC> <IP-Router>
arpspoof -i eth0 -t <IP-Router> <IP-Opfer-PC>
```

Die erste Zeile weist Linux an, die Pakete einfach durchzurouten. In der zweiten Zeile wird dem Opfer-PC die MAC-Adresse des Wireshark-PCs mitgeteilt (statt der des Routers). Damit auch die entgegengesetzte Richtung funktioniert, wird in der dritten Zeile dem Router mitgeteilt, dass der Opfer-PC auf der MAC-Adresse des Wireshark-PCs zu finden ist.

Auf diese Weise wird dem Opfer-PC auch eine falsche MAC-Adresse vom Fileserver übergeben. Ab diesem Moment arbeitet der Wireshark-PCs zwischen PC und Fileserver.

Index